JULIE YIP-WILLIAMS

Das Wunder vom Leben und Sterben

JULIE YIP-WILLIAMS

Das Wunder vom Leben und Sterben

EIN BEWEGENDES MEMOIR

VOLLER HOFFNUNG UND KRAFT

Unimedica

Impressum

Julie Yip-Williams
Das Wunder vom Leben und Sterben
Ein bewegendes Memoir voller Hoffnung und Kraft
1. deutsche Auflage 2020
ISBN 978-3-96257-138-2
© Narayana Verlag, 2020

Titel der Originalausgabe:
The unwinding of the miracle: a memoir of life, death, and everything that comes after
Copyright © The Williams Literary Trust
Book design by Jo Anne Metsch

Übersetzung aus dem Englischen: Bärbel und Velten Arnold
Layout: Jo Anne Metsch
Satz: Narayana Verlag GmbH
Coverlayout: Jo Anne Metsch
Coversatz: Narayana Verlag GmbH

Herausgeber:
Unimedica im Narayana Verlag GmbH, Blumenplatz 2, D-79400 Kandern
Tel.: +49 7626 974 970–0
E-Mail: info@unimedica.de
www.unimedica.de

Alle Rechte vorbehalten. Ohne schriftliche Genehmigung des Verlags darf kein Teil dieses Buches in irgendeiner Form – mechanisch, elektronisch, fotografisch – reproduziert, vervielfältigt, übersetzt oder gespeichert werden, mit Ausnahme kurzer Passagen für Buchbesprechungen.
Sofern eingetragene Warenzeichen, Handelsnamen und Gebrauchsnamen verwendet werden, gelten die entsprechenden Schutzbestimmungen (auch wenn diese nicht als solche gekennzeichnet sind).
Die Empfehlungen in diesem Buch wurden von Autor und Verlag nach bestem Wissen erarbeitet und überprüft. Dennoch kann eine Garantie nicht übernommen werden. Weder der Autor noch der Verlag können für eventuelle Nachteile oder Schäden, die aus den im Buch gegebenen Hinweisen resultieren, eine Haftung übernehmen.

Dieses Buch widme ich Josh, Mia und Isabelle –
den Lieben meines Lebens,

Lyna, Nancy und Caroline –
meinen geliebten Schwestern,

meinen Eltern 葉世福 *und* 林桂英

und meinem Bruder Mau,
der mich sicher über die Straße begleitet hat.

Inhaltsverzeichnis

Prolog / xi

1. Tod, Teil 1 / 1
2. Leben / 4

Sommer und Herbst 2013
3. Wie stehen die Chancen? / 13
4. Gespenster / 18
5. Die Kriegsführung und die Waffen / 23
6. Abmachungen mit Gott / 25
7. CEA, PET, MRI … / 30
8. Die Bereicherung, die Reise allein zu machen / 36
9. Das Geheimnis / 45
10. Glücksmomente / 64
11. Ein Abenteuer mit dem chinesischen Medizinmann / 71

2014
12. Die hässlichen entfesselten Kräfte der Natur / 81
13. Der Knotenpunkt der Welt / 86
14. Hoffnung / 93
15. Ich bin verloren / 100
16. Ein Albtraum / 104
17. Die Hand Gottes / 111
18. Eine Liebesgeschichte / 119
19. Schicksal und Glück / 131

20. Zahlen, eine Neubewertung / 148
21. Jeden Sieg mitnehmen / 157
22. Der Krebs ist in meiner Lunge / 163

2015
23. Aus der Finsternis zu neuer Kraft / 169
24. „Es im Bauch behalten" / 177
25. Ein Tag in meinem Leben / 183
26. Unbesiegbarkeit / 191
27. Wiedergeborene Träume / 201
28. Einsamkeit / 207
29. Ein kompliziertes Spiel / 213
30. Das Geschenk der Trauer / 223

2016
31. Wie die Yips nach Amerika kommen / 231
32. Leben / 239
33. Wahnsinn / 242
34. Chipper / 253
35. Mut und Liebe / 260
36. Hass / 267

2017
37. Eine Lektion der Geschichte / 279
38. Zu Hause / 284
39. Glaube / 288
40. Schmerzen / 292
41. Tod, Teil zwei / 295
42. Vorbereitung / 299
43. Liebe / 311

2018
44. Das Wunder vom Leben und Sterben / 327

Epilog / 343
Danksagungen / 353
Über die Autorin / 357
Über die Schriftart / 359

Prolog

Hallo, willkommen.

Ich heiße Julie Yip-Williams. Ich bin dankbar und fühle mich zutiefst geehrt, dass Sie dies lesen. Meine Geschichte beginnt mit dem Ende. Was bedeutet, dass ich nicht mehr da bin, wenn Sie diese Zeilen lesen. Aber das ist in Ordnung.

Mein Leben war gut und ausgefüllt. Es ist so viel mehr daraus geworden, als ich es je für möglich gehalten hätte oder aufgrund meines äußerst bescheidenen Lebensanfangs hätte erwarten dürfen. Ich war eine Ehefrau, Mutter, Tochter, Schwester, Freundin, Immigrantin, Krebspatientin, Anwältin, und jetzt bin ich auch noch eine Autorin. Ich habe mein ganzes Leben lang versucht, mich an meine guten Vorsätze zu halten und ein gutes Herz zu haben, aber ich habe trotzdem bestimmt irgendwann jemanden verletzt. Ich habe mich mit aller Kraft bemüht, ein erfülltes, befriedigendes Leben zu leben, die unvermeidlichen Prüfungen mit Anstand zu bewältigen und dabei meinen Sinn für Humor und meine Liebe zum Leben zu behalten. Das ist alles. Obwohl ich mit Anfang Vierzig sterbe und meine über alles geliebten Kinder zurücklasse, bin ich glücklich.

Mein Leben war nicht einfach. Dass ich meine früheste Kindheit überlebt habe, war in gewisser Weise ein Wunder, und dass ich es nach Amerika geschafft habe, war es ebenso. Arm und blind in Vietnam auf der Seite der Verlierer eines grausamen Bürgerkriegs auf die Welt gekommen zu sein, hätte mein Leben bestimmen und mein Schicksal besiegeln können. Diese Ereignisse haben mich gezeichnet, aber sie haben mich nicht aufgehalten. Sterben zu müssen, hat mich eine Menge über das Leben gelehrt. Es hat mich gelehrt, harten Wahrheiten bewusst ins Gesicht zu sehen und mich dem Leiden genauso zuzuwenden wie den Freuden. Die schweren Zeiten anzunehmen, war vielleicht die große befreiende Erfahrung in meinem Leben.

Direkt oder indirekt durchleben wir alle schwierige Zeiten. Die Ereignisse, von denen wir in den Nachrichten oder von Freunden hören, die tödlich endenden Tragödien, die anderen Menschen an anderen Orten widerfahren, die uns traurig machen, aber zugleich auch dankbar innehalten lassen: Mein Gott, das hätte auch mich treffen können. Zerstörerische Hurrikane und Erdbeben, brutale Schießereien und Explosionen, Autounfälle und natürlich heimtückische Krankheiten. All diese Dinge erschüttern uns bis ins Mark. Sie erinnern uns an unsere Sterblichkeit und daran, wie machtlos wir angesichts der Kräfte sind, die die Erde zum Beben bringen oder unsere Zellen veranlassen zu mutieren und unseren Körper dazu bringen, gegen sich selbst zu rebellieren.

Ich habe mir vorgenommen, über all meine Erfahrungen zu schreiben. Und zwar sowohl über das Leben, das ich gelebt habe, als auch über die Prüfungen, die mir dabei gestellt wurden. Natürlich nicht umfassend, wie Sie verstehen werden. Aber ausführlich genug, um Ihnen umfassend den Weg nachzuzeichnen, den ich zurückgelegt habe, und Ihnen die Welt vor Augen zu führen, in der ich mich bewegt habe. Und was als Chronik eines frühen und unmittelbar bevorstehenden Todes begann, entpuppte sich – wenn ich mir diese Vermessenheit gestatten darf – zu etwas sehr viel Bedeutungsvollerem: einem dringenden Appell an Sie, die Lebenden.

Leben Sie Ihr Leben, liebe Leserinnen und Leser.
Vom Beginn des Wunders des Lebens an, jeden Tag, bis zum Ende.

JULIE YIP-WILLIAMS
Februar 2018

1
Tod, Teil 1

März 1976, Tam Ky, Südvietnam

Als ich zwei Monate alt war, brachten mich meine Eltern auf Anordnung meiner Großmutter väterlicherseits zu einem Kräuterheiler in Da Nang. Sie boten dem alten Mann Goldbarren an, damit er mir ein Gebräu verabreichte, das mich in den ewigen Schlaf versetzen würde. Da ich blind zur Welt gekommen war, war ich für meine chinesische Großmutter wertlos. In ihren Augen war ich eine Last und eine Schande für meine Familie. Unverheiratbar. Außerdem, so argumentierte meine Grußmutter, erweise sie mir Barmherzigkeit, da sie mir ein elendes Dasein erspare.

An jenem Morgen zog meine Mutter mir alte Babysachen an, die mit bräunlich-gelben Flecken verunreinigt waren, Hinterlassenschaften der Kacke meiner Schwester oder meines Bruders, die meine Mutter trotz vielfachen Waschens nicht rausbekommen hatte. Meine Großmutter, die meine Mutter angewiesen hatte, mir diese Lumpen anzuziehen, stand in der Tür zum Schlafzimmer meiner Eltern und sah zu, wie meine Mutter mich ankleidete. „Alles andere wäre eine Verschwendung", sagte sie, als meine Mutter fertig war, als wollte sie die Richtigkeit ihrer Anordnung noch einmal bekräftigen.

Das war also die Kleidung, in der ich sterben sollte. In hoffnungslosen Zeiten, wie sie damals in Vietnam herrschten, galt es als unsinnig, ein gut erhaltenes Baby-Outfit für einen Säugling zu opfern, der bald eine Leiche sein sollte.

Unser Familiendrama spielte sich mitten im explosiven Zentrum des Kalten Krieges ab. Südvietnam war elf Monate zuvor durch den Norden „befreit" worden, und die geopolitischen Machtspiele brachen auch über die Leben der Yips herein.

1972 hatte sich der Krieg entscheidend gegen den Süden gewendet. Mein Vater hatte eine Höllenangst, seine wenigen Besitztümer zu verlieren, weil er sein Leben für ein Land aufs Spiel gesetzt hatte, für das er als ethnischer Chinese wenig bis gar keinen Nationalstolz empfand. Während der vier Jahre, die er Militärdienst geleistet hatte, hatte er bei seinen kurzen Heimaturlauben nie auch nur einem einzigen Familienmitglied erzählt, was für grausame Dinge er gesehen oder getan hatte. Die Versuche seiner Mutter, ihm die Hässlichkeiten des Kriegs zu ersparen, indem sie ihm durch Bestechung eine Position als Fahrer eines Offiziers besorgt hatte, waren nicht so erfolgreich gewesen, wie alle gehofft hatten. Er musste in feindliches Territorium hineinfahren, nicht wissend, wo Heckenschützen und Landminen lauerten, nachts im Dschungel in ständiger Angst vor sich heimlich anschleichenden Vietcong-Guerilleros auf dem Boden schlafen, die ihm womöglich im Schlaf die Kehle aufschlitzten, immer wieder aufgerüttelt von Explosionen, die die angespannte Stille zerrissen. Am Ende war seine permanente Todesangst – oder, schlimmer noch, die Angst davor, eine Gliedmaße zu verlieren, was einigen seiner Freunde passiert war – stärker als jegliche ihm innewohnende Vorstellung von Ehre und stärker als die Furcht, als Feigling zu gelten. Eines Tages verließ er das Lager unter dem Vorwand, Vorräte aus seinem Jeep zu holen, und kehrte nicht mehr zurück. Er marschierte und trampte eine Woche lang und kämpfte sich bis nach Saigon durch, der Hauptstadt von Südvietnam, wo er sich in Cho Lon versteckte, einem alten Stadtviertel, in dem mindestens eine Million ethnische Chinesen lebten. In Cho Lon herrschte ein derart geschäftiges, hektisches Treiben und es wimmelte nur so von Menschen, die, was die Kriegsanstrengungen anging, nicht loyal waren. So konnte er sich in dieser Gemeinschaft frei bewegen , obwohl er untergetaucht war.

Meine Großmutter, die mein Vater heimlich darüber hatte informieren können, wo er sich befand, hatte kein großes Vertrauen in die Fähigkeit eines Mannes, seiner Frau die Treue zu halten. Das galt auch für ihren eigenen Sohn, weshalb sie meiner Mutter riet, zu ihm nach Saigon zu ziehen. Und so machte sich meine Mutter mit meiner zweijährigen Schwester Lyna auf dem einen Arm und meinem Bruder Mau, der ein Säugling war, auf dem anderen, auf den Weg nach Saigon. Dort lebten sie zusammen mit meinem Vater bis zum Ende des Krieges im Ungewissen und warteten, bis es für ihn sicher war, wieder nach Tam Ky zurückzukehren. Erst dann musste er keine Angst mehr haben, , verhaftet oder, noch schlimmer, gezwungen zu werden, seinen Militärdienst in der sich schnell verschlechternden Situation fortzusetzen. Es war nicht die Zeit, ein weiteres Kind zu bekommen.

Als Saigon am 30. April 1975 fiel, jubelten meine Eltern zusammen mit den übrigen Bewohnern der Hauptstadt Südvietnams. Nicht, weil sie an das neue kommunistische Regime glaubten, sondern weil der Krieg endlich zu Ende ging. Sie feierten den Wechsel der Machthaber, indem sie sich den berauschten Banden anschlossen, die die verlassenen Läden und Lagerhäuser plünderten, Tankfüllungen, Reissäcke und alles an sich nahmen und wegschleppten, was ihnen in die Hände fiel. Sie feierten auch die Neuigkeit, dass ich unterwegs war, und nach dem Fall von Saigon kehrten sie schließlich zurück nach Hause nach Tam Ky, wo ich acht Monate später an einem ansonsten nicht weiter bemerkenswerten Januarabend zur Welt kam. Ich wog etwas mehr als 3000 Gramm, was für vietnamesische Verhältnisse viel war, aber auch nicht so viel, dass meine Mutter und ich Gefahr liefen, während der Geburt zu sterben. Krankenhäuser waren damals schmuddelig und Kaiserschnitte keine Option, denn niemand konnte sie durchführen, außer vielleicht ein Arzt in Saigon. Mein Vater nannte mich 莉菁, was in Mandarin-Chinesisch „Lijing" und in Hainanesisch „Lising" ausgesprochen wird und wörtlich übersetzt „Quintessenz des Jasmins" bedeutet. Mein Name sollte einen Hauch von Dynamik, Lebhaftigkeit und Schönheit vermitteln. Meine Mutter, die so lange auf ein neues Baby gewartet hatte, freute sich riesig. Und auch meine Großmutter war voller Freude, zumindest am Anfang. Zwei Monate später lag ich in den alten Babysachen meiner Geschwister in den Armen meines Vaters, unterwegs im Bus auf der zweistündigen Fahrt ins nördlich gelegene Da Nang, zum Tode verurteilt.

2
Leben
14. Juli 2017, Brooklyn, New York

Liebe Mia, liebe Isabelle,

ich habe alle logistischen Probleme gelöst, die infolge meines Todes anstehen werden und mir in den Sinn gekommen sind. Ich habe eine bezahlbare Köchin angestellt, die für euch beide und Daddy kochen wird. Außerdem habe ich eine Liste erstellt, auf der steht, wer euer Zahnarzt ist, wann euer Schulgeld fällig ist, wann der Mietvertrag für die Geige verlängert werden muss und wie unser Klavierstimmer heißt. In den kommenden Tagen werde ich in unserer Wohnung Videos aufnehmen, damit ihr alle über die Besonderheiten Bescheid wisst, also zum Beispiel, wo die Luftfilter sind und welches Hundefutter Chipper frisst. Aber mir ist klar geworden, dass dies die einfachen Dinge sind, die leicht zu lösen, aber relativ unwichtigen, ach so alltäglichen Probleme.

Mir ist klar geworden, dass ich euch als Mutter schwer im Stich gelassen hätte, wenn ich nicht versuchen würde, euren Schmerz zu lindern, den der Verlust eurer Mutter für euch bedeutet. Wenn ich also nicht zumindest versuchen würde, das anzusprechen, was wahrscheinlich die größte Frage in euren jungen Leben sein wird. Ihr werdet für immer die Kinder sein, deren Mutter an Krebs gestorben ist und die von den Leuten mit einer Mischung aus Mitgefühl und Mitleid angesehen werden (was ihr ihnen bestimmt übel nehmen werdet, auch wenn es alle nur gut meinen). Die Tatsache, dass eure Mutter gestorben ist, wird sich in euer beider Leben einweben wie ein greller Fleck auf einem ansonsten makellosen Gemälde. Wenn ihr euch all die anderen Menschen anschaut, die noch Eltern haben, werdet ihr euch fragen: Warum musste unsere Mutter krank werden und sterben? Das ist ungerecht, werdet ihr weinend hervorbringen. Ihr werdet meine Umarmung so schmerzlich vermissen, wenn eine Freundin gemein zu euch ist, ihr werdet meine Anwesenheit vermissen, wenn ihr euch Ohrlöcher stechen lasst, wenn ich nicht in der ersten Reihe sitze und laut klatsche, wenn ihr eure Musikstücke vorspielt, wenn ich nicht die nervige Mutter bin, die darauf besteht, noch ein Foto von sich und ihren frischgebackenen Hochschulabsolventinnen schießen zu lassen, wenn ich nicht da bin, um euch an eurem Hochzeitstag beim Ankleiden zu helfen, und wenn ich euch nicht eure Neugeborenen abnehmen kann, damit ihr schlafen könnt. Und jedes Mal, wenn ihr euch nach mir sehnt, wird es immer wieder von Neuem wehtun, und ihr werdet euch fragen: „Warum?"

Ich weiß nicht, ob meine Worte euren Schmerz je werden lindern können. Aber es wäre nachlässig von mir, es nicht zumindest zu versuchen.

Meine Geschichtslehrerin in der siebten Klasse, Mrs Olson, eine verrückte Exzentrikerin, aber auch eine hervorragende Lehrerin, pflegte unsere „Das-ist-ungerecht"-Teenager-Proteste (zum Beispiel, wenn sie uns mit einem unangekündigten Test überfiel oder wir das Spiel spielten, das wir das „ungerechte" Quiz nannten) mit den Worten zu kontern: „Das Leben ist ungerecht. Gewöhnt euch daran!" Aus irgendeinem Grund wachsen wir in dem Glauben auf, dass es gerecht zugehen sollte, dass Menschen fair behandelt werden sollten, dass es Gleichbehandlung und Chancengleichheit geben sollte. Diese Erwartungshaltung muss ihren Ursprung darin haben, in einem reichen Land aufzuwachsen, in dem Rechtsgrundsätze so fest verankert sind. Schon im zarten Alter von fünf Jahren schriet ihr beide nach Gerechtigkeit, als ob es sich dabei um ein grundlegendes Menschenrecht handeln würde (ihr fandet es zum Beispiel ungerecht, dass Belle einen Film sehen durfte, Mia jedoch nicht). Vielleicht sind diese Gerechtigkeits- und Gleichheitsansprüche also fest in der menschlichen Psyche und in unserem moralischen Kompass verankert. Ich bin mir nicht sicher.

Was ich jedoch sicher weiß, ist, dass Mrs Olson recht hatte. Das Leben ist ungerecht. Ihr wärt töricht, wenn ihr Gerechtigkeit erwarten würdet, zumindest wenn es um Fragen von Leben und Tod geht. Um Angelegenheiten außerhalb des Geltungsbereichs des Rechts, um Dinge, die nicht durch menschliche Anstrengung bewirkt oder beeinflusst werden können, um Dinge, die eindeutig in den Zuständigkeitsbereich Gottes gehören oder dem Glück, dem Schicksal oder dem Einfluss einer anderen unbekannten, unbegreiflichen Macht zuzuschreiben sind.

Ich bin zwar nicht ohne Mutter aufgewachsen, habe jedoch auf andere Weise gelitten und schon, als ich noch jünger war als ihr, begriffen, dass das Leben nicht gerecht ist. Ich sah all die anderen Kinder, die Fahrrad fahren und Tennis spielen konnten und die keine Lupe zum Lesen benötigten. Das schmerzte mich auf eine Weise, die ihr jetzt vielleicht verstehen könnt. Mich sahen die Leute auch mitleidig an, was ich gehasst habe. Mir waren auch Chancen verwehrt. Im Sportunterricht war ich immer die Punktezählerin und habe bei den Spielen nie mitgespielt. Meine Mutter hielt es nicht für lohnenswert, dass ich wie meine Geschwister im Anschluss an die englischsprachige Schule Chinesisch lernte, weil sie glaubte, dass ich die Schriftzeichen sowieso nicht würde erkennen können. (Später, als ich auf dem College war und während meines Studiums im Ausland, habe ich natürlich Chinesisch gelernt und konnte die Sprache schließlich besser als meine Geschwister.) Für ein Kind gibt es nichts Schlimmeres, als in negativer, bemitleidenswerter Weise anders zu sein als die anderen. Ich war oft traurig und habe in meiner einsamen Wut geweint. Wie ihr habe ich unter einem Verlust gelitten, dem Verlust meiner Sehkraft, was den Verlust von so viel mehr bedeutete. Ich war voller Kummer. Ich fragte nach dem Warum. Ich hasste die Ungerechtigkeit, als die ich all das empfand.

Meine süßen Kleinen, ich weiß keine Antwort auf die Frage nach dem Warum, zumindest jetzt nicht und nicht in diesem Leben. Aber ich weiß, dass dem Leiden und dem Schmerz ein unglaublicher Wert innewohnt, wenn ihr diese Gefühle zulasst, wenn ihr weint, wenn ihr Trauer und Kummer empfindet und euch verletzt fühlt. Geht durchs Feuer und ihr werdet am anderen Ende unversehrt und gestärkt herauskommen. Das verspreche ich euch. Letztlich werdet ihr Wahrhaftigkeit, Schönheit, Weisheit und Frieden finden. Ihr werdet begreifen, dass nichts für immer fortbesteht, kein Schmerz und keine Freude. Ihr werdet begreifen, dass Freude nicht ohne Traurigkeit existieren kann. Erleichterung kann nicht ohne Schmerz existieren. Mitgefühl nicht ohne Grausamkeit. Ohne Angst gäbe es keinen Mut. Ohne Verzweiflung gäbe es keine Hoffnung. Weisheit kann nicht ohne Leiden existieren. Dankbarkeit nicht ohne Entbehrung. Das Leben ist voller paradoxer Widersprüche. Zu leben heißt, sich durch diese Widersprüche hindurch zu manövrieren.

Ich war meiner Sehkraft beraubt. Und dennoch hat mich dieses absolut bedauernswerte Leiden zum Besseren verändert. Anstatt dafür zu sorgen, dass ich mich in Selbstmitleid ergehe, hat meine Blindheit mich dazu angehalten, ambitionierter zu sein. Sie hat mich einfallsreicher und findiger gemacht. Sie hat mich gelehrt, um Hilfe zu bitten und mich nicht für meine körperliche Unzulänglichkeit zu schämen. Sie hat mich gezwungen, ehrlich zu mir selbst zu sein, meine Grenzen zu erkennen und letztlich auch anderen gegenüber ehrlich zu sein. Sie hat mich gelehrt, stark und belastbar zu sein.

Ihr seid eurer Mutter beraubt. Als eure Mutter wünschte ich, dass ich euch vor dem Schmerz bewahren könnte. Aber als eure Mutter möchte ich auch, dass ihr den Schmerz zulasst, dass ihr ihn durchlebt, annehmt und letztendlich durch ihn lernt. Seid stärkere Menschen durch euren Schmerz, denn ihr wisst, dass ihr von meiner Kraft erfüllt seid. Seid einfühlsamere Menschen durch den Schmerz. Versetzt euch in die hinein, die auf ihre eigene Weise leiden. Erfreut euch dadurch, dass ihr den Schmerz kennengelernt habt, erfreut euch am Leben und an seiner Schönheit. Lebt für mich mit besonderer Lust und Begeisterung. Seid in einer Weise dankbar, in der nur jemand dankbar sein kann, der so früh seine Mutter verloren hat, in dem Wissen, wie unsicher und kostbar das Leben ist. Das ist meine Herausforderung an euch, meine beiden Süßen: Nehmt die hässliche Tragödie an und verwandelt sie in eine Quelle der Schönheit, der Liebe, der Kraft, des Muts und der Weisheit.

Viele mögen mir nicht zustimmen, aber ich habe immer geglaubt, wirklich immer, auch als altkluges kleines Mädchen, das allein in seinem Bett geweint hat, dass unsere Bestimmung in unserem Leben darin besteht, jede Erfahrung zu machen, die wir nur machen können. Nur so können wir so viel von dem menschlichen Dasein verstehen, wie es in einem Leben nur irgend möglich ist, egal, wie lang oder kurz unser Leben auch sein mag. Wir sind auf dieser Welt, um die komplexe Palette der Gefühle zu empfinden, die das Menschsein mit sich bringt. Und aus diesen Erfahrungen heraus weitet sich unsere Seele und wächst und lernt und verändert sich, und wir verstehen ein bisschen besser, was es wirklich bedeutet, ein Mensch zu sein. Ich nenne das die Evolution der Seele. Ihr sollt wissen, dass eure Mutter ein unglaubliches Leben gelebt hat, das mit mehr als dem „gerechten" Anteil an Schmerz und Leid erfüllt war, erst durch die Blindheit und dann durch den Krebs. Und ich habe zugelassen, dass der Schmerz und das Leid mich geprägt und verändert haben, aber zum Besseren.

In den Jahren nach meiner Diagnose habe ich in einem Maße Liebe und Mitgefühl kennengelernt, wie ich es nie für möglich gehalten hätte. Ich habe die intensivsten Dimensionen menschlicher Zuwendung erlebt und erfahren.

Das hat mich durch und durch demütig gemacht und mich dazu gezwungen, ein besserer Mensch zu werden. Ich habe eine Todesangst kennengelernt, die mich erdrückt hat. Dennoch habe ich diese Angst überwunden und Mut gefunden. Die Lektionen, die mich erst meine Blindheit und dann der Krebs gelehrt haben, sind zu zahlreich, als dass ich sie hier ausbreiten könnte. Aber ich hoffe, dass ihr, wenn ihr das Folgende lest, verstehen werdet, wie es möglich ist, sich durch eine Tragödie in positiver Hinsicht zu verändern, und dass ihr erfahrt, was der wahre Wert des Leidens ist. Der Wert des Lebens eines Menschen wird nicht durch die Anzahl der gelebten Jahre bestimmt. Was zählt, ist vielmehr, wie gut dieser Mensch die Lektionen seines Lebens gelernt hat und wie gut er die vielfältigen unerfreulichen Aspekte der menschlichen Erfahrung begriffen und das Wesentliche für sich herausgezogen hat. Wenn ich die Wahl gehabt hätte, hätte ich mich dafür entschieden, noch viel länger bei euch zu bleiben. Doch wenn ihr aus meinem Tod lernt, wenn ihr die Herausforderung annehmt und aufgrund dessen, dass ihr den Tod eurer Mutter erleben musstet, zu besseren Menschen werdet, dann würde das meiner Seele unendlich viel Freude bereiten und Frieden schenken.

Ihr werdet allein und einsam sein, aber begreift trotzdem, dass ihr nicht allein seid. Es stimmt, dass wir allein durchs Leben gehen, weil nur wir empfinden, was wir empfinden, und jeder von uns seine eigenen Entscheidungen trifft. Aber es ist möglich, die Hand auszustrecken und diejenigen zu finden, die so sind, wie ihr seid, und indem ihr das tut, werdet ihr euch nicht mehr so einsam fühlen. Dies ist ein weiterer Widerspruch des Lebens, mit dem ihr lernen werdet klarzukommen. Vor allem habt ihr beiden euch gegenseitig als Stütze. Ihr seid Schwestern und das gibt euch ein Band der Blutsverwandtschaft und gemeinsame Erfahrungen, die einzigartig sind. Tröstet euch. Vergebt einander immer und liebt euch. Und ihr habt euren Daddy. Außerdem habt ihr Titi, Onkel Mau, Tante Nancy, Tante Caroline und Tante Sue und so viele andere liebe Freunde, die mich alle so gut kannten und geliebt haben – und die an euch denken, für euch beten und sich um euch kümmern. All die liebevolle Energie, die von diesen Menschen ausgeht, umgibt euch, sodass ihr euch nicht so einsam fühlen werdet.

Und nicht zu vergessen – wohin auch immer ich gehen werde, ein Teil von mir wird immer bei euch sein. Mein Blut fließt in euren Adern. Ihr habt die besten Eigenschaften von mir geerbt. Auch wenn ich physisch nicht anwesend bin, werde ich über euch wachen.

Manchmal, wenn ihr auf euren Instrumenten übt, schließe ich die Augen, damit ich besser hören kann. Und wenn ich das tue, überkommt mich oft dieses absolute Wissen, dass, wann immer ihr Geige oder Klavier spielt, wenn ihr euch dem Musizieren mit Leidenschaft und Engagement hingebt, die Musik und die spezielle Kraft, die ihr innewohnt, mir ein Zeichen geben werden und ich bei euch sein werde. Ich werde bei euch sitzen, euch dazu anhalten, die Stücke noch mal und noch mal zu spielen, zu zählen, die Ellbogen richtig zu halten und korrekt zu sitzen. Und dann werde ich euch umarmen und euch sagen, wie toll ihr gespielt habt und wie stolz ich auf euch bin. Versprochen. Sogar lange, nachdem ihr beschlossen haben werdet, nicht mehr zu musizieren, werde ich in jenen außergewöhnlichen und gewöhnlichen Momenten des Lebens, in denen ihr etwas mit absoluter Leidenschaft und Hingabe tut, zu euch kommen. Vielleicht, wenn ihr auf einem Berggipfel steht und die einzigartige Schönheit genießt und stolz darauf seid, es bis ganz nach oben geschafft zu haben. Oder wenn ihr zum ersten Mal euer Baby in den Armen haltet. Oder wenn ihr weint, weil jemand oder etwas euer zartes Herz gebrochen hat. Oder vielleicht auch, wenn ihr schlecht gelaunt die ganze Nacht durcharbeitet, sei es für die Schule oder später im Beruf. Ihr sollt wissen, dass eure Mutter einmal das Gleiche empfunden hat, was ihr empfindet, und dass ich da bin und euch an mich drücke und euch ansporne weiterzumachen. Ich verspreche es.

Ich habe oft geträumt, dass ich, wenn ich sterbe, endlich wissen werde, wie es ist, die Welt ohne Sehbehinderung zu sehen, weit in die Ferne zu blicken, die kleinen Details eines Vogels zu erkennen, ein Auto zu fahren. Oh, wie sehr ich mich selbst nach all den Jahren, in denen mir mein Sehvermögen nicht vergönnt war, danach sehne, perfekt sehen zu können. Ich sehne den Tod herbei, damit er mich vollständig macht, damit er mir gibt, was mir in diesem Leben versagt war. Ich glaube, dass dieser Traum wahr werden wird. Genauso werde ich auf euch warten, wenn eure Zeit gekommen ist, sodass auch ihr bekommt, was euch versagt war. Aber bis es so weit ist, lebt, meine geliebten kleinen Mädchen. Lebt ein Leben, das es wert ist, gelebt zu werden. Lebt in vollen Zügen, schöpft das Leben voll aus, lebt es mit Bedacht und in Dankbarkeit, mutig und klug. Lebt!

Ich liebe euch beide für immer, bis in die Ewigkeit, durch Raum und Zeit. Vergesst das nie.

Mommy

Sommer und Herbst 2013

3
Wie stehen die Chancen?

Es sollte eine Hochzeit im Familienkreis werden. Im Hochsommer 2013 kamen alle in Los Angeles zusammen, um gemeinsam den glücklichsten Tag meiner großartigen jüngeren Cousine zu feiern. Ich habe es nicht zur Feier geschafft. Josh und ich waren mit Mia und Belle von New York rübergeflogen und wollten etwa eine Woche bleiben. Seit ungefähr einem Monat vor unserem Abflug verspürte ich ein Unwohlsein im Magen, irgendwie unbestimmbar, es fühlte sich einfach nicht normal an. Übelkeit, Krämpfe und Verstopfung hatten mich veranlasst, einen Gastroenterologen aufzusuchen, aber es schien nichts Ernsthaftes zu sein. In L. A. bekam ich dann heftige Brechanfälle, die dafür sorgten, dass ich die Hochzeit in der Notaufnahme verbringen musste.

Eine Darmspiegelung ergab, dass sich in der Mitte meines Querkolons eine Masse befand; der Dickdarm war fast vollständig blockiert. Im Diagnoselexikon ist eine „Masse" so ziemlich das Letzte, das man von einem Arzt in seinem Inneren entdeckt haben möchte. Schon bevor eine Biopsie gemacht wurde, waren sich die Ärzte ziemlich sicher, dass ich Krebs hatte. Aber ganz sicher seien sie erst, wenn sie meinen Bauch öffnen.

Ich werde nie den Moment vergessen, als ich nach meiner Hemikolektomie im Aufwachraum zu mir kam. Josh wurde von Tim, dem Krankenpfleger, und Dr. D.C., dem Chirurgen, der mich operiert hatte, getröstet. Sie sagten ihm, dass er auf sich achten müsse, um sich um mich kümmern zu können. Tim fragte ihn, ob er schon etwas zu Abend gegessen habe, und bevor Josh antworten konnte, reichte er ihm ein Stück Pizza von seinem eigenen Abendessen. Selbst in meinem noch halbwegs narkotisierten Dämmerzustand war mir klar, dass irgendetwas ganz und gar nicht stimmen konnte, wenn alle so einen Wirbel um Josh machten, anstatt um mich, die Person, die gerade operiert worden war.

Als also Dr. D.C.s jugendliches Gesicht vor mir erschien, brachte ich krächzend hervor: „Ist es aussichtslos?" Angesichts der Stimmung im Raum rechnete ich fest damit, dass die Antwort Ja lauten würde.

Doch stattdessen erwiderte Dr. D.C.: „Nein, aussichtslos nicht. Es ist sehr ernst, aber aussichtslos ist es nicht." Er erklärte mir, dass er den Tumor erfolgreich entfernt habe, jedoch am Bauchfell oberhalb der Blase eine „Abtropfmetastase in der Größe einer Erbse" entdeckt habe, eine Absiedelung des Haupttumors. Ich dachte mir, okay, das klingt doch gar nicht so schlimm – eine Absiedelung in der Größe einer Erbse, die ebenfalls entfernt worden war. Warum war Josh dann so durch den Wind?

Ich lag benebelt da, ließ mich von den um mich herum geführten Gesprächen berieseln und bemühte mich, meine Sinne zu schärfen. Dr. D.C. sagte, dass ich mich an nichts würde erinnern können, was an diesem Abend besprochen werde. Josh entgegnete darauf, dass er sich da mal nicht so sicher sein solle. Ich lächelte in mich hinein. Die Jahre unseres Zusammenseins hatten Josh gelehrt, dass ich ein Gedächtnis wie ein Elefant hatte und nichts vergaß, ob ich nun von Betäubungsmitteln benommen war oder nicht (insbesondere, wenn es sich um etwas handelte, das ich gegen ihn verwenden konnte).

Ich erinnere mich tatsächlich an viele Details jenes Abends. Abgesehen davon, dass ich mich an die typischen körperlichen Beschwerden erinnere, die einem zu schaffen machen, wenn man gerade eine schwere Operation hinter sich hat, erinnere mich daran, gedacht zu haben, dass die Operation viel länger gedauert haben musste als die geschätzten zweieinhalb Stunden, da es draußen bereits dämmerte. Ich weiß noch, dass mein Bruder und meine Cousine mich in meinem Krankenzimmer besucht haben. Vor allem aber erinnere mich daran, dass alle Anwesenden in dem Raum mit Zahlen um sich warfen. Eine Abtropfmetastase. Stadium IV. Sechs Prozent, 8 Prozent, 10 Prozent, 15 Prozent. Dreißig Jahre alte Zahlen.

Da in einem anderen Teil meines Körpers eine Absiedelung meines Haupttumors gefunden worden war, wurde ich, ungeachtet der Größe der

Metastase, in die Kategorie Stadium IV eingestuft. Dickdarmkrebs im Stadium IV wird mit sehr geringen Überlebensraten assoziiert; sie liegen zwischen 6 und 15 Prozent. Dr. D.C. erklärte Josh an jenem Abend mehrmals, dass die Statistiken zur Überlebensquote auf dreißig Jahre alten Studien basierten und deshalb nicht zwingend aussagekräftig seien.

Als ich begriffen hatte, dass sich alle wegen der Zahlen Sorgen machten, verstand ich, warum Josh so beunruhigt war. Josh liebt Zahlen. Er kann komplizierte Berechnungen im Kopf lösen. Als wir frisch verliebt waren, hat er mich immer wieder gefragt: „Was glaubst du, wie stehen wohl die Chancen, dass wir heiraten?" Er hat sich jedes Super-Bowl-Ergebnis seit der ersten Austragung des Super Bowl eingeprägt. Er kann sich erinnern, dass Roger Federer 2009 beim zweiten Satz der dritten Runde in Wimbledon 5:3 zurücklag. Für ihn, wie auch für viele andere, bringen Zahlen Ordnung in eine ansonsten chaotische Welt der Willkür. Deshalb war es für ihn verständlicherweise niederschmetternd, erfahren zu müssen, dass seine Frau Dickdarmkrebs im Stadium IV hatte und die Wahrscheinlichkeit, dass sie in fünf Jahren noch leben würde, im einstelligen Prozentbereich lag.

Josh schluchzte in jener Nacht und in den frühen Morgenstunden, während er in seinem Liegesessel, der ihm als Bett diente, immer wieder die Überlebensraten für Dickdarmkrebs im Stadium IV googelte. In der Dunkelheit meines Krankenhauszimmers tauchte der leuchtende Bildschirm seines iPads sein Gesicht in ein schauriges Licht. Um mich nicht aufzuregen, wollte er nicht mit mir über die Statistiken reden, aber Josh kann nie etwas vor mir verbergen – das ist einer der Gründe, warum ich ihn so liebe.

Und dann konnte er es kaum glauben, dass die Zahlen mich nicht wirklich aufregten. „Na und?", entgegnete ich. „*Begreifst* du es denn nicht?", entgegnete er. Er wollte, dass ich den Ernst der Lage erfasste.

So sehr Josh mich auch liebt – eine fundamentale Wahrheit über mich kann er nicht verstehen. Das liegt einfach daran, dass er nicht mein Leben gelebt hat. Er versteht nicht, dass meine bloße Existenz auf diesem Planeten ein Beweis dafür ist, wie wenig Bedeutung Zahlen für mich haben. Zahlen bedeuten nichts. In jener Nacht forderte ich ihn auf, in Gedanken in das Jahr 1976 zurückzugehen, in die Trostlosigkeit und Hoffnungslosigkeit des kommunistischen Vietnams. Er sollte sich vor Augen führen, wie hoch in dieser Situation wohl die Wahrscheinlichkeit gewesen war, dass ein blindes Mädchen es aus dieser unvorstellbaren Armut heraus schaffen würde. Dass es dem Stigma, mit einem körperlichen Mangel belastet zu sein, aufgrund dessen kein Mann es je würde heiraten wollen und der es unwürdig machte, je Mutter eines Kindes zu werden, entkommen würde, und dass dieses Mädchen die Schande ausgehalten hat, für immer die Bürde einer stolzen Familie zu sein, die sich, solange sie lebte, um sie würde kümmern müssen wie um eine Behinderte.

Ich forderte Josh auf zu berechnen, wie groß die Wahrscheinlichkeit war, dass dieses kleine Mädchen auf dem Meer überleben würde, wo so viele erwachsene Männer ertranken. Wie groß war wohl die Chance, trotz seiner jahrelangen Schädigung des Sehnervs ein wenig Sehkraft zu erlangen, später trotz der niedrigen familiären Erwartungen, die auf Immigrantenunkenntnis zurückzuführen waren, schulischen Erfolg zu haben, einen Abschluss an der Harvard Law School zu schaffen und Karriere als Juristin in einer der angesehensten internationalen Anwaltskanzleien zu machen? Und wie groß war schließlich die Wahrscheinlichkeit, einen gut aussehenden, klugen Mann aus dem Süden der USA zu heiraten und zwei hübsche Töchter mit ihm zu bekommen? Dies alles konnte Josh natürlich nicht berechnen.

Josh verbrachte viele Stunden mit dem Lesen medizinischer Studien, mit dem Ziel, meine Überlebenswahrscheinlichkeit zu erhöhen. Wie in meinem Fall statt vieler Metastasen nur eine einzige zu haben, brachte mir ein paar zusätzliche Prozentpunkte, genauso wie mein Alter, mein Fitnesslevel und die Tatsache, dass ich Zugang zu der besten medizinischen Versorgung der Welt und wunderbare Unterstützung hatte. Laut Josh sorgte all dies dafür, dass die Wahrscheinlichkeit, dass ich in fünf Jahren noch lebte, auf ungefähr 60 Prozent anstieg, was für ihn entschieden besser klang als 6 Prozent.

Um ehrlich zu sein, klangen 60 Prozent in meinen Ohren auch nicht gerade so toll. Alles unter 100 Prozent war zu wenig. Aber wie wir alle wissen, trifft im Leben nichts mit einer 100-prozentigen Wahrscheinlichkeit ein. Die Wahrscheinlichkeit, dass eine Frau unter vierzig Dickdarmkrebs bekommt, liegt laut einer Veröffentlichung der Mayo Clinic bei 0,08 Prozent. Josh erzählt mir solche Dinge, weil ich selber nichts google, was mit Statistiken zu tun hat. Diese Zahl berücksichtigt sowohl Frauen, bei denen die Ursache der Krebsentstehung genetisch bedingt ist als auch solche, bei denen die Krankheit nicht auf eine Erbschädigung zurückzuführen ist. Bei meinem Tumor ließen sich keine genetischen Marker feststellen, was bedeutet, dass die Wahrscheinlichkeit, dass ich an Dickdarmkrebs erkrankte, bei weniger als

0,08 Prozent lag. Mein phänomenaler Internist sagte mir, dass er in seinen siebenunddreißig Berufsjahren noch keinen einzigen Fall gehabt habe, bei dem jemand, der so jung war wie ich, aufgrund nicht genetischer Ursachen an Dickdarmkrebs erkrankt war. Sollte ich mich da nicht als etwas Besonderes fühlen? Immerhin lag die Wahrscheinlichkeit, keinen Dickdarmkrebs zu bekommen, zu jenem Zeitpunkt meines Lebens bei 99,92 Prozent, und es hat mich trotzdem erwischt.

Zahlen bedeuten also nichts. Sie verleihen weder Zuversicht noch verschärfen sie die Situation. Klar, es wäre besser gewesen, wenn bei mir Krebs im Stadium I festgestellt worden wäre und der Tumor nicht gestreut gehabt hätte, aber selbst wenn die Chancen gut für dich stehen, kannst du am Ende doch verlieren. Trotz Joshs Besessenheit, was statistische Wahrscheinlichkeiten anbelangt, sagte er mir immer, wenn entgegen allen Erwartungen eine Außenseiter-Mannschaft ein Football- oder Basketball-Spiel gewann: „Deshalb müssen diese Spiele gespielt werden."

Tja, ich bin hier und spiele das Spiel und beschließe, nicht nach den Vorhersagen der Wahrscheinlichkeitsberechner zu leben und zu sterben. Ich beschließe, den Prozentzahlen keinen Glauben zu schenken, die von irgendwelchen anonymen Forschern auf der Suche nach einem Haufen Daten zusammengetragen wurden. Stattdessen beschließe ich, an mich selbst zu glauben, an meinen Körper, meinen Verstand, meinen Geist, an all die Teile von mir, die schon so geübt darin sind, den Wahrscheinlichkeiten zu trotzen. In der Serie *Friday Night Lights* pflegte Trainer Taylor seiner zusammengewürfelten Football-Mannschaft, den Dillon High School Panthers, zu sagen: „Klare Augen, volle Herzen können nicht verlieren!"

Ich habe klare Augen und ein volles Herz.

4
Gespenster

In den ersten vierundzwanzig Stunden nach meiner Diagnose wurde mein Körper jedes Mal, wenn ich an meine Kinder dachte, von unerbittlichen Schluchzern geschüttelt. Ich hatte mir oft ausgemalt, zu was für Frauentypen meine beiden Mädchen wohl eines Tages heranwachsen würden. Der Gedanke, nicht mehr da zu sein, um zu sehen, ob aus Mia tatsächlich eine kluge, sensible, unnahbare Schönheit und aus Belle ein geselliger, charismatischer Hitzkopf werden würde, sorgte dafür, dass mein ohnehin geplagter Magen noch mehr schmerzte und es mir das Herz zerriss wie nichts anderes je zuvor in meinem Leben. Vor meinem geistigen Auge zu sehen, wie die beiden untröstlich und vergeblich weinend nach mir riefen, damit ich mich in der Nacht zu ihnen legte und ihre Wehwehchen wegküsste, zu sehen, wie sie weinend nach irgendjemandem verlangten, nach wem auch immer, damit er sie so innig lieben möge wie ich, zerriss mein Inneres in eine Million Stücke.

Also hörte ich aus Selbstschutz auf, an sie zu denken. Ich bat Josh, sie nicht ins Krankenhaus mitzubringen, und wenn er es trotzdem tat, hielt ich die seltenen Besuche sehr kurz. Es waren ausnahmslos unerfreuliche Besuche. Mia drängte kurz nach dem Eintreffen schon wieder zum Aufbruch, weil die Schläuche, die aus ihrer Mommy ragten, sie zweifelsohne verängstigten, und Belle wurde zwangsweise meines

Zimmers verwiesen, weil sie uns alle ihrem herzzerreißenden Geschrei aussetzte. Meine beiden Kleinen wurden die Kinder von anderen. Ich wusste, dass meine Eltern und meine Schwester sich gut um sie kümmerten und sie von einer ganzen Schar von Verwandten bespaßt wurden. Das reichte mir. Während jener Tage im Krankenhaus, als ich vom Schock der Diagnose noch total durch den Wind war, daran arbeitete, mich damit abzufinden, und mich von der Operation erholen musste, hatte ich meinen Kindern nichts zu bieten.

In jenen ersten Tagen konnte ich meine Kinder nur als Opfer des Krieges sehen, den ich begonnen hatte, eines Krieges, den ich mir nicht ausgesucht hatte. Wir waren alle Opfer des Krebses, und die beiden hatten es am wenigsten verdient.

Und dann sorgte meine süße, verrückte, unartige Isabelle, das Kind, das zur gleichen Zeit in meinem Körper herangewachsen war wie der Krebs, dafür, dass ich anfing, die Dinge in einem anderen Licht zu sehen.

Nachdem ich aus dem Krankenhaus entlassen wurde, blieben wir noch zwei Wochen in einem gemieteten, möblierten Ferienhaus in der Nähe von Beverly Hills, anstatt direkt nach New York zurückzufliegen. Ich wollte noch ein wenig länger in Los Angeles bleiben, um bei den Ärzten, die mich behandelt hatten, Nachuntersuchungen durchführen zu lassen, mich zu erholen und mit Angehörigen und Freunden zusammen zu sein, die ich sonst nicht oft sehen konnte. Das Haus meiner Eltern lag ungünstig auf der Ostseite der Stadt. Das Haus, das wir mieteten, war günstig und erfüllte seinen Zweck, aber es war alt, schmutzig und dringend renovierungsbedürftig. Und zu alledem spukte es auch noch in dem Haus.

Am zweiten Abend nach unserem Einzug in unser gemietetes Haus sagte Belle auf dem Weg durch den üblichen Verkehr auf dem Olympic Boulevard plötzlich mit ihrer Babystimme: „Mommy, ich habe Angst vor der Dunkelheit." Es war das erste Mal, dass meine ungewöhnlich redegewandte jüngere Tochter, die noch nicht einmal zwei Jahre alt war, gesagt hatte, dass sie Angst vor der Dunkelheit habe. Aber, um ehrlich zu sein, hatte ich aufgehört, mich über die Dinge zu wundern, die aus ihrem Mund kamen, denn ich war zu dem Schluss gekommen, dass viele ihrer altklugen Bemerkungen der Tatsache geschuldet waren, dass sie die jüngere Schwester einer Dreieinhalbjährigen war, die selbst ziemlich scharfsinnig war. „Da sind doch ganz viele Lichter, Belle. Also musst du doch vor der Dunkelheit keine Angst haben", beruhigte ich sie.

Später an diesem Abend bestanden die Mädchen darauf, dass ich mich zu ihnen ins Bett legte, vor allem Belle. Also legte ich mich an die Kante. Belle lag neben mir und Mia neben ihr. Nach ein paar Minuten der Stille richtete Belle sich auf und sagte erneut: „Mommy, ich habe Angst vor der Dunkelheit." In dem Zimmer war es wirklich dunkel, aber immerhin fiel von der Straßenbeleuchtung in schwaches Licht herein. „Mommy ist doch bei dir, Belle. Ich passe auf dich auf. Du musst dich vor nichts fürchten. Jetzt leg dich hin und schlaf!" Sie gehorchte, richtete sich aber ein paar Sekunden später wieder auf und sah sich mit ihren dunklen, durchdringenden Augen in dem Raum um. „Aber Mommy, ich sehe Gespenster." Das war definitiv eine Premiere. Mia gestand, dass sie ihrer Schwester etwas über Gespenster erzählt hatte, und ich glaubte ihr. Einige Monate zuvor hatten sie sich beim Spielen mal Decken über den Kopf gezogen, waren bei helllichtem Tag herumgelaufen und hatten „Buh!" gerufen. Aber dass Belle von Gespenstern redete und diese mit Angst vor der Dunkelheit assoziierte, überstieg doch ein wenig das, was ich von ihr erwarten konnte. Mir lief ein Schauer über die Arme.

In Anbetracht dessen, dass ich eine Woche zuvor operiert worden war und mir intensiv dessen bewusst war, wie viel näher der Tod an mich herangerückt war, fragte ich mich, ob der Todesengel in dem Zimmer war und ob mein hellsehendes Kind ihn sehen konnte.

In den darauffolgenden zehn Tagen hielt Belle immer mal wieder inne, egal, was sie gerade in dem Haus tat, und starrte mit diesem Blick in ihren Augen, der uns sagte, dass sie etwas sah, das wir nicht sehen konnten, auf eine bestimmte Stelle. Einmal fragte sie das, was sie sah: „Warum bist du zurückgekommen?"

Ein anderes Mal, als unsere langjährige Babysitterin Belle das Telefon ans Ohr hielt, damit sie deren Schwester Hallo sagte, was sie zuvor schon Dutzende Male getan hatte, erzählte Belle ihr, bevor sie etwas sagen konnte: „Ich sehe in diesem Zimmer ein Gespenst." Nachdem wir das Haus verlassen hatten, starrte Belle nie wieder irgendwo eine bestimmte Stelle an und redete nie wieder von Gespenstern. Aber ich habe keinerlei Zweifel daran, dass mein Kind in diesem gemieteten Haus irgendetwas gesehen hat. Ob es der Todesengel, ein Schutzengel oder ein anderer zufällig erschienener Geist war, weiß ich nicht. Aber ich weiß, dass meine Belle besonders ist, dass ihr etwas Magisches innewohnt.

Und nach meiner Entlassung aus dem Krankenhaus änderte sich Belles Verhalten mir gegenüber. Sie wurde eine Zeit lang ungewöhnlich anhänglich. Ich führte das auf die lange Trennung durch meinen Krankenhausaufenthalt zurück. Irgendwann ließ ihr intensiver Drang, mir nahe zu sein, schließlich nach. Jetzt kommt sie zum Beispiel plötzlich von hinten, schlingt ihre Arme um meinen Hals und drückt mich gut zehn Sekunden fest an sich, und zehn Sekunden sind für ein zweijähriges Kind eine lange Zeit. Manchmal drückt sie mir auch unvermittelt einen dicken, nassen Kuss auf den Mund und umarmt mich fest. Dann blicke ich ihr in dem Augenblick, bevor sie wieder weglaufen will, in die Augen und frage sie: „Wird es Mommy wieder gut gehen, Belle?"

Darauf antwortet sie immer „Ja".

Belle ist zu jung, um zu verstehen, dass ihre Mommy krank ist, aber ich glaube, dass ein Teil ihrer alterslosen Seele begreift, was los ist. Wenn Belle mich umarmt, fühlt es sich an, als ob sie mir etwas von sich selbst gibt: von ihrer Hoffnung, ihrer Freude, ihrer Lebenskraft.

Als Belle anfing, Gespenster zu sehen, erinnerte ich mich an ein Gedicht, das ich in der Highschool gelesen hatte: „Ode: Hinweise auf die Unsterblichkeit" von William Wordsworth, dem Dichter der Romantik. In dem Gedicht bringt er die Vorstellung zum Ausdruck, dass Kinder mit ihrer Unschuld, ihrer Reinheit und dem Wissen, dass sie einfach nur von Gott abstammen, bei ihrer Geburt „Wolkenglanz und Glorienschein" nach sich ziehen. Erst der Prozess des Heranwachsens und der korrumpierende Einfluss der Gesellschaft und des Lebens beraubt sie, so Wordsworth, ihrer angeborenen engelsgleichen Güte, ein Stadium, das er in seinem Gedicht beschreibt als ihre „Zeit, wo auf den Gräsern und den Blumen lag der Glanz der Herrlichkeit".

Und was ist mit uns Erwachsenen, deren Momente, in denen wir Wolkenglanz und Glorienschein nach uns zogen und auf den Gräsern und den Blumen der Glanz der Herrlichkeit lag, längst vergangen sind? Was ist mit denen von uns, die durch geplatzte Träume plötzlich bleibende Narben davongetragen haben und die vielleicht angesichts einer Krankheit und eines drohenden Verlusts von der eigenen Bitterkeit zerfressen werden? Was sollen wir tun? Wordsworth hat einen Rat für uns:

„Auch wenn das Licht, das mal so strahlend war,
mir immer nun ist unsichtbar,
auch wenn mir nichts kann wiederbringen jene Zeit,
wo auf den Gräsern und den Blumen lag der Glanz der Herrlichkeit,
so wollen wir vergessen jetzt die Kümmernis
und finden eher Kraft in dem, was bleibt und ist:
Im Mitgefühl, dem Grundvertrauen,
erfahren mal, auf die Erfahrung ist zu bauen, –
in tröstenden Gedanken, die uns quellen,
sobald wir Leid und Not uns müssen stellen, –
im Glauben, dessen Blick die Wand des Todes kann durchdringen, –
und in den Jahren, die uns Weisheit bringen."

In der Tat wollen wir nicht dem nachtrauern, was verloren ist, sondern die Kraft in dem finden, was bleibt und ist, durch die Bindungen menschlichen Mitgefühls, das gemeinsamem Leid entspringt, und im Glauben daran, dass es etwas Größeres gibt, als wir es uns vorstellen können. Und die Kraft in dem zu finden, was bleibt und ist, bedeutet zweifellos auch, dass wir die Magie und das Wunderbare unserer starken Kinder wiederentdecken und uns beim Durchschreiten unserer dunkelsten Stunden von ihnen helfen lassen.

5
Die Kriegsführung und die Waffen

Das Absurde bei dem Ganzen ist, dass ich vor dieser verdammten Diagnose so gut in Form war wie nie zuvor in meinem Leben. Ich trainierte an fünf Tagen die Woche. Exakt drei Wochen nach meiner Operation rannte ich schon wieder zwanzig Minuten auf dem Laufband. Während des Trainings wuchs meine Wut auf den Krebs. Ich schrie die Krebszellen an: „Wie könnt ihr es wagen, meinen Körper zu verraten! Wie könnt ihr es wagen, mich meinem Mann, meinen kleinen Mädchen und allen anderen wegzunehmen, die mich lieben und brauchen! Ich werde euch aufspüren und euch zerstören!" Ich schrumpfte auf die Größe der Krebszellen und begann sie mit bloßen Händen zu würgen und in ihre DNA selbst hineinzugreifen. Dann stellte ich mir vor, wie die Chemotherapie mir ein Schwert gab, mit dem ich die Krebszellen in Milliarden Stücke zerschmetterte. Andere Male hatte ich ein Gewehr. Aber nichts war so befriedigend, wie sie mit bloßen Händen zu zerquetschen.

Die Chemotherapie beginnt bald, denn es gibt Grund zur Annahme, dass sie umso effektiver ist, je früher man damit startet. Mein FOLFOX genanntes Therapieschema besteht aus einer Kombination von drei Wirkstoffen, von denen einer – Oxaliplatin – sehr stark ist. Häufig auftretende Nebenwirkungen sind: Neuropathie (Taubheitsgefühl und Kribbeln, einschließlich extremer Kälteempfindlichkeit in den Händen und Füßen), Übelkeit, Durchfall, Müdigkeit, ein geschwächtes Immunsystem, Schmerzen im Mund,

Haarverlust. *Ja, Haarverlust. Schrecklich!* Also werde ich mir eine Perücke kaufen.

Ich gehe alle zwei Wochen ins Krankenhaus. Dort wird mir über einen Portkatheter (der mir im oberen Brustbereich implantiert wird) zwei Stunden lang intravenös als Infusion Oxaliplatin verabreicht. Anschließend gehe ich mit einer Pumpe nach Hause, mittels der mir während der folgenden zwei Tage die anderen beiden Wirkstoffe als Infusion zugeführt werden.

Der Arzt hat mir zudem dringend geraten, meine Ernährung auf eine pflanzenbasierte Kost umzustellen und jeglichen raffinierten Zucker von meinem Speiseplan zu streichen. Er hat zwar gesagt, es gebe keine fundierten wissenschaftlichen Erkenntnisse, die die Annahme stützen, dass eine solche Ernährungsweise das Krebsrisiko oder das Risiko eines Wiederauftretens von Krebs verringere, aber ich dachte, dass es ja nicht schaden könnte, mich an den Rat zu halten. Das Wichtigste sei, so teilte uns der Arzt mit, dass es wirklich guten Grund zur Hoffnung gebe. Mein Alter, meine körperliche Verfassung, die Tatsache, dass alle sichtbaren Anzeichen meiner Krebserkrankung chirurgisch entfernt worden seien, und die Fortschritte bei der Chemotherapie seien alles Faktoren, die sich zu meinen Gunsten auswirkten. Angesichts nagender Selbstzweifel und Unsicherheit nicht den Glauben zu verlieren und zuversichtlich zu bleiben, ist definitiv der schwierigste Part, mit einer Krebserkrankung umzugehen. Doch meinen Verstand zu überlisten, ist nicht gerade meine Stärke. Das Leben, das ich gelebt habe, hat mich gelehrt, eine ziemlich schonungslose Realistin zu sein.

6
Abmachungen mit Gott

Ich bin nicht als Mitglied einer Religionsgemeinschaft aufgewachsen. Am nächsten kam ich religiösen Angelegenheiten, wenn meine Mutter den seit Generationen in unseren angestammten chinesischen Dörfern verehrten buddhistischen Göttern Opfer darbrachte oder am ersten und fünfzehnten Tag eines jeden Mondmonats die Geister meiner Vorfahren mit Opfergaben bedachte. Ich stand dann vor den Früchten – und bei besonderen Anlässen wie dem chinesischen Neujahrsfest vor dem pochierten Hühnchen, gebratenen Fisch und Reis –, hielt den brennenden Weihrauch und bat die Götter und meine Vorfahren um Dinge wie gute Schulnoten, die Möglichkeit, das College meiner Wahl besuchen zu dürfen, und natürlich um Gesundheit und Wohlstand für meine Familie.

Während der Beerdigung meiner Urgroßmutter, als ich zehn war, und der Beerdigung meiner Großmutter, als ich zwanzig war, habe ich die Sprechgesänge, die Verbeugungen und das Knien meiner Eltern, Onkel, Tanten, Großonkel und Großtanten, die alle ihre weißen Gewänder und Kopfschmuck trugen, einfach so imitiert und mitgemacht. Die philosophische Bedeutung dieser Rituale verstand ich nicht. Und die paar Male, bei denen ich mir die Mühe machte, meine Mutter zu fragen, konnte sie es mir auch nicht erklären. Niemand in unserer Familie ging in den Tempel, außer vielleicht am Neujahrstag, und niemand las religiöse Texte. Unsere quasi-religiösen Praktiken hatten ihre Wurzeln eher in den jahrhundertealten kulturellen und mythischen

Traditionen des Dorflebens als in den esoterischen Lehren Buddhas und seiner Schüler, waren also nicht so geprägt, wie das religiöse Leben der jüdisch-christlichen Glaubensgemeinschaften des Westens. Doch in der Schule kam ich nicht darum herum, auch einige Lehren dieser anderen Religionen aufzunehmen, da in fast allen Gedichten, Theaterstücken, Kurzgeschichten und Romanen, die wir im Englischunterricht lasen, biblische Anspielungen vorkamen. Im Geschichtsunterricht erfuhr ich schließlich, dass der Judaismus und das Christentum die Entwicklung und den Weg der westlichen Zivilisation geprägt hatten.

Mit der Zeit glaubte ich also ein bisschen an alles und entwickelte meine eigene spirituelle und philosophische Herangehensweise ans Leben. Ich glaube an meine Vorfahren und daran, dass ihre Seelen über mich wachen. Und ich glaube an Gott, vielleicht nicht unbedingt an das Bild von Gott, wie es in der Bibel dargestellt wird, aber dennoch an ein allwissendes und allmächtiges Wesen. Ich glaube, dass Gott jenseits dessen ist, was mein kleines, beschränktes menschliches Gehirn begreifen kann, aber vielleicht ist meine grenzenlose Seele in Momenten größter Klarheit, in Momenten, die Buddha als die äußeren Grenzen der Erleuchtung bezeichnet, so gerade in der Lage, etwas zu erfassen. Der Einfachheit halber nenne ich all diese unsichtbaren Mächte *Gott*.

Während meiner Kindheit und Jugend habe ich viel mit Gott gesprochen (und ihn angeschrien), vor allem in schlaflosen Nächten, in denen ich wütend Antworten auf meine Fragen verlangte, die im Grunde alle auf eine einzige Frage hinausliefen: *Warum ausgerechnet ich?* Natürlich hat sich seit Menschengedenken jeder diese Frage gestellt. Aber bei jedem stecken unterschiedliche Dinge dahinter. In meinem Fall lautete die Frage: Warum bin *ich* mit einem angeborenen Grauen Star zur Welt gekommen? Warum war *ich* gezwungen, ein durch Blindheit eingeschränktes Leben zu leben? Warum war ich für immer dazu verdammt, nicht mein volles Potenzial entfalten zu können? Immerhin hätte aus mir eine erfolgreiche Tennisspielerin werden können oder eine Spionin im Dienst der CIA oder eine legendäre Taucherin, so berühmt wie Jacques Cousteau. Warum durften alle meine Cousins, Cousinen, Freunde und Freundinnen Auto fahren und ich nicht? Warum waren all diese hübschen, wenn auch hirnlosen Mädchen immer von den attraktivsten Jungs umgeben, während ich wegen meiner dicken Brillengläser gemieden wurde? Ja, all diese Dinge, die einem beim Erwachsenwerden mit einer Sehbehinderung so wehtun, wurden zu einem gefundenen Fressen für meine wütenden Tiraden, die ich Gott entgegenschleuderte. Gott hatte mir *viele* Fragen zu beantworten.

Ich hörte genau zu, was er mir antwortete. Ich suchte mit meinem Verstand und meinem Herzen nach den Antworten auf meine Fragen. Ich fand sie schließlich im Laufe vieler Jahre. Ich gab mich dem Glauben an ein universelles Gleichgewicht hin, etwas, an das die Chinesen stark glauben und das sich in dem Prinzip des Yin und Yang manifestiert (zum Beispiel Mann und Frau, Erde und Himmel, Sonne und Mond, Gut und Böse). Nach dem karmischen Prinzip ist das Universum so geordnet, dass alle Dinge ins Gleichgewicht zurückkehren, und dieses Gleichgewicht wird – und *muss* sogar – eintreten.

Und so traf ich in meinen vielen schlaflosen Nächten eine Abmachung mit Gott. „Okay, Gott, wenn du mir diese Last aufbürdest, verlange ich eine Kompensation. Ich möchte, dass das Gleichgewicht meines Lebens wiederhergestellt wird. Für alles, was schlecht ist – und du musst zugeben, dass so eine starke Sehbehinderung eine starke Beeinträchtigung ist –, musst du mir etwas Gutes geben. Und das ist das ‚Gute', durch das ich dafür, dass du mir diese Bürde auferlegt hast, kompensiert werden will: Ich möchte die großartigste Liebe finden, die es auf dieser Welt gibt. Ich möchte jemanden finden, der mich bis ans Ende meiner Tage kompromisslos und beispiellos liebt." Das war meine einseitige Abmachung, die ich immer wieder mit Gott traf.

Ich glaube, ich war wie die meisten Teenager-Mädchen erfüllt von romantischen Vorstellungen, inspiriert durch Romane von Barbara Cartland und Groschenheftromanzen. Mein Vater verbat mir, irgendetwas zu lesen, das er in seinem gebrochenen Englisch als „Ich-liebe-dich-Bücher" bezeichnete. Also überklebte ich die kitschigen Buchumschläge mit weißem chinesischem Kalenderpapier, und er ließ mich in Ruhe von meinem Traummann träumen. Es hatte durchaus gewisse Vorteile, Eltern zu haben, die kein Englisch lesen konnten. Von all den Dingen, die ich mir im Rahmen meines Deals mit Gott hätte wünschen können, entschied ich mich für die Liebe, denn Liebe zu finden, erschien mir als etwas Unerreichbares. Liebe zu finden, erschien mir als etwas, das sich meiner Kontrolle entzog, als etwas, das absolut vom richtigen Timing und vom Schicksal abhängt. Liebe zu finden war nicht so wie ein gutes Schulzeugnis zu bekommen, das man sich durch persönlichen Willen und eigene Anstrengungen erarbeiten kann. Doch vor allem hielt ich es für unerreichbar, die Liebe meines Lebens zu finden, weil ich mich für nicht liebenswert hielt. Ich meine, wer würde mich angesichts der körperlichen Beeinträchtigung, unter der ich litt, je haben wollen? Wer würde sich mich mit meiner Beeinträchtigung schon freiwillig auf den Hals laden und sich damit selbst das Leben schwer machen? Welcher begehrenswerte Mann wäre wohl gern gezwungen, mich durch die Gegend zu fahren, mir Speisekarten vorzulesen, mir die Treppen hinunterzuhelfen, von Paarsportarten wie Tennis ausgeschlossen zu sein und ertragen zu müssen, wie die Mitglieder seiner Familie und seine Freunde dieses unbeholfene Mädel mit den dicken Brillengläsern, das er sich zur Frau genommen hat, anstarren? Niemand, dachte ich.

Aber Gott ließ sich auf meine Abmachung ein!

Er ließ diesen großen, (irgendwie) dunklen, gut aussehenden und brillanten Mann in mein Leben treten: Josh. So unwahrscheinlich es auch sein mochte, dass dieser protestantische typische Mittelschicht-Südstaatler vor all den Jahren ahnungslos in das Büro dieser jungen vietnamesischen Einwanderin mit der Sehbehinderung stapfte, das sich im dreiundvierzigsten Stock eines noblen Wolkenkratzers in Lower Manhattan befand – die Kräfte des Universums (alias Gott) ließen es geschehen. Ich weiß, dass viele Menschen diese Art von Liebe, die Josh und mich verbindet, niemals finden, eine Liebe, die von Anfang an durch unglaubliche Herausforderungen auf die Probe gestellt und gestärkt wurde (die den lebensbedrohlichen Herausforderungen, mit denen wir jetzt konfrontiert sind, nicht unähnlich waren). Ich fand von Anfang an, dass Josh das gütigste und großzügigste Herz hatte, das ein Mensch nur haben kann (so makelbehaftet wir auch beide sein mögen), und ich habe mich immer nach Kräften bemüht und bemühe mich immer noch, sein Herz vor jedem und allem zu beschützen, das ihn bedroht. Das ist das Mindeste, was ich für diesen Mann tun kann, der mich so hingebungsvoll liebt. Für diesen Mann, der immer dafür sorgt, dass meine Wasserflasche gefüllt ist und der mich ins Bett bringt, wenn ich auf dem Sofa eingeschlafen bin. Für diesen Mann, der mir immer die Speisekarten vorgelesen hat, als wäre es das Natürlichste auf der Welt. Für diesen Mann, der mich einfach so liebt, wie ich bin.

Aber vor Krebs und all den schlechten Dingen, die sich meiner Kontrolle entziehen, kann ich ihn nicht beschützen. Ich kann ihn nicht vor der ihn inzwischen ständig begleitenden Angst beschützen, ohne mich leben zu müssen. Ich kann ihm dieses Gefühl der absoluten Hilflosigkeit nicht nehmen. Ich kann ihm nicht versprechen, dass ich diesen Krieg gewinnen werde. Ich hasse es zutiefst, was dieser Krebs ihm antut. Ich hasse es, wie er ihn zum Weinen bringt, ihn wütend macht und verzweifeln lässt. Ich hasse den Krebs stärker für das, was er Josh zufügt, als für das, was er mir zufügt.

Seit meiner Diagnose scheint sich die Angst um Josh und um meine Lieben in jedem Molekül meines Körpers eingenistet zu haben. Warum hat er am Wochenende so viel geschlafen? Könnte er Krebs haben? Was hat es mit den Handgelenkschmerzen und den Verdauungsbeschwerden auf sich, über die er klagt? Um meine Kinder mache ich mir ähnliche Sorgen. Hat Belle einen Gehirntumor, weil sie einmal das Gleichgewicht verloren hat? Hat Mia Krebs, weil ihr Stuhl neulich merkwürdig aussah? Krebs ist so heimtückisch, dass er deine Gedanken in jedem wachen Augenblick attackiert. Krebs ist weniger eine Krankheit als der Feind unserer Existenz, indem er dafür sorgt, dass unser Körper sich gegen uns wendet. Jedes noch so kleine Quäntchen Sicherheitsgefühl, das ich je verspürt habe, ist völlig zerstört. Wenn Krebs und schlimmer Mist einmal zugeschlagen haben, können und werden sie wieder zuschlagen. Das weiß ich.

Deshalb liege ich jetzt nachts wach, höre die Stimmen in meinem Kopf diese Fragen schreien und frage mich, was für furchtbare Dinge mir und meiner Familie als Nächstes widerfahren werden. Und dabei finde ich mich dabei wieder, eine andere Abmachung mit Gott zu treffen, wobei ich mich auf meine vor langer Zeit gehegten Vorstellungen über das Gleichgewicht zwischen Gut und Böse besinne. Was bleibt mir in einer Welt, in der ich nichts unter Kontrolle habe, anderes übrig, als zu reden, zu schreien, zu schimpfen und Gott anzuflehen? Ich sage zu ihm: „Wenn du mir wieder diesen Mist antust, wenn du mir noch mehr Übel antust, mit dem ich in meinem Leben klarkommen muss, von mir aus. Ich komme damit zurecht. Das weißt du ja. Aber meinen Mann, meine Kinder, meine Geschwister, alle, die ich liebe – verschone sie! Verdammt! *Lass sie in Ruhe!* Mach mit mir, was du verdammt noch mal willst, aber wag es nicht, dich an ihnen zu vergreifen!"

In einer Selbsthilfegruppe sagte mir eine Frau, dass meine Abmachungen mit Gott meine Art und Weise seien zu beten. Ich habe sie nie als solches betrachtet, denn ich hatte immer ein angespanntes Verhältnis zu Gott. Aber egal, ob es nun Gebete oder Abmachungen waren, er hat mich erhört und seinen Teil des Deals bereits einmal eingehalten. Natürlich kann ich Gott nicht sagen, was er zu tun hat, und ganz offensichtlich gibt es gewisse Unvermeidlichkeiten im Leben wie Krankheit und Tod im fortgeschrittenen Alter, aber Gott weiß, wovon ich rede, und ich hoffe, dass er seinen Teil der Abmachung auch dieses Mal erfüllt.

7
CEA, PET, MRI …

Wie bereits erwähnt, dreht sich in meinem Leben jetzt alles um Zahlen. Wahrscheinlichkeiten, Datenpunkte, Lebenserwartungsquoten. Aber wenn man Darmkrebs hat, bestimmt vielleicht keine Zahl stärker darüber, wie man sich fühlt, als die Zahl, die aufgrund einer Blutuntersuchung Aufschluss über das Stadium der Krankheit gibt. Dieser Wert heißt CEA, und die Abkürzung steht für carcinoembryonales Antigen, ein schickes Wort für ein spezifisches Protein, das von Tumoren freigesetzt wird, insbesondere von Darm- und Rektumtumoren.

Sinkt dein CEA-Wert, sorgt der menschliche Hoffnungstrieb dafür, dass du dich besser fühlst. Steigt dein CEA-Wert, spürst du vielleicht noch intensiver als sonst, wie sehr sich dein Weg von dem Pfad der Lebenden abzuzweigen beginnt.

Vier Monate nach meiner Diagnose hatte ich einen CEA-Wert von 19,8 ng/ml. Das bedeutete, dass er während des zweiten Monats der Chemobehandlung um 1 ng/ml gesunken war, wohingegen er im ersten Behandlungsmonat um 6 ng/ml gefallen war. Obwohl in den Dickdarmkrebsforen und in den Selbsthilfegruppen alle sagen, dass der CEA-Wert bekanntermaßen ein unzuverlässiger Tumormarker sei und während der Chemotherapie sogar ansteigen könne, war ich aufgebracht, was sicher auch daran lag, dass ich generell immer alles perfekt machen will, also immer die Bestnote anstrebe, die vollen 100 Prozent. Als ich unter Schwangerschaftsdiabetes litt, habe ich wie besessen daran gearbeitet, meinen Zuckerspiegel durch Ernährung, Sport und schließlich Insulinspritzen in den optimalen Bereich zu bekommen und am Ende zwei vollkommen gesunde und nicht zu große Babys zur Welt gebracht.

Doch vor allem war ich aufgelöst, weil ich überzeugt war, dass der nicht schnell genug absinkende CEA-Wert nahelegte, dass ich unter metastasierendem Krebs litt. Nachdem ich die Ergebnisse bekommen hatte, bat ich um ein Gespräch mit dem Onkologen. Sein Rückruf ließ einige Stunden auf sich warten, weshalb ich meinem Chirurgen an der UCLA, der Uniklinik in Los Angeles, der gar nicht mehr mein Arzt war, eine Textnachricht schickte. Er rief mich innerhalb weniger Minuten zurück und sagte, dass wir den CEA-Wert natürlich gerne lieber niedriger haben wollten, weshalb er um meines und Joshs Seelenfrieden willen empfehle, eine PET durchführen zu lassen. Bei der PET, einer Positronen-Emissions-Tomografie, wird dem Körper zusammen mit einer radioaktiven Markierungssubstanz Glucose zugeführt. Krebszellen verbrauchen die Glucose, was dazu führt, dass die Markierungssubstanz aufgrund der Stoffwechselaktivität der Krebszellen aufleuchtet.

Für andere Krebspatienten sollte ich hier erwähnen, dass eine nicht unerhebliche Anzahl von Einrichtungen (unter anderem die Krebsklinik Memorial Sloan Kettering Cancer Center) nicht an die Aussagekraft von PET-Aufnahmen glauben (zumindest nicht bei Dickdarmkrebs), weil man dort der Meinung ist, dass Computertomografien effektiver sind und eine PET mit einer größeren Wahrscheinlichkeit falsche Positivbefunde hervorbringt. Als ich in der Sloan-Kettering-Klinik eine Drittmeinung einholte, teilte man mir mit, dass dort ausschließlich CTs durchgeführt würden, jedoch erst nach Beendigung der Behandlung (es sei denn, es träten Symptome auf, die es angeraten erscheinen ließen, bereits früher eine CT durchzuführen).

Mein Onkologe sah die Sache so wie der UCLA-Chirurg. Er bestellte mich für den folgenden Montag zu einem weiteren CEA-Test ein. Danach sollte, je nach Ergebnis, die PET folgen.

Ich grübelte die ganze Woche lang über meinen CEA-Wert von 19,8 ng/ml nach. Er nagte an mir. Der Wert zog mich runter. Ich hatte mehrere Weinkrämpfe, was bei mir dieser Tage kaum noch vorkommt. Josh spielte unser Lied („Beautiful in My Eyes" von Joshua Kadison). Das Lied hat er bei unserem Hochzeitsempfang für mich gesungen. Ich musste heftig schluchzen, als ich an jenen Tag voller Verheißungen und wunderbarer Möglichkeiten zurückdachte, an dem wir unsere Gelübde ablegten, in Zeiten von Krankheit und Gesundheit zusammenzubleiben, jedoch keine verdammte Ahnung hatten, was das Leben für uns bereithielt und was es tatsächlich bedeutet, einer wirklich schlimmen Krankheit zu trotzen. Das verstehen wir zwar immer noch nicht voll und ganz, aber mit Sicherheit besser als damals am Tag unserer Hochzeit. Mir gingen immer wieder Gedanken durch den Kopf, dass Josh – wie John Edwards – Trost in den Armen einer anderen Frau finden könnte, um sich von dem Stress abzulenken, der damit verbunden ist, sich um eine kranke Ehefrau kümmern zu müssen. Ich glaube zwar nicht, dass Josh mich in diesem Stadium betrogen hätte, aber man kann nie wissen, wie ein Mann auf Kummer reagiert.

Hier möchte ich kurz innehalten und auf die Sache mit Josh und einer anderen Frau eingehen. Wir haben offen darüber geredet, dass Josh wieder heiraten könnte, wenn ich es nicht schaffen sollte. Ich nenne diese hypothetische Frau liebevoll die Zweitschlampe. Ich habe Verständnis dafür, dass Josh, falls ich sterbe, Gesellschaft braucht und meine Mädchen eine Mutterfigur benötigen, und das ist für mich in Ordnung. Aber fürs Protokoll, und um es einfach mal loszuwerden und ganz klar zu sagen: Jede Frau, die sich in unsere Beziehung einmischt, solange ich noch lebe, kriegt es mit mir zu tun. Dieser Frau und der Zweitschlampe (sofern es sich nicht um ein und dieselbe Frau handelt) verspreche ich hiermit: Falls du Josh und meine Kinder reinlegen solltest, während ich noch lebe oder schon tot bin, falls du eine Möglichkeit finden solltest, meine hieb- und stichfesten Nachlassfestlegungen zu umgehen und das Vermögen meiner Kinder in deine schmutzigen kleinen Hände schaufelst oder irgendeinem der drei anderweitig Schaden zufügen solltest, werde ich dich aus dem Jenseits heimsuchen und es dir heimzahlen.

Wo waren wir stehen geblieben? Ach ja, es war eine harte Woche, in der ich auf den nächsten CEA-Test wartete. Als der Tag gekommen war, wurde mir um 11:30 Uhr Blut abgenommen. Um 15:30 mailte die Krankenschwester mir das Ergebnis. „Was sagen Sie zu der guten Nachricht? Ihr CEA-Wert lautet 1,8 ng/ml. Das ist ein normaler Wert!" Ich konnte es nicht glauben. Normal? Konnte es möglich sein, dass der Wert in nur einer Woche so drastisch gefallen war? Möglich, aber unwahrscheinlich, fürchtete ich. Ich suchte den Arzt noch am gleichen Tag noch einmal auf. Er zweifelte ebenfalls an dem Ergebnis und ließ die Blutprobe noch einmal untersuchen. Und da ich schon mal da war, ließ er mir nochmals Blut für eine weitere CEA-Bestimmung abnehmen. Diese Blutabnahme fand um 16:30 Uhr statt. Der CEA-Wert der erneut getesteten Blutprobe betrug 17,8 ng/ml! Wie konnte ein Labor so einen Mist bauen? Die CEA-Bestimmung der zweiten Blutprobe ergab einen Wert von 16,5 ng/ml. Ich sagte dem Arzt, dass es ja super sei, dass der Wert gesunken war, wollte jedoch wissen, wie es sein könne, dass bei ein und derselben Person innerhalb von fünf Stunden so eine Diskrepanz der CEA-Werte festgestellt werde? Er hatte keine befriedigende Antwort darauf und verwies nur darauf, dass CEA-Messungen nun mal unzuverlässig seien und wir nicht so viel darauf geben sollten.

Da mein CEA-Wert immer noch erhöht war, vereinbarte ich einen Termin für die PET-Untersuchung. Sie fand unmittelbar nach einer Reise nach Washington, D. C. anlässlich einer Darmkrebsveranstaltung statt. Die Ergebnisse bekam ich erst nach dem Wochenende. Zumindest war an jenem Wochenende für Abwechslung gesorgt, denn Joshs Eltern kamen zu Besuch, und am Samstag feierten wir Mias Geburtstag. Ja, das Leben geht weiter, ob mit Krebs oder ohne.

Auf der Aufnahme der PET-Untersuchung leuchteten zwei Flecken, einer links von der Wirbelsäule am Lendenmuskel und einer im rechten Beckenbereich. Dr. A.C. meinte, dass der Fleck am Lendenmuskel wahrscheinlich nichts sei. Um weitere Klarheit zu haben, wollte er, dass ich eine MRT-Untersuchung des Bauchraums und des Beckens durchführen ließ. Josh und ich stellten jede Menge Fragen. Hätte der Chirurg diese Stellen während der Operation sehen müssen? *Nicht unbedingt.* Hätte man diese Flecken auf den CT-Aufnahmen sehen können, die direkt nach der Operation gemacht worden waren? *Nein.* Ist diese MRT-Untersuchung schlimm? *Nein.* Wird sie wieder gesund, und damit meine ich … *Ich weiß, was sie meinen. Ja, ich glaube, sie kann geheilt werden.*

Ich bewundere Josh dafür, dass er den Mut hatte, diese letzte Frage zu stellen. Und ich bewundere den Arzt dafür, dass er so eine Antwort gegeben hat. Das war schön zu hören, aber ehrlich gesagt bedeutet diese Antwort mir nicht viel. Es ist nicht so, als ob ich nicht den Mut hätte zu fragen, ob ich geheilt werden kann, aber ich denke, dass die Antwort irrelevant ist, egal, wie sie ausfällt. Krebs ist eine dynamische Krankheit. Ärzte sind nicht allwissend. Die Antwort, die man an einem Tag erhält, ist nicht unbedingt die gleiche, die man am nächsten Tag bekommt.

Aber ich war trotzdem optimistisch und fühlte mich gut. Der Fleck am Lendenmuskel war wahrscheinlich gar nichts, und der im rechten Beckenbereich war, falls es sich überhaupt um Krebs handelte, vermutlich nur ein krebsbefallener Lymphknoten, aber die MRT-Untersuchung würde uns mehr verraten.

Aus irgendeinem Grund vereinbarte die Sekretärin den Termin für die MRT-Untersuchung mit Josh. Er wollte unbedingt, dass sie sofort gemacht wurde. Der einzige verfügbare Termin war am darauffolgenden Tag um 19.45 Uhr, und Josh sagte zu. Nachdem ich den sechsten Behandlungszyklus der Chemotherapie hinter mich gebracht hatte, gingen Josh und ich zu der Praxis an der First Avenue, in der die MRT-Untersuchung durchgeführt werden sollte. Josh fuhr nach Hause, um unser Kindermädchen abzulösen und Belle und Mia noch zu sehen, bevor sie in Bett gebracht wurden. Die MRT-Untersuchung dauerte etwa fünfundvierzig Minuten. Ich musste mich in eine Röhre legen, die mich an einen Sarg erinnerte und mich daran denken ließ, in der Erde begraben zu sein – stärker noch, als bei der PET-Untersuchung, weil das MRT-Gerät noch schmaler und einengender ist als das PET-Gerät. Das Einzige, was mich nicht an ein Grab erinnerte, war das kontinuierliche Klopfen und Rattern des Geräts, das manchmal meinen ganzen Körper auf der Liege zum Vibrieren brachte. Außerdem musste ich wiederholt ein- und ausatmen und die Luft ziemlich lange anhalten. Um kurz nach 21 Uhr war ich fertig, nahm die U-Bahn und war erst nach 22 Uhr zu Hause. Es war ein langer, anstrengender Tag gewesen.

Am Nachmittag des nächsten Tages bekam ich die MRT-Ergebnisse. Der Fleck am Lendenmuskel, den sowohl der Chirurg als auch der Onkologe für aller Wahrscheinlichkeit nach harmlos gehalten hatten, ist nicht harmlos. Die Aufnahmen zeigen an dieser Stelle zwei krebsbefallene Lymphknoten, von denen der eine nekrotisch (das heißt, die Krebszellen sind tot) und der andere lebendig ist. Jetzt verstehen Sie, warum ich nicht viel auf die Prognosen von Ärzten gebe.

Ich leitete den MRT-Bericht an Josh weiter. Nach Durchsicht der Aufnahmen ist er „rational optimistisch". Dass meine Organe nicht befallen sind, ist gut, und dass nur zwei Lymphknoten befallen sind, scheint keine große Sache zu sein. Aber Sie beginnen sicher zu verstehen, wie absurd all dieses Aufspüren und Mutmaßen sein kann. Diesmal bin ich diejenige, die nicht so optimistisch ist. Es ist ein merkwürdiger Rollentausch. Dies liegt vor allem daran, dass man Geschwülste am Bauchfell auf PET- und MRT-Aufnahmen nicht verlässlich erkennen kann. Der eine Tumor außerhalb meines Darms, der während meiner Operation entdeckt und entfernt wurde, war eine Abtropfmetastase am Bauchfell oberhalb der Blase. Die neu entdeckten kanzerösen Knoten befinden sich wahrscheinlich ebenfalls dort.

Es hat von Anfang an geheißen, dass ich eine gute Kandidatin für etwas sei, das sich HIPEC nennt – die Abkürzung für Hypertherme Intraperitoneale Chemotherapie –, eine strapaziöse Prozedur, bei der der Bauchraum zur Tumorentfernung weit aufgeschnitten und die Bauchhöhle anschließend neunzig Minuten lang mit einer erhitzten Chemotherapie-Lösung ausgespült wird. Das klingt genauso sadistisch und verzweifelt, wie es ist. Unter Krebskranken ist diese Prozedur auch als „shake and bake" – „zittern und backen" – bekannt. Der Schnitt ist übel, und der Genesungsprozess ist hart. Ich habe das Gefühl, dass diese MRT-Ergebnisse mich sehr viel näher an eine HIPEC-Operation herangerückt haben, und das stimmt mich nicht froh.

Ich habe Josh gesagt, dass die Gefahr, die von dem Krebs für mich ausgeht, hinreichend groß sein muss, bevor ich mich einer HIPEC-Operation unterziehe. In Anbetracht der begrenzten Möglichkeiten, auf MRT- und PET-Aufnahmen Peritonealtumore zu erkennen, scheint es in jedem Fall unausweichlich, dass bei mir ein diagnostischer laparoskopischer Eingriff durchgeführt wird, bei dem ein Chirurg ein optisches Instrument in den Bauchraum führt und sich dort umsieht. Ursprünglich hatte ich gedacht, aus rein systematischen Gründen mit Krebs im Stadium IV diagnostiziert worden zu sein, und zwar aufgrund der winzigen Abtropfmetastase am Bauchfell – einer nicht zirkulierenden Invasion, weil es sich buchstäblich um eine Abtropfung von Tumorzellen des Primärtumors handelte, und nicht um Krebs, der sich über das lymphatische System verbreitet. Ich hatte mich eher als eine Krebspatientin im Stadium IIIC als im Stadium IV gefühlt. Jetzt bestätigen diese MRT-Ergebnisse, dass ich zu Recht als Stadium-IV-Patientin eingestuft worden war und unter metastasierendem Krebs litt. Das sind alles nur Zahlen, ich weiß, aber so sehr ich ihre Bedeutung auch leugnen möchte – Zahlen haben eine gewisse Aussagekraft.

Denn metastasierender Krebs ist fast nie heilbar.

8
Die Bereicherung, die Reise allein zu machen

Der fünfte Behandlungszyklus der Chemotherapie fand an einem Montag im Oktober statt, und ich war größtenteils allein, während mir die Infusion verabreicht wurde. Nur ganz zum Schluss kam eine gute Freundin und brachte mich nach Hause. Normalerweise trifft sich Josh vor dem Start der Behandlung mit mir in der Krebsklinik, aber an jenem Montag stand die Unterzeichnung eines mehr als 100 Millionen Dollar schweren Geschäfts an, und er konnte das Büro nicht verlassen. Ich sagte ihm, dass es kein Problem für mich sei. Ich habe in einer Wirtschaftskanzlei gearbeitet, zu deren Kunden große Firmen zählten, deshalb verstehe ich so etwas. 100 Millionen Dollar sind in dieser Welt kein extrem hoher Betrag, aber immerhin so viel, dass Kunden gewisse Erwartungen haben. Josh hatte ein schlechtes Gewissen, deshalb erinnerte ich ihn daran, dass seine Arbeit und vor allem sein Einkommen jetzt wichtiger seien denn je, um die Krankenversicherung und die Zusatzbehandlungen bezahlen zu können, die nicht durch die Krankenversicherung gedeckt waren. Außerdem war es nur einer von zwölf Behandlungszyklen, und ich wurde ja nicht operiert. Also war es keine große Sache. Auch wenn der Krebs wie eine dunkle Wolke über uns hängt, muss das Leben weitergehen (so sehr es von jetzt an auch aus dem Ruder laufen wird). Die Kinder müssen zur Schule gehen, die Telefonkonferenzen müssen stattfinden, die Rechnungen müssen bezahlt werden.

Trotz meiner Nonchalance war ich traurig und Josh durchschaute meine vorgetäuschte Tapferkeit. Ich hatte mich daran gewöhnt, dass Josh an meinen Chemotherapietagen bei mir war, so wie er auch an all den Tagen und in all den Nächten bei mir gewesen war, als ich im Krankenhaus gelegen hatte, und in den vielen Wochen danach, als ich mich körperlich erholte und wir gemeinsam darum rangen, uns mit unserer neuen Realität zu arrangieren.

An diesem Montag war ich also allein, als mir für die üblichen Tests Blut abgenommen wurde. Zum Mittag bestellte ich mir irgendwo an der Third Avenue ein mittelmäßiges thailändisches Essen und aß allein, während das Oxaliplatin und das Leucovorin durch meine Venen rasten. Ich war auch allein, als die Krankenschwester mir mitteilte, dass meine CEA-Ergebnisse da seien. Ich saß allein in meinem Ruhesessel, als meine Übelkeit allmählich nachließ und ich die Information verarbeitete, dass ich einen Wert von 19,8 ng/ml hatte, kaum 1 ng/ml niedriger als im Vormonat. „Alles klar mit Ihnen?", fragte die Schwester besorgt, weil mir die Enttäuschung und die Angst ins Gesicht geschrieben standen. „Ja, ja, es geht schon", versicherte ich ihr mit schwacher Stimme, während mir eine Million Gedanken durch den Kopf schossen. Im ersten Monat war der Wert um 6 ng/ml gefallen und im zweiten nur um einen – was bedeutete das? Ließ die Wirkung der Chemotherapie nach? War ich womöglich zu sehr von meinem Ernährungsplan abgewichen? Nahm ich zu viel Zucker zu mir? Meditierte oder trainierte ich nicht genug? Vielleicht waren die Flecken auf meiner Leber bösartig geworden.

Irgendwann rief Josh an, um zu fragen, wie es gelaufen war, und ich erzählte es ihm. Vielleicht hätte ich das nicht tun sollen, denn er musste einige Minuten später an einer wichtigen Telefonkonferenz teilnehmen, aber wenn unsere Rollen vertauscht gewesen wären, hätte ich es auch wissen wollen. „Was sagen die Ärzte denn? Ruf sie an und verlange Antworten!", wies er mich an. Zehn Minuten später rief er mich erneut an und informierte mich, dass er die Sachlage kurz recherchiert habe und wir uns keine allzu großen Sorgen machen müssten, da die Wirksamkeit der Chemotherapie sich nicht unbedingt in einem proportionalen Absinken des CEA-Wertes widerspiegele.

Ich war traurig, dass Josh nicht bei mir war, aber ich glaube auch, dass es sogar gut für mich war. Das Alleinsein verstärkte etwas, das ich schon seit einer Weile spürte und bisher nicht an mich herangelassen hatte. So furchtbar es auch ist – der Kampf gegen den Krebs ist eine Reise, auf die man sich alleine begibt, und genau diesem Alleinreisen muss ich mich stellen. Letztendlich macht jeder von uns die Reise durch das Leben alleine. Klar, wir haben Eltern, Geschwister, Cousins und Cousinen, Freunde, Geliebte, Kinder, Kollegen und viele andere, die unser Leben bereichern, und manchmal lassen uns ihre Anwesenheit und ihre Gespräche vergessen, dass wir unsere Reise durchs Leben letztendlich alleine machen. Die Wahrheit ist, dass wir die Welt alleine betreten und verlassen. Das Erlebnis, geboren zu werden und zu sterben, und die ganze Zeit zwischen der Geburt und dem Tod ist letztendlich eine Erfahrung, die wir alleine machen. Josh mag zwar in einem gewissen Maße verstehen, welchen Kummer mir ein CEA-Wert beschert, der nicht schnell genug fällt, aber er kann nicht im ganzen Ausmaß erfassen, was ich empfunden habe, als ich die schlechte Nachricht mitgeteilt bekam, oder was ich kontinuierlich fühle (genauso wenig wie ich seine Gefühle hundertprozentig nachempfinden kann). Zwei Wochen zuvor, als das Oxaliplatin bei mir bewirkte, dass ich keine Luft mehr bekam, als ich Belle in ihrem Buggy zur Vorschule brachte, ertrug ich die Panik, die mich erfasste, alleine und fand durch meine eigene Willenskraft die innere Ruhe, Belle in die Vorschule zu bringen, wo sie gut aufgehoben war, und selbst zum Arzt zu gehen. Gleichermaßen kann ich zwar vielleicht bis zu einem gewissen Grad nachempfinden, wie es anderen jungen Müttern ergeht, die versuchen, mit ihrer Krebsdiagnose klarzukommen, doch die Gefühle, die diese Mütter empfinden, unterscheiden sich in einem gewissen Maß von meinen eigenen, denn sie wurden durch völlig unterschiedliche Lebenserfahrungen geprägt. Ich versuche die Reise, auf die mich der Kampf gegen den Krebs geführt hat, mit den besten Worten zu beschreiben, die mir einfallen, um die Komplexität und den Ansturm der Gefühle in jeder Nuance herüberzubringen, aber Worte haben ihre Grenzen. So gerne ich Josh und alle, die mich unterstützen, auch auf diese Reise mitnehmen würde – ich kann es einfach nicht. Und ich gestehe: Ich fürchte mich davor, diese Reise alleine zu unternehmen.

Es fällt mir schwer, das zuzugeben. Ich war immer stolz darauf, dass ich gut alleine sein konnte und das Gefühl hatte, einer der wenigen Menschen zu sein, der – ohne unter einer sozialen Störung zu leiden – tiefe Freude am Alleinsein empfinden konnte. Ich glaubte, die Kunst des Alleinseins dadurch gelernt zu haben, dass ich immer wieder alleine durch die Welt gereist bin. Auf diese Erinnerungen an meine Streifzüge ganz allein durch die Welt besinne ich mich jetzt, um meine Angst vor der Reise, auf der ich mich jetzt befinde, zu überwinden.

Vor meinem einunddreißigsten Geburtstag hatte ich bereits alle sieben Kontinente betreten. Vielleicht schummele ich ein wenig, denn in Australien war ich noch nicht, dafür aber in Neuseeland, und Neuseeland müsste doch eigentlich zum Kontinent Australien gehören. Neuseeland/Australien war der letzte Kontinent auf meiner Liste. Im November 2006 bin ich zwei Wochen lang von Hütte zu Hütte über die Südinsel gewandert (in Neuseeland gibt es überall einfache Hütten, sodass man keine Campingsachen benötigt, was mir sehr entgegenkam) und habe mein Gepäck die ganze Zeit auf meinem Rücken getragen (bis auf ein paar Pfund, die andere, die Mitleid mit mir hatten, während der Tour für mich schulterten). Josh und ich waren damals sechs Monate zusammen und verlobten uns drei Monate nach meiner Reise. Trotz unserer Liebesbeziehung begleitete Josh mich nicht nach Neuseeland. Ich habe ihn nicht eingeladen mitzukommen, und er hat mich auch nicht gefragt, ob er mitkommen könne.

Josh versteht, dass ich so eigen war, was meine Reisen allein durch die Welt anging, und meine Erfahrungen sorgsam hüte. Ich bin fast immer allein gereist (damit meine ich, ohne jemanden, den ich schon vor Beginn der Reise kannte), beziehungsweise so allein, wie es meine körperliche Beeinträchtigung erlaubt. Meine Reise nach Neuseeland war von einer gemeinnützigen Organisation namens Wilderness Inquiry organisiert, die Menschen mit allen Arten von Behinderungen Outdoor-Erlebnisse ermöglicht. Mit der gleichen Organisation habe ich 2004 in Südafrika eine Safari gemacht. 2005 war ich mit einer Organisation, die in Connecticut ihren Sitz hat und auf Polarexpeditionen ohne jeden Luxus und Schnickschnack spezialisiert ist, in der Antarktis. Zwischen 1995 und 2004 habe ich Südamerika, Asien und Europa bereist, entweder im Rahmen eines Auslandsstudienprogramms oder allein als Abenteuerreisende mit dem Rucksack, nur in treuer Begleitung meiner Lonely-Planet-Reiseführer, die mir verrieten, wo ich schlafen und essen konnte und welche Orte sehenswert waren, sowie einer Lupe, um das Kleingedruckte auf den Karten lesen zu können, und eines Fernglases, um die Straßenschilder und die Hinweise an Flughäfen und Bahnhöfen entziffern zu können, die ich mit bloßen Augen nicht lesen konnte.

Ich weiß, dass es Leute gibt, die es, selbst wenn sie die Tatsache außer Acht lassen, dass ich unter so einer starken Einschränkung meiner Sehkraft leiden, für verrückt halten, dass ich mich dazu entschieden habe, alleine zu reisen und daran auch noch Spaß gefunden habe. Ich weiß, dass auch Josh so gedacht haben muss, als er mich kennenlernte. Alleine zu frühstücken und alleine fremdartige Speisen zum Mittag und zu Abend zu essen, alleine die berühmten Ruinen der Welt zu besichtigen, sich auf der Suche nach einer Bleibe für die Nacht alleine in der zunehmenden Dunkelheit einer fremden Stadt zu verlaufen, alleine mit Schiffen, Bussen, Zügen oder Flugzeugen zu reisen, ohne zu wissen, wem ich im nächsten Moment begegnen würde und was die Zukunft für mich bereithielt – mir bereitete das Alleinreisen einen regelrechten Glückskick. Einige Leute nehmen berauschende Substanzen zu sich. Manche stehen auf Fallschirmspringen. Andere spielen mit Feuer. Wieder andere kreieren kunstvolle Hochzeitstorten. Ich entschied mich auf der Jagd nach euphorisierenden Erlebnissen dazu, die Welt zu bereisen. Abgesehen von den Glückgefühlen, die es mir bescherte, die göttliche und atemberaubende Schönheit der Natur und der Tierwelt unseres Planeten zu betrachten und die von Genies, die vor uns gelebt haben, errichteten Bauwerke zu bestaunen, war das Bereisen der sieben Kontinente für mich auch eine sehr persönliche Reise, die meine Seele besänftigte und stärkte, meine Wut und meine Selbstzweifel linderte, meinen Geist inspirierte und mir auf eine Weise beispiellose Kraft und Unabhängigkeit verlieh, wie es nichts und niemand je hätte tun können.

Von dem Augenblick an, als ich alt genug war, um darüber nachzudenken, welches College ich einmal besuchen würde, träumte ich davon, weit wegzugehen. Ich landete schließlich am Williams College, einem kleinen College in den Berkshire Mountains im Westen Massachusetts, die für ihre leuchtende Herbstfärbung der Bäume bekannt und ihre strengen Winter berüchtigt sind. Williamstown war so weit vom sonnigen Los Angeles entfernt, wie ich es mir nur irgend hatte vorstellen können. Auch wenn ich mich in jener ersten Nacht im Schlafsaal in den Schlaf weinte, nachdem ich mich unter Tränen von meiner Mutter und meiner Schwester verabschiedet hatte, sehnte ich mich danach, eigenständig zu werden und mich zu entfalten. Trotz meines Heimwehs schwor ich mir in jener ersten Nacht, dass ich darüber hinwegkommen und mein drittes Studienjahr im Ausland verbringen würde. Schließlich studierte ich am College Chinesisch und verbrachte mein drittes Studienjahr erst in Harbin (einer Industriestadt im Nordosten Chinas, die dafür bekannt ist, die erste Haltestelle der Transsibirischen Eisenbahn auf der Strecke nach Russland zu sein) und danach in Peking. In jenem Jahr bestieg ich in den Monaten zwischen den Semestern und in den wiederholten wochenlangen Ferien während des Semesters alle nur erdenklichen Verkehrsmittel, um entlegene Provinzen kennenzulernen. Ich lauschte während meiner Fahrt auf dem Jangtsekiang dem Gackern der Hühner und sah zugleich amüsiert und entsetzt mit offenem Mund mit an, wie die Tür des Minibusses abfiel, der mich und einen Haufen Einheimische durch die Berge der Provinz Gansu brachte.

In jenem Jahr entdeckte ich, dass ich mich meiner Sehbehinderung beim Reisen, insbesondere beim Alleinreisen, stärker stellen musste als in irgendeiner anderen Situation. Es ist für mich schwer zu erklären, wie ich die Welt sehe, was unter anderem daran liegt, dass ich nie richtig sehen konnte. Ich kann meine Sehfähigkeit nur mit klinischen Begriffen erklären. Mit Korrekturlinse beträgt meine Sehstärke auf dem rechten Auge 10 Prozent und auf dem linken Auge 6,67 Prozent. Das bedeutet, dass ich etwas, das eine Person mit 100 Prozent Sehstärke auf eine Entfernung von 60 Metern oder 90 Metern erkennen kann, erst sehen kann, wenn ich auf sechs Meter herangehe. Hinzu kommt, dass mein linker Augenmuskel so schwach ist, dass ich ihn fast nicht benutze. Ich bin aufgrund meiner Sehstärken auf beiden Augen „im juristischen Sinne blind", was bedeutet, dass ich wohl sagen kann, dass ich eine Behinderung habe, die mich berechtigt, in den Genuss der gesetzlich vorgesehenen Vergünstigungen zu kommen. Diese Zahlen berücksichtigen nicht meine Lesebeeinträchtigung und meine Beeinträchtigung, Dinge in der Nähe zu sehen. Schriftgrade, die kleiner sind als 10 Punkt stellen für mich eine Herausforderung dar, und selbst Texte in einem Schriftgrad von 10 Punkt kann ich ohne Leselupe nur sehr langsam lesen. So habe ich die Welt gesehen, seitdem ich vier Jahre alt bin. Diesen Einschränkungen muss ich mich tagtäglich stellen, aber nichts, absolut nichts lässt mich diese Einschränkung so real, unmittelbar und auf frustrierende Weise erleben wie das Alleinreisen, wenn es in einer mir fremden Umgebung, in der ich die Sprache nicht spreche, niemanden gibt, auf den ich mich verlassen kann.

Allein zu reisen war die wirksamste und grausigste Probe, auf die ich mich stellen konnte, um mir zu beweisen, dass ich all das tun konnte, was jeder tun kann. Und zwar sowohl in emotionaler, mentaler als auch physischer Hinsicht. Während ich auf der Suche nach einer Jugendherberge, einem Teehaus oder einem Museum durch die verborgenen Hintergassen alter chinesischer Städte streifte, die gewundenen mittelalterlichen Straßen von Florenz oder die abweisenden Boulevards des postkommunistischen Budapest entlangschlenderte, frustriert und wütend, weil ich die Hausnummern an den Gebäuden und die Namen der Geschäfte nicht lesen konnte, lernte ich, meinen Frust und meine Wut auf meine körperliche Beeinträchtigung zu kontrollieren. Ich hatte keine andere Wahl, als meinen Weg zu finden, denn es gab niemanden, der mir helfen konnte. Ich zapfte Reserven an Mut und Findigkeit an, von deren Existenz ich nie erfahren hätte, wenn ich mich nicht bewusst und absichtlich solch widrigen Umständen ausgesetzt hätte. Ich lernte mit wenigen Worten, Gesten und Körpersprache mit Fremden zu kommunizieren. Ich lernte, die vier Himmelsrichtungen mit Hilfe des Sonnenstands zu bestimmen. Ich lernte, die Ruhe zu bewahren, Geduld mit mir selbst zu haben und mir zuzugestehen, auch mal falsch abzubiegen. Und als ich es schließlich bis zur majestätischen Sixtinischen Kapelle und in die Ruinen des Forum Romanum geschafft hatte, freute ich mich mehr über meine eigenen Fähigkeiten als über den Anblick selbst. Das Erfolgsgefühl, das sich bei mir einstellte, wenn ich mein Ziel allein erreicht hatte, war für mich immer wie ein Rausch, das Größte, was ich mir vorstellen konnte – der Stolz auf mein emotionales Vermögen, auf meine Problembewältigungsfähigkeiten und auf die Fähigkeit meines Körpers, stundenlang treppauf, treppab, bergauf und bergab fünfzehn Kilo Gepäck auf dem Rücken zu tragen. Auch wenn es absurd erscheinen mag, sorgte gerade das Alleinreisen bei mir dafür, dass ich mich innerlich vollständig und eins mit mir selbst fühlte. Es half meiner geschundenen Seele, die so lange von metaphysischen Fragen besessen gewesen war, zu heilen.

Dass ich mich innerlich vollständig fühlte und mit selbst mir im Einklang war, lag unter anderem an der Freude, die es mir bereitete, unterwegs all die neuen Bekanntschaften zu machen. Nur wenn ich allein auf Reisen war, war ich wirklich offen dafür, neue Menschen kennenzulernen und alles aufzunehmen, was sie mich über ihre Weltsicht zu lehren hatten. Ich empfand es auch als ein prickelndes Gefühl der Freiheit, Menschen kennenzulernen, die nichts über mich wussten. Ähnlich wie es Typen gibt, die ihr Herz einem Barkeeper ausschütten, fand ich mich dabei wieder, Fremden Dinge anzuvertrauen, die mir zu schaffen machten. In den Augen dieser Fremden hörte ich auf, die Invalide zu sein, für die ich mich immer gehalten hatte, und konnte mich selber neu erschaffen und mich in eine mutige, clevere, witzige und sympathische junge Frau verwandeln. Ich werde nie die geheimnisvolle junge Schwedin mit dem geschädigten Rücken vergessen, die im Rollstuhl saß und allein reiste und mit der ich mir eine Nacht lang ein Zimmer in einem Hostel in Paris teilte. Sie sagte mir, dass ich es wert sei, geliebt zu werden. Ich weiß, wie kitschig das klingt, aber genau so eine Gefühlsbekundung ist höchst willkommen, wenn man allein durch die Welt reist. Gerne denke ich auch an den mitfühlenden Holländer, der sich die Zeit genommen hat, mir in allen Details eine Meereslandschaft so zu beschreiben, wie er sie mit seinen Augen eines Fotografen sah. Oder an das türkisch-amerikanische Mädchen, das gefoltert worden war und mich in Peking in sämtliche Techno-Bars schleppte, als ob die laut hämmernde Musik all die Dinge, die jeden von uns verfolgten, einfach übertönen könnte. All diese Menschen, deren Lebenswege meinen gekreuzt haben, öffneten mir den Blick für andere Arten und Weisen zu leben, zu denken und zu sein, und indem sie dies taten, bereicherten sie mein Bewusstsein und berührten meine Seele.

Seit meiner Reise nach Neuseeland bin ich nicht mehr allein gereist. Ich habe Josh überredet, anlässlich unserer Hochzeitsreise nach Ägypten und Jordanien zu reisen, und vor Mias Geburt habe ich ihn sogar nach China gelockt. Als ich mit Belle schwanger war, waren wir eine Woche in einem Resort in Puerto Rico. Jetzt, da ich Kinder habe und ein bisschen älter bin, weiß ich nicht, ob ich die Risiken, die ich damals eingegangen bin, um ein paar Dollar zu sparen oder ein verrücktes Abenteuer zu erleben, über das ich Jahre später lachen konnte, noch mal eingehen würde. Ich bin aus der Übung gekommen, was das Alleinreisen angeht. Ich habe mich daran gewöhnt, dass Josh für mich sieht. Ich habe mich daran gewöhnt, dass er uns durch Flughäfen führt, während ich auf die Kinder aufpasse und ihm blind folge. Ich habe mich daran gewöhnt, mit meiner kleinen Kernfamilie zu reisen und unsere kleinen Trips und Flugreisen so zu organisieren, dass die Kinder nicht schlappmachen und mit ausreichend Snacks versorgt sind, damit sie durchhalten, und ich wähle kinderfreundliche Ziele aus, wo es keine Überraschungen geben und nichts schiefgehen kann. Seit November 2006 haben sich mein Leben und meine Prioritäten verändert.

Ich bin im Laufe der Jahre schwach und schlaff geworden und fühle mich nicht wirklich bereit, diese neue Phase meines Lebens in Angriff zu nehmen. Diese neue Reise, auf der mein Leben an einem seidenen Faden hängt und die mir mehr Mut, Kraft, Einfallsreichtum, Ruhe und Schneid abverlangt, als ich je habe aufbringen müssen. Anders als meine Reisen auf die sieben Kontinente habe ich mir diese Reise, die mein Kampf gegen den Krebs ist, nicht ausgesucht, um mich selbst auf die Probe zu stellen und mir zu beweisen, was ich wert bin. Diese Reise hat mich aus heiterem Himmel heimgesucht und mich völlig unvorbereitet erwischt. Dieses Mal empfinde ich nicht dieses Gefühl der Unbesiegbarkeit und der Freiheit der Jugend. Dieses Mal muss ich auch an die Leben zweier kleiner Mädchen und an das Leben meines Mannes denken. Dieses Mal steht viel, viel mehr auf dem Spiel.

Trotzdem kann die Bereicherung, die mir meine Reise des Kampfes gegen den Krebs verschafft, nicht so anders sein als die Bereicherung, die mir einst meine Weltreisen verschafft haben. Ich habe auch auf der Reise, die ich jetzt angetreten bin, außergewöhnliche Menschen kennengelernt, und ich werde noch weitere kennenlernen. Es gibt Lektionen zu lernen, Findigkeit und Disziplin zu entwickeln, Gutes zu tun und Mut, Kraft, Anstand, Entschlossenheit und Stolz aufzubringen. Ich weiß, dass das so ist. Und das werde ich mir in Erinnerung rufen, wenn ich mich alleine meiner ersten PET-Untersuchung unterziehe und zuhöre, wenn der Arzt mir die Ergebnisse mitteilt. Das Gleiche werde ich mir während all der weiteren CEA-Bestimmungen und Chemotherapiezyklen sagen, die noch auf mich zukommen. Es ist wirklich in Ordnung, wenn Josh bei einer meiner Chemobehandlungen nicht anwesend ist, denn seine Abwesenheit erinnert mich daran, wie wichtig es ist, allein sein zu können und Einsamkeit zu akzeptieren. All das gehört zu meiner einsamen Reise, einer Reise, die ich mit ganzem Herzen und mit so wenig Angst wie möglich angehen werde, weil ich weiß, dass ich auf meinen Wanderungen wieder die gleiche Bereicherung erfahren werde wie damals auf meinen Reisen alleine durch die Welt.

9
Das Geheimnis

Alle Familien haben Geheimnisse und dies war unseres:
Es mag merkwürdig klingen, aber obwohl mir erst mit achtundzwanzig Jahren von der Anordnung meiner Großmutter erzählt wurde, mich als Säugling töten zu lassen, wusste ich es schon als Baby. Der Teil meiner Seele, der sich an jedes Trauma erinnert, selbst aus der Zeit, bevor Erinnerungen bewusst abgespeichert werden können, wusste es schon immer. Das Geheimnis hat mich auf eine Weise verletzt, wie sich dies nur wenige Menschen vorstellen können. Seitdem bei mir Krebs diagnostiziert wurde, habe ich meine Anstrengungen verdoppelt, dauerhaften Frieden mit dem Geheimnis zu finden, denn ich habe dadurch das Gefühl, verborgenen Wahrheiten Platz zu machen, die mir bei meinem Überlebenskampf helfen mögen.

Als meine Mutter mir die Wahrheit über das, was geschehen war, erzählte, weinte sie. Aber ich spürte, dass ihr Geständnis ihr eine Last von den Schultern nahm, die sie lange mit sich herumgetragen hatte.

Meine Mutter hatte mir an jenem Tag schäbige Lumpen angezogen, weil es „eine Verschwendung" sei, „ihr was Vernünftiges anzuziehen", wie meine Großmutter mit finsterem Blick klargestellt hatte.

Meine Mutter erwiderte nichts – eine Antwort war nicht verlangt und wurde nicht erwartet –, während sie versuchte, ihr tränenüberströmtes Gesicht hinter der Geschäftigkeit zu verbergen, die damit verbunden war, mich aus meinem Bettchen zu holen, in den Arm zu nehmen und an sich zu drücken. Als ich angezogen war, gab es nichts mehr zu tun als zu gehen. Sie schnappte sich mit einer Hand ihre Handtasche, huschte mit einem gemurmelten „Wiedersehn, Ma" an ihrer Schwiegermutter vorbei, ohne ihr in die Augen zu sehen, und ging die enge Betontreppe hinunter ins Erdgeschoss.

Draußen starrte mein Vater auf seine Schuhe und scharrte damit im Dreck herum, während er auf uns wartete, damit wir aufbrechen konnten zu unserem Ausflug. Es hätte ein ganz normaler Familienausflug nach Da Nang sein können, um Verwandte und Freunde zu besuchen, nur dass meine Schwester Lyna und mein Bruder Mau diesmal auffallenderweise nicht mitfuhren, wohingegen ich deutlich sichtbar dabei war. Es war mein erster Ausflug irgendwohin. Mein Vater hatte meine beiden älteren Geschwister gerade zu seinen Schwiegereltern gebracht. Sie sollten den Tag mit ihren Großeltern mütterlicherseits und ihren Onkeln verbringen und mit ihnen spielen. Anstatt mit dem Auto nach Da Nang zu fahren, wie meine Eltern es während ihrer siebenjährigen Ehe so oft getan hatten, würden wir diesmal einen öffentlichen Bus nehmen. Ein Bus würde ihnen Anonymität verschaffen, die Möglichkeit, in der Menge unterzugehen und das Risiko zu minimieren, dass Verwandte und Freunde ein ihnen bekanntes Auto sahen und Fragen stellten. Auf diesem Ausflug hatten meine Eltern nicht vor, Verwandte oder Freunde zu besuchen, um mich ihnen als jüngstes Mitglied der Yip-Familie vorzustellen, was eigentlich normal gewesen wäre. Immerhin hatte meine Urgroßmutter seit zwei Wochen immer wieder aus Da Nang angerufen und gefragt, wann sie mich endlich sehen könne. Meine Eltern täuschten daraufhin vor, dass die Verbindung schlecht sei, denn das ging ihnen leichter über die Lippen, als ihr zu sagen, dass sie nicht vorhatten, ihr ihre jüngste Urenkelin je vorzustellen.

Mein Vater stand vor der Metallgittertür, die gerade so weit offen stand, dass eine Person hindurchschlüpfen konnte. Für den Geschäftsbetrieb war sie nicht mehr geöffnet worden, seitdem Südvietnam elf Monate zuvor durch die nordvietnamesischen Streitkräfte „befreit" worden war. Unter dem niederdrückenden, auf uns gerichteten, finsteren Blick meiner Großmutter, die uns aus dem ersten Stock hinterhersah, entfernten sich meine Eltern schweigend vom Haus. Sie würdigten die Frau, die am Straßenrand hockte und Reismehlpfannkuchen und Reis-Crêpes mit Garnelen und Schweinefleisch in einer scharfen fermentierten Fischsoße verkaufte, keines Blickes.

Sie bogen in eine Seitenstraße und gingen an dem Zweizimmerhaus vorbei, in dem die Frau lebte, die zwei Generationen der Yips entbunden hatte. Mein Vater, seine Brüder und meine Geschwister waren dort geboren worden, und keine zwei Monate zuvor hatte meine Mutter mich in diesem Haus zur Welt gebracht. Dann bogen sie nochmals in eine andere Straße, die am Rand der Stadt lag, und dort wartete mit laufendem Motor der Bus nach Da Nang, in den die Fahrgäste schon einstiegen.

„Nach Da Nang hundert Dong pro Person", teilte der Busfahrer meinem Vater mit, als wir die Tür erreichten, die so aussah, als ob sie jeden Moment abfallen würde. „Und für die Kleine fünfzig", fügte er hinzu, als mein Vater ihm zwei Hunderter reichte.

„Aber sie nimmt doch nicht mal einen Platz in Anspruch", protestierte mein Vater.

„Egal", entgegnete der Fahrer. „In diesem Bus haben jede Menge Leute keinen Sitzplatz und zahlen trotzdem den vollen Preis. Sie sollten sich freuen, dass ich die Kleine für den halben Preis mitnehme."

Mein Vater hatte keine Lust, sich auf Diskussionen mit dem Busfahrer einzulassen. Also gab er ihm einen weiteren Schein und bestieg den Bus, dicht gefolgt von meiner Mutter. Sie hatten Glück, hinten noch Plätze zu finden, denn schon bald drängten sich die Leute im Gang und hingen hinten aus den Fenstern heraus. Erst als wirklich keine einzige Person mehr in den Bus gequetscht werden konnte und das Bein eines Mannes gegen den Arm meines Vaters gepresst wurde, setzte sich der Bus endlich in Bewegung.

Meine Mutter war froh, sitzen zu dürfen. Während der Stop-and-go-Fahrt zwei Stunden lang mit einem Baby auf dem Arm stehen zu müssen, wäre anstrengend gewesen. Nur eine einzige Straße verband Tam Ky mit Da Nang, und die beiden Spuren waren oft mit einer endlosen Schlange aus Lastwagen, Bussen, Autos, Motorrädern und Pferde- und Eselskarren verstopft, vor allem in der Mittagszeit. Meiner Mutter war es egal, wie lange die Fahrt dauern würde. Sie wäre froh gewesen, wenn der Bus kaputtgegangen wäre und sie ihr Ziel nie erreicht hätten.

Die beiden Männer, die vor uns saßen, zündeten sich Zigaretten an und redeten über ihre Pläne für den Tag. Der Wind, der durch ihr Fenster kam, blies den Rauch direkt ins Gesicht meiner Mutter. Sie drückte mein Gesicht an ihre Brust und rückte näher an ihr eigenes Fenster heran. Wir fuhren an einem Straßenmarkt vorbei, auf dem die Leute um Drachenfrüchte, Grapefruits, junge grüne Kokosnüsse, jede Menge weiteres Obst und Gemüse in allen Regenbogenfarben und um lauthals protestierende Hühner feilschten, die auf ihre Schlachtung warteten. Hinter dem Markt begannen die saftig grünen Felder, von denen die Vielfalt der auf dem Markt angebotenen Produkte stammte. Die strahlende Tropensonne über uns brachte die Farben der regennassen Landschaft noch mehr zum Leuchten. Meine Mutter musste blinzeln, so grell war das Licht und so hell die schillernden Farben. Überall um sie herum tobte das Leben. Die Leute unterhielten sich, rauchten, feilschten, kauften und verkauften. Die Welt drehte sich weiter, wie sie sich immer gedreht hatte. Es war ein ganz normaler Tag. Doch für sie war die Welt zu einem Traum geworden, in dem sie selbst und alles, was sie sah, nicht real war. Sie hatte das Gefühl, dass ihre Hand, wenn sie versuchen würde, sich die Zigaretten der Männer vor uns zu schnappen, um sie aus dem Fenster zu werfen, durch die Zigaretten hindurchgleiten würde wie die Hand eines Gespenstes, oder dass sie, wenn sie aus dem Bus ausstiege, um die Hand über die glatte Schale der grünen Kokosnüsse gleiten zu lassen, im Nebel verschwände und der ganze Markt mit ihr. Sie hatte sich schon während des ganzen vorangegangenen Monats in diesem traumartigen Zustand befunden, genauer gesagt, seitdem meine Großmutter herausgefunden hatte, dass etwas mit mir nicht stimmte.

Das Einzige, was sich echt anfühlte, waren die sich streitenden Stimmen in ihrem Kopf. Sie waren von Tag zu Tag schriller geworden, und jetzt, im Bus, waren sie zu ohrenbetäubender Lautstärke angeschwollen.

„Ich kann das nicht tun!"

Du musst das tun. Es gibt keine andere Möglichkeit!

Es muss eine andere Möglichkeit geben. Sie ist so hübsch und so süß. Sieh dir nur ihre Haut an, wie weich sie ist und wie gesund sie aussieht. Und ihr Haar, so dicht und glänzend. Fass es mal an! Abgesehen von ihrer Beeinträchtigung ist sie in jeder Hinsicht perfekt, in absolut jeder!

Wir können nichts für sie tun. Sogar deine eigenen Eltern sind der Meinung, dass es getan werden muss, nicht nur deine Schwiegermutter. Du kannst dein Kind, von dem du sagst, dass du es so liebst, doch nicht sein ganzes Leben lang leiden lassen.

Wäre ihr Leben denn wirklich so schlecht? Ich wäre ja da, um mich um sie zu kümmern. Mein ganzes Leben lang, das schwöre ich.

Du wirst nicht immer für sie da sein können. Und was geschieht mit ihr, wenn du nicht mehr da bist? Du hast schon ein Kind, das nicht gut sieht. Das reicht ja wohl.
Ich will lieber sterben, als dies zu tun.
Dieses immer gleiche aufwühlende Zwiegespräch fand in einer Endlosschleife im Kopf meiner Mutter statt, seitdem meine Großmutter ihren Wunsch bekannt gegeben hatte.

Meine Mutter hatte so lange auf mich gewartet. Sie wollte gern vier Kinder bekommen, um ihre Familie komplett zu machen, und ich sollte dazu beitragen, dass dieser Traum in Erfüllung ging. Vier war eine schöne, runde Zahl, nicht zu viel, nicht zu wenig. Ihre Eltern hatten sechs Kinder bekommen, und sie hatte immer das Gefühl gehabt, dass das zu viel war, auch wenn sie den Lärm und das Chaos eines vollen Hauses immer geliebt hatte. Zuerst war Lyna geboren worden, nicht mal ein Jahr nach der Hochzeit, und sie war niedlich und wunderschön und hatte helle Haut wie unser Vater. Als erstes Kind und erstes Enkelkind beider Seiten war sie mit neuen Pullovern, Barbiepuppen und der Aufmerksamkeit vieler Verwandter verwöhnt und als erstes Baby einer neuen Generation willkommen geheißen worden. Mau kam zwei Jahre später zur Welt. Als erstes männliches Kind und erster Enkel beider Seiten wurde er besonders willkommen geheißen. Alle machten Bemerkungen über seinen kartoffelförmigen Kopf, den sie als Zeichen unglaublicher Intelligenz erachteten.

Vier Wochen nach meiner Geburt stand meine Großmutter mit mir auf dem Arm vor ihrem Schlafzimmerfenster. Es war das erste Mal, dass ich aus dem Schlafzimmer meiner Eltern geholt worden war und nicht in Sichtweite meiner Mutter war. Im Einklang mit den chinesischen Traditionen und dem Aberglauben waren meine Mutter und ich bis dahin im Elternschlafzimmer eingesperrt gewesen, ohne baden oder duschen zu dürfen. Wir mussten den Dampf köchelnder Limonen- und Zitronenblätter einatmen und weitere Rituale befolgen, die von Generation zu Generation weitergegeben wurden, und das alles, um sicherzustellen, dass das *qi*, also die Lebenskraft unserer Körper, nach dem Trauma der Geburt vollständig wiederhergestellt wurde, um dadurch das Risiko zu verringern, später an Organfunktionsstörungen und anderen Krankheiten zu leiden.

Da das Schlafzimmer meiner Eltern ein fensterloser Innenraum war, war das helle Tageslicht, das durch das Fenster des Zimmers meiner Großmutter fiel, das erste natürliche Licht, mit dem ich in Kontakt kam, seitdem ich einige Stunden nach meiner Geburt aus dem Haus der Hebamme nach Hause gebracht worden war. Meine Großmutter, die mich mit der geübten Mühelosigkeit einer Frau, die für viele Babys gesorgt hatte, in einem Arm hielt, blickte hinab auf mein Gesicht und musterte mich im Licht, um herauszufinden, wessen Gesichtszüge ich geerbt hatte. Es war eindeutig, dass ich die dunkle, samtweiche Haut meiner Mutter geerbt hatte, doch meine großen Augen waren die typischen Augen der Yip-Familie. Sie war mit mir zufrieden. Auch wenn ich kein Junge war und der Seite meiner Mutter ähnlicher war als der meines Vaters, sah ich kerngesund aus und hatte jede Menge Speck auf den Rippen. Genau genommen war ich von ihren vier bisherigen Enkelkindern zum Zeitpunkt der Geburt mit Sicherheit das schwerste Baby, und das war in Anbetracht dessen, dass ich das erste Kind der Familie war, das nach dem Ende des Krieges geboren war, in ihren Augen ein gutes Omen. Sie hoffte, dass meine Gesundheit als gutes Zeichen dafür gewertet werden konnte, dass es unter der kommunistischen Herrschaft nicht so schlecht werden würde, wie alle befürchteten.

Plötzlich verengten sich ihre Augen zu Schlitzen. Sie starrte mich noch intensiver an und ging näher an das Fenster heran.

„Dieh!", rief sie ihren Mann, der unten war. Nachdem sie fünf Söhne großgezogen hatte, war meine Großmutter dazu übergegangen, ihren Mann so zu nennen wie ihre Söhne ihn nannten – eben „Dieh" auf Hainanesisch, dem primären in meiner Familie gesprochenen chinesischen Dialekt „Papa".

Mein Großvater, der es gewohnt war, ständig von seiner Frau herbeizitiert zu werden, rückte an, wenn auch nach ihrem Dafürhalten nicht schnell genug. Jedenfalls stand er schließlich auch über mir und musterte mich.

„Irgendwas stimmt mit ihren Augen nicht!", teilte sie ihm laut flüsternd mit. „Sie mal!" Ihren Flüsterton reservierte sie für äußerst ernste Angelegenheiten, für Dinge, die niemand mithören sollte.

Mein Großvater folgte ihrer Aufforderung und sah in der Tat eine merkwürdige milchige Weiße in den zentralen Bereichen meiner Pupillen. Man hätte sie auch für eine Reflektion des Lichts oder für eine optische Täuschung halten können. Deshalb hob mein Großvater seine Hand und wedelte damit vor meinem Gesicht herum. Meine Augen bewegten sich nicht, um seiner Hand zu folgen. Ebenso wenig änderte sich mein Ausdruck. Es gab kein

Anzeichen dafür, dass ich seine Hand sehen konnte, die ganz nah und immer wilder vor meinem Gesicht herumfuchtelte.

„Sie sieht sie nicht! Sie sieht nichts!" Das Flüstern meiner Großmutter schwoll fast zu einem Schrei an. Sie wedelte jetzt auch wie verrückt mit der Hand vor meinem Gesicht herum.

„Sie hat das Gleiche wie ihre Schwester. Was anderes kann es nicht sein", stellte mein Großvater leise und nüchtern fest. Lyna war ebenfalls mit einem angeborenen Grauen Star zur Welt gekommen, aber bei ihr war die Sehstörung nicht so schlimm wie bei mir.

„Aber so sah Na nicht aus, als sie einen Monat alt war. Sie war perfekt …" Die Stimme meiner Großmutter verstummte, während sie zu verstehen versuchte, was sie da sah, zu erfassen versuchte, was diese neue Situation für sie und ihre Familie bedeutete, und überlegte, was man tun konnte. „Was machen wir denn jetzt?", fragte sie ihren Mann und sah ihn verzweifelt an. Mein Großvater war nicht jemand, der aus Angst und Panik klein beigab. Er glaubte an Vernunft und Verstand, die gleiche Herangehensweise, der er sich bedient hatte, um während der Jahrzehnte des Kolonialismus und des Bürgerkriegs mit Erfolg sein Geschäft zu betreiben.

„Bei Na ist es nach der Operation besser geworden. Wir versuchen, einen Arzt für sie zu finden", schlug er vernünftigerweise vor.

„Was für einen Arzt? In Tam Ky gibt es keine Ärzte. Na wurde in Saigon operiert. Bis Saigon ist es eine mehrtägige Reise. Und selbst wenn wir sie irgendwie nach Saigon bringen könnten – glaubst du im Ernst, dass es da noch Ärzte gibt? Entweder hat Nas Arzt wie jeder andere Arzt das Land verlassen und ist nach Europa oder Amerika gegangen, oder er wurde in ein Umerziehungslager geschickt." Der Ton meiner Großmutter war bitter, wütend und verzweifelt.

„Wir können es dennoch versuchen", sagte mein Großvater und legte mehr Hoffnung in seine Worte, als er empfand. Es stimmte: Viele der gebildeten Menschen hatten das Land in den Tagen vor dem Fall Saigons verlassen, und die, die das nicht geschafft hatten, waren festgenommen und in Lager aufs Land geschickt worden, wo sie das Land bewirtschaften mussten, das die Regierung von Einzelpersonen und Familien konfisziert hatte, um diese Eliten im Sinne der kommunistischen Ideologie „umzuerziehen". Aus diesen Lagern war nach draußen gesickert, dass die Bewohner mit Arbeit überlastet wurden und nicht genug zu essen bekamen. Es war nicht absehbar, wann sie freigelassen werden würden, und falls sie freigelassen würden, in welchem Zustand sie dann sein würden.

„Es würde sowieso nichts nützen, selbst wenn wir einen Arzt fänden. Durch die Operation in Saigon konnte Nas Sehfehler nicht behoben werden. Na gut, unmittelbar nach der Operation konnte sie ein bisschen besser sehen, aber jetzt werden ihre Augen wieder schlechter, obwohl sie diese Brille mit den dicken Gläsern trägt. Man sieht es daran, wie vorsichtig sie durch die Gegend tapst und nach den Dingen tastet. Es ist nur eine Frage der Zeit, bis sie erblindet. Diese Ärzte waren Quacksalber, die so getan haben, als wüssten sie, was sie tun, um uns das Geld aus der Tasche zu ziehen. Und hast du mal darüber nachgedacht, wie gefährlich es sein muss, einen Säugling zu operieren? Sie würde bestimmt dabei sterben." Meine Großmutter spie die Worte heraus, als ob ihr Mann Schuld daran hätte, dass ich nicht sehen konnte.

Mein Großvater seufzte verzweifelt. Seine Frau war eine Pessimistin, eine chronische Bedenkenträgerin, die immer glaubte, dass das Schlimmste passieren würde. Aber er neigte dazu, sich ihrem Willen zu beugen. „Wir müssen etwas unternehmen", stellte er klar. „Wir haben keine andere Wahl."

Meine Großeltern wussten nicht, dass meine Mutter direkt nebenan an der Tür ihres Schlafzimmers stand, als schreckte sie davor zurück, ihr vierwöchiges Eingesperrt-Sein zu beenden. Sie verstand das Flüstern meiner Großeltern selbst über das Kreischen Lynas und Maus hinweg, die unten spielten. Aber sie wusste sowieso schon, worüber meine Großeltern redeten. Sie hatte die Weiße in meinen Augen schon Tage zuvor entdeckt. Sie hatte danach Ausschau gehalten, sich davor gefürchtet, denn sie wusste, wie es aussehen würde, weil sie ein paar Jahre zuvor bei meiner Schwester miterlebt hatte, wie die Weiße in ihre Augen gekrochen war.

Als meine Eltern in Saigon gelebt hatten, hatten sich bei Lyna Sehprobleme eingestellt. Beim Versuch, ihre Spielzeuge auf den Tisch zu legen, legte sie sie falsch ab, sodass sie herunterfielen, sie verfehlte Türen, durch die sie gehen wollte, und stieß gegen Gegenstände. Der Arzt in dem Krankenhaus vor Ort diagnostizierte bei ihr Grauen Star, weiße Proteinverklumpungen, die ihre Sicht auf beiden Augen trübten. Er operierte zuerst das rechte Auge und wollte einige Monate später auch das linke operieren, doch bevor es dazu kam, gewannen die Kommunisten den Krieg, und danach waren nirgendwo mehr Ärzte zu finden. Die Prognose des Arztes nach der Operation des einen Auges war zurückhaltend gewesen. Er sagte, dass die Operation gelungen sei, der Graue Star im rechten Auge jedoch zurückkehren könne. Das linke Auge war noch unbehandelt und der Graue Star deutlich sichtbar. Meine Mutter hatte den Eindruck, dass er mit jedem verstreichenden Monat weißer und größer wurde.

Meine Mutter hatte niemandem erzählt, dass sie die Katarakte in meinen Augen gesehen hatte, nicht einmal ihrem eigenen Mann. Was hätte das schon gebracht? Bald würde es sowieso jeder wissen, und alle würden ihr die Schuld geben. Ich war blind und sie war daran schuld. Sie fürchtete, dass es an den grünen Pillen lag, die sie auf Empfehlung des Kräuterheilers während der Schwangerschaft genommen hatte, nachdem sie sich versehentlich einen großen Topf kochenden Wassers über die Beine gegossen hatte, als sie der Köchin geholfen hatte. Zunächst hatte sie versucht, keine Medizin zu nehmen, aber auf ihren Beinen hatten sich entzündete Striemen gebildet, die wie Feuer brannten. Doch nun bereute sie es, die Pillen genommen zu haben, und wünschte sich, sie hätte die Schmerzen einfach ertragen. Vielleicht, dachte sie, war es auch passiert, weil sie während der Schwangerschaft zu viele Nahrungsmittel gemäß der chinesischen Ernährungslehre mit heißen Eigenschaften zu sich genommen hatte – zu viele Orangen, Grapefruits und Mangos – und nicht genügend mit kalten Eigenschaften wie Wassermelonen und grünen Salat. Die von den heißen Nahrungsmitteln erzeugte Hitze könnte für ihr Baby zu viel gewesen sein. Vielleicht war sie auch einfach mit schlechten Genen ausgestattet und ihre Töchter hatten beide das Pech gehabt, sie zu erben. Oder vielleicht waren die Götter auch wegen irgendetwas, das sie getan hatte, zornig auf sie und bestraften sie nun dafür. Was auch immer der Grund war – sie hatte nicht nur bei mir versagt, mich zu beschützen, sondern auch bei Lyna. Sie war ihrer elementarsten Verantwortung als Mutter nicht gerecht geworden. Während das Flüstern im Nachbarraum fortgesetzt wurde, schlüpfte meine Mutter wieder in ihr Bett und achtete darauf, keinen Mucks von sich zu geben, damit sie sich noch ein wenig länger verkriechen konnte.

Am nächsten Abend bestellten meine Großeltern meine Mutter und meinen Vater in ihr Schlafzimmer ein, nachdem die Bediensteten und der Rest der Familie ins Bett gegangen waren. Meine Mutter setzte sich neben meinen Vater aufs Bett und versuchte, mich in den Schlaf zu wiegen. Meine Großeltern standen am Fenster. Meine Großmutter sah mich kaum an und wenn sie doch mal zu mir herübersah, hatte sie einen finsteren Blick aufgesetzt. Jegliche Freude, die sie angesichts meines Daseins auf der Welt empfunden haben mochte, hatte sich in etwas anderes verwandelt – in Verbitterung, ja, sogar Hass. Meine Mutter spürte ihre Feindseligkeit und drückte mich fester an sich.

„Was ist denn los?", fragte mein Vater arglos. Mein armer Vater, dessen Haaransatz sich bereits zurückzog, war wirklich immer der Letzte, der irgendetwas mitbekam. Er war ein guter Sohn, ein guter Ehemann, ein guter Bruder und sogar ein guter Vater, auch wenn er sich in dieser Rolle ein bisschen unbeholfen anstellte. Er hatte immer getan, was seine Eltern von ihm verlangten. Mit sechzehn Jahren hatte er angefangen, im Familienunternehmen mitzuarbeiten. Er hatte den Wagen mit schweren Kartons und Kisten be- und entladen und sie durchs Land gefahren und den Kunden ihre Ware zugestellt. Er hatte die Schule gemocht, vorgehabt, nach Saigon zu gehen und Abitur zu machen und vielleicht in Taiwan an einer Universität zu studieren, um mehr von der Welt zu sehen, aber seine Eltern hatten klargestellt, dass das Geld dafür nicht reiche und Bildung ab einem bestimmten Grad sowieso nichts anderes sei als eine Verschwendung von Zeit und Geld. Er solle sich lieber in das Familienunternehmen einweisen lassen. Und so gab er, die Last spürend, der älteste Sohn zu sein, und wahrscheinlich auch, weil es der sicherere und einfachere Weg war, seinen Traum vom Lernen und Kennenlernen der Welt auf. Dann sagte seine Mutter ihm irgendwann, dass er zu alt werde und es an der Zeit sei zu heiraten und eine Familie zu gründen. Seine Großmutter, meine Urgroßmutter, drängte ihn gleichermaßen in diese Richtung, denn sie glaubte, dass seine Heirat und ihre ersten Urenkel ihr Reichtum und viel Glück bei der Bekämpfung ihrer Krankheiten bescheren würden. Also tat mein Vater, was man von ihm erwartete, und heiratete das Mädchen, das seine Mutter für ihn ausgesucht hatte. Immer ganz der gehorsame Sohn. An jenem Abend im Schlafzimmer seiner Eltern hatte er keine Ahnung, was als Nächstes kommen sollte.

„Eure Tochter ist blind", teilte meine Großmutter meinen Eltern in ihrem lauten Flüsterton mit. In dieser Familie nahm man kein Blatt vor den Mund.

Mein Vater schwieg eine Sekunde, dann fand er seine Stimme wieder. „Wie meinst du das – sie ist blind? Was hat sie denn?" Er sah mich an und verschloss sich der Realität. Im Dämmerlicht des Schlafzimmers, das nur von einer einzigen nackten Glühbirne beleuchtet wurde, konnte er nichts an mir erkennen, das nicht in Ordnung war.

„Sie hat den Grauen Star, das Gleiche wie Na, aber wie es aussieht, noch viel schlimmer. Na kann wenigstens mit einer Brille sehen. Die da erkennt nicht mal große Gegenstände." Meine Großmutter sprach mit der Autorität der Quacksalber, die sie so verachtete.

Meine Mutter wusste, was mein Vater dachte, sie konnte seine Angst regelrecht spüren: Wenn die Sehbehinderung vererbt war, lag es an ihr oder an ihm? Dass ein Kind Grauen Star hatte, konnte ein Zufall sein, aber zwei? Würde Mau womöglich auch erblinden? Meine Mutter konnte ihn nicht ansehen.

Meine Großmutter zeigte auf meinen Großvater, der mit uns zugewandtem Rücken am Fenster stand und nach draußen starrte, und sagte dann: „Dieh und ich haben darüber nachgedacht, was zu tun ist, und wir glauben, dass es keine Möglichkeit gibt, ihre Augen in Ordnung zu bringen. Es gibt keine Ärzte mehr, und selbst wenn es noch welche gäbe – die Ärzte in diesem Land sind allesamt unfähig. Sie könnten nichts tun, um ihr zu helfen. Wir halten es daher für das Beste, ihr etwas zu geben, wovon sie einschläft und nie wieder aufwacht. Es ist besser, sie von ihrem Elend zu erlösen, damit sie nicht unnötig leiden muss."

Meine Eltern hielten unisono die Luft an, um von der Wucht der grausamen Worte meiner Großmutter nicht ohnmächtig zu werden, blickten mit offenen Mündern zu ihr auf und suchten nach Anzeichen, dass sie verrückt geworden war. Aber ihre dunklen Augen erwiderten die Blicke meiner Eltern fest, ihr vorgeschobener Unterkiefer zeugte von Entschlossenheit. In ihrem verständnisvollsten Tonfall sagte sie: „Ich weiß, dass das, was ich sage, drastisch klingt, aber ihr müsst daran denken, was das Beste für sie und für unsere Familie ist."

Meine von Selbstvorwürfen, Schuldgefühlen und Kummer geplagte Mutter war davon ausgegangen, dass sie einfach für mich sorgen würde, wie sie auch für Lyna gesorgt hatte, und hatte gehofft, früher oder später einen Arzt, einen Kräuterheiler oder sonst irgendjemanden zu finden, der mir helfen könnte. Sie meldete sich zum ersten Mal zu Wort und wagte es, ihre Schwiegermutter in einer Weise herauszufordern, wie sie es noch nie getan hatte. „Das kann ich meinem Kind nicht antun. Sie ist mein Fleisch und Blut, ich bin für sie verantwortlich. Ich werde mich selbst um sie kümmern."

Meine Großmutter ging mit jedem hart ins Gericht, der es wagte, sie herauszufordern, insbesondere, wenn es sich auch noch um ihre Schwiegertochter handelte, die unter ihrem Dach lebte. „Du kannst nicht für sie sorgen, begreifst du das denn nicht? Hast du vergessen, dass du noch andere Kinder hast, von denen eins auch nicht richtig sehen kann? Hast du mal darüber nachgedacht, was für ein Leben ihr bevorsteht? *Hast du*? Ich ja! Kannst du dir vorstellen, wie es ist, wenn man nichts sehen kann? Es ist ein elendes, furchtbares Dasein. Ich wäre lieber taub als blind. Sie wird nie allein eine Straße entlanggehen können. Sie wird nicht mal ums Haus gehen können, ohne ständig gegen irgendetwas zu stoßen. Und was ist, wenn sie erst mal ihre Periode bekommt? Sie wird alles vollbluten und tropfen wie eine wilde Hündin. Und wer würde wohl je eine Blinde heiraten? Wer könnte eine Blinde lieben? Wer würde sich freiwillig um sie kümmern? *Niemand*. Und wenn es niemanden gibt, der sich um sie kümmert, wenn du diese Welt verlassen hast, wird sie als Bettlerin auf der Straße enden, wie all die armlosen und beinlosen Bettler, die man überall sieht. Willst du, dass deine Tochter so endet? Willst du das wirklich?"

Meine Mutter umklammerte meinen Kopf und hielt mir unbewusst die Ohren zu. Sie spürte, wie ihr angesichts der Fragen, mit denen sie bombardiert wurde, und der Worte, die sich wie Dolchstöße in ihrem Magen anfühlten, Tränen in die Augen stiegen. Sie presste die Lippen zusammen und kämpfte gegen die Tränen an, denn sie wusste, dass sie als Anzeichen von Hysterie und Schwäche angesehen werden würden.

Dann sprach mein Vater. „Natürlich wünschen wir uns dieses Schicksal nicht für sie, aber glaubt ihr nicht, dass es irgendwo einen Arzt geben könnte, der ihr helfen kann? Sie ist unser Fleisch und Blut. Es fühlt sich so falsch an, ihr so etwas anzutun." Seine Stimme klang verzweifelt und flehend.

Jetzt knöpfte sich meine Großmutter meinen Vater vor. „Einen Arzt? Es gibt keine Ärzte! Wie naiv bist du! Du weißt genauso wie ich, dass schon morgen die Polizei an unsere Tür klopfen und dich festnehmen kann, weil du in der falschen Armee gedient hast, und dann kannst du diesen Ärzten, von denen du so viel hältst, im Umerziehungslager Gesellschaft leisten. Und welchen Nutzen wirst du dann für dein blindes Kind haben? Wer weiß, ob du da überhaupt je lebend wieder rauskommen würdest? Sie können auch morgen kommen und uns die Kleidung vom Leib rauben, ganz zu schweigen von unserem Gold, falls sie es finden würden, genauso, wie sie es mit anderen Familien gemacht haben, die ein bisschen Geld haben. Sie werden uns nicht verschonen und bald kommen. Wie sollen wir uns um ein blindes Kind kümmern, wenn wir nichts mehr haben? Und schlimmer noch – ein blindes Kind, das größer wird und absolut *nichts* zu unserer Familie beiträgt! Sie wird nicht mal imstande sein zu nähen oder das Haus zu putzen. Und habt ihr mal daran gedacht, was die Leute über uns sagen werden, wenn sie mitbekommen, dass wir *das* in unserer Familie haben? Ich kann euch verraten, was sie sagen werden. Sie werden sagen, dass wir das Pech anziehen, dass wir verflucht sind. Sie werden auf uns, auf euch und auf euren Sohn herabsehen. Ist es das, was du willst?" Meine Großmutter zitterte vor Entrüstung. Sie war absolut überzeugt davon, dass sie es am besten wusste, und fassungslos, dass jemand ihre Sicht der Dinge infrage stellen konnte.

Dann herrschte Schweigen. Schließlich erhob sie noch ein letztes Mal an diesem Abend die Stimme, diesmal jedoch ruhiger: „Ihr beiden braucht Zeit, um darüber nachzudenken. Und dann werdet ihr sicher verstehen, wie weise mein Vorschlag ist. Ihr solltet jetzt zu Bett gehen."

Meine Eltern taten, was meine Großmutter ihnen gesagt hatte. In den folgenden drei Wochen bearbeitete meine Großmutter sie immer wieder mit ihren gnadenlosen Attacken, bis der gemeinsame Wille meiner Eltern schwächer wurde und sie schließlich einwilligten, den Kräuterheiler aufzusuchen, den sie ausfindig gemacht hatte, einen Mann in Da Nang, der mir einen Trunk zusammenbrauen sollte, der mich in den ewigen Schlaf fallen lassen würde.

Als wir vor dem grauen Betongebäude standen, in dem der Kräuterheiler wohnte, waren die Stimmen im Kopf meiner Mutter verstummt. Sie waren einer schützenden Benommenheit gewichen, einem Panzer, um den bevorstehenden Schmerz auszuhalten. Mein Vater, der in seinem Kern ein Pessimist und Bedenkenträger war wie seine Mutter, hatte seine eigene Rüstung angelegt, seitdem er beschlossen hatte, nach Da Nang zu fahren. Meine Mutter folgte ihm die Treppe hinauf in den vierten Stock zur Wohnung des Kräuterheilers. Sie sprachen nicht miteinander. Sie hatten sich jeder für sich in einen Kokon des Kummers zurückgezogen.

Mein Vater klopfte an und als sich die Tür öffnete, stand dort ein Mann, dessen lichter und weiß werdendes Haar davon kündete, dass er sich dem Ende seiner mittleren Jahre näherte. Mein Vater legte ohne Vorrede los und nannte ihn Onkel, im Vietnamesischen eine respektvolle Anrede für einen

Mann, der der Generation seines eigenen Vaters angehört. „Onkel, deine Frau hat uns zu dir geschickt. Sie sagte, du könntest uns helfen."

Der Kräuterheiler öffnete die Tür weiter und trat zurück, um uns hineinzulassen. Es war ein Ein-Raum-Apartment, in das das Licht nur durch ein einziges geöffnetes Fenster fiel. Außerdem gab es noch eine Kerosinlampe, die auf einem Holztisch stand. In einer Ecke stand ein Feldbett, in einer anderen ein Zweiflammenherd, der an eine Gasflasche angeschlossen war, die sich darunter befand. An der Wand standen Regale mit allen nur erdenklichen getrockneten und trocknenden Kräutern, anderen Pflanzen, Gewürzen und knorrigen Wurzeln. Auf dem obersten Regalbrett lag ein langer Elfenbeinstoßzahn mit abgestumpfter Spitze. Vielleicht hatte der Kräuterheiler die Spitze selbst abgeschliffen und das gemahlene Elfenbein in einen simmernden Topf dicken Tees gegeben, um die magischen medizinischen Wirkungsweisen eines Elefantenstoßzahns freizusetzen. In dem Raum roch es nach allem, was in der Natur vorkommt: nach Bäumen und Blättern, nach mit Erde überzogenen Wurzeln, nach Knochen toter Tiere. Es roch nach verrotteten und verrottenden Substanzen, doch auch nach Leben, denn dies waren die geheimen Zutaten des Kräuterheilers, mit denen er das Leben derjenigen, die ihn aufsuchten, verbesserte und manchmal Leben schenkte.

Die Frau des Kräuterheilers, die auf den Straßen von Tam Ky Tabak und selbstgedrehte Zigaretten verkaufte, hatte meiner Großmutter den Kräuterheiler empfohlen. Meine Großmutter kannte die Frau seit Jahren, aber nicht, weil meine Großmutter ihre Zigaretten rauchte. Die Tabakfrau mit ihren verrotteten Zähnen und dem fettigen Haar war dafür bekannt, dass sie eng mit der übernatürlichen Welt in Verbindung stand. Der Geist ihres verstorbenen Großvaters besuchte sie häufig, um ihr den Weg zu weisen und den lebenden Seelen der Gemeinde, die das Glück hatten, bei der Tabakfrau gut angeschrieben zu sein, Ratschläge zu erteilen. Der Geist ihres Großvaters sprach durch einen Jugendlichen aus einem Nachbardorf zu ihr, der, sobald der Geist des Großvaters sich in ihm niedergelassen hatte, sofort zum Haus der Tabakfrau radelte, wo er dann einen oder zwei Tage blieb, um denen zu helfen, die seinen Rat suchten. Im Gegenzug dafür, dass meine Großmutter es der Tabakfrau erlaubte, ihre Waren vor unserem Geschäft zu verkaufen, wurde sie stets umgehend von der Tabakfrau oder einem ihrer Kinder informiert, wenn der Geist des Großvaters zurückgekehrt war. Nachdem meine

Großmutter über Jahre hinweg in einem Einraumschuppen im Schein einer Öllampe beraten worden war, welche Lotteriezahlen sie wählen sollte, und sich diese Ratschläge häufiger als richtig denn als falsch erwiesen hatten, hatten der Geist des Großvaters und die Tabakfrau in meiner Großmutter eine treue Anhängerin gefunden.

Und nun hatte meine Großmutter die Tabakfrau, ohne ihr den Grund ihres Anliegens zu nennen, gefragt, ob sie einen guten Kräuterheiler kenne, der seinem Handwerk weit entfernt von den neugierigen Augen und Ohren von Tam Ky nachgehe, und die Tabakfrau hatte ihr ihren eigenen Ehemann empfohlen, mit dem sie zwar nicht mehr zusammenlebte, den sie jedoch immer noch voller Überzeugung für einen guten und brauchbaren Praktizierenden der Heilkünste hielt.

„Wie kann ich euch helfen?", fragte der Kräuterheiler, nachdem meine Eltern sich an dem Tisch niedergelassen hatten und jeder eine Tasse Tee in der Hand hielt.

Mein Vater hantierte verlegen mit seiner verblichenen roten Tasse herum und sagte: „Wir hoffen, dass du uns mit unserem neugeborenen Baby helfen kannst. Die Kleine kann nicht sehen."

Der Kräuterheiler beugte sich näher zu mir und meiner Mutter, um meine Augen besser sehen zu können und zog die Lampe heran. „Hmm. Sieht nach Katarakten aus. Merkwürdig, dass sie bei so einem kleinen Baby auftreten. Ich kann euch eine Medizin geben, die ihre Augenmuskeln stärken wird, aber ich will euch die Wahrheit sagen: Ich kenne keine Medizin, die diese Erkrankung heilt. Manchmal träufeln wir Zitronensaft in entzündete Augen, aber ich glaube nicht, dass die Augen der Kleinen entzündet sind. Allerdings kann es nicht schaden, auch das zu versuchen."

„Also, eigentlich … äh … möchten wir gar nicht, dass du uns eine Medizin gibst, die ihr Leiden verschwinden lässt. Wir wissen ja, dass es so etwas nicht gibt. Wir möchten dich bitten, ihr etwas zu geben, damit sie nicht leidet und an einen Ort gehen kann, an dem sie für immer perfekt sehen kann", erklärte mein Vater mit einer Stimme, die über den von den Straßen hoch dringenden Lärm der knatternden Motorräder und der trötenden Hupen kaum zu hören war.

Der Kräuterheiler zog sich daraufhin bewusst von meiner Mutter und mir zurück und setzte sich wieder auf den Stuhl an seiner Seite des Tisches. „Ist das wirklich das, was ihr wollt?", fragte er.

Meine Eltern antworteten nicht, sondern senkten die Blicke und starrten auf den Zementboden, der mit Gewürz- und Kräuterkrümeln übersät war.

Als der Kräuterheiler wieder zum Reden ansetzte, sprach er ebenfalls mit leiser, jedoch fester Stimme. „Zu mir kommen Menschen, die Angst haben, an Krebs zu sterben oder jeden Augenblick umzukippen, weil sie so hohen Blutdruck haben. Es kommen auch Frauen zu mir, die nicht schwanger werden können. Und ich gebe mein Bestes, ihnen allen mithilfe des Wissens zu helfen, das mein Vater an mich weitergegeben hat und sein Vater an ihn weitergegeben hat. Mit so einer finsteren Sache, um die ihr mich bittet, will ich nichts zu tun haben. Bestimmt gibt es andere, die euch bei dem, was ihr vorhabt, helfen würden, aber ich kann es nicht. Ich kann nachvollziehen, was für einen Kummer ihr erleiden müsst, aber an so eine Art von Problemlösung glaube ich nicht. Tut mir leid."

Als er das sagte, begann der betäubende Panzer, den meine Mutter sich angelegt hatte, Risse zu bekommen. Ihr rollten Tränen über die Wangen, sie drückte mich unbewusst fest an sich und sagte zu dem Kräuterheiler: „Danke, Onkel! Ich danke dir so sehr!" Ihre Tränen waren Tränen der Erleichterung, der riesigen Freude. Ihr Körper fühlte sich leichter an; es war seine Art zu feiern, dass ich verschont worden war. Dieser Kräuterheiler war ein Beweis dafür, dass es noch gute Menschen in dieser Welt gab. Menschen, die das, was sie und ihr Mann im Begriff waren zu tun, als etwas Falsches ansahen. Menschen, die ihre Schwiegermutter für verrückt halten würden. Sie würde wütend sein, wenn sie mit mir zurückkehrten und ich noch lebte, aber zumindest konnten sie ehrlich sagen, dass sie alles getan hatten, was sie von ihnen verlangt hatte, und dass es der Kräuterheiler gewesen war, der nicht mitgespielt hatte.

Dann nahm mein Vater mich und drückte mich zum ersten Mal in meinem kurzen Leben an sich. Er stand schnell auf, steuerte die Tür an und bedeutete meiner Mutter, ihm zu folgen. Er wollte verschwinden, bevor der Kräuterheiler auf die Idee kommen könnte, seine Meinung zu ändern. Mein Vater bedankte sich bei ihm für die Zeit, die er ihnen gewidmet hatte, und eilte, gefolgt von meiner Mutter, nach draußen. Nachdem wir gegangen waren, muss der Kräuterheiler noch lange auf die Tür gestarrt und sich gefragt haben, was nur mit diesem merkwürdigen Paar los gewesen war, das ihn um etwas gebeten hatte, sich jedoch so verhalten hatte, als ob es das genaue Gegenteil von dem gewollt hatte, was es von ihm verlangt hatte.

Als wir lange nach Sonnenuntergang wieder zu Hause in Tam Ky ankamen, stand meine Großmutter an der Tür, um uns zu begrüßen. „Was ist passiert?", fragte sie.

„Der Kräuterheiler wollte es nicht tun", erwiderte mein Vater und drängte sich mit mir in den Armen an ihr vorbei.

„Warum nicht? Hast du ihm all das Gold angeboten, das ich dir mitgegeben habe?" Ihr Ton war anklagend. Meine Großmutter hatte meinem Vater am Morgen mehrere Unzen reines Gold in Form von Goldbarren gegeben, die sie aus dem Versteck im Rinnstein hinter dem Haus geholt hatte – ihrer Meinung nach genug, um einem armen Kräuterheiler alles abverlangen zu können.

„Nein, dazu bin ich gar nicht gekommen. Außerdem hätte es sowieso nichts bewirkt. Der Mann hat feste Grundsätze."

„Jeder hat seinen Preis", stellte meine Großmutter klar. „Ich hätte herausgefunden, wie hoch seiner ist!"

„Dann hättest du eben selbst gehen müssen!", fuhr mein Vater sie an, drehte sich um und funkelte seine Mutter wütend an. Es war ein langer und anstrengender Tag gewesen, und er wollte nur noch, dass er zu Ende ging.

Die Schärfe in der Stimme meines Vaters reichte, um meine Großmutter zum Rückzug zu bewegen, zumindest für den Moment. Sie kannte ihre Kinder und wusste, wann sie sie zu etwas drängen und wie weit sie gehen konnte. Aber sie konnte es sich dennoch nicht nehmen lassen, das letzte Wort zu haben. „Egal. *Ich finde eine andere Möglichkeit.*"

Meine Eltern ignorierten sie, gingen die Treppe hoch und ließen sie für diesen Tag mit ihren Drohungen stehen.

Sie hätte auf jeden Fall eine andere Möglichkeit gefunden, mich zu töten. Aber dann bekam meine Urgroßmutter Wind von den dunklen Machenschaften ihrer Schwiegertochter und befahl, dass man mich in Ruhe lassen solle: *So, wie sie geboren wurde, wird sie leben*, stellte meine Urgroßmutter klar. Und weil meine Urgroßmutter die höchste Matriarchatin war, waren ihre Worte Gesetz, und es wurden keine weiteren Versuche unternommen, mein Leben zu beenden. Das hielt meine Großmutter natürlich nicht davon ab, meiner Mutter zu verbieten, mich zu stillen (was meine Mutter trotzdem heimlich versuchte, aber ihr Milchfluss versiegte bald) oder mir etwas anderes als Reisgrütze zu essen zu geben, während mein Bruder und meine Schwester bessere Nahrung bekamen (beziehungsweise das, was unter der kommunistischen Herrschaft an Nahrung verfügbar war). Wegen meiner Blindheit wurde ich als diejenige angesehen, die die Familie mit einem Fluch belegt hatte, zu einem Leben in Abhängigkeit verurteilt, unverheiratbar, dazu verdammt, kinderlos zu bleiben – und somit wertlos. Meine Großmutter glaubte ohne jeden Zweifel daran, mir einen Gefallen zu tun.

Geheimnisse können zu einer Bürde der Scham werden, und so war es auch mit diesem Geheimnis. Es belastete meine Mutter so sehr, dass sie die Bürde irgendwann nicht mehr ertragen konnte und sich schließlich gezwungen sah, mir alles zu gestehen. Während der ersten achtundzwanzig Jahre meines Lebens wussten nur die Beteiligten von dem Versuch, mich als Baby zu töten. Doch als wir am letzten Abend eines meiner Besuche zu Hause zusammensaßen und ich die Stimme meiner Mutter aufnahm, die die Geschichte unserer Familie erzählte, hatte ich eine Ahnung, was sie mir erzählen wollte. Ich wusste es bereits. Während sie redete, spielten sich die Szenen vor meinem inneren Auge ab. Deshalb glaube ich, dass die Seele sich an Traumata erinnert, die man erlitten hat, bevor das Gehirn imstande ist, Erinnerungen abzuspeichern.

Es war nach Mitternacht. Alle anderen schliefen schon lange, und am nächsten Morgen stand mein Rückflug nach New York an. Meine Mutter war total fertig, als sie zum Ende ihrer Geschichte kam, und sagte, dass sie mir die Wahrheit über das, was geschehen war, nur deshalb erzählt habe, weil meine Großmutter inzwischen gestorben war. Sie fügte hinzu, dass ich niemandem verraten dürfe, dass ich von der „Sache" wisse, insbesondere nicht meinem Großvater, meinem Vater und meinen Geschwistern. Doch in den folgenden Jahren missachtete ich den Wunsch meiner Mutter. Vor Kurzem habe ich es meinen Geschwistern und natürlich habe ich es Josh erzählt; ebenso ein paar guten Freundinnen und Freunden, und jetzt verrate ich es der ganzen Welt.

An einem nicht allzu fernen Tage hoffe ich, den Mut aufzubringen, meinen Vater um Antworten zu bitten, nicht aus Wut, sondern in der Absicht zu vergeben, um die Motivationen der Beteiligten besser verstehen zu können und ihm zu sagen, dass ich ihm und meiner Mutter verzeihe, dass sie sich damals zu Komplizen meiner Großmutter gemacht haben. Ich bin nur noch nicht bereit. Seit jener Nacht habe ich bis auf ein einziges Mal nicht mehr mit meiner Mutter über das Geheimnis gesprochen. Dieses eine Mal war nach meiner Hemikolektomie, als wir seit fünf Tagen wussten, dass ich Krebs hatte und mir klar war, dass meine Mutter nicht gut damit fertig wurde – sie war wütend, ängstlich, von Schuldgefühlen geplagt. Ich redete in der Abgeschiedenheit meines Krankenhauszimmers mit ihr, meine Schwester war als moralische Unterstützung dabei. „Du musst deinen Bekannten erzählen, dass ich Krebs habe, Mom. Du musst es jedem sagen, damit die Leute dir über diese schwierige Zeit hinweghelfen können." Keine Antwort. Was mich nicht überraschte. Meine Mutter ist einer jener Menschen, die ihre Gefühle unterdrücken. „Mom, du weißt besser als irgendjemand sonst, wie stark ich bin. Du weißt besser als irgendjemand sonst, wie unwahrscheinlich es war, dass ich da gelandet bin, wo ich gelandet bin. Du weißt, wie unwahrscheinlich es angesichts der ‚Sache' nach meiner Geburt war, dass ich überhaupt noch lebe, geschweige denn das Leben führe, das ich heute führe."

„Wie wahr", lautete die Antwort meiner Mutter. Sie saß aufrecht da, ihr Gesicht eine unlesbare Maske. Es waren die einzigen Worte, die sie während jener kurzen Unterhaltung hervorbrachte.

10

Glücksmomente

Als ich meine Krebsdiagnose erhielt, dachte ich, dass ich nie wieder wirkliches, unverfälschtes Glück empfinden könnte. Ich war sicher, dass jede Sekunde, in der ich auch nur ein Minimum an Freude empfände – zum Beispiel beim Miterleben, wie Mia komplizierte Dinge wie das Sonnensystem zu begreifen begann oder wie Belle an ihrem ersten Schultag furchtlos zur Schule ging –, durch den Krebs getrübt wäre und dass die unheimliche Anwesenheit der Krankheit unweigerlich jeden Augenblick meines weiteren Lebens bestimmen würde. In vielerlei Hinsicht haben sich meine Befürchtungen bewahrheitet. Die Freude, die ich empfand, wenn ich meine kleinen Mädchen voller Hingabe unter blinkenden Partylichtern auf dem Geburtstag eines anderen Kindes tanzen sah, wurde von den Gedanken in meinem Kopf getrübt, wie viele solcher Augenblicke ich in der Zukunft nicht mehr würde miterleben können. Inmitten der Musik und des juchzenden Kindergeschreis weinte ich um all die Dinge, die ich vielleicht nie mit ansehen würde.

Auch wenn nicht eine düstere Krebswolke über einem hängt, kann man manchmal ganz unverhofft von Glücksmomenten überrascht werden, einem schwer fassbaren Gefühl, das kurz über das Bewusstsein hinweghuscht und auch schon wieder verschwunden ist. Jeder, der kleine Kinder hat, weiß ein Lied zu singen von der oft nervtötenden Monotonie des Alltags. Er weiß, wie es ist, sich jeden Morgen müde aus dem Bett zu quälen, die Kinder zur

Schule zu schicken, den Stress im Job auszuhalten, den man so dringend benötigt, um über die Runden zu kommen, gesunde Abendessen zuzubereiten, die die wählerischen Kindern vielleicht unangetastet stehen lassen, unermüdlich mit den Kindern darüber zu verhandeln, wann sie die Zähne putzen und welche Kleidung sie am nächsten Tag tragen sollen und welche Süßigkeiten sie zur Belohnung bekommen, wenn sie am nächsten Tag ihr Mittagessen essen. Vor der Diagnose habe ich dieses Aufflackern reiner Freude, die Kinder einem, wie alle sagen, bescheren können, hin und wieder erlebt. Ich war glücklich, wenn Mia etwas Kluges und Witziges sagte oder wenn Belle ihre kleinen Arme um mich schlang und mich festhielt, als wäre ich der wichtigste Mensch der Welt. Ich habe auch Freude empfunden, wenn ich mit Josh über ein langes Wochenende weggefahren bin oder wir an einem der seltenen Abende, an denen wir nicht auf die Kinder aufpassen mussten, mit Freunden ausgegangen sind. Aber zum größten Teil war mein Leben vor der Krebsdiagnose vor allem durch meine Arbeit und meine Aufgaben als Mutter geprägt; es war eine harte Plackerei, ohne viel Dank für die Mühen zu erhalten.

Nicht dass Sie mich falsch verstehen – ich wusste immer zu schätzen, was ich hatte: dass meine Kinder gesund waren, unseren Komfort, unser Wohlbefinden, unseren materiellen Wohlstand. Ich musste nicht erst meine Krebsdiagnose erhalten, um für alles dankbar zu sein, was ich im Leben hatte. Meine Kindheit als arme Immigrantin und meine Blindheit hatten mich bereits alles gelehrt, was ich je wissen musste, um Dankbarkeit zu empfinden und das Leben wirklich zu schätzen. Vor meiner Krebsdiagnose hatte ich mich in einem Leben eingerichtet, das eher von routinemäßiger Zufriedenheit und einer Akzeptanz des Status quo geprägt war, als in einem Leben, das von Glücksmomenten wie ganz besonderen Glücksgefühlen, Begeisterung und Euphorie dominiert wurde. Nach meiner Krebsdiagnose ging ich davon aus, dass jegliche Augenblicke reiner Freude, die ich noch erleben sollte, getrübt sein würden und dass es für mich unmöglich sein würde, in meinem Leben noch einmal dieses Gefühl reinen, unverfälschten Glücks zu erleben.

Doch meine Annahme war falsch.

An einem Donnerstag, an dem sich die ersten Anzeichen des Herbstes bemerkbar machten, saß ich meiner ehemaligen Geburtshelferin, Dr. C., in einem unscheinbaren Restaurant im schäbigen Lower Manhattan am

Tisch gegenüber. Wir nahmen ein verspätetes gemeinsames Mittagessen zu uns, das aus Spinat, braunem Reis und gedünstetem Gemüse bestand und nebenbei als absolut krebs- und diabetesbekämpfend durchging. Wir waren schon seit zwei Stunden in eine angeregte Unterhaltung vertieft, die im Eingangsbereich meines Fitnessstudios begonnen hatte, wo ich Dr. C. getroffen hatte, und die wir noch zwei weitere Stunden fortsetzen sollten, während wir durch die Straßen von Chinatown schlenderten. Wir unterhielten uns über Gott und die Welt. Zuerst sprachen wir über meine Krebsdiagnose, wie es dazu gekommen war, über potenzielle medizinische Ursachen, meinen CEA-Wert, eventuelle zukünftige Operationen und darüber, ob es womöglich vorteilhaft sei, woanders als in New York City weitere Behandlungen durchführen zu lassen. Sie teilte mir mit, dass sie überzeugt sei, dass ich es schaffen könne, den Krebs zu überwinden, weil – so ihre Worte – an mir rein gar nichts typisch sei. Wir redeten auch über Dr. C.s jüngste Reise nach Uganda, den Kulturschock, den sie nach ihrer Rückkehr erlebt hatte, und über ihre Pläne für die Zukunft.

Inmitten unseres Gesprächs platzte ich plötzlich völlig unaufgefordert heraus: „Soll ich dir was verraten? Ich bin gerade *glücklich*, *richtig* glücklich."

Ich wunderte mich selbst ein wenig über diese Feststellung. Wie ist es möglich, an Darmkrebs im Stadium IV zu leiden und auch nur eine Sekunde lang, geschweige denn in so vielen Momenten wie an diesem Nachmittag, diese Art unbeschwerte Freude zu empfinden, die mich zu so einer Bekundung veranlasste?

Es hatte viel mit Dr. C. selbst zu tun. Auch an Dr. C. ist rein gar nichts auch nur annähernd typisch. Sie war erst zwei Tage zuvor nach einem sechsmonatigen Aufenthalt aus Uganda zurückgekehrt, wo sie als Freiwillige in einem 550-Betten-Krankenhaus gearbeitet hatte. Die Menschen, die das Krankenhaus aufsuchten, waren oft tagelang unterwegs und mussten eine Kuh verkaufen, um eine Operation bezahlen zu können. Sie zeigte mir Fotos der Säuglingsstation, die im Grunde nicht mehr war, als ein Tisch, auf dem die Babys lagen, in die Decken ihrer Mütter gehüllt, weil diese der einzige Nachweis waren, wer sie geboren hatte (es gab keine Namensarmbändchen für Neugeborene). Sie erzählte mir unglaubliche Geschichten. Einmal hatte sie einer Schwangeren, die von einem Stier aufgespießt worden war, deren von einer Gangrän befallenen Arm absägen müssen, ein anderes Mal hatte sie einer Mutter nach einer misslungenen Hausgeburt ihren toten Fötus sowie die Überreste ihrer gerissenen Gebärmutter entfernen müssen. Und all das unter grauenvollen Bedingungen, die durch einen konstanten Mangel an Betäubungsmitteln, Elektrizität, notwendiger Ausstattung und Expertise gekennzeichnet waren. Dr. C. hatte ihre eigene Praxis nach fünfundzwanzig Jahren, in denen sie gefühlt fast jedem in Tribeca geborenen Kind auf die Welt geholfen hatte, geschlossen, um nach Uganda zu gehen und Menschen in unterversorgten Gegenden der Welt zu helfen. Sich für Menschen in benachteiligten Gegenden zu engagieren, hatte sie sich schon bei Beendigung ihres Medizinstudiums vorgenommen, und zwar wollte sie das sowohl zu Hause tun als auch im Ausland.

Als sie ihre Praxis geschlossen hatte und nach Uganda abgereist war, hatte ich bezweifelt, sie je wiederzusehen, weil es klar war, dass sie nicht die Absicht hatte, nach New York zurückzukehren. Einige Wochen vor unserem Treffen hatte ich ihr eine E-Mail geschrieben und ihr von meiner Krebsdiagnose berichtet, jedoch nicht unbedingt mit einer Antwort gerechnet. Sie hatte meine E-Mail erst nach ihrer Rückkehr in die USA gelesen und sich sofort bei mir gemeldet, um mir zu sagen, wie geschockt sie sei. Ich bat sie um ein Treffen, sagte ihr sogar, dass ich sie unbedingt sehen wolle.

Dr. C. hat mir seit dem Tag, an dem ich sie kennengelernt habe, immer ein Gefühl der Sicherheit gegeben. Sie hat während meiner beiden Schwangerschaften bei mir Schwangerschaftsdiabetes diagnostiziert und mich angewiesen, Tagebuch über alles zu führen, was ich zu mir nahm, sowie über meine Blutzuckerwerte zu bestimmten Tageszeiten (und ihr die Daten täglich per Mail zu schicken). In dem Moment, in dem ich zur Geburt im Krankenhaus eintraf, war auch sie da (und nicht erst gegen Ende der Geburtswehen, wie es viele andere Geburtshelferinnen handhaben). So hielt sie es mit all ihren Patientinnen. Dr. C., nicht eine der Krankenschwestern, hielt mich fest, als die Anästhesiologen mir den Periduralkatheter legten. Sie betreute mich während meiner Wehen und Geburtsschmerzen und war unentbehrlich, damit Mia und Belle gesund auf die Welt kamen. Da sie ihre Praxis allein betrieb, machte sie in den fünfundzwanzig Jahren, bevor sie sie schloss, nicht ein einziges Mal Urlaub, und als Dank für ihre Aufopferungsbereitschaft bringen ihre Patientinnen ihr eine unerschütterliche Loyalität entgegen.

Ich weiß, dass meine Freundinnen, die auch ehemalige Patientinnen von Dr. C. sind, liebend gerne ebenfalls die Gelegenheit gehabt hätten, einen

Nachmittag mit ihr zu verbringen. In Wahrheit hat sich Dr. C. nur deshalb einen Nachmittag ihrer begrenzten Zeit in New York freigenommen, um mit mir zu reden, weil ich Krebs habe, so merkwürdig das auch klingen mag. Wenn sie noch praktizieren würde und ich nicht unter Krebs leiden würde, hätten wir nie so offen und ehrlich über unsere beiden Leben gesprochen und hätten nie diese Freundschaft geschlossen, die hoffentlich über die nächsten Jahre weiterbestehen wird. Es ist ein Privileg, in der medizinischen Obhut von Dr. C. gewesen zu sein. Ein noch größeres Privileg ist es, einen so guten und couragierten Menschen zu kennen und von ihm inspiriert zu werden, eine Frau, die im Leben derjenigen, die mit ihr zu tun haben, etwas bewirken will und tatsächlich auch etwas bewirkt. In den Stunden, die ich mit Dr. C. verbrachte, war ich glücklich, weil ich nicht damit gerechnet hatte. Ich war glücklich, weil aus meiner Krebserkrankung diese neue Freundschaft und ein neues Verständnis für einen anderen Menschen entstanden war, der für mich und meine Familie schon vorher so wichtig gewesen war. Ich war glücklich, weil ich in den Momenten, in denen ich sie besser kennenlernte und mit ihr redete, eine Bereicherung meines Lebens und meiner Seele empfand.

Die plötzliche Aussicht auf ein verkürztes Leben und den unmittelbar bevorstehenden Tod scheint dafür zu sorgen, dass so etwas passiert. Das Entstehen von Beziehungen wird beschleunigt – Bekannte können an einem Nachmittag zu Vertrauten werden. Denn es gibt keine Zeit zu verlieren, und was ist wichtiger als Vertrautheit?

Ich habe ziemlich viel darüber nachgedacht, was die glücklichsten Momente in meinem Leben waren. Vielleicht erwarten Sie, dass ich sage, es war der Moment, in dem ich Josh mein Jawort gegeben habe, oder die Momente, in denen ich zum ersten Mal meine sich windenden Töchter in den Armen hielt. Aber leider nein, tut mir leid, Josh, Mia und Belle. Wenn ich ehrlich bin, muss ich gestehen, dass meine Trauung und die Geburten meiner Kinder zwar freudige Ereignisse waren, aber sie waren auch mit zu viel Angst und Sorgen verbunden, als dass sie Momente reinen Glücks hätten gewesen sein können. Als ich in meinem hübschen weißen Kleid an Joshs Seite stand, fragte ich mich, zumindest unterbewusst, ob unsere Beziehung wohl halten würde. Als ich zum ersten Mal meine erstgeborene Tochter an mich drückte, fragte ich mich, ob ich ihrem fragilen Körper dabei Schaden zufügen könnte oder ob ich anderweitig als Mutter versagen würde. Es wäre naiv und arrogant gewesen, damals nicht solche Gedanken gehabt zu haben.

Nein, wenn ich an die glücklichsten Momente meines Lebens denke, Momente, die frei von Ängsten und Sorgen waren, denke ich an die Zeit, als ich mit neunzehn Jahren mit drei tibetanischen Mönchen in der entlegenen Provinz Gansu in China oben auf einem Berg saß und den schwermütigen Gesängen aus dem Kloster unter uns lauschte. Ich denke an den Moment am Thanksgiving Day 2005, als ich unter dem hellsten Himmel und bei dem strahlendsten Sonnenschein, den ich je erlebt habe, in einem Schlauchboot durch das weiß-grün-blaue Wasser auf die antarktische Küste zufuhr, um Hunderten wilder Pinguine zu begegnen. Ich denke an die Fahrradrikschafahrten durch die für Autos zu schmalen ländlichen Straßen von Bangladesh unter einem Himmel voller funkelnder Sterne, begleitet von Hunderten Glühwürmchen, die uns den Weg leuchteten. Dies waren die euphorischsten Augenblicke meines Lebens, Momente, in denen ich mit mir im Frieden war, wenn auch nur für kurze Zeit, in denen ich mir keine Sorgen wegen meiner Vergangenheit oder um meine Zukunft machte. Momente, in denen ich alleine gereist war und oft lange, schwierige Wege zurückgelegt hatte, um mein Ziel zu erreichen, Momente, in denen ich Dankbarkeit dafür empfand, so privilegiert zu sein, diese atemberaubende Schönheit betrachten zu dürfen. Momente, in denen ich spürte, wie meine Seele sich weitete und eine seltene, ja, göttliche menschliche Erfahrung machte, wenn ich Orte von so außergewöhnlicher natürlicher Schönheit sah und spürte, dass sie mit Sicherheit von der Hand Gottes berührt worden sein mussten.

So schockierend es sich anhören mag – der Krebs hat mir auch Momente des Glücks beschert. Das Glücksgefühl, das ich an jenem Nachmittag während meines Zusammenseins mit Dr. C. empfand, unterschied sich nicht so sehr von meinen glücklichen Momenten während meiner Reisen vor meiner Krebsdiagnose. Während der Krebs es schafft, meine glücklichen Momente mit meinen Kindern zu trüben und sie mir mit Zukunftssorgen zu verderben, ist der Krebs auch auf unglaubliche Weise imstande, einen dazu zu bringen, all dem Hässlichen und all den Dingen, die keine Rolle spielen, keine Bedeutung mehr beizumessen und alles in eine Perspektive zu rücken, die so erfrischend klar ist wie der antarktische Himmel. In der Gesellschaft von Dr. C. vergaß ich die trostlose Atmosphäre in dem Restaurant. Ich vergaß die Ungewissheit meiner Zukunft. Stattdessen verlieh mir meine Krebserkrankung die Fähigkeit, mich auf das Hier und Jetzt zu konzentrieren, wirklich alles aufzunehmen, was Dr. C. mir erzählte, und ihre Geschichten, sie selbst als Menschen und unsere zwischenmenschliche Beziehung zu bewundern. Da der Krebs mich und andere dazu zwingt, sich auf die Dinge zu konzentrieren, die wichtig sind, erlebe ich, dass Menschen – wie Dr. C. – auf mich zukommen, um bestehende Beziehungen zu festigen oder neu aufzufrischen oder neue zu knüpfen. Das erlebe ich mit einigen meiner ehemaligen Ärzte, Klassenkameradinnen aus der Highschool, Eltern von Freundinnen und Freunden unserer Töchter, entfernten Freunden und Menschen, denen ich noch nie begegnet bin. Es sind diese zwischenmenschlichen Beziehungen in meinem Leben, einem Leben, das jetzt auf Gedeih und Verderb durch den Krebs bestimmt wird, die mir dieser Tage am meisten bedeuten, ja, die mich wirklich glücklich machen. Es sind diese Beziehungen, in denen ich jetzt die atemberaubende Schönheit, den Frieden und die göttlichen Momente finde, die ich einst nur auf meinen Streifzügen allein durch die Welt fand.

11

Ein Abenteuer mit dem chinesischen Medizinmann

Anfang Oktober empfahl mir eine Freundin, deren Mutter unter einer seltenen tödlich verlaufenden Art von Brustkrebs leidet, nachdrücklich, Dr. G. W. aufzusuchen, einen Experten für Kräuterrezepturen zur Krebsbehandlung und die Heilung anderer Leiden mittels Methoden der traditionellen chinesischen Medizin. Anfangs war ich skeptisch, unter anderem, weil mein geschätzter Internist absolut gegen Kräuterergänzungen ist. Er hat ein ganzes Kapitel in einem medizinischen Lehrbuch über die zahllosen Risiken geschrieben, die mit einer Einnahme von Kräutersupplementen einhergehen. Außerdem nahm ich an, dass mein Onkologe (wie offenbar die meisten Onkologen) ebenfalls nichts von traditionellen chinesischen Heilmethoden als alternative oder ergänzende Behandlungsform hält, obwohl wir das Thema nie explizit angesprochen hatten. Natürlich hatte ich angesichts nicht vorhandener klinischer Studien, die Anderweitiges nachwiesen, Angst, dass die Kräuter die Chemotherapie beeinträchtigen oder andere negative Auswirkungen haben könnten und womöglich zu einer Förderung des Krebszellenwachstums führen und weitere unangenehme Wirkungen haben könnten.

Aber meine Freundin war hartnäckig und legte mir dringend ans Herz, Dr. G. W. aufzusuchen, weshalb ich über ihn recherchierte. Seine Referenzen waren beeindruckend: vor fünfunddreißig Jahren Promotion an der Harvard University, Professuren an verschiedenen renommierten Instituten, jahrelange Krebsforschung in der Sloan-Kettering-Krebsklinik und zahlreiche seriös klingende Artikel und Präsentationen über Pflanzenforschung. Zudem schwärmt die Brustkrebs-Online-Community über Dr. G. W. Brustkrebs ist sein Spezialgebiet, aber laut seiner Webseite verfügt er auch über Erfahrung mit anderen Krebsarten, unter anderem Darmkrebs. Aber den entscheidenden Ausschlag gab die Tatsache, dass die Ärzte der Mutter meiner Freundin begeistert über ihn sprachen und mein eigener Onkologe, der Dr. G. W. zwar nicht kennt, einverstanden war, dass ich ergänzend pflanzliche Präparate nehme, sofern er vorab informiert wird, um welche Präparate es sich handelt und er seine Einwilligung gegeben hat. Die Tatsache, dass mein Blut ständig untersucht wird, verleiht ihm (und mir) zusätzliche Sicherheit. Wenn die Einnahme der Kräuter sich negativ auswirken sollte, würde sich das in meinem Blutbild widerspiegeln.

Irrationaler war es da schon, dass ich mich von Siddhartha Mukherjees Buch *Der König aller Krankheiten: Krebs – eine Biografie* ermutigen ließ, einem schönen und brillanten Werk über die Geschichte des Krebses und die Arbeit mutiger Ärzte und Forscher und deren Patienten, die heldenhaft – wobei sie manch einer zu der Zeit, in der sie lebten, auch für dumm hielt – ihre berufliche Laufbahn und ihr Leben riskierten, um revolutionäre Arzneimittel zur Bekämpfung dieser Geißel zu entwickeln, die die Menschheit seit Anbeginn ihrer Geschichte plagt. Wenn diese tapferen Seelen so große Risiken auf sich genommen hatten, indem sie starke, nicht getestete chemische Substanzen einnahmen, konnte ich doch wohl probeweise auf die traditionelle chinesische Medizin setzen, die es immerhin seit Tausenden von Jahren gibt und die ein Bestandteil meines edlen chinesischen Erbes ist.

Also schickte ich Dr. G. W. eine E-Mail und er rief mich an. Ich sollte mich vor der Rite-Aid-Drogerie an der Ecke 47th Street und Broadway in Astoria in Queens mit ihm treffen. Merkwürdig, aber in Ordnung. Für diejenigen, die New York nicht kennen: Queens ist ein Viertel, in das sich keiner wagt, der dort nicht lebt. Man denke an Vince, Eric, Drama und Turtle aus der Fernsehserie *Entourage*, die dem finsteren Queens entfliehen, um in der Glitzerwelt von Los Angeles Karriere zu machen. Man denke an Carrie, Samantha und Charlotte aus *Sex and the City*, die bei der Vorstellung, Miranda in Brooklyn (*Oje!*) zu besuchen, entsetzt zusammenzuckten. Für diese gebildeten Bewohnerinnen Manhattans war Brooklyn schon schlimm genug, aber Queens? Carrie Bradshaws geliebte Manolo Blahniks hätten nie einen Bürgersteig in Queens betreten. Während Brooklyn den Charme eleganter Sandsteinhäuser aus dem neunzehnten Jahrhundert und den herrlichen Prospect Park zu bieten hat (die Antwort des Außenbezirks auf Manhattans Central Park), hat Queens mit seinen durch niedrige, quadratische rote Backsteingebäude geprägten Straßen in ästhetischer Hinsicht recht wenig zu bieten. Ich selbst bin nur wenige Male in Queens gewesen, weil meine Schwester in Astoria lebt, und noch seltener habe ich die großartigen exotischen Gerichte gekostet, die es nur in Queens gibt.

Jedenfalls war es ein Abenteuer für mich, nach Queens zu fahren, um mich an einer obskuren Straßenecke mit dem chinesischen Medizinmann zu treffen. Meine Eltern (die aus L.A. zu Besuch bei uns waren) bestanden darauf, mich zu begleiten, und meine Schwester schleppten sie auch noch mit. Wir vier standen also an der Ecke 47th Street und Broadway vor dem eingeschossigen Gebäude, in dem sich die Rite-Aid-Drogerie befand. Nur mein Bruder verpasste den ganzen Spaß. Ich rief Dr. G. W. an und teilte ihm mit, dass ich am vereinbarten Treffpunkt sei. Er erwiderte, dass er in fünf Minuten da sei. Meine Eltern fragten mich immer wieder: „Gehen wir denn nicht in sein Büro? Warum stehen wir hier?" Ich konnte ihre Fragen nicht beantworten, denn ich fing selbst an, mich zu fragen, ob bei diesem Mann alles mit rechten Dingen zuging. Da stand ich also mit meinem kleinen Gefolge und kicherte mit meiner Schwester über die Lächerlichkeit der Situation – dass ich, während die Krebszellen durch meinen Körper trieben, auf einen angeblichen Doktor wartete, damit er mir mysteriöse Kräuter verabreichte. Ich hatte das Gefühl, ich sollte eine dunkle Sonnenbrille und einen Trenchcoat tragen. Meine Eltern schienen die Situation nicht besonders witzig zu finden. Ich riet ihnen, sich zu entspannen.

Während des Wartens musste ich an einige meiner bizarren Abenteuer denken, die ich in China erlebt hatte. Die Chinesen (wie auch die meisten anderen Völker in anderen Teilen der Welt) haben eine unorthodoxe und häufig zweifelhafte Art, Dinge zu erledigen, vor allem aus Sicht der Bewohner der westlichen Welt, für die Ordnung und Regeln die bestimmenden Faktoren sind. Auf den Straßen unweit der berühmten Silk Street in Peking, wo gefälschte und echte amerikanische und europäische Designerkleidung, -schuhe und –accessoires zu wahren Schnäppchenpreisen zu haben sind, hatte ich bei mehreren Gelegenheiten einem Mann zugenickt, der murmelnd CDs und DVDs anpries. Ich war dem Mann dann zu einem verlassenen Gebäude gefolgt, in dem ich ihm sehr wenig Geld gab und dafür jede Menge raubkopierte CDs und DVDs erhielt. Mitte der 1990er-Jahre schien es so, als ob bei jeder Transaktion, die für wenig Geld eine beträchtliche Gegenleistung versprach, ein Mann oder eine Frau ins Spiel kam, die einen von einem öffentlichen Ort in ein entlegenes Hinterstübchen oder in ein Treppenhaus führten, in dem man Hotelzimmer buchen, Tickets kaufen oder Geld wechseln konnte. Dem Ganzen haftete immer der Geruch nach etwas Verbotenem an. Und ich liebte so etwas! Das Risiko, das man einging, das Unbekannte und die Fremdheit der Situation brachten mein Herz vor Aufregung, Vergnügen und wirklicher Freude am Leben zum Jagen und mein Blut in Wallung.

Das Warten auf Dr. G. W. war irgendwie nicht viel anders. Warum sollte auf der Straße vor der Rite-Aid-Drogerie nicht ein Wunderheilmittel zu finden sein? Ich war neugierig, gespannt und aufgeregt – und ein wenig argwöhnisch. Als mein Vater einen winzigen Mann in einem geblümten Hemd mit einer schwarzen Umhängetasche allein die 47th Street auf uns zuschlendern sah, stellte er in einem Ton, der vor Sarkasmus triefte, fest: „Das muss er sein. Genau so habe ich mir einen in Harvard ausgebildeten Arzt vorgestellt." Der Mann war in der Tat Dr. G. W. „Wer sind all die Leute?", fragte er mich argwöhnisch, nachdem wir uns einander vorgestellt hatten. Er akzeptierte meine Antwort kommentarlos und erlaubte meinen Begleitern, uns zu folgen.

Wir gingen den Broadway zurück zu einem kleinen Café. Ich bestellte für mich und meine Eltern Sandwiches, was uns das Recht gab, das Café für ein medizinisches Beratungsgespräch zu nutzen. Wir stiegen die Treppe hinauf in die obere Etage, in der außer uns niemand war. Ich setzte mich mit Dr. G. W. an einen Tisch, meine Eltern und meine Schwester nahmen am Tisch nebenan Platz und belauschten ungeniert unsere Unterhaltung, die mehr als eine Stunde dauerte.

Trotz der Absonderlichkeit der ganzen Situation mochte ich Dr. G. W. und glaubte, dass bei ihm alles mit rechten Dingen zuging. Er sagte, dass wir uns auch in seinem Büro in einem bekannten Krankenhaus in Manhattan hätten treffen können, doch dann hätten alle mich betreffenden Daten in ein Computersystem eingegeben werden müssen, was ihn im Hinblick auf die Ratschläge, die er mir erteilen könne, erheblich eingeschränkt hätte. Dr. G. W. zufolge misstraut das medizinische Establishment der traditionellen chinesischen Medizin. Es gebe zwar durchaus Mediziner, die ihr befürwortend gegenüberstünden (wie auch Kollegen in seinem Krankenhaus), doch aus Angst vor haftungsrechtlichen Folgen behielten sie diese befürwortende Einstellung lieber für sich. Da es Tausende Kräuter und unendlich viele Kräuterkombinationen gibt und nur wenig Geld in Studien über die Wirksamkeit der Verwendung von Kräutern zur Behandlung von Krebs und anderen Krankheiten gesteckt wird, sind Ärzte und Krankenhäuser regelrecht paralysiert, was den Einsatz traditioneller chinesischer Heilmethoden angeht. Dr. G. W. bezeichnete die allmächtige und gut ausgestattete Sloan-Kettering-Krebsklinik mit ihren konservativen Ansichten als die schlimmste aller Einrichtungen, was die Ablehnung alternativer Behandlungsmethoden bei Krebs angeht.

Nachdem er sich die aktuellsten Ergebnisse meiner Blutuntersuchungen angesehen, meinen Puls gefühlt, meine Zunge inspiziert und mich einfach nur allgemein beobachtet hatte, sagte Dr. G. W., dass mein Krebs seiner Meinung nach nur rein formal als Krebs der Stufe IV eingestuft worden sei und ich stark sei und deshalb infolge der Chemotherapie nur unter minimalen Nebenwirkungen leiden würde. Er gab sich sehr zuversichtlich und hatte eine beruhigende Art, was ich wirklich zu schätzen wusste und an jenem Tag dringend brauchte. Das Ziel meiner Behandlung sei, so erklärte er mir, die Nebenwirkungen der Chemotherapie zu minimieren, meinen Körper zu entgiften und mein Immunsystem zu stärken (das heiße, den Anteil meiner roten Blutkörperchen und Blutplättchen auf normalem Level zu halten, um schmerzhafte Injektionen zu vermeiden). Sobald meine Behandlung beendet sei (falls wir dorthin kämen), werde sich der Fokus darauf verlagern, ein Wiederauftreten des Krebses zu verhindern.

Ich rechnete halbwegs damit, dass er einen Bund Kräuter aus seiner schwarzen Umhängetasche befördern würde, so wie Mary Poppins eine Lampe aus ihrer Handtasche nehmen würde, doch das geschah leider nicht. Er instruierte mich, eine Kräuterapotheke in Chinatown aufzusuchen (die einzige, der er vertraute, da sie schon seit vierzig Jahren existierte und dafür bekannt war, nur hochwertige Kräuter zu beschaffen). Als ich klein war, brachte meine Mutter oft mysteriöse braune Kräuter mit nach Hause, die in pinkfarbenes Metzgerpapier eingewickelt waren, warf sie in einen Topf und kochte sie stundenlang. Später würgte sie den bitteren schwarzen Tee herunter, der aus dem Gebräu entstand. Zum Glück waren seitdem dreißig Jahre vergangen, und inzwischen verfügen die Kräuterapotheken über Geräte, die Tees aufbrühen und in Vakuumbeutel verpacken, die einfach zu handhaben sind. Ich bin froh, dass ich nicht wie meine Mutter früher stundenlang Kräuter aufkochen muss, denn wenn ich das hätte tun müssen, hätte ich mich auf dieses kleine Abenteuer vielleicht nicht eingelassen.

Am Tag nach unserem Treffen schickte Dr. G. W. mir eine Liste mit den Kräutern, aus denen mein Tee zubereitet werden sollte:

Poria
Yams
Atractylodes
Codonopsis
Astragalus
Zimtzweigchen
Maulbeerbaumzweigchen
Perillablatt
Ophiopogon tuber
Schisandra chinensis
Pfingstrosen
Liguster
Achyranthes
Gummiulmenrinde
Hartriegel
Bocksdorn
Chih-ko
Magnolienrinde
Mönchsfrucht
Mandarinenschale

Ich leitete die Liste an meinen Onkologen weiter, und er gab sein Okay. Daraufhin bat ich Dr. G. W., die Bestellung bei der Kräuterapotheke aufzugeben, und suchte sie auf, um den Tee abzuholen. Die keineswegs überlaufene Kräuterapotheke befindet sich inmitten von Freiluftmärkten, auf denen Obst, Gemüse und stark riechender Fisch angeboten wird, und von Restaurants, in deren Fenstern gebratene Enten und Hühnchen hängen. Der Verkaufsraum sieht so ordentlich und sauber aus, wie ein Ladenlokal in Chinatown in New York nur aussehen kann: mit Cremes, Salben und Ölen gefüllte Glasvitrinen unter Neonlicht und Regalen mit Hunderten riesiger Glaskrüge, die Dinge wie schwarze Jujuben, honigsüße Datteln, Luo Han Guo und alle möglichen anderen Früchte, Baumrinden, Blätter, Pilze, Wurzeln und alle nur denkbaren Derivate dieser Substanzen enthalten, die die Welt zu bieten hat. Einer der Teenager, die die Kunden bedienten, ging ins Hinterzimmer und holte meinen frisch gebrauten Tee, der ordentlich in durchsichtige 113-Gramm-Plastikbeutel verpackt war. Der Tee war so frisch aufgebrüht, dass er fast zu heiß war, um die Beutel anzufassen. Ich zahlte mit meiner Kreditkarte 150 Dollar für einen Teevorrat von sechzehn Tagen und verließ die Apotheke (dass in Chinatown eine Kreditkarte akzeptiert wurde, war ebenfalls ein gutes Zeichen dafür, dass alles mit rechten Dingen zuging). Dr. G. W. will die Kräuterrezeptur am Ende dieses Zeitraums neu überdenken und prüfen, ob er die Zusammensetzung korrigieren muss. Meine Aufgabe ist es, das Gebräu zweimal am Tag zu trinken und ihn per E-Mail zu informieren, wie mein Körper auf den Tee reagiert.

 Prost!

2014

12
Die hässlichen entfesselten Kräfte der Natur

Eine interessante Merkwürdigkeit, die damit einhergeht, unter einer Krankheit zu leiden, ist die Tatsache, dass viele Freundinnen und Freunde auf einmal unter der gleichen Krankheit leiden, nachdem man seine Diagnose erhalten hat. Was bedeutet, dass die Freundinnen und Freunde ziemlich bald anfangen wegzusterben.

Mit dieser Erfahrung machte ich in der ersten Woche des Jahres 2014 schmerzlich Bekanntschaft. Ich feierte meinen achtunddreißigsten Geburtstag, hatte vor sechs Monaten meine Krebsdiagnose erhalten und erfuhr von zwei Menschen, die an ihrer Krebserkrankung gestorben waren, und von einem anderen, der im Sterben lag. Eine der Toten war in der Dickdarmkrebs-Community eine regelrechte Berühmtheit und den anderen kannte ich, weil ich vor meiner eigenen Diagnose kurz mit ihm zusammengearbeitet hatte.

John war ein Partner der Anwaltskanzlei, bei der ich arbeitete, ein gut aussehender Mann von Mitte fünfzig, der seinen Akzent des Mittleren Westen nie hatte ablegen können, obwohl er als Anwalt in der ganzen Welt gearbeitet und gelebt hatte. Ich kannte ihn nicht so gut wie viele andere Partner der Firma, hatte jedoch im vorangegangenen Juni im Rahmen einer Transaktion kurz mit ihm zusammengearbeitet, also genau während der Zeit, als ich erstmals Symptome spürte. Er war einer jener Partner, die sich immer voll reinhängen, einer, der die Dokumente tatsächlich las und ständig anrief, um über den Bearbeitungsstand der diversen Aspekte des Geschäfts auf den neusten Stand gebracht zu werden. Da ich Anfang Juli Urlaub hatte und nach L.A. fliegen wollte, ersetzte John mich natürlich durch einen Kollegen.

Damals ahnten wir noch nicht, dass in unseren beiden Körpern todbringende Tumore heranwuchsen. Anfang Dezember erfuhr ich, dass bei John kürzlich ein Gehirntumor diagnostiziert worden war und es schlecht für ihn aussah. Zwei Monate später war er tot. Bei mir hatte es zwei Monate gedauert, bis ich auch nur angefangen hatte, die Tatsache zu verarbeiten, dass ich Krebs hatte. John hatte nicht einmal die Chance bekommen, dem Krebs den Kampf anzusagen.

John starb einen Tag nach Gloria, die die durch ihren Darmkrebs verursachten Komplikationen nicht überlebte. Ich kannte Gloria nicht persönlich, hatte aber nach meiner Diagnose ihren kompletten Blog gelesen, in dem sie ihren dreieinhalbjährigen Kampf gegen den Krebs aufgezeichnet hatte. Sie war in der Dickdarmkrebs-Community eine laute Stimme, seitdem sie ihr eigenes gemeinnütziges Unternehmen gegründet hatte, um Geld für die Entwicklung einer Heilmethode aufzutreiben. Bei ihr war im Alter von achtundzwanzig Jahren ein aggressiver Darmkrebs im Stadium IV diagnostiziert worden, der bereits verbreitet Metastasen gebildet hatte. Man gab ihr noch ein Jahr, höchstens zwei. Sie war dafür bekannt, eine Kämpfernatur zu sein, immer eine positive Einstellung zu haben und sogar Begeisterung für den Kampf gegen die Krankheit aufzubringen. Sie schien so furchtlos, positiv und enthusiastisch zu sein, dass sie nie über ihre Ängste oder ihre Traurigkeit schrieb, sondern beinahe glücklich über die „Chance" zu sein schien, die der Krebs ihr in ihrem Leben bot – eine Einstellung, die für mich an Wahn grenzte.

Diejenigen von uns, die ihren Fortschritten in ihrem Blog folgten, konnten bis zu dem Tag, an dem sie starb, tatsächlich den Eindruck gewinnen, als ob sie wirklich daran geglaubt hatte, den Krebs bezwingen zu können, als ob sie geglaubt hätte, dass der Krebs sich die falsche Person ausgesucht hatte. Sie hatte es so ausgedrückt: „Krebs, deine Zeit ist vorbei."

Sie hatte die Verschlechterung ihres Zustands in ihrem Blog unter anderem deshalb verschwiegen, weil ihre Follower daran glaubten, dass Gloria den Krieg dank ihrer hartnäckigen Unnachgiebigkeit, mit der sie der tödlichen Krankheit den Kampf angesagt hatte, irgendwie gewinnen würde. Die Tatsache, dass ihr Körper kapituliert hatte, erschreckte viele, die sich von ihr hatten inspirieren lassen und nun dachten: Wenn WunderGlo (ihr selbstgewählter Spitzname) den Kampf nicht gewonnen hat, wie sollen wir es dann schaffen?

Und dann ist da noch die liebenswürdige Kathryn, eine große, gut fünfzigjährige Frau aus Minnesota, die schon viel länger lebt, als man ihr bei ihrer Diagnose prognostiziert hatte. Sie war für andere stets eine engagierte Unterstützerin und Informationsquelle und hat sich am Aufbau der Dickdarmkrebs-Community intensiv beteiligt. Sie war diejenige, die mich fand und mich zu Colontown brachte (eine Supportgruppe auf Facebook). Ich habe mich mit Kathryn getroffen, kenne sie aber nicht besonders gut, abgesehen von den wirklich vertraulichen Dingen, die sie in der Colontown-Community schreibt. Ich bewundere die mutige Entscheidung, die sie vor einigen Monaten getroffen hat, ihre Chemotherapie zu beenden, und ich bewundere, wie sie die letzten Tage ihres Lebens auf dieser Erde zu Hause verbringt, betreut von einem Hospiz-Team und im Kreis ihrer Familie und Freunde, während ihr Körper allmählich aushungert, weil ein Tumor den Weg zu ihrem Magen blockiert. Obwohl sie das wenige Wasser, das sie zu sich nehmen kann, ständig erbricht, bemüht sie sich nach wie vor, die Community über die Details ihres Gesundheitszustands und ihrer seelischen Verfassung zu informieren, die dadurch gekennzeichnet ist, dass sie ihren bevorstehenden Tod ruhig und würdevoll akzeptiert. Indem sie dies tut, entmystifiziert sie den Sterbeprozess und hilft uns allen, die wir auch eines Tages sterben werden, weniger ängstlich zu sein.

Durch ihr Handeln gibt sie denjenigen von uns, die sie lieben, die Gelegenheit, sich zu verabschieden und ihr das zu sagen, was wir ihr noch mit auf den Weg geben wollen.

Wer mit Krebs konfrontiert ist, welcher Art auch immer, neigt dazu, sich Metaphern und eine Sprache des Krieges anzueignen, um die Art und Weise zu beschreiben, wie wir mit unserer Krankheit umgehen. Ich selbst habe meine Chemobehandlung als die wirksamste Waffe in meinem Arsenal bezeichnet, den Erhalt schlechter Nachrichten als eine Niederlage in einer Schlacht von vielen, und die Gesamtheit meiner Unterstützer als meine Armee. In vielerlei Hinsicht sind diese Metaphern passend und nützlich, denn sie fassen einen oft langen und beschwerlichen Prozess mit ungewissem Ausgang, bei dem sowohl der Geist als auch der Körper brutal behandelt werden, in ein anschauliches Bild. Die Verwendung dieser Metaphern beflügelt die

Leidenschaft, sorgt für Adrenalinstöße und kann uns dazu anhalten durchzuhalten. Aber was geschieht, wenn der Körper keine weitere Behandlung ertragen kann? Was geschieht, wenn das Ergebnis des Krieges der Tod ist und nicht das Überleben? Die Betroffenen hassen es, sich vorzustellen, dass Kathryn, Gloria und John ihren persönlichen Krieg gegen den Krebs definitiv „verloren" haben, und doch lässt sich diese Realität nicht leugnen: John und Gloria sind tot und Kathryn wird nicht mehr lange leben.

Wie ich bereits erwähnte, findet der Kampf gegen den Krebs nicht nur auf der physischen Ebene statt, sondern auch auf der nichtphysischen, auf der der Verstand und der Geist herausgefordert werden, den Willen zum Weiterkämpfen aufzubringen. Und trotz tiefer Traurigkeit Glück empfinden zu können, inmitten der Dunkelheit Licht zu entdecken, Angst durch Lachen zu überwinden und auch im Angesicht des Gespenstes des Todes mit Hingabe und Freude zu leben. Egal, wie schwierig sich der physische Krieg auch für mich gestalten mag und wie viel Kraft es mich vielleicht kosten mag, den nichtphysischen Krieg durchzustehen – ich hoffe, meine Krankheit immer mit dem gleichen Mut und der gleichen Ehrlichkeit, Würde und Akzeptanz anzugehen, wie Kathryn es uns vorgemacht hat, die so viel über ihre Krankheit und die Behandlungsmethoden, denen sie sich unterzogen hat, gelernt hat, sowohl gängige als auch alternative. Die diese Erkenntnisse wie kein anderer je zuvor mit der Gemeinschaft geteilt hat. Die erkannt hat, wann die Chemotherapie ihre Lebensqualität während der wenigen Zeit, die ihr noch blieb, zu sehr beeinträchtigt hat. Die sich dafür entschied, die übermächtige Kraft des Krebses in ihrem Körper mit Würde zu akzeptieren.

Krebs ist eine Naturgewalt, die im menschlichen Körper wütet wie die Stürme und Wolkenbrüche eines Hurrikans auf der Erde. Trotz der Wunder der modernen Medizin und der verfügbaren Hilfseinrichtungen sind wir gegenüber diesen entfesselten Naturkräften so klein, unbedeutend und machtlos. Irgendwann ist der Zeitpunkt erreicht, an dem man sich seine Machtlosigkeit eingestehen und sich vor dem Hurrikan in Sicherheit bringen muss, anstatt zurückzubleiben und die Krankheit mit einer leeren symbolischen „Scheiß-drauf"-Geste abzutun. Gleichermaßen ist irgendwann der Zeitpunkt erreicht, an dem man sich eingestehen muss, dass es sinnlos ist, seinen persönlichen physischen Kampf gegen den Krebs fortzusetzen, an dem die Chemobehandlung keine wünschenswerte Option mehr darstellt, an dem man den Prozess des Abschiednehmens einleiten und begreifen sollte, dass der Tod nicht der Feind ist, sondern nur der nächste Teil des Lebens. Jeder von uns muss nach reiflicher Überlegung selbst mit Herz und Seele festlegen, wann dieser Zeitpunkt gekommen ist. Dies ist das, was auch Kathryn getan hat. Sie respektiert die Kräfte der Natur, die auf ihren Körper einwirken, und gibt sich keinen Illusionen hin, die Krankheit doch noch irgendwie überwinden zu können, sondern hat die nachvollziehbare Entscheidung getroffen, sich vor dem Hurrikan in Sicherheit zu bringen. In meinen Augen hat sie ihren so heldenhaft gekämpften Krieg gegen den Krebs auf der nichtphysischen Ebene gewonnen.

Noch eine andere sterbende Freundin, C., hat gerade auf Four Corners (einer Untergruppe von Colontown, zu der ausschließlich diejenigen von uns Zugang haben, die Dickdarmkrebs im Stadium IV haben und in der wir frei und ungehemmt Dinge von uns geben können, die diejenigen mit Krebs in einem weniger schlimmen Stadium schockieren würden) gepostet, wie es für sie war, auf Vorschlag der Familientherapeutin im Nebenzimmer zu sitzen, während ihr Ehemann und ihre Schwägerin ihren Kindern mitteilten, dass die Behandlung nichts mehr bringe und ihre Mutter an ihrer Krebserkrankung sterben werde. Und wie es für sie war, das Weinen ihrer Kinder mit anzuhören und sie nicht trösten zu können, weil sie diese herzzerreißende Aufgabe den zukünftigen Betreuern ihrer Kinder überlassen musste.

Dies sind die Momente im Leben, in denen wir beinahe mehr fühlen, als wir ertragen können. Dies sind die Momente – paradoxerweise, wenn wir dem Tod am nächsten sind –, in denen wir am schmerzlichsten und lebhaftesten lebendig sind.

13

Der Knotenpunkt der Welt

Ein Knotenpunkt ist ein Ort, an dem mehrere Straßen zusammenlaufen. Es ist eine Stelle, an der man sich entscheiden muss, welche Straße man für die Weiterreise nehmen will. Welche Richtung soll man einschlagen? Als am 13. Januar mein letzter Tag der Chemotherapie gekommen war, fühlte sich das für mich definitiv so an, als wäre ich an einem Knotenpunkt angelangt, an einem Scheideweg, an dem eine Entscheidung getroffen werden musste. Bald würden CTs gemacht werden und Josh, mein Arzt und ich würden entscheiden müssen, wie es weitergehen sollte. Irgendwie fühlte es sich so an, als ob ich am Times Square landen sollte, der doch als Knotenpunkt der Welt gilt (klingt pompös).

Ich empfand den 13. Januar als einen bedeutsamen Tag. Meine Cousine N., die wie eine Schwester für mich ist, war am Tag zuvor von Los Angeles herübergeflogen, um mich zu meiner letzten Chemotherapie-Sitzung zu begleiten und die Woche bei uns zu verbringen. Meine Cousine C., die auch wie eine Schwester für mich ist und in Connecticut lebt, verließ für vierundzwanzig Stunden ihre kleinen Kinder (etwas, das sie seit vier Jahren nicht getan hatte), um die Nacht bei uns zu verbringen und auch mit zu meiner letzten Sitzung zu kommen. Meine richtige Schwester, Lyna (die in New York City lebt), übernachtete ebenfalls bei uns. Lyna und Cousine N. schliefen auf der Doppel-Luftmatratze und Cousine C. auf dem Sofa.

Wir erinnern uns gerne gegenseitig halb im Ernst, halb im Scherz (vor allem, wenn eine von uns von ihrem leichten Leben verwöhnt zu sein scheint) daran, dass wir niemals – egal, wie amerikanisiert wir auch geworden sind – vergessen werden, dass wir auf einem sinkenden Boot aus Vietnam in dieses Land gekommen sind und also keine Probleme damit haben sollten, auf Sofas, Luftmatratzen oder auf dem Fußboden zu schlafen. Als Kinder hatten wir oft auf dem mit einem Teppich ausgelegten Boden geschlafen, auf dem wir ein Baumwolllaken ausbreiteten, und das ohne das behagliche Polster eines Schlafsacks – was wusste ein Haufen vietnamesischer Flüchtlinge schon von Schlafsäcken?

An jenem Abend blieb Josh mit Mia und Belle zu Hause, und wir vier Yip-Mädels gingen in ein edles Restaurant in South Slope, das von einem ausgezeichneten Spitzenkoch eröffnet worden war und in dem asiatische Fusionsküche angeboten wurde. Wir lachten und quasselten miteinander, wie wir es damals als kleine Mädchen getan hatten, nur dass wir jetzt über unsere älter werden den chinesischen Eltern, über unsere Ehemänner, Kinder, Geld, unsere Karrieren (oder den plötzlichen Wegfall derselben) und all die anderen im Leben Erwachsener mittleren Alters wichtigen Themen redeten und klagten. Es fühlte sich so gut an und war doch auch ergreifend; wie traurig, dass ausgerechnet meine letzte Chemotherapie-Sitzung zur Behandlung meines fortgeschrittenen Dickdarmkrebses der Anlass war, dass wir endlich mal wieder ohne Partner, Ehemänner und Kinder auf eine Weise zusammenkamen, wie wir es seit mehr als zwanzig Jahren nicht mehr getan hatten.

Während wir im Taxi zum Restaurant fuhren und kichernd die knapp bekleideten Mädchen anstarrten, die sich auf dem Weg zu einem Jay-Z-Konzert den Hintern abfroren, hatte ich jenes merkwürdige vorübergehende Gefühl, als ob ich aus meinem Körper herausgetreten wäre und diesen aktuellen Moment meines Lebens betrachtete, als würde ich ein Theaterstück auf einer Bühne sehen und darüber spekulieren, ob die Figur, die ich darstellte, am Ende des Stücks wohl ein tragisches Ende nähme. Ich fragte mich, ob sich meine Schwester und meine Cousinen vielleicht eines nicht allzu fernen Tages ohne mich wiederträfen und ob sie sich an diesen speziellen Moment, in dem wir so viel miteinander gelacht haben, erinnern würden. Und wo würde ich dann sein?

Der Krebs hat dafür gesorgt, dass ich diese kostbaren Momente meines Lebens genauso in mein Herz geschlossen habe wie meine Kinder. So sehr weiß ich sie wertzuschätzen. Und während diese Momente in mir eine Sehnsucht aufkommen lassen, wie ich sie nie zuvor gekannt habe, lassen sie mich zugleich ein einzigartiges Gefühl von Dankbarkeit und Freude verspüren.

Während des Abendessens erwähnte meine Cousine N. beiläufig, dass sie am nächsten Morgen um halb elf Uhr einen ihrer „Vertreter" am Times Square treffen müsse. Cousine N. arbeitet in der Werbebranche. Sie plant und koordiniert für ein großes Filmstudio die Werbung in verschiedenen Medien, was heißt, dass sie entscheidet, wo Werbefläche gekauft und wie sie genutzt wird (zum Beispiel, ob und wo Fernseh- und Radiospots oder Zeitschriftenanzeigen platziert oder Plakate in U-Bahnhöfen aufgehängt werden etc.), um Kassenschlager und andere Filme, die das Studio produziert, zu promoten. Sie hat eine steile Karriere hingelegt und ist für große Teams junger Assistenten verantwortlich, die tun, was sie ihnen sagt. „Kein Problem", sagte ich. „Mach, was auch immer du für deinen Job erledigen musst." Meine letzte Chemo-Sitzung war für mittags um halb eins angesetzt, also würden wir ausreichend Zeit haben.

Nachdem meine Cousinen N. und C. mich am nächsten Morgen begleitet hatten, um Mia zur Schule zu bringen – meine Schwester war schon früh zur Arbeit aufgebrochen –, machten wir uns auf den Weg zur Ecke 47th Street und Broadway und standen vor der roten Treppe unmittelbar südlich der berühmten TKTS-Verkaufsbude, an der Touristen stundenlang Schlange stehen, um für Broadway-Aufführungen Tickets zum halben Preis zu erstehen. Normalerweise meide ich den Times Square wie die Pest, weil es dort von zu langsam gehenden Touristen wimmelt und zu viele Blitzlichter zucken. Es ist ein Ort, der einen innerhalb von Sekunden erdrücken kann. Aber es war ein früher Montagmorgen, weshalb es noch relativ normal zuging und die üblichen Menschenmassen und die übergroßen Elmos, Doras und die anderen Charaktere, die lautstark darum werben, sie für fünf Dollar zu fotografieren, noch nicht da waren, und auch nicht die anderen Verrückten wie der Naked Cowboy (der sich selbst mitten im Winter, nur mit seinen Cowboystiefeln, Unterhose und einem Cowboyhut bekleidet und mit seiner Gitarre in der Hand auf dem Times Square herumtreibt). Cousine N. redete ein paar Meter von uns entfernt mit Joel, ihrem „Vertreter", während ich in ein erhitztes Gespräch mit Cousine C. vertieft war, bei dem es darum ging, wie sie sicherstellen könne, dass ihre

Kinder auf angemessene Weise mit ihrem chinesischen kulturellen Erbe in Berührung kamen.

Plötzlich tauchte meine beste Freundin S. J. auf. Was für ein Zufall! Ich stellte immer wieder fest, wie klein New York City doch trotz seiner 8 Millionen Einwohner ist. Genau in dem Moment sah ich Josh auf mich zukommen und war genauso baff, ihn zu sehen wie meine Freundin. „Oh, mein Gott!", rief ich. „Der Times Square ist wirklich der Knotenpunkt der Welt!" Und dann sah ich meine Schwester auf mich zukommen. Bevor ich den Mund öffnen und fragen konnte, was eigentlich los sei, forderte Cousine N. mich auf, mich umzudrehen. „Guck mal!", sagte sie.

Man bedenke, dass man, wenn man einer offiziell blinden Person – oder zumindest dieser offiziell Blinden, die ich war – „Guck mal!" zuruft, eine gewisse Panik erzeugt. Nimmt man dann noch die Umgebung des Times Square hinzu, in der es schier unendlich viele Dinge gibt, die man sich ansehen könnte, steigert dies die Panik und die Angst, das nicht zu sehen, von dem alle wollen, dass man es sieht. Doch als ich mich umdrehte, konnte nicht einmal ich die gigantische Werbetafel übersehen, auf der ein riesiges Foto von mir zu sehen war.

Neben dem Foto von mir stand in ebenso großen Buchstaben: „HERZLICHEN GLÜCKWUNSCH, JULIE, ZUR DEINER LETZTEN CHEMO-SITZUNG HEUTE! WIR LIEBEN DICH!" Das Foto blieb lange auf der Leinwand, vielleicht vier Minuten lang. Und dann verkündete Cousine N.: „Warte! Es kommt noch mehr!" Mehr? Ich war mir nicht sicher, ob ich noch mehr verkraften konnte. Joel gab irgendwelchen Leuten, die von irgendwo weiter oberhalb auf uns hinunterblickten, mit einem hochgereckten Daumen ein Zeichen. Das Foto von mir verschwand, machte einer Live-Übertragung Platz, und im nächsten Moment erschienen ich und Josh auf der digitalen Reklametafel und neben uns Cousine N., Cousine C., Schwester Lyna, S. J. und natürlich Joel. Und dann schwärmten all die Leute, die der Versuchung nicht widerstehen konnten, sich selbst auf der riesigen Leinwand auf dem Times Square zu sehen, herbei wie Motten, die vom Licht angezogen werden. Die Kamera zoomte Josh und mich heran, und ich hielt mir verlegen die Hände vors Gesicht. Während Josh selbstbewusst wie ein Politiker in die Kamera winkte, bin ich keine geborene Politikergattin und fühlte mich angesichts der geballten Aufmerksamkeit, die auf mich gerichtet war, eher unbehaglich.

Cousine N. und Joel hatten die ganze Sache eingefädelt. Joel und seine Firma verkaufen Werbezeit auf den digitalen Reklametafeln auf dem Times Square. N. hatte ihm erzählt, was mit mir los war, und das hatte ihn offenbar so bewegt, dass er unbedingt etwas Besonderes für mich hatte tun wollen. Ich kann nur ahnen, auf wie hohe Werbeeinkünfte Joels Firma verzichtet haben musste, um einen Spot über eine Krebspatientin an ihrem letzten Chemotherapietag zu platzieren. Ich schlang meine Arme um ihn und weinte zu meiner eigenen Überraschung unkontrolliert in seinen Wollmantel.

Wie man sieht, bin ich nicht alt genug, um die tief in mir verwurzelten Gefühle, nicht gewollt gewesen zu sein, vergessen zu haben, weshalb ich immer noch nicht weiß, wie ich mit Güte umgehen soll. Die Geste meiner Cousine und ihres Bekannten war schon rührend genug, aber dass es dann auch noch eine visuelle Geste in so einem großen Rahmen war, tja, das ließ meine Knie weich werden.

Meine Mutter hatte meine Geschwister auf die chinesische Schule geschickt, damit sie nach der regulären Schule Mandarin lernten, aber mich schickte sie nicht. *Du wirst niemals in der Lage sein, die chinesischen Schriftzeichen lesen zu können*, sagte sie zu mir. Mein Onkel Nummer fünf lud meine Geschwister und meine Cousinen ins Kino ein und sah mit ihnen *Star Wars: Die Rückkehr der Jedi-Ritter*, aber mich nahm er nicht mit. „Warum darf ich nicht mitkommen?", fragte ich meine Schwester. *Weil du vielleicht nicht mal die Leinwand sehen kannst*, erwiderte sie (Übersetzung: Niemand will Geld für dich verschwenden). Als ich neun Jahre alt war, besuchten meine Cousinen N. und C. und meine Schwester gemeinsam meinen Onkel Nummer vier in San Francisco, aber ich durfte nicht mit. „Warum nicht?", fragte ich meine Mutter. *Weil du nicht so sehen kannst wie die anderen und sich niemand um dich kümmern wird*, lautete ihre Antwort. Ich fühlte mich von klein auf an den Rand gedrängt. Ich fühlte mich unvollkommen, weil man mir durch Handlungen und Worte zu verstehen gab, dass ich unvollkommen *war*.

Also bewies ich mir und anderen über viele Jahre hinweg, dass ich gut genug sehen konnte, um ins Kino zu gehen, allein die Welt zu bereisen und Chinesisch zu lernen (ich verbrachte mein drittes Studienjahr in China und konnte die Sprache danach fließend). Ich tat all dies aus vielen Gründen, aber vor allem wegen meines eigenen Selbstwertgefühls und um meiner Familie zu beweisen, was ich wert war. Ich hatte das Gefühl, als müsste ich jeden

Tag aufs Neue unter Beweis stellen, dass ich es wert war zu existieren, denn meine Existenzberechtigung auf dieser Welt war schon früh in Zweifel gestellt worden. Irgendwann, als ich alles erreicht hatte, was zu erreichen ich mir erträumt hatte, als ich tatsächlich verheiratet war, Kinder hatte und all die Dinge getan hatte, von denen alle einmal behauptet hatten, dass ich sie niemals würde tun können, war ich imstande, sowohl von innen als auch von außen Selbstwertgefühl und Liebe zu empfinden. Aber das Gefühl, ungewollt und ungeliebt zu sein, war in so einem zarten Alter so intensiv in mir verwurzelt worden, dass ich dieses Gefühl nie loswerden konnte und es mich in einem großen Maße immer begleitet hat.

Ich bin mir ziemlich sicher, dass Gefühle der Unsicherheit nahezu universell sind. Ich sehe die Unsicherheit sogar schon bei meinen Kindern, obwohl sie davon profitieren, fördernde Lehrer und – wie ich hoffe – fördernde Eltern zu haben. Ich bin immer wieder erstaunt, dass schöne und intelligente Menschen sich nie schön und intelligent genug finden, und wie viele Menschen sich ständig den Kopf darüber zerbrechen, ob sie auch schlank genug oder charmant genug sind. Und all diese Dinge – Schönheit, Intelligenz, Körpergewicht sowie Hunderte andere Kriterien, anhand derer Menschen sich selbst beurteilen – spielen eine Rolle, weil all dies die Merkmale sind, die die Menschen sich aussuchen, um zu bestimmen, ob sie tatsächlich begehrenswert und liebenswert sind.

Letzten Endes verspüren wir alle ständig das Bedürfnis, auf dieser Welt anerkannt und geliebt zu werden und uns mit den für uns wichtigen Gemeinschaften verbunden zu fühlen, also den Netzwerken unserer Familien, Freunde, Kollegen, der Kirche und anderen Gruppen in unserem Umfeld. Wir wollen dazugehören, anderen etwas bedeuten und uns wohlfühlen. Es ist fast so, als wäre die Angst davor, ungeliebt zu sein, Teil unserer genetischen Ausstattung, oder vielleicht liegt die Ursache sogar noch tiefer in der Tatsache begründet, dass wir als Menschen geboren wurden und auf einem winzigen Fels durch die Unendlichkeit treiben. Diese Vorstellung lässt sogar die am wenigsten selbstkritischen Menschen unter uns ein wenig in Unsicherheit darüber geraten, was eigentlich der Sinn von alldem ist und welche Rolle wir in diesem Passionsspiel spielen könnten. Kurioser- und ziemlich unerwarteterweise hat sich der Krebs für mich als wirksamste Waffe erwiesen, meine Unsicherheiten zu vertreiben und dieses alte schmerzende Gefühl, nicht liebenswert zu sein, nahezu vollständig abzustreifen.

Wie merkwürdig, dass eine der beiden größten Herausforderungen meines Lebens – mein Sehleiden – dafür gesorgt hat, dass ich mich so ungeliebt gefühlt habe, und die andere große Herausforderung meines Lebens – meine Krebserkrankung – nachhaltig dafür gesorgt hat, dieses Gefühl verschwinden zu lassen.

Ich empfinde tiefe Demut. Dieses ungewollte, wertlose Mädchen kann wirklich nur staunen über all diese Taten der Liebe.

14

Hoffnung

Im März, am Abend vor meiner HIPEC-Operation, verspürte ich den Wunsch, über Hoffnung zu schreiben. Es ist ein Wort, das Krebspatienten häufig hören. „Du darfst die Hoffnung nicht aufgeben", hat Josh viele Male zu mir gesagt. „Es gibt immer Hoffnung", haben mich Krebsüberlebende immer wieder wissen lassen. Andere empfahlen mir ein Buch mit dem Titel *The Anatomy of Hope* (das ich gelesen habe), ein Bericht eines Onkologen, in dem dieser herausstreicht, wie wichtig es ist, realistische Hoffnung zu bewahren, und Geschichten von Patienten erzählt, die den Krebs wider Erwarten trotz geringer Erfolgsaussichten überwunden haben. Dieses schwammige Konzept der Hoffnung, dieses Gefühl, dass etwas Wünschenswertes erreicht werden kann, ist in der Welt des Krebses so vorherrschend, dass es regelrecht zu etwas Heiligem geworden ist, zu einer Art Glauben, der besagt: Du musst nur Hoffnung haben, und wenn du die hast, hilft sie dir durch die düstersten Stunden und heilt dich vielleicht sogar. Da Hoffnung so oft beschworen wird, kann sie einem aber auch wie eine Lüge erscheinen. Denn wie kann man sagen, dass es immer Hoffnung gibt, wenn zu irgendeinem Zeitpunkt unausweichlich der Tod bevorsteht? Wo ist dann Hoffnung?

Um mir darüber klar zu werden, welchen Wert Hoffnung hat, habe ich während der vergangenen acht Monaten oft an die Geschichten gedacht, die mir meine Mutter über das Leben in Vietnam und über unsere Flucht erzählt hat. Ihre Geschichten zeigen die launische Natur der Hoffnung. Sie ist wie ein Feuer in unserer Seele, mal flackert sie schwach wie die Flamme einer einzigen Kerze in der Nacht und manchmal lodert sie mit aller Macht in uns und taucht alles in ein warmes, leuchtendes Licht, das uns glauben lässt, dass alles möglich ist.

Meine dreißig Jahre alte Mutter war einer der vielen Menschen, die die Jahre des Bürgerkriegs erlebt und mit Neid mit angesehen hatten, wie die wenigen Vietnamesen, die Verbindungen zu den Amerikanern hatten oder den entsprechenden Mut, das Glück, das Geld oder eine Kombination all dieser Dinge, es schafften, dem Land zu entkommen. Während meine Mutter hinten auf dem Moped meines Vaters saß und sie in den letzten Tagen vor dem Fall Saigons durch die geschäftigen Straßen der Stadt fuhren, sah meine Mutter mit eigenen Augen, wie wahrhaft glücklich sich einige schätzen konnten.

Eine ihrer lebhaftesten Erinnerungen war dieses Bild: Ein amerikanischer Soldat zog am Arm einer hübschen vietnamesischen jungen Frau und drängte sie erkennbar, mit ihm zu kommen; eine ältere Frau, bei der es sich zweifellos um die Mutter der jungen Frau handelte, zog an deren anderem Arm und bat sie ganz offensichtlich zu bleiben. Es war ein Tauziehen, das die einander gegenüberstehenden Kräfte symbolisierte: Amerika und Vietnam, alt und neu, Helligkeit und Dunkel, Erfolg und Versagen, sogar Leben und Tod. Der Soldat fand das Spiel schließlich ermüdend, hob mühelos beide Frauen in seinen Jeep und brauste davon in die Abendsonne.

Meine Mutter sehnte sich danach, ihnen zu folgen und in der glamourösen, reichen Welt der Marilyn Monroe und der Jackie Kennedy zu leben, auf die sie während ihrer gelegentlichen Kinobesuche einen flüchtigen Blick erhascht hatte. Ein noch wichtigerer Grund, aus dem sie Vietnam verlassen wollte, war jedoch für sie, dass sie eine bessere medizinische Versorgung für meine ältere Schwester finden wollte, deren Sehvermögen ebenfalls eingeschränkt war. Sie hatte jedoch keine Ahnung, wie sie das anstellen sollte. Eine Flucht, erst recht eine Flucht in die USA, war ein Traum, eine Fantasie, eine Hoffnung, die meiner Mutter so aussichtslos erschien, dass sie sie in den hintersten Winkel ihres Bewusstseins verbannte und sich stattdessen darauf konzentrierte, unter dem neuen Regime zu überleben. Doch so schwach sie auch sein mochte – die Hoffnung auf ein anderes, besseres Leben keimte seit jenem Tag in meiner Mutter, an dem sie gesehen hatte, wie der Soldat die beiden Frauen nach dem Motto „Ihr kommt jetzt mal mit" in sein Auto gesetzt hatte.

Offensichtlich wurden die weit hergeholten Hoffnungen meiner Mutter schließlich Realität. Die Armut wurde so extrem, dass Hunderttausende bereit waren, im Dunkel der Nacht zu fliehen und ihr Leben auf dem Meer zu riskieren. Während immer mehr Menschen das Land verließen und Briefe und Fotos aus Frankreich, Australien und den USA eintrafen, die bewiesen, dass ein neues Leben tatsächlich möglich war, wurde meine Mutter in Anbetracht ihrer Lebensumstände immer ungeduldiger. Aber heimlich zu entkommen, war fast ausschließlich den Alleinstehenden und Jungen vorbehalten, die mobil waren und sich in der Dunkelheit der Nacht schnell bewegen konnten, um den letzten freien Platz oder die letzten zwei freien Plätze auf einem Fischerboot zu ergattern, das jeden Augenblick ablegte. Obwohl die Hoffnung meiner Mutter immer größer wurde, gab es noch keine Möglichkeit, eine ganze Familie zu evakuieren, zu der auch meine neunundsiebzigjährige Urgroßmutter gehörte. Letzten Endes beeinflussten geopolitische Kräfte die Situation zu unseren Gunsten. Die Abkühlung der Beziehungen zwischen Vietnam und China veranlasste die neue vietnamesische Regierung, alle ethnischen Chinesen „einzuladen", das Land zu verlassen – eine milde Form einer ethnischen Säuberung –, natürlich vorbehaltlich einen angemessenen Zahlung in Gold und einer Übertragung sämtlichen Eigentums an den Staat. Und so begab sich meine Familie – mindestens fünfzig Menschen – im Februar 1979 an Bord verschiedener Fischerboote, um nach Hongkong und Macau überzusetzen.

Das alte Fischerboot, in dem ich war, war etwa sechzehn Meter lang und dreieinhalb Meter breit und beförderte dreihundert eng aneinander gequetschte Menschen. Die Fahrt nach Hongkong dauerte einen Monat, davon elf Tage mit wenig Essen und wenig Wasser auf dem offenen Meer. Wir konnten uns glücklich schätzen, dass unser Boot nicht sank wie so viele andere. Wir konnten uns auch glücklich schätzen, dass wir nicht gezwungen waren, Kannibalismus zu betreiben, was einigen Flüchtlingen nicht erspart blieb. Weniger als ein Jahr nach unserer Ankunft in Hongkong finanzierte die katholische Kirche der Vereinigten Staaten die sofortige Emigration meiner Familie in die USA, indem sie unsere Pan-Am-Flüge von Hongkong nach San Francisco bezahlte. Am 30. November 1979 erfüllte sich die langjährige Hoffnung meiner Mutter, und wir betraten amerikanischen Boden. Ich war damals drei Jahre alt.

Ich habe meine Mutter mal gefragt, ob sie Angst hatte, als sie in diesem unsicheren Fischerboot saß, der Gnade der Meeresgötter und der Gnade unzähliger anderer Götter ausgeliefert, die ihr Schicksal und das ihrer Familie bestimmten. Ich fragte mich, was sie sich in ihrem Herzen und vor ihrem inneren Auge ausmalte, als sie so viele Tage dort saß und in die unendliche Weite des Ozeans hinausstarrte, worauf sie in diesen absolut furchtbaren Momenten hoffte, als sie und alle anderen entsetzlich seekrank waren, als sie und ihre Kinder von Hunger geplagt wurden und sie keine Ahnung hatte, wann sie einen sicheren Zufluchtsort erreichen würde. Träumte sie von Jackie Kennedy? Gingen ihr Bilder von amerikanischen Straßen durch den Kopf, die mit Gold gepflastert waren? Half ihr die Hoffnung, die diese Bilder verkörperten, durch die dunkelsten Momente ihrer Reise?

„Ich hatte keine Angst, weil ich zu diesem Zeitpunkt keine Erwartungen hatte", sagte sie. „Ich habe nicht wirklich nachgedacht. Wenn ich an die Zukunft dachte, egal, ob an den nächsten Tag, an den nächsten Monat oder an das nächste Jahr, sah ich nur eine weiße Leere. Nach dem jeweiligen Augenblick, nicht mal eine Sekunde danach, gab es nichts." Um das Martyrium durchzustehen, verbannte meine Mutter de facto jegliche Hoffnung aus ihrem Bewusstsein, um zu vermeiden, von ihrer Angst gelähmt zu werden. Sie hörte auf zu denken, tat alles instinktiv, lebte von einer Sekunde zur nächsten. Ich denke, das ist das, was man Überlebensmodus nennt.

In diesem Krieg gegen den Krebs habe auch ich den Drang verspürt, mich in den Überlebensmodus zu versetzen und mir die Zukunft als weiße Leere vorzustellen. Jedes Mal, wenn mir in diesem Krieg das Herz bricht, schwöre ich mir aus meinem ureigenen Selbsterhaltungstrieb heraus, dass ich dieses Gefühl lähmender Enttäuschung, Zerstörung und Schmerz nie wieder an mich heranlassen werde. Ich kann es nicht ertragen, sage ich mir dann. In den dunkelsten Augenblicken meiner Krebserkrankung und während ich mich von der jüngsten Niederlage erhole, finde ich mich dabei, wieder zu sagen „Scheiß auf die Hoffnung" und meinem Kopf und meinem Herz zu verbieten, glückliche Visionen einer fernen Zukunft zu entwerfen, die ich aller Wahrscheinlichkeit nach nicht erleben werde. Ich habe Angst zu hoffen. Deshalb klammere ich mich in diesen dunklen Momenten nicht an die Hoffnung, damit sie mich aufrechterhält, wie es mir so viele Menschen raten. Stattdessen weise ich jedes Gefühl der Hoffnung zurück.

Hoffnung ist dennoch etwas Faszinierendes. Sie scheint ein Eigenleben zu führen und einen eigenen Willen zu haben. Sie ist unbezähmbar, ihre ureigene Existenz ist untrennbar mit unserem Geist verbunden, ihre Flamme ist unauslöschlich, egal, wie schwach sie auch glimmen mag. Nach enttäuschenden CEA-Ergebnissen und nachdem ich ein Wochenende lang das Gefühl gehabt hatte, einen aussichtslosen Krieg zu führen, bekam ich mich nach dem jüngsten Rückschlag schließlich erneut in den Griff und konnte allmählich wieder über den Tag, die Woche und dann den Monat hinaus in die Zukunft blicken. Irgendwann kam ich zu dem Schluss, dass ich realistisch betrachtet noch acht gute Jahre zu leben hatte, ich meine Kinder also acht weitere Jahre begleiten könnte, bis sie zehn und zwölf Jahre alt wären, und dass ich mich darauf konzentrieren wollte, in diese acht Jahre so viel Leben hineinzupressen, wie nur irgend möglich, und wenn mir noch mehr Zeit bliebe, wollte ich dies als Sahnehäubchen betrachten.

Aber ich träumte nicht mehr von einem Ruhestand mit Josh und stellte mir nicht mehr vor, meine Enkel in den Armen zu halten. Von nun an setzte ich mir konkrete, spezifische und in jedem Fall erreichbare Ziele. Und erst wenn ich ein solches Ziel erreicht hatte, wollte ich über das nächste erreichbare Ziel nachdenken.

Ich wollte meine Hoffnung in die Schranken weisen, mich ihr entziehen, damit sie nicht mehr mit mir spielen konnte.

Josh und andere dachten, dass ich überreagierte, wenn ich wegen eines CEA-Ergebnisses die Hoffnung aufgab. In Wahrheit war es mein Mechanismus zur Bewältigung der Situation. Ich musste mir einen härteren Panzer zulegen. Ich musste meine Erwartungen ändern, wenn ich die unvermeidlichen künftigen Rückschläge durchstehen wollte. Andernfalls würden diese mich emotional zerstören.

So war ich nun mal: Ich wandte mich frontal der tödlichen Kraft zu, die in mir wütete. Ich wollte sie klar und deutlich sehen. Mein Leben ist viel zu hart und schwierig gewesen, als dass ich jetzt hätte zulassen können, mich der Realität zu verschließen. Sich der Realität zu verschließen, ist sozusagen eine Cousine ersten Grades der Hoffnung. Aber alle guten Dinge – zum Beispiel das schöne und einmal unmöglich erschienene Leben, das Josh und ich uns aufgebaut haben – traten erst ein, als ich mich den harten Wahrheiten bewusst gestellt hatte. Dieser Realismus hat mir gute

Dienste geleistet, und so verlockend ein auf Hirngespinsten beruhendes Denken auch sein mag – jetzt war nicht die Zeit, den Verlockungen eines solchen Denkens zu erliegen.

Dann gingen wir zu Dr. D. L., dem Chirurgen, der die HIPEC-Operation durchführen würde, und Josh stellte ihm eine Frage, die ich nie über die Lippen gebracht hätte: Könnte der Krebs durch die HIPEC geheilt werden?

Und als diese Worte ausgesprochen waren, spürte ich, wie die Flamme der Hoffnung in mir ein bisschen stärker aufflackerte, obwohl ich mir doch geschworen hatte, der Hoffnung zu entsagen. Seitdem haben sich gelegentlich ungebetene Gedanken und Träume an ein Leben jenseits der Acht-Jahres-Marke in meinen Kopf geschlichen. Menschen erzählen mir, dass sie wissen, dass die HIPEC mich heilen wird, dass ich eine der Glücklichen sein werde, bei denen dies passiert. Ich will ihnen nicht glauben, weil ich schon den Gedanken an noch mehr Kummer nicht aushalten kann, aber ein winziger Teil von mir hofft, dass sie recht haben.

Vor meiner Krebsdiagnose waren mir die wechselhaften Launen der Hoffnung unbekannt. Ich wusste nicht, in welchem Maße sie Freude, Entsetzen und Verzweiflung hervorrufen und als wie widerstandsfähig sie sich erweisen kann. Um es für diejenigen, die nach wie vor mit einer Krebserkrankung leben müssen, in Worte zu fassen, bietet sich am ehesten dieser Vergleich an: Die Hoffnung ist wie unsere ewige Suche nach einem dauerhaften romantischen Liebesverhältnis, und das ist eine nahezu universelle menschliche Erfahrung. Vor Josh gab es ein paar andere Typen in meinem Leben. Aber es gab nur einen oder zwei, die mir wirklich das Herz gebrochen haben und mich so entsetzlich zum Heulen gebracht und mich regelrecht in einen Zustand der Depression versetzt haben, dass es mir heute peinlich ist, wenn ich daran denke.

Nichts tut so weh wie das Ende einer jungen Liebe, wenn, wie in meinem Fall, mein gesamtes Selbstwertgefühl mit diesen Typen verknüpft gewesen zu sein schien, die mich so brutal zurückwiesen und mich mit dem Gefühl zurückließen, ganz und gar nicht liebenswert zu sein. Nach so einer Erfahrung schwor ich mir jedes Mal, mit den Männern fertig zu sein, dass ich es nicht riskieren wollte, mir noch mal das Herz brechen zu lassen, dass ich keinen Mann brauchte, um glücklich zu sein. Und jedes Mal ließ mich die verstreichende Zeit meinen Schmerz vergessen. Die Zeit und die Erfahrung verliehen mir neue Kraft, neuen Mut und neue innere Stärke – man kann es auch Dummheit nennen -, immer wieder aufs Neue zu riskieren, mir das Herz brechen zu lassen, bis ich schließlich Josh kennenlernte.

Ich glaube, ich werde immer dazwischen hin- und herschwanken, Hoffnung zuzulassen oder zurückzuweisen. Ich glaube, ich werde immer irgendwo zwischen heute und der Acht-Jahres-Marke und heute in vierzig Jahren leben. Was ich jedoch definitiv über die Hoffnung weiß, ist, dass sie ein unvergänglicher und unauslöschlicher Teil meines Geistes ist. Sie ist auch dann da, wenn ich die Lage als ausweglos empfinde, eine Flamme, die nie erlischt. Ich habe ihre schwache Wärme sogar in meinen düstersten Augenblicken gespürt, sogar, wenn ich versuchte habe, sie zu zerquetschen. Ich weiß, dass die Flamme der Hoffnung, egal ob schwach oder stark, in mir brennen wird, solange ich lebe. Und wenn es zu Ende geht, wenn klar ist, dass ich nicht weiterleben kann, wird sich meine Hoffnung in etwas anderes verwandeln, in Hoffnung für meine Kinder, Hoffnung für die Menschheit, Hoffnung für meine Seele.

15
Ich bin verloren

Ich kann richtig gut kochen.
 Im Spätfrühling 2014 postete ich Fotos meiner kulinarischen Künste auf Facebook: Lasagne-Rollen mit Rippchen, Hühnerpastete, Truthahnsuppe mit Grünkohl und jeder Menge anderem Gemüse. Diese Fotos symbolisieren eine scheinbare Rückkehr zur „Normalität", denn vor meiner Krebsdiagnose kochte ich wirklich gern und hatte das kleine Problem, dass ich zu viele Küchenutensilien anschaffte. Manche Leute kaufen sich ständig neue Kleidung und Schuhe, bei mir waren es luxuriöses Kochgeschirr, Haushaltsgeräte und Kochbücher. Die schönsten Weihnachtsgeschenke, die Josh mir je gemacht hat, waren mein Le-Creuset-Bräter mit einem Fassungsvermögen von 6,7 Litern und ein fünfundneunzig Dollar teures digitales Kochthermometer. Nach meiner Diagnose habe ich monatelang nicht gekocht. Die Neuropathie, unter der ich nach der ersten Chemotherapie litt, machte aus dem Kochen einen lästigen und sogar schmerzhaften Akt. Noch schlimmer aber war, dass ich jede Freude am Essen verloren hatte und entgegen jeder Logik davon überzeugt war, dass alles, was ich aß, den Krebs wachsen lassen würde. Absurderweise sah ich mir während meines jüngsten Krankenhausaufenthalts, als ich viereinhalb Tage lang auf Nulldiät gesetzt wurde, damit mein Darm zur Ruhe kommen konnte und die kleine Engstelle sich wieder öffnete, wie besessen auf meinem iPad PBS-TV-Kochshows an, und mir lief beim Anblick von David Changs aufwendig zubereiteten Ramen-Nudeln das

Wasser im Mund zusammen, während ich schwach vor Hunger im Bett lag. In dem Moment schwor ich mir, Essen nie wieder zu verachten.

Ich postete auch ein Foto unseres neuen Autos auf Facebook, eines kleinen SUVs. Es war ein weiterer Versuch, zur Normalität zurückzukehren. Dafür, dass wir den Wagen nur zwei- oder dreimal im Monat benutzen, war die Anschaffung ziemlich teuer, aber wir kamen zu dem Schluss, dass sie wichtig war, um dazu beizutragen, unser Leben weiterzuleben, um Wanderungen machen, im Herbst Äpfel pflücken und an den Wochenenden die schönen Städte unserer Umgebung erkunden zu können.

Doch hinter diesen Fotos und dem Tatendrang, hinter meinem Lächeln und meinem scheinbaren Optimismus, wenn ich allen erzählte, wie froh ich sei, nicht im Krankenhaus zu liegen und aufrecht und schmerzfrei durch die Gegend gehen zu können, hinter dieser Fassade war ich emotional gebrochen, schlimmer als je zuvor. Oft fühlten sich all diese vordergründig lebensbejahenden Handlungen, wenn ich einen Stoff aussuchte, über Autos recherchierte oder ein neues Rezept ausprobierte, so an, als würde ich in den Weiten des Ozeans treiben und mich an einem Stück Holz festklammern, wie Verzweiflungstaten, die die unerbittliche Wahrheit und die unbestreitbare Tatsache, dass ich Krebs hatte und unvermeidlich letztendlich an der Krankheit sterben würde, nur für eine Weile ausschalteten.

An einem milden Wochenende im Mai begleitete ich meine Töchter zu zwei Geburtstagsfeiern. Die erste fand anlässlich des Geburtstags einer von Belles Schulfreundinnen statt. Die Eltern in Belles Klasse wissen nichts von meiner Krebsdiagnose. Als ich also gute Miene zum bösen Spiel machte und mit der Mutter des Geburtstagskindes dastand, einer großen, schönen Frau, die in einem schönen Glashaus am Rand des Prospect Parks wohnt, und der herrlich blaue Himmel an diesem Frühlingstag alles noch schöner machte, wollte ich am liebsten schreien: *„Ich habe Krebs, verdammt! Darmkrebs im Stadium IV! Hast du eine beschissene Ahnung, was das bedeutet?"* Der zweite Geburtstag war eine gemeinsame Feier von drei Schulkameradinnen aus Mias Klasse, und sie fand an dem Karussell im Brooklyn Bridge Park statt, von wo aus man einen spektakulären Blick auf die Wolkenkratzer Lower Manhattans hat. Die Eltern aus Mias Klasse wissen über meine Krebsdiagnose Bescheid, weshalb ich unangenehme Fragen beantworten musste, wie es mir gehe, Fragen von Leuten, die sich vielleicht wirklich dafür interessierten, wie es mir ging, vielleicht aber auch nicht, weil sie so glücklich ihr eigenes makelloses Leben lebten. Und die, die sich wirklich interessierten, wollten auch nicht zu neugierig erscheinen. „Oh, gut. Ich halte durch", erwiderte ich vage. Auch auf dieser Feier wollte ich allen entgegenschreien: *„Das ist so verdammt ungerecht! Ich habe das nicht verdient. Meine Kinder haben es nicht verdient!"* Aber ich behalte diese und Millionen anderer bitterer, wütender und unfreundlicher Gedanken für mich. Ich halte mich an die geltenden Anstandsregeln und wahre mein falsches Lächeln, das auf meinem Gesicht eingemeißelt ist.

Unbewusst verwende ich diese Gedanken, um eine Mauer um mich herum zu errichten, eine Mauer, mit der ich den Menschen, den ich auf dieser Welt am meisten liebe – meinen armen, geplagten, verletzten, erschöpften, entsetzten Josh – außen vor lasse. Ich attackiere ihn, ich stoße ihn weg, ich verrate ihm nicht, was mir wirklich durch den Kopf geht, denn die Gedanken sind zu komplex, zu deprimierend, zu traurig, zu sehr von Schuldgefühlen durchtränkt. Ich habe ein schlechtes Gewissen, dass ich Josh geheiratet und sein Leben ruiniert habe. Ich war das letzte Mädchen, von dem Josh oder irgendeiner aus seiner Familie, als er zehn, fünfzehn, achtzehn oder sogar fünfundzwanzig war, erwartet hätte, dass er es heiraten würde. Seien wir ehrlich. Er wurde im wahren Süden geboren und großgezogen, in den Bergen South Carolinas, wo in der Hauptstadt des Bundesstaates noch die Flagge der Konföderierten flattert. Er hat vom Kindergartenalter bis zur zwölften Klasse Schulen der Episkopalkirche besucht und dann an der University of South Carolina Jura studiert. Niemand hätte sich jemals vorstellen können, dass er eine offiziell blinde chinesisch-amerikanische in Vietnam geborene und in Los Angeles aufgewachsene Frau heiraten würde, die gelegentlich buddhistische Bräuche pflegte und ihre Hochschulausbildung an den aus Sicht der Südstaatenbewohner verwerflichen liberalen Yankee-Institutionen des Nordostens der USA absolviert hat. Ich kann nicht umhin zu denken, dass ich und meine Krankheit ihm, wenn er eine christliche blonde Oberschichtlerin aus dem Süden geheiratet hätte, nicht das Leben ruiniert hätten. Ich weiß aber auch: Wenn ich Josh nicht kennengelernt hätte, gäbe es Belle und Mia nicht, und sie sind unsere größte Freude. Niemand behauptet, dass Schuldgefühle rational sind.

Josh ist auch wütend, wütender als ich. Er geht auch auf mich los, wobei er seine Wut auf die große Ungerechtigkeit des Ganzen richtet, auf die unsichtbaren Mächte, die unser Leben bestimmen. „Warum widerfährt uns das?", will er wissen. Er wird ebenfalls von irrationalen Schuldgefühlen geplagt. Er denkt, dass er etwas hätte tun müssen, um mich zu retten, dass er hätte wissen sollen, dass Krebszellen in mir wuchsen. Die Schuldgefühle fressen ihn auf, als wäre er von Parasiten befallen. Er lebt sein Leben fast so, als wäre alles normal, arbeitet lange, heckt komplizierte Beteiligungsstrukturen aus, die mit der US-amerikanischen Steuergesetzgebung im Einklang stehen, zieht seine eleganten Anzüge an, wenn er sich mit Kunden trifft und Geschäfte abschließt, doch all das ist ein irgendwie kranker, abgedrehter Versuch, im Stress der Arbeitsbelastung eine Fluchtmöglichkeit zu finden, um der Misere zu entkommen. Es fällt ihm schwer, sich an Dinge aus unserem Leben vor dem Krebs zu erinnern, vor allem jetzt, da wir uns dem ersten Jahrestag meiner Diagnose nähern. Die diesjährigen NBA-Playoffs erinnern ihn an die Playoffs des vergangenen Jahres und daran, wie absolut ahnungslos wir damals waren. Dass ich wieder koche, erinnert ihn an eine Zeit, die er die „glücklichen Tage" nennt, die Zeit vor der Krebsdiagnose, als wir noch sorglos und glücklich waren. Aber das Schwierigste ist für ihn, genau wie für mich, zu versuchen, unter dem Druck normal zu sein.

Josh hielt es ebenfalls für eine gute Idee, ein neues Auto zu kaufen, und als er mit Lenny, unserem Autoverkäufer zusammensaß und Smalltalk betrieb, fragte er sich, was wohl geschähe, wenn er schreien würde: „Meine Frau stirbt, verdammt noch mal!" Und dann lächelten wir freundlich, verließen das Autohaus in unserem neuen Wagen und ließen Lenny ahnungslos zurück.

16
Ein Albtraum

Heute, am 7. Juli 2014, ist der erste Jahrestag meiner Krebsdiagnose. Ich wache nicht schreiend mitten in der Nacht auf. Die Erinnerungen suchen mich ungebeten heim, manchmal dadurch ausgelöst, dass ich einen bestimmten Ort aufsuche oder jemand etwas Bestimmtes sagt oder einfach nur so, ohne jeden Anlass. Manchmal fühlen sich die Erinnerungen an wie Albträume im Wachzustand. Sie spielen sich vor meinem inneren Auge ab wie eine griechische Tragödie. Darin sehe ich mich entsetzt selbst, in dem Wissen, dass mich, die Protagonistin, ein schreckliches Schicksal treffen wird, auch wenn ich weiter arglos und dumm daran glaube, dass es sich bei meinen Schmerzen nur um das Reizdarmsyndrom oder irgendein anderes obskures Darmleiden handelt, aber bestimmt nicht um Krebs. Als tragische Heldin in meiner eigenen Tragödie werde ich durch meinen verhängnisvollen Fehler zu Fall gebracht, meine Überheblichkeit, die mich glauben lässt, dass ich jung und stark bin (immerhin habe ich fünfmal pro Woche trainiert) und immun gegen Krebs. Aber als Zuschauerin weiß ich, was kommt, und will meinem anderen Ich zuschreien, will es warnen, damit sein Schicksal ein anderes sein möge als das, von dem es bereits ereilt wurde.

Ich erinnere mich, dass ich mich am ersten Freitag im Juni schlecht fühlte, nachdem ich meinen Lieblingsjoghurt gegessen hatte, und so begannen vier Wochen, in denen ich mich aufgebläht fühlte, aufstoßen musste, unter Krämpfen und Übelkeit litt, es in meinem Magen laut gurgelte und mich eine mentale und physische Apathie erfasste, die kam und ging, sich aber immer häufiger und intensiver einstellte. Ich erinnere mich, dass ich Josh in der darauffolgenden Woche bat, auf Anordnung meines Arztes auf dem Weg von der Arbeit Gas-X mitzubringen, weil ich wahrscheinlich nur unter dem Reizdarmsyndrom litt. Ich erinnere mich an etliche Male, als ich, nachdem unser Kindermädchen nach Hause gegangen war, dösend im Bett lag, wenn Josh spät von der Arbeit nach Hause kam und die Kinder noch wild im Haus herumtobten, weil ich es einfach nicht geschafft hatte, sie ins Bett zu bringen.

Ich hatte gerade *French Kids Eat Everything* gelesen und war entschlossen, auch meine Kinder dazu zu bringen, alles zu essen, indem ich mich unter anderem jeden Abend mit ihnen an den Tisch setzte und gemeinsam mit ihnen aß. Ich erinnere mich, dass ich aber einfach nichts herunterbekam und zusammengesackt auf dem Sofa saß. Ich erinnere mich, wie ich am Dienstagabend, genau eine Woche vor unserem Trip nach Los Angeles anlässlich der Hochzeit und des Familientreffens in der Badewanne lag und hoffte, dass das heiße Wasser meine Schmerzen lindern würde, mich dann jedoch übergeben musste und nicht mal mehr die Energie hatte, den Bericht zu beenden, den ich über einen enorm wichtigen Gerichtsbeschluss aus Delaware für die Kanzlei schreiben musste, in der ich arbeitete. Später sagte mir mein Internist, dass ich ihn in dem Moment hätte anrufen sollen, dass ich die Notaufnahme hätte aufsuchen sollen. So viele „hätte sollen". Ich erinnere mich, wie ich zwei Tage danach in seine Praxis gegangen bin und wie besorgt er war, weil meine Symptome sich seit meinem ersten Besuch zweieinhalb Wochen zuvor verschlimmert hatten. Er bestand darauf, dass ich sofort von einem Gastroenterologen untersucht wurde, weil ich am nächsten Abend wegfahren wollte, was er angesichts dessen, wie krank ich war, für eine schlechte Idee hielt. Und auch daran, dass der Gastroenterologe Blutuntersuchungen durchführte und mich für den nächsten Morgen zu einer Ultraschalluntersuchung einbestellte. Wie er mir am Nachmittag desselben Tages mitteilte, dass meine Blutwerte unauffällig seien und er im Ultraschall auch nichts weiter entdeckt habe, weshalb er mir grünes Licht für meinen Trip gebe, aber dass er, wenn ich bei meiner Rückkehr immer noch Probleme hätte, eine Magen- und eine Darmspiegelung durchführen müsse.

Ich erinnere mich, wie wir an jenem Abend ins Hudson River Valley gefahren sind, um für unser bevorstehendes Wochenende zu Hause etwas zu jagen, und wie ich das ganze Wochenende gegen mein Unwohlsein ankämpfte, als die schwere Verstopfung richtig einsetzte. Ich erinnere mich, wie ich das Flugzeug nach Los Angeles am Dienstag darauf, dem 2. Juli, in einem zombieartigen Zustand bestieg und irgendwie erst den Flug mit zwei kleinen Kindern überstand und dann die Fahrt durch den furchtbaren Nachmittagsverkehr zum Haus meiner Eltern in Monterey Park (ein überwiegend von Chinesen bewohnter Vorort östlich von Los Angeles). Ich aß dann auch noch die von meinem Vater zubereiteten marinierten Rippchen (eines meiner Lieblingsgerichte), obwohl ich seit wer weiß wie langer Zeit keinen normalen Stuhlgang mehr gehabt hatte, und wie ich danach erschöpft und mit Bauchschmerzen im Bett lag. Ich erinnere mich, wie meine Mutter an jenem Abend von der Arbeit nach Hause kam und entsetzt darüber war, wie bleich ich war – „grün", sagte sie auf Vietnamesisch –, und wie dünn ich geworden war, seitdem sie mich zwei Monate zuvor das letzte Mal gesehen hatte. Später fragte ich mich, ob Mütter, wenn es um ihre Kinder geht, einen sechsten Sinn haben. Ich erinnere mich an so vieles …

Am nächsten Tag, es war Mittwoch, der 3. Juli, fuhren Josh und ich in den Nachbarort zu Staples, weil wir unserem Immobilienmakler einige Papiere faxen mussten. Wir hatten ein Angebot für ein Haus gemacht, das Gegenangebot des Verkäufers angenommen und waren im Begriff, den Vertrag zu unterschreiben. Während Josh herauszufinden versuchte, wie das Faxgerät funktionierte, bat ich den Kassierer um eine Plastiktüte, suchte mir eine Ecke, in der ich hoffte, nicht gesehen zu werden, und erbrach eine gelblich-braune Substanz in die Tüte. Am Abend erbrach ich Wasser. Ich rief die Ärzte in New York an, die meinen Internisten und den Gastroenterologen vertraten (es war ja ein Brückenwochenende), und sie rieten mir beide, die Notaufnahme aufzusuchen. Josh fuhr mich zum Garfield Medical Center, das sich nur einige Häuserblocks vom Haus meiner Eltern entfernt befindet. Im Wartebereich saßen bereits etliche ältere Chinesen. „Ich habe keine Lust zu warten", sagte ich zu Josh. „Es wird schon von alleine besser werden." Also spazierten wir stattdessen um den Block und hofften, dass das für Linderung sorgen würde. Ich wollte bis zu meiner Rückkehr nach New York durchhalten. Schließlich dauerte es bis dahin nicht mal eine Woche. Ich hätte an jenem Abend in der Notaufnahme warten sollen, aber vielleicht wusste ein Teil von mir, dass ich da nicht so schnell wieder rausgekommen wäre, wenn ich erst mal aufgenommen worden wäre. Und ich wollte die große Familienfeier, die am nächsten Tag im Haus meines Bruders stattfinden sollte, ja nicht verpassen.

Am vierten Juli kamen wir alle im Haus meines Bruders zusammen, einem Haus im mediterranen Stil in den Hügeln von Palos Verdes Estates, aus dessen hinterem Garten man auf den Pazifik blickt. Ich habe mich riesig gefreut, meine Töchter mit ihren Cousinen ersten und zweiten Grades herumrennen und in dem aufblasbaren Pool spielen zu sehen. Genau das hatte ich mir gewünscht. Ich war so glücklich, meine Eltern, Geschwister, Cousinen und Cousins und meine Tanten und Onkel alle zusammen lachen zu sehen und in den vielen Sprachen reden zu hören, mit denen ich aufgewachsen war. Einen Augenblick lang konnte ich die freudigsten Momente meiner Kindheit noch einmal erleben.

Um vier Uhr morgens am Tag der Trauung konnte ich es nicht mehr aushalten. Ich weckte meinen siebzig Jahre alten Vater und bat ihn, mich ins Krankenhaus zu fahren. Ich wollte Josh nicht wecken, weil ich ihn noch ein wenig länger vor dem verschonen wollte, was bei der Untersuchung womöglich herauskäme, und damit er noch ein paar Stunden schlafen konnte. Ich wusste intuitiv, dass er so viel Schlaf wie möglich brauchte, um mit dem fertigzuwerden, was auch immer an diesem Tag und an den folgenden Tagen auf uns zukommen mochte.

Dieses Mal wartete niemand anders in der Notaufnahme des Garfield Medical Centers, was ein Segen war, weil ich so starke Schmerzen hatte, dass ich nicht mal aufrecht sitzen konnte, als die Schwester der Notaufnahme meinen Zustand beurteilte und mich aufnahm. Ich werde nie vergessen, wie unglaublich erleichtert ich war, als das Morphium in meinen Kreislauf gelangte. Ich konnte plötzlich verstehen, warum Menschen stehlen und töten, um an Betäubungsmittel heranzukommen. Der Notfallarzt informierte mich, dass er auf der CT-Aufnahme etwas gesehen habe, das nach einer Darmobstruktion aussehe und mich deshalb stationär aufnehme. Ich weiß noch, dass ich gedacht habe: Na gut, wenigstens wurde jetzt eine physische Ursache gefunden. Nicht mal zu diesem Zeitpunkt ist mir Krebs in den Sinn gekommen.

Hätte ich nämlich befürchtet, dass ich Krebs haben könnte, hätte ich mich nicht in die Notaufnahme des Garfield Medical Centers bringen lassen, ein Krankenhaus, das sich vor allem um die vielen bedürftigen und unterversicherten Einwanderer kümmert und in dem schlecht gebildete und fragwürdig ausgebildete Ärzte arbeiten. Der mir zugewiesene Arzt, ein Idiot, der mit so einem starken Akzent Englisch sprach, dass ich ihn kaum verstehen konnte – Sie können sich sicher vorstellen, wie schlecht sein Englisch war, wenn nicht mal ich das durch den Akzent gefärbte Englisch eines Chinesen verstehen konnte – und dessen Sprachmuster und Bewegungen mich an die eines Betrunkenen erinnerten, sah sich meine Röntgenaufnahmen an und teilte mir mit, dass ihm nichts auffalle und ich einfach warten müsse, bis die Blockade sich während einer Ruhigstellung des Darms von allein erledige. Der mir zugewiesene Gastroenterologe, Dr. Tran, der einzige kompetente Arzt in dem Krankenhaus, war mit dieser Herangehensweise nicht einverstanden. Er war fest entschlossen herauszufinden, um was für eine Darmobstruktion es sich handelte. Um eine bessere Darstellung des betroffenen Bereichs zu bekommen, ordnete er deshalb für den Abend um 21 Uhr eine Computertomografie mit Kontrastmitteln an und plante, am nächsten Morgen, dem 7. Juli, eine Darmspiegelung durchzuführen.

Josh und meine Schwester besuchten mich, nachdem ich die Computertomografie hinter mir hatte. Sie schlichen sich lange nach dem Ende der Besuchszeit in ihrer schicken Festkleidung in die Klinik und erzählten mir von der Hochzeit, zeigten mir Videos von unseren tanzenden Töchtern und ließen mich wissen, dass alle sehr besorgt um mich seien. Dann sagte Josh mir, dass er mich liebe und dass ich etwas schlafen solle und er am Morgen wiederkäme, bevor ich zur Darmspiegelung in den Behandlungsraum gebracht werden würde. So endete der letzte Tag meines unbeschwerten alten Lebens.

Am nächsten Morgen wurde ich den Raum gebracht, in dem Dr. Tran schon wartete, um die Darmspiegelung bei mir durchzuführen. Als ich in diesen Dämmerzustand glitt, in den man bei Koloskopien meistens versetzt wird, sah ich Dr. Trans unscharfes Gesicht und hörte ihn sagen: „Ich habe auf den CT-Aufnahmen eine Masse in Ihrem Dickdarm gesehen." In dem Moment wusste ich Bescheid.

Ich erwachte aus der Narkose, als ich in mein Zimmer zurückgerollt wurde. Josh erwartete mich schon. Sein bestürzter Ausdruck bestätigte, was ich bereits wusste. Er riss sich mit aller Kraft zusammen, ruhig zu bleiben und nicht zu weinen, aber es war offenkundig, dass er am Boden zerstört war. Dann sagte er die Worte und zeigte mir eine Kopie des Koloskopieberichts. „Sie haben eine Masse entdeckt, die krebsverdächtig aussieht … 75–79 %ige Obstruktion im Querkolon." Natürlich hatte Dr. Tran gesagt, dass wir erst sicher sein könnten, wenn die Biopsie-Ergebnisse zurückkämen, aber Josh und ich wussten, dass wir nicht auf die Biopsie-Ergebnisse warten mussten, denn Worte wie „verdächtig" sind in der Welt der Medizin unheilvoll aufgeladen. Wir weinten beide, waren total durcheinander, schockiert, entsetzt und voller Angst.

Auf einmal waren mein Vater und meine Schwester da. Sie sagten nichts, aber in ihren Gesichtern spiegelte sich wider, was ich empfand. Meine Mutter war zu Hause geblieben und kümmerte sich um die Mädchen – oh, mein Gott, was sollte aus meinen hübschen, süßen kleinen Mädchen werden? Dann tauchte auf einmal mein Bruder an meinem Bett auf, der alles hatte stehen und liegen lassen, als er die Nachricht gehört hatte und die fünfundvierzigminütige Fahrt nach Monterey Park auf sich genommen hatte. Er nahm mich in die Arme und weinte. Als er seinen Kopf auf mich legte, sah ich all die grauen Strähnen in seinem dicken glatten Haar. Ich hatte inzwischen aufgehört zu weinen und hielt seine Hand – ich konnte mich nicht erinnern, je zuvor seine Hand gehalten zu haben. Wann war aus ihm ein Mann und ein Vater geworden? Wann war aus mir eine Frau und eine Mutter geworden? Wie konnte es angehen, dass wir uns schon um Dinge wie Leben und Tod kümmerten – genauer gesagt um mein Leben und meinen Tod? Neben mir saß der Junge, der mir, in dem Wunsch, mich in den kleinen Bruder zu verwandeln, den er nie hatte, beigebracht hatte, wie man einen Baseballschläger hält. Und da war meine Schwester, die sich immer um mich gekümmert hatte, sei es, wenn sie mich gefahren hatte, als ich als Teenager shoppen gehen wollte, oder sei es, wenn sie uns in irgendwelchen fremden Städten auf unseren vielen gemeinsamen Reisen durch die Straßen navigiert hatte. Und da war mein Vater, der allen gegenüber immer schamlos gestanden hatte, dass ich sein jüngstes und am meisten geschätztes Kind sei, der einzige Mensch, der wirklich mit Josh darum wetteifern durfte, wer mich am meisten liebte. Und natürlich war Josh an meiner Seite, mein geliebter Mann, mein bester Freund, mein Seelenverwandter und der Vater meiner Kinder.

In diesem Krankenhauszimmer waren, mit Ausnahme meiner Mutter und meinen kleinen Töchtern, die Menschen, die ich auf der Welt am meisten liebe. Es war eine surreale Szene, eine Szene aus einem schlimmen Traum. Nur dass ich diesen Albtraum nie gehabt hatte, in dem die Menschen, die mir im Leben am nächsten stehen, um mich weinen, als wäre ich schon tot. Ich wollte mir am liebsten in den Arm kneifen, um aus diesem Albtraum aufzuwachen und mich in New York wiederfinden, in dem Leben, das ich kannte und liebte. Doch die Schmerzen in meinem harten, aufgeblähten Bauch erinnerten mich permanent daran, dass das alles nur zu real war, dass dieser Albtraum wahr war und es nicht absehbar war, wie er enden würde.

17
Die Hand Gottes

Ich gehöre keiner institutionalisierten Religionsgemeinschaft an und habe keine Geduld, andere zu bekehren. Aber ich glaube sehr wohl an eine höhere Macht, jedenfalls meistens irgendwie. In diesen schwer fassbaren Momenten, in denen ich glaube, wenn ich allein und ruhig bin und mich niemand bittet, diesen Glauben in Worte zu fassen oder zu rechtfertigen, weiß ich mit einer Sicherheit, die ich niemals erklären könnte, dass Gottes Hand mein Leben berührt hat.

Auch wenn mich die Erinnerungen an die Zeit der Diagnose weiterhin traumatisieren, erinnere ich mich zugleich mit einem gewissen Wohlbehagen an diese Zeit. Es war eine magische Phase voller Schönheit und unvergleichlicher Liebe. Und es ist auch dieser Hauch von Magie und Wunder, der für mich als Zeichen einer höheren Macht mitschwingt.

Das empfand ich selbst in dem Moment so, als meine engste Familie und ich an jenem Sonntagmorgen, dem 7. Juli, in der winzigen Hälfte meines Krankenhauszimmers zusammensaßen und versuchten, die Nachricht, dass ich Krebs hatte, zu verarbeiten und den lähmenden Schock zu überwinden. Ich glaube, wir waren noch nicht mal so weit gekommen, darüber nachzudenken, was als Nächstes geschehen musste. Soweit ich mich erinnere, waren nur wenige Minuten vergangen, seitdem Josh mir den Koloskopiebericht gegeben hatte – mein Bruder saß immer noch an meinem Bett –, als mein Handy klingelte. Es war ein Anruf aus New York, und die Telefonnummer kam mir irgendwie bekannt vor. Ich nahm das Gespräch an und sagte automatisch: „Hallo?"

„Dr. F. am Apparat. Wir haben kürzlich miteinander telefoniert, und ich hatte Ihnen geraten, die Notaufnahme aufzusuchen. Ich wollte mich nur mal melden und fragen, wie es Ihnen geht", sagte die Stimme am anderen Ende der Leitung. Es war der Arzt, der meinen Internisten, Dr. N. L., an dem Wochenende nach dem 4. Juli vertreten hatte. Er rief mich nun an einem Sonntag, Minuten, nachdem ich die niederschmetternde Nachricht erhalten hatte, an. Verfügte er über einen sechsten Sinn und hatte er geahnt, dass etwas passiert war?

Ich war so froh, die Stimme eines Arztes aus meiner „Heimat" zu hören, oder zumindest aus der Stadt, die ich als Erwachsene als mein Zuhause betrachtete, wo mein Leben sich abspielte und wo die Ärzte waren, denen ich vertraute. Ich antwortete sofort, wenn auch ein wenig panisch und weinerlich. „Ich freue mich so, dass Sie anrufen, Dr. F. Ich habe gerade die Ergebnisse meiner Koloskopie bekommen. Eine Masse blockiert mein Querkolon zu fünfundsiebzig bis neunundneunzig Prozent, und es besteht der Verdacht auf Krebs!"

Es folgte ein ganz kurzer Moment der Stille, dann sagte Dr. F.: „Ich rufe Sie sofort zurück." Kurze Zeit später klingelte mein Telefon erneut. „Ich habe soeben mit Dr. N. L. gesprochen und wir sind beide der Meinung, dass Sie das Krankenhaus, in dem Sie sich befinden, verlassen und sich in eine angesehene Einrichtung in Los Angeles begeben sollten. Und Sie müssen umgehend einen Kolorektalchirurgen finden."

Einen Kolorektalchirurgen? Was war denn ein Kolorektalchirurg? Das Wort „kolorektal" hatte ich in meinem ganzen Leben noch nicht gehört. Und wie, zum Teufel, sollte ich einen Kolorektalchirurgen finden und wie in eine angesehene Einrichtung kommen? Ich hing an einem Infusionsschlauch, über den mir Nahrung, Schmerzmittel und Medikamente gegen Übelkeit zugeführt wurden, mir war total schlecht, und mein Bauch sah aus, als wäre ich im vierten Monat schwanger. Ich konnte nicht einfach so aus dem Krankenhaus spazieren. All diese Gedanken gingen mir auf einmal durch den Kopf. Aber eins wusste ich selbst in meinem Schockzustand ganz sicher: Dieser vollkommen inkompetente Arzt des Garfield Medical Centers, der auf den Röntgenaufnahmen meines Darms nichts gesehen und gesagt hatte, dass die Blockade sich von alleine auflösen würde, würde mich unter keinen

Umständen noch mal anrühren. Ich hasste ihn und die Klinik und wollte sie sofort verlassen, aber ich wollte auch nicht in eine andere Einrichtung in Los Angeles. Ich wollte zurück nach New York, zu den Ärzten, die ich kannte. „Für die Operation nach New York zurückzufliegen ist keine gute Idee", stellte Dr. F. entschieden klar, als ich ihm sagte, dass ich nach Hause wolle. Dr. F. und Dr. N. L. kannten keine Kolorektalchirurgen in Los Angeles. Ich würde also selbst einen finden müssen.

Na gut, ich war in Los Angeles aufgewachsen, aber ich war vor zwanzig Jahren weggezogen. Ich wusste, dass es zwei große Kliniken gab: das Cedars-Sinai Medical Center, in das all die Promis zu gehen schienen, und die UCLA, die Universitätsklinik von Los Angeles. Aber ich kannte weder in der einen noch der anderen Klinik auch nur einen einzigen Arzt. Also schalteten Josh und meine Geschwister meine Cousins und meine Cousinen ein. Sie erzählten ihnen, was mit mir los war, und fragten sie, ob sie möglicherweise einen Kolorektalchirurgen kannten. Meine Mutter, für die die Werte und Traditionen der chinesischen Kultur noch eine große Rolle spielten, wäre sicher schockiert gewesen, dass wir die beschämenden Details meiner Diagnose bekannt gaben, aber es war gut, dass wir es getan hatten, denn es verging keine Stunde, bis Cousine C. mich anrief, die ebenfalls anlässlich der Hochzeit nach Los Angeles gekommen war.

Cousine C., mit der ich aufgewachsen bin und die für mich wie eine Schwester ist, verschwendete keine Zeit mit emotionalem Getue – dafür würden wir später noch genug Zeit haben. Sie sprach am Telefon ganz sachlich und nüchtern mit mir – und ich mit ihr. Wir sind Chinesinnen. Und wir sind Immigrantinnen. Unsere Vorfahren waren der Armut und dem Krieg entkommen, indem sie nach Vietnam geflohen waren, und wir und unsere Eltern hatte das Gleiche getan, indem wir in die USA geflohen waren, „sogar auf einem sinkenden Boot", wie meine Cousine N. gerne zu sagen pflegte. Durch unsere Adern fließt Pragmatismus. Cousine C. lebt heute in Westport in Connecticut, aber sie hat auch einige Jahre in Maplewood, New Jersey, gelebt und neben einem renommierten Gastroenterologen gewohnt, der seine Praxis in Manhattan hat. Sie hatte seit Jahren keinen Kontakt mehr zu ihm gehabt, aber sie wollte ihm eine E-Mail schicken und ihn fragen, ob er uns jemanden empfehlen könne. Er heißt Paolo. Seinen Nachnamen habe ich nie erfahren. Obwohl sie so lange nichts voneinander gehört hatten und es der Sonntag des Brückenwochenendes nach dem vierten Juli war, antwortete Paolo sofort auf die E-Mail meiner Cousine C.

Ja, schrieb er, einer seiner Patienten, ein Schauspieler, habe sich im vergangenen Jahr von einem Dr. James Y. in der UCLA operieren lassen und sei mit dem Ergebnis ziemlich zufrieden gewesen. Ob Cousine C. ihm bitte Joshs Handynummer mitteilen könne. Er wolle versuchen, Dr. Y. zu erreichen.

Zwei Stunden später, als Josh gerade mit meinem Bruder im Auto unterwegs war, um Mittagessen zu holen und über einige wenig vielversprechende Hinweise bezüglich eines Chirurgen nachdachte, klingelte Joshs Handy. „Hi, Josh. Hier ist Jim. Paolo hat mich über Ihre Situation informiert. Wie kann ich Ihnen helfen?" Ein Topchirurg der UCLA rief Josh am Sonntag eines Brückenwochenendes auf seinem Handy an und war unglaublich nett und hilfsbereit – das widersprach all unseren Vorurteilen über vermeintlich arrogante, unnahbare Chirurgen. Dr. Y. sagte Josh, dass er dazu rate, die Operation sofort durchzuführen und nicht erst auf die Biopsie-Ergebnisse zu warten, da so etwas wie das, was ich hatte, fast immer Krebs sei. Er teilte Josh auch mit, dass er mich gerne als Patientin übernehmen würde und sich als der die Operation übernehmende Arzt auch um meine Verlegung in die Uniklinik kümmern könne. Josh und ich waren erleichtert und euphorisch. Das war der erste Schritt, um mich aus diesem Dreckloch von einem Krankenhaus heraus zu bekommen.

Der sich verschlimmernde Verschluss, die stärker werdenden Schmerzen und die Übelkeit in Kombination mit der furchtbaren Verzweiflung, die daher rührte zu wissen, dass etwas Bösartiges in mir wuchs, sorgten dafür, dass die wenigen Stunden, die verstrichen waren, mir wie Tage und Wochen vorkamen. Deshalb nahmen wir schnell den nächsten Schritt in Angriff (beziehungsweise versuchten das zumindest) und kümmerten uns um die Erledigung der krankenhausinternen und versicherungstechnischen bürokratischen Formalitäten, die erforderlich waren, um meine Verlegung in ein anderes Krankenhaus über die Bühne zu bringen. Und wenn ich „wir" sage, meine ich in Wahrheit Josh, weil er der Einzige war, der zu jenem Zeitpunkt imstande war, sich um solche Dinge zu kümmern. Josh ist eigentlich keiner jener Menschen, die gerne die alltäglichen Dinge des Lebens erledigen (wie Rechnungen bezahlen, Seife kaufen, Urlaube planen oder dafür sorgen, dass defekte Geräte repariert werden). Außerdem telefoniert er äußerst ungern, egal, ob es darum geht, eine Essensbestellung bei einem

Lieferservice aufzugeben oder die Reparatur eines defekten Kabels zu arrangieren. Wenn irgendetwas Derartiges zu erledigen ist, bin in der Regel ich diejenige, die irgendwo anruft, um sich zu beschweren und darum zu bitten zu regeln, was zu regeln ist. Während der mehr als vierundzwanzig Stunden, die es dauerte, bis ich verlegt wurde, lernte ich eine ganz neue Seite meines Mannes kennen, der sich sehr ins Zeug legte, um Dinge zu tun, die ihm eigentlich nicht lagen. Er rief die diversen an der Verlegung beteiligten Personen – die Mitarbeiter des Garfield Medical Centers, die Mitarbeiter des Universitätsklinikums, die Mitarbeiter der Versicherung – immer wieder an und bedrängte sie. Währenddessen warteten wir und warteten, denn die Mitarbeiter der Universitätsklinik wollten zunächst auf Nummer sicher gehen, dass meine Krankenversicherung (die den medizinischen Leistungserbringern der Westküste unbekannt war) auch die Kosten übernehmen würde.

Ich lag an jenem späten Sonntagnachmittag unglücklich da und begann mich mit dem Gedanken abzufinden, dass meine Verlegung an diesem Tag in Anbetracht der nicht erfolgenden Reaktion seitens meiner Versicherung immer unwahrscheinlicher wurde. Dann klingelte mein Zimmertelefon. Es war jemand von der UCLA. Der Mann am anderen Ende der Leitung wollte meine Identität überprüfen. „Mrs Yip-Williams, laut unseren Unterlagen ist Ihrer Sozialversicherungsnummer der Name Ly Thanh Diep zugeordnet … und laut unseren Unterlagen wohnen Sie in der 911 West College Street in Los Angeles, Kalifornien, … und die Telefonnummer, die wir von Ihnen gespeichert haben, lautet (213) 250–0580." Ich hatte tatsächlich mal Ly Thanh Diep geheißen, und dreiunddreißig Jahre zuvor hatte ich tatsächlich an der Adresse gewohnt und die Telefonnummer gehabt, die der Mann genannt hatte. Dreiunddreißig Jahre zuvor waren an der UCLA meine Augenoperationen durchgeführt worden, die Operationen, die dazu geführt hatten, dass ich in beschränktem Maße sehen konnte. Das war die einzige mögliche Erklärung dafür, dass der Mann all diese uralten Informationen über mich ausgegraben hatte. Doch als ich mir vorstellte, dass ich nach all den Jahren in die Klinik zurückgehen würde, in der ich mich meiner allerersten Operation unterzogen hatte, die mir in gewisser Hinsicht das Leben gerettet hatte, hatte ich irgendwie das Gefühl, dass sich der Kreis schloss. Es schien, als ob dem, was geschehen war, und dem, was geschehen würde, eine gewisse Richtigkeit anhaftete, als wäre ich von der Hand Gottes angestupst worden.

Josh telefonierte am nächsten Morgen um 5 Uhr Ortszeit mit der Versicherung und bemühte sich wacker, das Räderwerk der Bürokratie in Gang zu bringen. Nach dem Beginn der regulären Geschäftszeiten und der Rückkehr der vollen Belegschaft aus dem Brückenwochenende ging vonseiten meiner Versicherung alles sehr viel schneller. Am späten Vormittag erhielten wir die Nachricht, dass die Kostenübernahme für meine Verlegung in die Universitätsklinik gesichert sei – eine weitere Hürde war genommen. Doch es gab noch eine andere.

In der UCLA waren keine freien Betten verfügbar und es hieß, dass es vermutlich vor Mittwoch oder Donnerstag kein freies Bett geben würde. Ich war entsetzt – Mittwoch oder Donnerstag? Die Schmerzen in meinem Bauch wurden immer schlimmer und ich war mir sicher, dass ich bis dahin tot wäre. Wir zogen kurz in Erwägung, einfach die Kanülen aus meinem Arm zu ziehen, damit Josh mich in die Notaufnahme der Uniklinik bringen konnte, denn dann würde ich bestimmt ein Bett bekommen. Doch die Vernunft siegte, denn diese Strategie hätte ein gewisses medizinisches Risiko und eine gewisse Unsicherheit mit sich gebracht, von meinen furchtbaren Schmerzen und der Übelkeit ganz zu schweigen. In seiner Verzweiflung rief Josh Dr. Y. auf dessen Handy an und bat ihn um Hilfe. Dr. Y. tätigte ein paar Anrufe und informierte uns, dass tatsächlich achtundzwanzig Leute vor mir auf der Warteliste für ein Bett im Ronald Reagan UCLA Medical Center stünden und er trotz meines schlimmen Zustands nichts tun könne, um mich auf der Warteliste nach oben zu schieben. Doch im UCLA Medical Center in Santa Monica – einer Zweigstelle der Hauptklinik – sei die Bettensituation „günstig". Er selbst operiere nicht in Santa Monica, könne jedoch dafür sorgen, dass sich dort der beste Chirurg um mich kümmern werde. Die Kostenübernahme durch meine Krankenversicherung gelte für jede Einrichtung der UCLA, sodass es deswegen keine weiteren Verzögerungen geben werde. Josh und ich waren verzweifelt – ja, wir waren zu allem bereit. Hauptsache raus aus der Klinik, in der ich lag.

Mit jeder weiteren verstreichenden Minute, die ich noch im Garfield Medical Center verbrachte, fühlte ich mich dem Tod näher. Zu diesem Zeitpunkt klammerten wir uns nur an die Hoffnung, die uns dieser uns völlig unbekannte Chirurg machte, dem wir nie begegnet waren (und dem wir auch nie begegnen würden) und über den wir nichts wussten (abgesehen von den spärlichen Informationen, die wir googeln konnten).

Eine Stunde später, als ich mit Josh an meiner Seite den trostlosen Flur entlangschlurfte, um der klaustrophobischen Enge meines Zimmers zu entfliehen, kam jemand, um mir zu sagen, dass der Krankenwagen auf dem Weg sei. Wenige Minuten später rollten zwei Sanitäter eine Transportliege in mein Zimmer, auf die ich mich freudig und ziemlich unbeholfen legte. Sie befestigten einen Gurt über meinem Bauch, und ich achtete darauf, ihn von meinem aufgeblähten Magen fernzuhalten, um die Schmerzen und mein Unwohlsein nicht noch zu verschlimmern. Sie fuhren die Liege hoch und schoben mich über den Flur, in den Aufzug und durch die Flügeltür nach draußen in den Krankenwagen. Ich war noch nie zuvor auf einer Transportliege oder in einem Krankenwagen gewesen. Vielleicht war es der Adrenalinschub, der daher rührte, dass ich endlich aus diesem Krankenhaus rauskam, jedenfalls bereitete es mir ein leicht euphorisches Gefühl, auf dieser Liege zu liegen und die Welt aus einer ganz neuen und aufregenden Perspektive zu sehen.

Im Sommer des Jahres 1999 verbrachte ich, bevor ich mit meinem Jurastudium begann, fünf Wochen in Sevilla, um Spanisch zu lernen, und danach reiste ich weitere fünf Wochen allein mit dem Rucksack durch einen großen Teil Europas. In Anbetracht der Tatsache, dass ich allein reise, war ich ein bisschen nervös – was wohl den meisten so ginge –, wobei ich angesichts meines eingeschränkten Sehvermögens in Wahrheit sogar mehr als nur ein bisschen nervös war. Aber ich musste der Welt (und vor allem mir selbst) einfach beweisen, dass ich so etwas tun konnte. Ich buchte nie Unterkünfte im Voraus. Ich stieg einfach in irgendeiner neuen Stadt, über die ich in meinem zuverlässigen Reiseführer gerade ein Kapitel gelesen hatte, aus dem Zug und suchte mir mithilfe irgendeiner Karte, die ich in die Hände bekam, eine Jugendherberge. In einer warmen Sommernacht, als ich noch viele Wochen des Reisens vor mir hatte, lag ich irgendwo in Südfrankreich mit meinem geliebten lila Rucksack als Kopfkissen auf einem Bahnsteig und wartete auf den nächsten Zug nach Rom. Um mich herum warteten noch einige andere Rucksackreisende, aber ich war dennoch ganz auf mich allein gestellt. Ich werde nie vergessen, wie ich in den Sternenhimmel blickte und dachte, dass ich nicht wusste, wo ich die nächste oder die übernächste Nacht oder die Nacht danach verbringen würde. Und während mir dieser Gedanke einen Anflug von Angst bereitete, freute ich mich doch riesig auf das, was noch vor mir lag. Das Ungewisse und die Freiheit, nicht irgendwo oder mit irgendwem zusammen sein zu müssen, bereitete mir eine gewisse unbeschwerte Freude und vermittelte mir das Gefühl, dass vor mir praktisch unbegrenzte Möglichkeiten lagen. Und dann überkam mich ein überwältigendes Gefühl des Friedens, das jeden Anflug von Ängstlichkeit, der in mir hochgekommen war, verjagte, weil ich wusste, dass alles gut werden würde, dass ich meinen Weg finden würde.

Genauso fühlte ich mich auf meiner hochgefahrenen Transportliege, als ich auf Josh hinunterblickte, der neben mir ging. Ja, ich blickte ausnahmsweise mal auf meinen gut eins neunzig großen Josh *hinunter*. Ich hatte keine Ahnung, was am nächsten oder am übernächsten Tag oder am Tag danach passieren würde. In jenem Moment musste ich komischerweise lächeln – vor Vorfreude, Aufregung und innerer Ruhe. Auf ins nächste Abenteuer meines Lebens. Ich bombardierte die Sanitäter mit Fragen, wollte wissen, woher sie kamen, ob sie das Martinshorn für mich anstellen würden und was der grauenvollste Rettungseinsatz ihres Lebens gewesen war.

Während der Krankenwagen auf der Interstate 10 in Richtung Westen auf den Pazifik zuraste, öffneten sich meine Augen, und ich begann, aus meinem Albtraum zu erwachen und mich aus dem Dunkel ins Licht zu bewegen. Und so begann das, was ich als den goldenen und magischen Teil der Geschichte über meine Diagnose bezeichne.

18
Eine Liebesgeschichte

Die Fahrt durch Los Angeles ging zügig vonstatten. Seltsamerweise herrschte auf den Autobahnen zum Glück nicht der typische Spätnachmittagsverkehr. Nach fünfundzwanzig Minuten konnte ich den Ozean riechen und blickte in den absolut klaren blauen Himmel (den zu sehen in Los Angeles auch eine Seltenheit ist). Die Sanitäter schoben mich durch das schönste Krankenhaus, das ich je gesehen hatte. Es wirkte funkelnagelneu, die breiten Flure, deren Böden glänzten, schienen endlos lang zu sein, die Krankenpfleger und -schwestern und die Ärzte, an denen ich vorbeigerollt wurde, lächelten mir freundlich zu, alles und jeder war in ein sanftes goldenes Licht getaucht.

Ich rechnete damit, dass wir an einem Empfangstresen anhalten würden, um irgendwelchen erforderlichen bürokratischen Papierkram erledigen zu müssen, doch die Sanitäter brachten mich auf direktem Weg in mein Einzelzimmer mit Blick auf die Santa Monica Mountains und einen ruhigen grünen Hof (auf dem meine Töchter in den kommenden Tagen oft spielen sollten). Es gab einen Flachbildfernseher, Dekorationsstücke aus echtem Holz und drei Schwestern in dunkelblauer Kleidung warteten schon, um sich um mich zu kümmern. Ich war einem Höllenkrankenhaus entkommen und in einem himmlischen gelandet.

Die kleine Armee an Schwestern wog mich, zog mir einen frischen Krankenhauskittel an, legte mir einen neuen intravenösen Zugang, nahm mir Blut ab und reichte mir eine Schale, weil mir so übel war, dass ich fürchtete, mich erbrechen zu müssen, weshalb ich um ein Medikament gegen meine Übelkeit bat. Eine halbe Stunde nach meiner Ankunft kam Josh durch die Tür, der mit seinem eigenen Auto gefahren war. Und weitere zwanzig Minuten später, um kurz nach 17 Uhr, informierten der Kolorektalchirurg Dr. D. C., der mich operieren würde, und sein neben ihm stehender Oberarzt Dr. O., die in ihren frischen weißen Arztkitteln souverän, Vertrauen einflößend und sehr beruhigend wirkten, uns ausführlich darüber, was als Nächstes mit mir passieren würde. Noch am gleichen Abend um 20.30 Uhr werde mir ein Gastroenterologe einen Stent platzieren, um an der blockierten Stelle in meinem Darm wieder einen Durchgang herzustellen, damit der festsitzende Stuhl weitertransportiert und ausgeschieden werden könne – ein wichtiger Schritt, um mich für die Operation vorzubereiten, die Sicht im Darm für den Operateur zu verbessern und einer postoperativen Infektion vorzubeugen. Falls der Gastroenterologe den Stent nicht platzieren könne, stünden Dr. D. C. und sein Team in Bereitschaft, um die Operation sofort durchzuführen. Wenn der Stent platziert werden könne, würde ich die nächsten eineinhalb Tage häufig zur Toilette müssen, um meinen Darm zu entleeren, und würde im Anschluss daran operiert. Während ich ihm zuhörte und sah, wie Dr. D. C. mit dem Finger auf dem weißen Laken auf meinem Bett ein Bild von einem Darm zeichnete, dachte ich, genau so sollte Medizin praktiziert werden: von engagierten Ärzte, die sofort zur Stelle sind und bereit, einen Patienten, von dem sie vier Stunden zuvor noch nichts gehört und gesehen hatten, bis spät in die Nacht hinein zu operieren.

Meine Beschwerden und die Übelkeit setzten mir stark zu. Und ich bemühte mich mit aller Kraft, mich nicht übergeben zu müssen, weil man mir gesagt hatte, dass man mir dann einen Schlauch durch die Nase in den Magen führen müsse, um meinen Mageninhalt herauszuholen, und das wollte ich unbedingt vermeiden. Deshalb konnte ich mich nur auf die Teile der Unterhaltung konzentrieren, in denen es um die Platzierung des Stents und die Operation ging – die einzigen Maßnahmen, die meinen physischen Leiden Linderung verschaffen würden.

Aber mein Mann dachte schon weiter. Er dachte über den Krebs selbst und über unsere Zukunft nach. Ich nahm gar nicht richtig wahr, als Josh Dr. D. C. fragte, ob er auf den CT-Aufnahmen, die wir aus dem Garfield

Medical Center mitgebracht hatten, Anzeichen von Metastasen in anderen Organen entdeckt habe. Nein, erwiderte Dr. D. C. Sie würden es aber erst mit Sicherheit sagen können, wenn sie sich das Ganze von innen ansähen, aber er vermute, dass ich wahrscheinlich Krebs im Stadium II oder III hätte. Mir ging diese Richtung des Gesprächs zu jenem Zeitpunkt ein wenig auf die Nerven, denn das Einzige, was ich wollte, war, so schnell wie möglich operiert zu werden, und das hieß, dass diese Männer aufhören mussten, über mögliche Metastasen, die Einstufung des Krebses in irgendein Stadium, zukünftige Behandlungen und dies und jenes zu reden. Im Moment spielte nichts von alldem irgendeine Rolle. Im Moment benötigte ich nur etwas, das meine Schmerzen und meine Übelkeit linderte.

Schließlich verließ Dr. D. C. das Zimmer. Dr. O. legte mir einige Einverständniserklärungen vor und klärte mich über die Risiken der Operation auf, unter anderem über die Möglichkeit, dass es nicht gelingen könnte, meinen Darm wieder zurück in meinen Körper zu bekommen. In dem Fall müsse eine Stomaoperation beziehungsweise eine Colostomie durchgeführt werden oder irgendetwas anderes, das mit „omie" endete. Ich nickte, als ob ich alles verstanden hätte, obwohl ich keine Ahnung hatte, wovon er sprach, und unterschrieb schnell die Formulare. Heute weiß ich, was all diese Worte bedeuten, aber es war besser, dass ich es damals nicht wusste. Kurz darauf kam ein gut gelaunter Russe in einem grünen Hemd und rollte mich in den Operationssaal. Er war so guter Dinge wie all die anderen in diesem Krankenhaus, was mich zu der Überzeugung gelangen ließ, dass die UCLA ihr Personal wirklich gut bezahlen musste.

Der Stent konnte an jenem Abend erfolgreich platziert werden. Als ich nach der einstündigen Operation aufwachte, spürte ich den Unterschied sofort. Die Befreiung von den Schmerzen und dem Druckgefühl war herrlich. An Schlaf war in jener Nacht nicht zu denken, weil ich ständig freudig aus dem Bett sprang und, den Infusionsständer hinter mir herziehend, auf die Toilette eilte. Josh schlief in jener Nacht auch nicht viel besser, was zum einen an meinen häufigen Toilettengängen lag, und zum anderen an dem nicht so bequemen Schlafsessel, der für die kommenden Nächte sein Bett sein sollte. Er sagte mir, dass er sich, als wir knapp sechs Jahre zuvor geheiratet hatten, nicht im Traum hätte vorstellen können, dass es ihn einmal so glücklich machen könnte, mich keine zwei Meter von ihm entfernt mein großes Geschäft erledigen zu hören. Ich musste lachen.

Am nächsten Morgen hatte mein Bauch seine normale Größe und Elastizität zurückerlangt, und ich fühlte mich wieder völlig normal. Ich streckte mich, machte Yogaübungen und fühlte mich, als ob ich locker einige Kilometer joggen könnte. Immerhin war ich bis einen Monat zuvor, als sich die ersten Symptome bemerkbar gemacht hatten, wahrscheinlich so fit gewesen wie nie zuvor in meinem Leben. Josh fiel auf, dass meine Haut wieder ihren alten Glanz hatte. Erst als der Glanz wieder da war, wurde uns bewusst, wie wächsern und grau mein Gesicht während der vergangenen zwei Wochen geworden war, ein sichtbares, aber von uns nicht erkanntes Anzeichen des in mir festsitzenden toxischen Abfalls, der meinen Körper vergiftete. Nachdem mein Darm wieder funktionierte und sich damit einhergehend wieder ein Gefühl von Normalität einstellte, war es schwer vorstellbar, dass in mir ein furchtbarer, mörderischer Tumor wuchs. Aber genau das war der Fall. Die offiziellen Biopsie-Ergebnisse der bei der Darmspiegelung entnommenen Proben lagen zwar noch nicht vor, doch Dr. D. C. kam an dem Morgen zu uns und informierte uns, dass ich einen CEA-Wert von 53 ng/ml hatte, wohingegen der normale CEA-Wert unter 5 ng/ml liege. Falls wir noch einen Funken Hoffnung gehabt hatten, dass ich doch keinen Krebs hatte, machte diese Nachricht jeden Hoffnungsschimmer zunichte.

Am Nachmittag des darauffolgenden Tages, dem 10. Juli, wurde ich operiert. Die OP war für zweieinhalb Stunden angesetzt, dauerte jedoch vier Stunden. Dr. D. C. entdeckte, dass mein Dickdarm an der betroffenen Stelle die Größe eines Fußballs erlangt hatte und bereits zu platzen begann. Der unnatürlich angeschwollene Teil meines Darms hatte in dem Versuch, intakt zu bleiben, gegen meinen Magen gedrückt. Dr. D. C. staunte, dass mein Körper imstande gewesen war, sich an die neu entstandene Situation anzupassen und meinen Darm zusammenzuhalten, denn eine Ruptur hätte verheerende Folgen gehabt, weil Stuhl, Darmfetzen und Krebszellen sich überall hin verteilt hätten. Die Operation war erfolgreich verlaufen. Der komplette Tumor (der eine Größe von 3,5 mal 3,9 Zentimeter hatte) sowie achtundsechzig Lymphknoten (von denen sich zwölf als von Krebs befallen entpuppen sollten) und die einzige entdeckte Abtropfmetastase an meinem Bauchfell waren entfernt worden. Da die Operation laparoskopisch durchgeführt worden war, erholte ich mich schnell. Sechsunddreißig Stunden nach dem Eingriff funktionierte mein Darm wieder normal, und ich hatte nur minimale Schmerzen.

Nachdem ich die Operation hinter mir hatte und der unmittelbare Notfall behoben war, hatte ich viel Zeit. Ich lag im Bett, saß oder spazierte manchmal ziellos umher, betrachtete die Welt um mich herum und lauschte ihr, sah und hörte jedoch nichts. Ich war zu sehr mit dem langwierigen Prozess beschäftigt, all das, was geschehen war, geschah und wahrscheinlich noch geschehen würde, zu verarbeiten und damit klarzukommen.

Am Tag vor der Operation, dem 9. Juli, als wir zum ersten Mal seit Tagen „ruhig" waren und wussten, wie die nächsten Schritte aussehen würden, fand Josh die Energie und die Zeit, unseren Familienangehörigen und unseren Freunden eine E-Mail mit dem Betreff „Julie" zu schicken, auch Freunden, mit denen wir seit Jahren nicht gesprochen hatten. Die schockierten Reaktionen erreichten uns sofort. Familienmitglieder und Freunde riefen an, schickten Textnachrichten und E-Mails. Ich war krankhaft neugierig zu erfahren, wie sie wohl reagiert hatten, als sie die Worte gelesen hatten, aber ich fragte nicht. Waren sie in einen Sessel gesackt? Hatten sie angefangen zu weinen? Was dachten sie? Taten Josh und ich ihnen leid? Waren sie im Stillen erleichtert, dass dieses Schicksal nicht sie selbst getroffen hatte? Hatten sie Angst, dass es auch sie treffen könnte?

Tatsächlich war es ein Bestandteil des Prozesses des Akzeptierens der neuen Situation, nicht nur mit meinen eigenen Gefühlen klarzukommen, sondern auch die Reaktionen unserer Familienangehöriger und unserer Freunde zu verarbeiten und damit umzugehen. Manchmal ließ ich ihre Ungläubigkeit, ihr Entsetzen, ihre Ängste, ihre Sorgen und ihre Hoffnungen an mich heran, häufiger aber ging ich in Abwehrstellung. Manchmal ließ ich es zu, dass sie mir Kraft und Trost spendeten, und manchmal war es andersherum und ich war diejenige, die ihnen Kraft und Trost spendete.

Unmittelbare Sorgen bereitete mir Josh. Ob zu Recht oder Unrecht weiß ich nicht, aber ich habe immer das Gefühl gehabt, dass Josh nicht so stark ist wie ich, wenn es darum geht, die Herausforderungen des Lebens zu bewältigen. Darin habe ich mehr Übung gehabt als er. Außerdem bin ich eine Frau und der festen Überzeugung, dass Frauen im Allgemeinen über eine bessere emotionale Kompetenz verfügen und belastbarer sind. Doch um Josh gegenüber fair zu sein – ich glaube, dass meine Krankheit ihn viel schwerer trifft als mich, weil er derjenige ist, der sich darauf einstellen muss, die Kinder ohne mich großzuziehen und die Situation in den Griff zu bekommen, wenn ich mein nächstes Abenteuer im Jenseits antrete. Für denjenigen, der übrig bleibt, ist es immer schwieriger. Aber in jenen Tagen nach der Operation konnte ich ihm keine Kraft spenden, jedenfalls nicht annähernd in dem Maße, wie er es nötig gehabt hätte. Wenn er sich herumquälte und versuchte, in den Studien, die die ernüchternden statistischen Fakten über Darmkrebs im Stadium IV lieferten, irgendwelche Schwachstellen zu finden und die Fakten so zu verdrehen, dass das Ganze im denkbar günstigsten Licht erschien (zum Beispiel Faktoren wie mein relativ junges Alter, meine Stärke, die Tatsache, dass ich Zugang zur besten medizinischen Versorgung der Welt hatte, und so weiter ins Feld zu führen), machte er mich wahnsinnig. Dann trieb ich ihn aus meinem Zimmer und bat ihn, in einem der vielen Restaurants im quirligen, trendigen Santa Monica frühstücken zu gehen. Oder ich forderte ihn auf, seine Freunde und seine Familie in New York und South Carolina anzurufen, die die Basis seines Unterstützerteams bildeten. Ich zwang ihn regelrecht, mit meinem Bruder auf ein Bier in die Kneipe oder mit den Mädchen an den Strand zu gehen. An den Abenden schickte ich ihn nach draußen, damit er einen seiner einsamen Spaziergänge machte. Bewegung war wichtig.

An einem Abend ging er sogar den weiten Weg bis zum Anleger, wo er eine Spielhalle entdeckte, in der es eines der Lieblingsspiele seiner Kindheit gab: Pac-Man. Er spielte und spielte, bis er nur noch einen Vierteldollar übrig hatte. Da traf er in dem Versuch, in die Zukunft sehen zu können, eine Vereinbarung mit sich, mit Gott und mit den Kräften des Universums. Er sagte sich: Wenn ich mit diesem letzten Vierteldollar den Rekord breche (den jemand anders aufgestellt hatte), dann wird Julie den Krebs besiegen. Er brach den Rekord und kam ganz außer sich vor Freude zurück. So viel zu seinem unerschütterlichen Glauben an Statistiken …

Am Tag nach der Operation – dem Tag, an dem wir alle erfuhren, dass ich Dickdarmkrebs im Stadium IV hatte – kam mich meine Schwester besuchen (die ebenfalls anlässlich der Hochzeit und Familienzusammenkunft von New York nach Los Angeles geflogen war). Sie erzählte mir, dass sie in der Nacht zuvor kaum hatte schlafen können und dass sie dann ganz plötzlich, während sie im Dunkeln gesessen hatte, von dem sicheren Wissen überwältigt worden sei, dass ich den Krebs besiegen würde. Sie wisse es einfach, sagte sie mir. Ich wünschte mir damals, ihren blinden Glauben zu haben. Am nächsten Tag kam sie wieder, doch bei diesem Besuch brach sie auf einmal in Tränen aus, als sie mein Zimmer betrat. Meine Schwester, die nie weint, umarmte mich und sagte mir, dass ich doch die Starke sei, diejenige, die nicht krank werde, und sie erzählte mir, wie sie vor den Mädchen und unseren Eltern die ganze Zeit versuche, sich zusammenzureißen, jedoch jetzt, da sie alle irgendwo draußen waren, nicht mehr an sich halten könne und ihren aufgestauten Gefühlen freien Lauf lassen müsse. Meine Schwester war in diesen ersten Tagen die Ersatzmutter meiner Töchter. Während meine Mutter im Haus meiner Eltern dafür sorgte, dass die Mädchen Essen bekamen und gebadet wurden und Josh bei mir im Krankenhaus übernachtete, wandten Mia und Belle sich auf der Suche nach Trost meiner Schwester zu und kuschelten sich jede Nacht an sie, weil sie für sie diejenige war, die am ehesten meinen Platz einnehmen konnte. Meine arme Schwester trug eine große Last. Ich erwiderte ihre Umarmung und sagte ihr, dass ich wirklich sehr stark sei, dass ich immer stark gewesen sei und es auch immer bleiben werde.

Cousine N. besuchte mich nach ihrer Arbeit. Sie ist in unserer Familie dafür bekannt, dass sie wegen jeder Kleinigkeit in Tränen ausbricht, aber seit meiner Diagnose hatte sie sich unerschütterlich gegeben. Ich sagte ihr, wie verwundert ich sei, dass sie keine einzige Träne wegen mir vergossen habe und fragte mich im Stillen, ob ich ihr vielleicht doch nicht so viel bedeutete, wie ich glaubte. Oh nein, erwiderte sie, genau an diesem Tag habe sie schon viel geweint. Sie habe geweint, als sie mit Cousine C. telefoniert habe, danach habe sie erst an ihrem Schreibtisch geweint und sich dann bei ihren Kolleginnen ausgeheult, dann habe sie im Auto auf dem ganzen Weg zum Krankenhaus geweint, aber jetzt habe sie keine Tränen mehr übrig. Fürs Erste gehe es ihr gut. Sie bedachte mich mit einem Lächeln, das ein bisschen zu breit war, und versuchte, die in ihren Augenwinkeln glitzernden Tränen zu verbergen. Ich glaube, in dem Augenblick liebte ich Cousine N. mehr denn je.

Auch wenn ich oft Besuch bekam, mich viele Leute anriefen und mir viel Liebe entgegengebracht wurde, verbrachte ich viele Stunden allein in meinem Krankenhauszimmer, wenn alle anderen arbeiteten oder spielten. Ich war allein mit meinen Gedanken, meiner Traurigkeit, meiner Angst und dem Schock. Zum Glück war die UCLA ein himmlisches Krankenhaus, in dem es von Engeln wimmelte. Ich hatte bereits zuvor Krankenhäuser kennengelernt, zum Beispiel, als meine Kinder geboren wurden, und lernte auch danach welche kennen, zum Beispiel nach meiner HIPEC-Operation, aber in den anderen Krankenhäusern gab es keine Engel, und an dem Pflegepersonal, das sich dort um mich kümmerte, war nichts Außergewöhnliches oder

Unvergessliches. Die UCLA hatte für mich etwas ganz Besonderes, etwas, das mir weder vorher begegnet war, noch nachher je wieder begegnet ist. Vielleicht war es ein weiteres Zeichen von Gottes Hand in meinem Leben.

Karen, Noreen, Ray, Roxanne, Costa, Manuel, Ginger, Anita, Damian – Namen, die Ihnen nichts sagen, aber in mir wecken sie Erinnerungen an Trost und Zuspruch, an Hände, Umarmungen und Worte, die mich in den dunkelsten Momenten meines Lebens getröstet haben. Die Menschen, die hinter diesen Namen stehen, waren meine wahren Stützen in der Zeit, in der niemand aus meinem Umfeld, der mich liebte, die schwere Bürde zu tragen vermochte, die meine turbulenten Gefühle mit sich brachten. Ich verbarg meine Gefühle größtenteils denjenigen gegenüber, die ich gut kannte und liebte, und ließ ihnen erst freien Lauf, wenn diese Engel bei mir waren. Ihre Fähigkeit zuzuhören, zu beruhigen, zu lächeln und trotz all der schrecklichen Dinge, die sie an jedem einzelnen Tag sahen, optimistisch zu bleiben, erstaunte und inspirierte mich.

Costa nahm eines Nachmittags meine Hände, nachdem sie mitbekommen hatte, dass meine Töchter den Raum verlassen hatten, und betete in einer mir unbekannten Sprache feierlich für mich zu Gott. Die Inbrunst, mit der sie ihr Gebet vortrug, rührte mich zu Tränen. Dann wechselte sie meine Bettwäsche.

Karen, die sechsundzwanzig Jahre alte chinesisch-amerikanische Krankenschwester – eigentlich wirkte sie noch wie ein Mädchen –, die mich so an meine gute Freundin V. erinnerte, begleitete mich oft auf meinen Gängen über den Flur. Sie erzählte mir, wie verblüfft sie gewesen sei, als sie meinen Namen gesehen habe, weil Yip auch der Name ihrer Mutter gewesen sei, die im Alter von achtunddreißig Jahren an Darmkrebs gestorben war. Damals war Karen erst zwei Jahre alt gewesen. Sie hatte einen von Kummer überwältigten Ehemann und Karen und ihre drei trauernden älteren Geschwister zurückgelassen. Ich spürte, dass Karen ebenso sehr Trost in mir fand wie ich in ihr. Wenn ich in ihr Gesicht blickte, das mir auf eine eigentümliche Weise vertraut vorkam, spürte ich wieder diese Hand Gottes.

Dann war da der Mann, dessen Namen ich nie erfuhr, der kein Wort Englisch sprach und den ich angesichts seines dunkelbraunen, nach hinten gegelten, im Nacken zu einem Pferdeschwanz zusammengebundenen Haars und seiner ausgeprägten Armmuskulatur, die darauf hindeutete, dass er zu Gewalt neigen könnte, wenn ihm danach war, in jedem anderen Umfeld als dem der Klinik für einen jugendlichen Gangster hätte halten können. In einer Nacht passierte mir ein demütigendes Missgeschick, nach dem er mich schweigend säuberte. Die Sanftheit seiner Berührung und die Tatsache, dass er keinen Ekel empfand und nicht über mich richtete, hauten mich regelrecht um und ließen mich so demütig werden, dass sich alle meine wenig schmeichelhaften Vorurteile über ihn in Luft auflösten. Ich bezweifelte, ob ich das, was er für mich tat, je für eine mir fremde Person würde tun können, doch nachdem ich seine Gegenwart erlebt hatte, wollte ich es tun können. Durch ihn erlebte ich das Ausmaß und die Macht des Mitgefühls, die Liebe, die ein Mensch einem anderen allein durch das widerfahren lassen kann, was er tut. Und zwar nicht, weil sie einander kennen, sondern einfach nur, weil sie der gleichen Spezies angehören.

Und dann war da David, mein Kolorektalchirurg, dessen geschickte Hände achtundsechzig Lymphknoten aus mir entfernt hatten. Schon allein diese außergewöhnliche Anzahl zeugte von seiner außerordentlichen Fähigkeit und seiner Gründlichkeit. Bisher ist mir noch niemand begegnet, dem bei einem laparoskopischen Eingriff achtundsechzig Lymphknoten entfernt wurden. Wie mir oft erzählt wurde, hängt die Überlebenschance, die man hat, zunächst einmal davon ab, ob man von einem guten Chirurgen operiert wird, und ich hatte den besten, den ich nur hätte haben können. Er ist in meinem Alter, er und seine Frau sind US-Amerikaner mit chinesischen Wurzeln, und sie haben auch zwei Kinder im Alter von Mia und Belle. David hat stundenlang unsere Fragen beantwortet, hat uns die für uns unverständlichen Farbfotos der Operation erklärt, ist die Ergebnisse der Pathologie- und die Computertomografieberichte mit uns durchgegangen, hat Lücken und Mängel in den besorgniserregenden Studien aufgedeckt und Josh geraten, nicht zu viel auf diese Studien zu geben. Und mir hat er den Kopf mit Geschichten von Patienten gefüllt, die den Krebs entgegen allen Erwartungen überwunden hatten.

Ich bin sicher, dass wir David leidtaten – eine junge Familie ähnlich wie seine eigene, die nach Los Angeles kommt, um ein paar Tage Urlaub zu machen, und völlig unvorbereitet mit der Diagnose Krebs im fortgeschrittenen Stadium konfrontiert wird. Ich hätte genauso empfunden. Aber er hat dennoch mehr für uns getan, als ein durchschnittlicher mitfühlender Arzt getan hätte. Er hat sich mit uns angefreundet (soweit dies im Rahmen einer Arzt-Patient-Beziehung möglich war). Als er hörte, dass wir vorübergehend etwas mieten wollten, wo ich mich erholen konnte, bot er uns einen ungenutzten Teil seines Hauses an. Wir nahmen sein Angebot nicht wirklich ernst, also ignorierten wir es einfach.

Am Ende unseres einmonatigen Aufenthalts in L.A., am Abend vor unserem Rückflug nach New York, lud er uns und unsere Kinder zum Abendessen und zum Spielen in sein weitläufiges Haus ein, das am Rand einer Klippe stand. Dort erst wurde uns klar, dass er sein Angebot, einen Teil des Hauses bewohnen zu können, ernst gemeint hatte. Unsere Kinder spielten mit Marienkäfern und setzten Puzzles mit Motiven verschiedener Teile des menschlichen Körpers zusammen, die Erwachsenen aßen Käse, Muscheln, Pasta und Eis und tranken etwas zusammen. Es war ein schöner Abend, der mich darin bestärkte, dass wir unter anderen Umständen gute Freunde gewesen wären. Am Ende des Abends, als wir uns verabschiedeten, stand ich David gegenüber, dem Mann, der den mörderischen Tumor gesehen und entfernt hatte, welcher in mir gewütet hatte, und blickte einer ungewissen und angsterregenden Zukunft entgegen. Ich versuchte, die richtigen Worte zu finden, um ihm zu sagen, wie dankbar ich ihm war. Aber wie bedankt man sich bei dem Menschen, der dich von innen gesehen und dir dein Leben gerettet hat? Ist das überhaupt möglich? Mir kamen keine Worte über die Lippen. Ich machte eine hilflose Geste mit der Hand, die so etwas wie „Danke" bedeuten sollte, und dann brach ich in Tränen aus. Wir umarmten uns und er weinte auch. Dann sah er mich an und sagte: „Alles wird gut."

Mein chinesischer Nachname bedeutet Blatt. Die Chinesen lieben ihre idiomatischen Ausdrücke. Vier Silben können eine hintergründige und tiefe Bedeutung haben. Ein Sprichwort assoziiere ich besonders mit meiner Zeit in Los Angeles, sowohl mit den Tagen in der Uniklinik als auch mit den Wochen danach. Es lautet: „Ein heruntergefallenes Blatt kehrt immer zu seinen Wurzeln zurück." Ich war damals unbestreitbar ein heruntergefallenes Blatt, und ich war an den Ort zurückgekehrt, an dem ich aufgewachsen war, wo noch so viele Mitglieder meiner Familie und viele Freunde lebten, wo wir neue Freundschaften geschlossen hatten, wo Josh, unsere Mädchen und ich liebend und schützend aufgenommen worden waren und wo für mich der Prozess der Wiedergeburt in ein neues Leben begonnen hatte. Meine Eltern pendelten zwischen ihrem Haus und der Klinik und später unserem gemieteten Ferienhaus hin und her und brachten uns Essen und unsere gewaschene Wäsche, Ladegeräte, Toilettenartikel und was auch immer wir benötigten.

Cousine N. und ihr Mann stellten Josh in ihrer nahe der Klinik gelegenen Wohnung ein Bett und eine Dusche zur Verfügung, damit er sich an einem angenehmeren Ort frisch machen konnte als in meinem Krankenhausbad.

Unsere Familie und unsere Freunde trafen sich mit meinen Töchtern zum Spielen oder zu anderen Spaß machenden und ablenkenden Aktivitäten. Tante und Onkel Nummer drei besuchten mich im Krankenhaus und mussten sich Schutzmasken und –anzüge anlegen, bevor sie mein Zimmer betreten durften (es war in der Zeit, als ich noch auf Clostridioides difficile getestet wurde und Vorsichtsmaßnahmen ergriffen werden mussten, um eine Verbreitung jedweder Bakterien zu vermeiden). Tante und Onkel Nummer fünf nahmen nach ihrer Arbeit die lange Fahrt von der Ostseite der Stadt auf sich, um mich zu besuchen. Andere Tanten und Onkel, mit denen ich seit Jahren nicht gesprochen hatte, kamen zu mir, um mir zu sagen, dass sie mich liebten. Ja, die Chinesen, die mich besuchten, sagten mir tatsächlich, dass sie mich liebten, was mich beinahe so umhaute wie die Nachricht, dass ich Krebs hatte. Um mir ihre wahre Liebe zu bekunden, bereiteten sie mir ein Festmahl nach dem anderen zu, um mich wieder aufzupäppeln. Meine Familie und unsere Freunde richteten eine große Feier für Belle und mich aus, um Belles zweiten Geburtstag zu feiern, und für mich war es eine Feier des Lebens. Zu der Feier reisten Familienmitglieder und Freunde an, die während verschiedener Abschnitte meines Lebens eine Rolle für mich gespielt hatten. Einige nahmen Tausende Kilometer lange Anreisen in Kauf, um dabei zu sein.

Obwohl die Zeit, in der ich meine Diagnose erhielt, in vielerlei Hinsicht ein Albtraum war, war sie für mich letzten Endes jedoch eine Geschichte der Liebe zwischen mir und all denen, die kamen, um mich zu unterstützen. In den Momenten, in denen mich dieser schwer fassbare Glaube überkam, war ich davon überzeugt, dass die Hand Gottes mich nach Los Angeles geführt hatte, damit ich diese Art magischer und einzigartiger Liebe erleben konnte. Es ist eine Liebe, die ich nie zuvor erlebt hatte und der, so wage ich zu sagen, selbst viele von denen, die etliche Jahre länger gelebt haben als ich, nie begegnet sind oder nie begegnen werden. Traurigerweise tritt diese Art von Liebe nur dann zutage, wenn ein Leben in Gefahr ist, wenn alle sich für einige Minuten, Stunden, Tage oder Wochen einig sind und verstehen, was im Leben wirklich wichtig ist. Doch so kurzlebig diese Art der Liebe auch sein mag, die Magie, Intensität und Kraft, die ihr innewohnt, kann selbst die

Zynischsten unter uns aufbauen und aufrechterhalten, solange wir zulassen, dass diese Liebe in unserer Erinnerung weiter leuchtet. Diese Krankheit mag mich an das Ende meiner Tage auf dieser Erde bringen, aber der Gedanke daran, wie der Krebs in mein Leben getreten ist, wird mich jeden Tag daran erinnern, dass mir zwar die Unbeschwertheit und das Glück meines alten Lebens genommen wurden, mir aber zugleich echte menschliche Liebe geschenkt wurde. Sie ist zu einem Teil meiner Seele geworden und ich werde sie für immer mitnehmen.

19
Schicksal und Glück

Als ich erfuhr, dass meine Eltern und Großeltern versucht hatten, mich zu töten, ließ das nicht nur tausend verschiedene flüchtige Gefühle in mir hochkommen. Es sorgte auch dafür, dass ich mir jene großen Gedanken machte und mir jene grundlegenden, das Hirn zermarternden Fragen stellte, über die Theologen und Philosophen schon seit Jahrtausenden nachdenken. Aber anders als die nackten, aufwühlenden Emotionen, die durch meinen Körper rauschten, waren mir diese Gedanken und Fragen intellektueller Natur zum Glück überwiegend auf tröstliche Weise vertraut und wirkten beruhigend. Denn auf die eine oder andere Art hatte ich mir genau diese Fragen gestellt, seitdem ich ein kleines Mädchen gewesen war.

Von dem Moment an, in dem ich imstande war, etwas komplexer zu denken und mir dessen bewusst wurde, dass ich anders und zwar nicht unbedingt im positiven Sinne war, erstellte ich eine Liste mit Fragen. Je älter ich wurde, desto länger wurde die Liste und desto tiefsinniger wurden die Fragen. Es war eine Liste mit Fragen an die buddhistischen Götter und an die lokalen chinesischen Heiligen, die ich in meiner Kindheit kennengelernt hatte, an meine Vorfahren, die genauso gut Götter gewesen sein könnten, an den Gott der Christen, an den, wie es schien, alle US-Amerikaner glaubten, zumindest demzufolge, was das Fernsehen herüberbrachte, und an jedes andere Wesen, das es da draußen geben mochte. Ich muss sechs oder sieben Jahre alt gewesen sein, als ich diese Liste zu erstellen begann. Jahrelang starrte ich in Nächten, in denen ich nicht schlafen konnte und frustriert war, an die Decke und präsentierte meine Liste.

Buddha, Meeresgöttin, Ururgroßvater, Gott, allmächtiges und wissendes Wesen, wenn einer von euch Zeit hat, mir zuzuhören, könnt ihr mir dann bitte einige Fragen beantworten? Ich muss das verstehen.

Warum wurde ich blind geboren?

Warum konnte ich nicht in diesem Land auf die Welt kommen, in dem die Ärzte mein Sehleiden mit einem Fingerschnippen geheilt hätten?

Warum sind wir nicht früher in den USA gelandet? Denn wenn ich früher operiert worden wäre, hätte das meine Sehfähigkeit verbessert?

Warum musste ich von all den Körpern auf dieser Welt, in die ich hätte hineingeboren werden können, ausgerechnet in diesem Körper mit den defekten Augen landen?

Gibt es einen Grund dafür, warum ich in diesem Körper geboren wurde, in einem armen Land und zu einer turbulenten Zeit? Liegt dem eine höhere Absicht zugrunde? Denn wenn das so wäre, könnte ich mit meinen defekten Augen und meinem Schmerz viel leichter zurechtkommen.

Worin besteht diese höhere Absicht?

Was wird als Nächstes in meinem Leben kommen? Was hält die Zukunft für mich bereit? Was soll ich tun?

Nachdem meine Mutter mir erzählt hatte, was sie getan hatte, stellte ich all diese Fragen erneut und fügte eine weitere ganz oben auf meiner Liste hinzu:

Warum habe ich weitergelebt, obwohl ich um ein Haar gestorben wäre?

Nach jeder Frage, die ich stellte, hielt ich inne und lauschte angestrengt auf eine Antwort oder hielt nach einem Zeichen Ausschau, das eine Antwort sein könnte. Ich erhielt nie eine Antwort, nicht mit acht, nicht mit achtzehn und nicht mit achtundzwanzig. Ohne Antworten wurden aus meinen Fragen innere Grübeleien, die sich im Laufe der Jahre zu metaphysischen Gesprächen entwickelten, die ausschließlich in meinem Kopf stattfanden. Doch anstelle von Antworten brachten sie weitere Fragen hervor.

Na gut, vielleicht war es alles ein Zufall. Vielleicht gibt es keinen Grund für all das, und ich sollte glücklich und dankbar sein, dass die Dinge in meinem Leben sich nun einmal so ereignet haben, wie es tatsächlich war.

Aber wie kann all dies, diese ganze Welt, unsere komplizierten verschlungenen Leben, ein gigantischer Zufall sein? Wie kann es sein, dass Menschen an schweren Krankheiten leiden und grundlos sterben? Wie kann es sein, dass Leiden und Tod einfach nur eine Folge von Pech sind?

Nein, es musste einen tieferen Sinn hinter all dem geben. Es musste für mich und für jeden einen Plan geben, der von einem Gott oder den Göttern, unseren Vorfahren, dem Universum oder von irgendjemandem oder irgendetwas in Gang gesetzt wurde. Und vielleicht bleibt uns letzten Endes nichts anderes übrig, als einfach nur zu leben und die bestmöglichen Entscheidungen zu treffen, und alles wird gut …

Aber das ist inakzeptabel! Soll ich, sollen wir vielleicht einfach nur orientierungslos durchs Leben treiben und darauf hoffen, dass es irgendeinen Plan für uns gibt und dass, egal, was wir tun, am Ende schon alles gut gehen wird? Woher soll ich wissen, was die besten Entscheidungen sind? Woher soll ich wissen, wie der Plan aussieht? Und wenn es wirklich einen Plan und einen Grund für all die furchbaren Dinge gibt, die uns auf dieser Welt widerfahren, und alles vorherbestimmt ist, was macht es dann für einen Sinn, überhaupt irgendetwas zu tun? Denn in dem Fall wären der eigene Wille und freie Entscheidungen ja vollkommen bedeutungslos. Warum sollten wir etwas tun, um die grausamen Dinge weniger grausam zu machen?

Ich fing an, überall nach Antworten zu suchen. Ich muss ungefähr zwölf gewesen sein, als wir eine Gratisausgabe von *Mysteries of the Unknown* bekamen, da mein Bruder oder meine Schwester die Zeitschrift *Time* abonniert hatten. *Mysteries of the Unknown* war eine Reihe von Büchern, die sich mit merkwürdigen und unerklärten Phänomenen wie UFOs, Geistern und Zauberei befassten, doch in dem Buch, das wir bekommen hatten, ging es um übernatürliche Kräfte. Etliche Seiten waren der Kunst des Handlesens gewidmet und zeigten unterschiedlich geformte Handflächen mit unterschiedlichen Linienmustern. Ich war fasziniert und die Vorstellung, dass der Charakter eines Menschen und seine Zukunft aus den Linien seiner Hand gelesen werden konnten, beruhigte mich, denn das würde ja bedeuten, dass es einen festgelegten Plan gibt und wir nicht in diesem Universum mit seinen erschreckend vielen unbegrenzten Möglichkeiten herumtaumeln müssen. Ich sah fasziniert Menschen zu, die behaupteten, über übernatürliche Kräfte zu verfügen, und in Sendungen wie *Donahue, Geraldo, The Sally Jessy Raphael Show* und *Larry King Live* im Fernsehen auftraten, Leuten, die durch Handlesen, das Legen von Tarotkarten oder das Lesen in Teeblättern die Zukunft vorhersagen konnten. Leuten, die die Auren der Lebenden lesen oder mit den vorherwissenden Geistern der Toten reden konnten. Vielleicht waren diese Leute imstande, all meine Fragen zu beantworten oder mich mit Wesen in Verbindung zu bringen, die es konnten.

Obwohl ich wusste, dass sich in diesem Umfeld viele Hochstapler tummelten, die die Argumente der Skeptiker befeuerten, fiel es mir nicht schwer zu glauben, dass es tatsächlich Menschen mit hellseherischen Fähigkeiten gab, denn ich war in einer Familienkultur großgeworden, in der ein wenig von der buddhistischen Religion und jede Menge Volksreligion praktiziert wurde, in der wiederum eine gesunde Portion Ahnenkult und altmodischer Aberglaube vorkam. Als ich in Südkalifornien aufwuchs, war die Welt der Wahrsager, Geister und Gespenster und all der unsichtbaren Dinge, die sich in einer übernatürlichen Dimension bewegen, für mich durchaus real, und durch die Geschichten, die meine Mutter uns von unserem Heimatland erzählte, und durch die Rituale unseres Alltagslebens Teil meiner Lebenserfahrung. Durch unser Haus in Tam Ky sollen Geister gestreift sein, die mitten in der Nacht das Geschirr abgewaschen und die Fußböden sauber gemacht haben. Die Frau, die auf den Straßen von Tam Ky Tabak verkaufte (die mit dem Kräuterheiler aus Da Nang verheiratet war) und der Geist ihres verstorbenen Großvaters, der auf diese Welt zurückkehrte, indem er von dem Körper eines Teenagers Besitz ergriff, um den Lebenden Hilfe zu leisten, waren in meiner Familie gefeierte Charaktere. Immer wieder wurde von ihnen erzählt. Immerhin war es auch jener großväterliche Geist gewesen, der uns gesagt hatte, wann wir Vietnam verlassen mussten. „Nach eurem Boot werden keine weiteren Boote mehr fahren. Wenn ihr dieses Boot verpasst, werdet ihr eure Chance für lange Zeit vertan haben, vielleicht sogar für immer", warnte er meine Großmutter väterlicherseits, und dabei wurde der Körper seines Gastgebers von einem unirdischen Zittern erfasst. Die Eltern meiner Mutter und all ihre Geschwister sollten das Land mit einem Boot verlassen, das nur wenige Wochen nach unserer Abreise abfahren sollte, aber dieses Boot legte nie ab. Daraufhin fragte meine Großmutter mütterlicherseits den großväterlichen Geist, wann sie Vietnam würden verlassen können. „In zehn Jahren", lautete seine Antwort. Genau zehn Jahre später sah ich die Eltern meiner Mutter und all ihre Geschwister am Los Angeles International Airport wieder.

Meine Familie war nicht damit gesegnet, dass die Geister unserer wohlwollenden Ahnen in menschlicher Gestalt zu uns zurückkehrten, aber wir suchten dennoch ihre Hilfe. Zu unseren Familienritualen gehörten häufig Opfergaben und Gebete an unsere Vorfahren, an unsere vor langer Zeit verstorbenen Urgroßeltern und Ururgroßeltern, die für uns durch ihren Tod mit ihrer Allwissenheit und Allmacht zu einer Art Götter geworden waren. Am ersten und fünfzehnten eines jeden Mondmonats, am Tag des chinesischen Neujahrsfests und am Totentag, dem Tag, an dem der Toten gedacht wird, richtete meine Mutter im Eingangsbereich unseres Hauses einen von Kerzen erleuchteten Tisch her, auf dem sie Früchte, Fisch, Hühnchen, Schweinefleisch, Reis, Tee und Wein bereitstellte. Inmitten der Gaben brannten Weihrauchbündel, deren aromatischer Duft die buddhistischen Götter und die Geister unserer Ahnen einladen sollte, sich an dem Mahl gütlich zu tun und unsere Gebete zu erhören. Wir versuchten auch, die materiellen Wünsche unserer Vorfahren nach Reichtümern zu erfüllen, die sie sich zu ihren Lebzeiten nicht hatten erfüllen können. An den Todestagen derjenigen Vorfahren von uns, die uns am nächsten gestanden hatten – meine Urgroßmutter und später meine Großmutter – und am Totentag warfen wir jede Menge glitzerndes Goldpapier – Geld im Jenseits – zusammen mit aus Papier gefertigten roten Villen, blauen Mercedes-Limousinen, kräftig aussehenden Dienern und maßgeschneiderter Kleidung in einen flammenspeienden Metallbehälter. Innerhalb von Sekunden verwandelten die Flammen unsere Gaben in schwarze Asche und es stiegen dunkle Rauchschwaden in den Himmel auf, die die Reichtümer zu unseren Lieben trugen.

„Bitte um das, wonach auch immer dein Herz begehrt, und wenn du den Göttern und unseren Vorfahren Respekt zollst und sie in Ehren hältst, werden sie dich erhören", brachte meine Mutter mir bei. Ich folgte ihrem Beispiel, stellte mich hinter den Gabentisch, hielt ein oder drei oder fünf Weihrauch-Räucherstäbchen (niemals eine gerade Zahl, das brachte Unglück) in der Hand, schloss fest die Augen, dankte den Göttern und meinen Vorfahren für die Güte, die sie uns erwiesen hatten, und dann bat ich sie um große und kleine Dinge: Gesundheit für alle Mitglieder meiner Familie, viel Geld zum nächsten chinesischen Neujahrsfest, glatte Einsen in meinem nächsten Zeugnis, normales Sehvermögen … und meistens bekam ich, was ich mir gewünscht hatte.

Die Götter und unsere Vorfahren waren in unserem Haus allgegenwärtig. Wir spürten die Augen der Buddha-Statuen und unserer Vorfahren und fühlten uns von ihnen getröstet. Wir hielten die Erinnerungen an unsere Ahnen in Form von staubigen, gerahmten Schwarz-Weiß-Fotos fest, von denen wir einige aus unserer alten Heimat mitgebracht hatten. Sie beobachteten uns von ihren erhöhten Plätzen auf dem Familienaltar auf dem Kaminsims oder auf einer extra geschaffenen Fläche, auf der rote, spitz zulaufende Glühbirnen, die echte Kerzen imitieren sollten, permanent brannten und immer Weihrauchstäbchen glommen. Die Decke darüber war bereits braun davon. Nachdem meine Großmutter gestorben war, konnten wir ihre Anwesenheit bei jedem nächtlichen Knarren im Haus, bei jeder Bewegung einer Tür, die niemand von uns berührt hatte, und bei jedem Flackern eines Lichts spüren. „Da geht Großmutter", sagten wir dann. Während der ersten sechs Monate nach dem Tod meiner Großmutter, als ihr Geist allmählich in die nächste Welt übersiedelte und bevor sie ihren Platz auf dem Familienaltar fand, ließen wir ihren Platz am Abendbrottisch frei, damit sie mit uns essen konnte. Auf dem Tisch vor ihrem scheinbar freien Stuhl stand eine mit Reis gefüllte Schale, und inmitten des weißen Bergs steckten aufrecht ihre Essstäbchen. Als unsere Trauer nach ihrem Tod noch ganz frisch war, achteten wir darauf, uns nicht auf ihren Platz zu setzen, aber als die Monate vergingen und die andere Welt immer stärker nach ihr rief, vergaßen wir es manchmal, und Lyna, Mau, eine unserer Cousinen oder ich setzten uns zum Abendessen auf ihren Platz. „Setzt euch nicht auf Großmutter!", rief dann sofort jemand, woraufhin der Missetäter oder die Missetäterin mit schlechtem Gewissen von ihrem Stuhl aufsprang.

Obwohl ich das Gefühl hatte, dass wir uns so sehr bemühten, unsere Ahnen zufriedenzustellen, und wir mit ihnen sprachen, damit sie uns erhören mochten, schienen sie nie mit uns zu sprechen oder uns auf die Weise, wie ich es wollte, den Weg zu weisen, so wie der großväterliche Geist vor Jahren meiner Großmutter und meiner Mutter den Weg gewiesen hatte. Wo war das Pendant dieses großväterlichen Geistes für mich? Auch ich brauchte Antworten auf meine Fragen.

Meine Verwirrung und meine Enttäuschung über die Götter, die Heiligen und die Geister meiner Kindheit nahm zu, je älter ich wurde, insbesondere, nachdem ich von zu Hause auszog und aufs College ging. Zu Beginn meiner Jahre auf dem College vermisste ich sie dennoch, diese unsichtbaren, niemals reagierenden Wesen, mit denen ich siebzehn Jahre lang zusammengelebt hatte. Manchmal fühlte ich mich in meiner neuen kühl und angelsächsisch angehauchten viertausendachthundert Kilometer vom immer warmen

Südkalifornien entfernten Umgebung verlassen und sehnte mich nach den Annehmlichkeiten meines Zuhauses, wozu auch die rituellen Opfergaben und die Gebete gehörten, die ich immer als einen selbstverständlichen Bestandteil meines Alltags angesehen hatte. In meiner idyllischen kleinen College-Stadt in den Bergen im Westen Massachusetts gab es eine kongregationalistische Kirche, die sich in einem zweihundert Jahre alten weißen Kolonialgebäude befand, und eine Episkopalkirche in einem noch älteren gotischen Gebäude, das mitten auf dem Campus stand. Dahinter erstreckte sich erst die Kulisse der in spektakulären Rot-, Orange- und Gelbtönen leuchtenden Herbstfärbung der Blätter, was ich noch nie gesehen hatte, und dann die Szenerie der in blendend weißen Schnee getauchten Landschaft meines ersten Winters in Neuengland. All das führte dazu, dass ich mich ein wenig deplatziert fühlte. Es gab weit und breit kein einziges Paar Essstäbchen und keine einzige Buddha-Statue, außer im Fall der Buddha-Statue vielleicht eine, die in einem der zehn Millionen Bücher der College-Bibliothek in der Ostasien-Abteilung verborgen war.

Am Anfang versuchte ich die Rituale, die ich von zu Hause kannte, in meinem Zimmer durchzuführen. Allerdings in einem sehr viel bescheideneren, unscheinbareren Ausmaß. Ich stellte ein kleines mit ungekochten Reiskörnern gefülltes Gefäß auf die Fensterbank meines Fensters, von dem aus man auf ein Backsteingebäude blickte, an dessen Außenmauern Efeu hochrankte. Das Gefäß mit dem Reis stand neben einem gregorianischen Tisch-Mondkalender, der mich in chinesischen Schriftzeichen an die Tage erinnerte, an denen ich mit den Göttern und meinen Ahnen sprechen musste. Wenn meine Mitbewohnerin an diesen Tagen nicht da war, zündete ich ganz mechanisch ein oder drei oder fünf Weihrauch-Räucherstäbchen an und stellte sie in das Gefäß mit dem Reis, so, wie wir es zu Hause getan hatten. Doch mir wurde bewusst, dass meine Mutter mir nie beigebracht hatte, wie ich die Rituale alleine durchzuführen hatte, um ebenfalls mit den Göttern und unseren Vorfahren in Verbindung treten zu können, wenn sie nicht anwesend war. Was sollte ich sagen, um die Wesen auf mich aufmerksam zu machen? Wie sollte ich sie ansprechen? Ich fühlte mich wie eine Schwindlerin, wenn ich auf klägliche Weise versuchte, so zu tun, als wäre ich eine Buddhistin, Ahnenverehrerin, Praktizierende einer Volksreligion oder was auch immer.

Ich war nie auf die Idee gekommen, meine Mutter zu fragen, was die Philosophie hinter all diesen Ritualen war. Warum machten wir uns die

Mühe mit all diesen Opfergaben und dem Beten? Was war die Quelle ihres Glaubens an diese unsichtbaren Götter und Geister? Wahrscheinlich habe ich sie nicht gefragt, weil ich das Gefühl hatte, dass sie die Antworten auf diese Fragen selbst nicht kannte. Sie wusste nicht mehr von den Lehren Buddhas als ich. Sie praktizierte die Rituale, weil sie gesehen hatte, wie ihre Mutter sie praktiziert hatte, und ihre Mutter hatte gesehen, wie *ihre* Mutter sie praktiziert hatte. Es waren nicht hinterfragte Familientraditionen, die in unserer alten Heimat von einer Generation zur nächsten weitergegeben worden waren und dort von jeder Familie auf die gleiche Weise durchgeführt wurden. Dass ich an diesen alten Traditionen festhielt, während ich dieses geisteswissenschaftliche, anfangs so fremdartig empfundene College besuchte, an das ich mich jedoch von Tag zu Tag mehr gewöhnte und auf dem ich zum Denken, zum Hinterfragen und, wenn ich so dachte, zum Nichthinnehmen ermutigt wurde, fühlte sich leer an, selbst wenn ich die Rituale nur so abgeschwächt durchführte. Nach dem ersten Semester hörte ich auf, meine Gebetsrituale regelmäßig zu praktizieren, aber ich hörte nicht auf, meine Liste der unbeantworteten Fragen jedem Wesen zu präsentieren, das mir womöglich zuhörte.

Mit jenem neuen Gefühl der Freiheit und der unbegrenzten Möglichkeiten bewaffnet, das mit dem Studentenleben einhergeht, und nicht zu vergessen meinem in einem Studentenjob hart verdienten Geld und einer eigenen Kreditkarte in der Tasche, begann ich während meines zweiten Studienjahres an einem Herbstabend unbewusst nach einem Pendant des großväterlichen Geistes für mich zu suchen. In unserem Collegestädtchen, in dem man an einem Samstagabend nicht viel mehr unternehmen konnte als zu trinken, wurden meine Freundin Sue und ich aus Langeweile Opfer der Überzeugungskraft jahrelanger Berieselung durch spätabendliche Werbespots im Fernsehen und riefen bei der Psychic Hotline an. „Komm schon, Sue. Das wird bestimmt lustig", drängte ich meine Freundin. Sue und ich wussten, dass das Ganze mit sehr großer Wahrscheinlichkeit nichts als irgendein esoterischer Unfug war, doch im Stillen und gegen alle Vernunft hoffte ich, dass wir doch auf einen echten Seher stoßen würden, und Sue musste genauso gedacht haben, denn sie willigte ein.

Ich tippte auf den winzigen weißen Tasten meines leuchtend blauen Plastiktelefons die in den Werbespots angepriesene Nummer 976 ein. Das Telefon sah eher wie ein Spielzeug aus, mit dem eine meiner kleinen Cousinen spielen würde, als etwas, das als Brücke zu den telepathischen Mächten des Universums dienen könnte. Eine Computerstimme forderte mich auf, meine Kreditkartennummer einzugeben. Ich tippte sie ein. Dann klickte es.

„Danke, dass Sie die Psychic Hotline anrufen, wo alle Geheimnisse enthüllt werden, die die Zukunft für Sie bereithält", sagte der Typ am anderen Ende der Leitung. Er klang, als wäre er im Halbschlaf oder völlig bedröhnt. Schon in dem Augenblick wusste ich, dass das Ganze ein Schuss in den Ofen war. Als er mir dann erzählte, dass er, basierend auf meiner Aura, sehe, dass ich innerhalb des nächsten Jahres schwanger werden würde, wenn ich es nicht schon sei, verdrehte ich die Augen und reichte das Telefon wortlos an Sue weiter. Sie beendete die Verbindung, nachdem der Typ ihr mitgeteilt hatte, sie habe eine nach hinten gekippte Gebärmutter, was der Grund dafür sei, dass sie jeden Monat unter Unterleibskrämpfen leide. Wir schütteln uns noch heute vor Lachen, wenn wir an diese idiotische Verschwendung von zwanzig Dollar denken.

Doch die Erfahrung mit der Psychic Hotline hatte uns nicht abgeschreckt. Während der Frühjahrsferien in jenem Studienjahr, die Sue und ich in L.A. verbrachten, ließen wir uns auf der Melrose Avenue in einen winzigen Laden locken, in dessen Schaufenster die pinkfarbene Neonbotschaft HANDLESEN 5 DOLLAR blinkte. Die Zigeunerin in dem Laden – zumindest war sie wie eine Zigeunerin gekleidet – blickte in eine Kristallkugel und sagte mit transsylvanischem Akzent voraus, dass ich innerhalb von sechs Monaten meine wahre Liebe finden würde (was nicht passierte) und dass Sue es zu großem beruflichen Erfolg bringen würde, wobei die Frau sich nicht näher festlegen konnte, wie und wo das geschehen sollte. Nach dieser Erfahrung konsultierte Sue keine angeblichen Hellseher mehr mit mir, und ich suchte alleine weiter.

Nach der Psychic Hotline und der Handleserin an der Melrose Avenue konsultierte ich während meines dritten Studienjahrs, das ich im westlichen China verbrachte, einen handlesenden buddhistischen Mönch aus Tibet. Er verkündete mir, dass ich unglaublich intelligent sei. Nach ihm kam der handlesende Fischer, auf den ich am Jangtsekiang stieß und der mir vorhersagte, dass ich ein langes, von Erfolg gekröntes Leben haben werde. Als Nächstes war ich in Taipeh bei einem chinesischen Astrologen, der nichts Erinnerungswürdiges sagte. Danach kam der türkische Teeblätterleser aus Sierra Madre in Kalifornien, der mir verkündete, dass ich im nächsten Urlaub viel Spaß haben werde. Und dann war da natürlich der Hellseher Mark aus

New York City, der Aura- und Handleser auf der alkoholgeschwängerten Betriebsfeier im Rainbow Room, der ebenfalls sagte, dass ich intelligent sei.

Doch neben diesen zahlreichen nicht gerade bemerkenswerten, wenn nicht gar absolut schlechten Handlesern mit ihren dürftigen Beobachtungsgaben gab es eine Frau, die ich nicht vergessen werde, und zwar nicht, weil sie meine Zukunft vorhersehen, sondern weil sie in meine Vergangenheit blicken konnte.

Sie war eine Handleserin. Ich traf sie fünf Jahre bevor meine Mutter mir gestand, was sie und die anderen mir hatten antun wollen. Nachdem ich die Wahrheit erfahren hatte, kamen mir die Worte dieser Frau wieder in den Sinn. Es war fast so, als ob sie es vor mir gewusst hätte.

Wir trafen uns in ihrer Hochhauswohnung auf der East Side von Midtown Manhattan. Tageslicht fiel durch die riesigen Fenster, durch die man auf die Third Avenue hinunterblickte. Die Wohnung sah nicht so aus, wie ich es erwartet hätte. Es gab keine Kerzen, keine in roten Samt gehüllten Stühle oder Sofas, keinen Plastikperlenvorhang in der Tür zwischen ihrem Wohnzimmer und ihrem Heiligtum, keine Tischdecken und Kissen mit goldenen Fransen, keine Kristallkugel. Stattdessen war die Wohnung in hellbraunen Farben und Brauntönen gehalten, hier und da sorgten sorgfältig aufeinander abgestimmte Farbtupfer in den Dekokissen auf dem Sofa und auf den üppigen Teppichen für Akzente. Ich hätte nichts dagegen gehabt, in so einer Wohnung zu leben. Die Frau selbst war wie eine Erweiterung ihrer Wohnung. Mit ihrer cremefarbenen Hose, dem weißen Pullover und ihrem frischen, kaum geschminkten Gesicht sah diese Frau mittleren Alters in meinen Augen nicht wie jemand aus, der etwas sehen konnte, was wir anderen nicht sehen konnten.

Eigentlich hatte ich ihre Wohnung aufgesucht, weil ich die Frau für eine große Party engagieren wollte, die meine Mitbewohnerinnen und ich am darauffolgenden Wochenende schmeißen wollten. Im Rahmen unserer Entschlossenheit, unsere sorglosen New Yorker Jahre nach dem College, die so nie wiederkommen würden, in vollen Zügen zu genießen, hatten wir beschlossen, jeden, der uns einfiel, in unsere fünfundsechzig Quadratmeter große Dreizimmerwohnung an der Upper East Side zu einer unvergesslichen Party einzuladen. Ich hatte vorgeschlagen, eine Wahrsagerin kommen zu lassen, um die Party zu einem wirklich unvergesslichen Event zu machen. Meine Mitbewohnerinnen waren von meinem Vorschlag begeistert, also hatte ich den Auftrag bekommen, eine Wahrsagerin aufzutun. Letztendlich gefiel mir vor allem der Preis, den die Frau mir am Telefon genannt hatte. Ich war in ihre Wohnung gekommen, weil ich sie persönlich kennenlernen und mich vergewissern wollte, dass bei ihr auch alles mit rechten Dingen zuging – oder dass sie uns zumindest nicht alle ermorden würde. Und ganz vielleicht, dachte ich, würde ich es mir auch erlauben, das Versuchskaninchen zu spielen, um zu sehen, ob sie – auch wenn das unwahrscheinlich war – tatsächlich etwas drauf hatte.

Nachdem wir die logistischen Fragen wegen der Party besprochen hatten, willigte sie ein, für fünfundzwanzig Dollar eine halbe Stunde lang meine Hand zu lesen. Das war ein angemessener Preis, und sie legte auch nicht diese unangenehme Gier an den Tag, die darauf hingedeutet hätte, dass sie dringend auf das Geld angewiesen war. Das gefiel mir. Ich war verhalten optimistisch.

Wir setzten uns einander gegenüber an einen kleinen Rauchglastisch. Sie schaltete die Lampe neben uns an, die so hell leuchtete, dass sie, wie ich im Stillen dachte, auch die dunkelsten Geheimnisse enthüllen müsste. Dann setzte sie ihre rahmenlose Lesebrille auf, ließ das Brillenetui mit einem Knall zuschnappen und streckte mir ihre Hände entgegen, die Handflächen nach oben gerichtet.

„Jetzt muss ich Ihre beiden Handflächen sehen", sagte sie.

Ich tat es ihr gleich, streckte meine Arme so weit aus, dass meine Handflächen in der Mitte zwischen uns auf dem Tisch lagen und deren unzählige Linien uns beide anstarrten.

„Bei einer Frau verrät die rechte Handfläche die Wahrheit über ihr Leben, das sie jetzt lebt, während ihre linke Handfläche Hinweise darauf gibt, wie ihr Leben hätte verlaufen können, wenn ihr alternatives Schicksal eingetreten wäre."

Nun, das war mir neu, und es war eine faszinierende Vorstellung, falls es stimmte.

Ihre kühlen Hände waren neben meinen ganz weiß, ihre grünlich schimmernden Venen waren ausgeprägt, ihre Fingernägel gepflegte Ovale, die mit Klarlack lackiert waren. Sie fuhr mit den Fingerspitzen die Linien einer meiner Handflächen entlang und dehnte die Finger meiner beiden Hände weiter nach hinten, als ich es für möglich gehalten hätte. Dabei senkte sie den Kopf noch einige Zentimeter weiter herab, um auch die winzigsten

Linien erkennen zu können. Nach scheinbar endlosen Minuten der Stille, in der nur mein Atmen zu hören war, blickte sie zu mir auf.

„Tja, Ihre Handflächen sind sehr interessant", sagte sie, bewusst mit Bedacht.

Klar, das ist doch nur Hinhaltetaktik, damit du mehr Zeit hast, dir irgendwas Großartiges auszudenken. Jede Wette. Ich hoffe, dass dir zumindest etwas Originelleres einfällt, sonst fühle ich mich (wieder mal) wie ein Trottel, weil ich sinnlos Geld verschwendet habe.

„Der Unterschied zwischen Ihrer rechten und Ihrer linken Handfläche ist sehr groß", fuhr sie fort. „Er ist sogar riesig. In der rechten Handfläche sehe ich ein gutes langes Leben. Sehen Sie, dass Ihre Lebenslinie bis ganz nach unten verläuft und wie tief sie ist?" Sie fuhr mit ihrem rechten Zeigefinger die Linie entlang.

Ja, ich denke, das sehe ich.

Ohne auf eine Antwort zu warten, sprach sie weiter. „Aber jetzt sehen Sie sich die Lebenslinie in Ihrer linken Handfläche an. Sie ist kurz, und da sind viele Linien, die sie schneiden. Diese Handfläche verrät mir, dass Sie in ihrem alternativen Leben stark unter Krankheit, Enttäuschungen und Unzufriedenheit gelitten hätten und früh gestorben wären."

Okay, das ist ja wirklich mal originell.

Sie blickte wieder auf. „Es muss eine tief greifende Veränderung in Ihrem Leben gegeben haben. Irgendetwas muss geschehen sein, das den Lauf, den Ihr Leben genommen hätte, wirklich nachhaltig verändert hat", sagte sie und schien sichtlich fasziniert von der Geschichte, die meine Hände ihr erzählten.

Ich hatte es mir zur Regel gemacht, Wahrsagern nicht auf die Sprünge zu helfen und nur minimale Informationen über mich preiszugeben, aber manchmal benötigten sie etwas Spezifischeres und Konkreteres, um ein wenig den Weg gewiesen zu bekommen.

„Ich habe vor einigen Jahren mein Zuhause verlassen und beschlossen, weit weg von meiner Familie zu leben", verriet ich ihr. Das war schön vage, aber dennoch ein wenig informativ.

Sie schüttelte einmal schnell den Kopf. „Nein, nein. Das mag auch eine Rolle gespielt haben, aber das ist es nicht. Da ist noch was anderes, etwas, das geschehen ist, als Sie noch sehr klein waren." Die Frau wirkte ehrlich verblüfft und beunruhigt. Ich beschloss, mich zu erbarmen und ihr ein bisschen von dem zu erzählen, was mir spontan in den Sinn gekommen war, als sie Krankheit und Enttäuschungen erwähnt hatte.

„Also, ich wurde in Vietnam geboren und bin hierhergekommen, als ich fast vier war. Das hat mein Leben auf jeden Fall dramatisch verändert."

Sie starrte mich auf eine Weise über den Rand ihrer Brille an, die dafür sorgte, dass ich mich leicht unbehaglich fühlte. „Ja, das macht schon mehr Sinn. Aber ich glaube, da ist noch mehr … Es hat mit Ihren Augen zu tun, oder?" Ihre Stimme verstummte, als hätte sie eher mit sich selbst gesprochen als mit mir.

Manche Leute glauben, dass ich nur eine Brille mit dicken Gläsern trage. Meistens komme ich trotz meiner schlechten Sehkraft ganz gut zurecht, beinahe wie jemand, der normal sehen kann. Einigen, die etwas bessere Beobachter sind, fällt allerdings auf, dass meine Pupillen unaufhörlich zittern, und sie ahnen, dass bei mir etwas Gravierenderes vorliegt als eine normale Sehschwäche. Aber wie auch immer, aus Angst, mir zu nahe zu treten, wagt fast niemand, mein Augenproblem anzusprechen oder, noch schlimmer, mich direkt zu fragen, was mit mir los ist. Deshalb ließ die Direktheit dieser Frau mich ein wenig zusammenzucken. Aber diese Direktheit gefiel mir, sie war erfrischend. Und dass sie mein Augenproblem auch noch mit dem in Verbindung brachte, was sie in meinen Handflächen sah, tja, das fand ich doch irgendwie brillant. Deshalb beantwortete ich ihre Frage.

„Ich kam in Vietnam blind zur Welt und wurde erst an den Augen operiert, als ich in die USA kam. Das war ein bisschen spät, deshalb konnte die Operation nur noch begrenzt etwas bewirken. Ich kann mir vorstellen, dass mein Leben ganz anders verlaufen wäre, wenn ich nicht in den USA gelandet wäre."

„Dann können Sie sich glücklich schätzen", stellte die Handleserin fest. Sie sagte das mit einer Gewissheit, als handelte es sich um eine so allseits akzeptierte Gegebenheit wie die Tatsache, dass zwei plus zwei vier ist.

„Ja, ich denke schon. Aber so habe ich, ehrlich gesagt, nicht immer gedacht. Manchmal macht es mir ganz schön zu schaffen, nicht so sehen zu können wie alle anderen, und dann konzentriere ich mich auf all das, was ich nicht tun kann. Das ist richtig nervig." Zu meiner großen Überraschung schnürte es mir die Kehle zu, als ich ihr das gestand. Ich musste aufhören, bevor diese mir völlig fremde Frau es merkte. Manchmal passierte mir das, als ob all die selbstbemitleidenden Emotionen, die ich unterdrückte, an die Oberfläche kommen könnten und mich bloßzustellen drohten.

Aber es ist schon merkwürdig, wie man sich in der Gesellschaft einer völlig fremden Person so behaglich fühlen kann, dass man bereit ist, ihr sehr persönliche Dinge anzuvertrauen. Manchmal braucht man einfach nur jemanden, der einem zuhört. Da ich wusste, dass ich der Frau nie wieder unter vier Augen begegnen würde und sie keine vorgefasste Meinung über mich hatte, fiel es mir leichter, ihr mein Herz auszuschütten.

Sie war geduldig und nett. „Was Ihre Handflächen mir sagen, und was sie Ihnen sagen würden, wenn Sie sie zu lesen wüssten, ist, dass Sie sich darauf konzentrieren sollten, wie weit Sie es seit dem Beginn Ihres Lebens gebracht haben. Freuen Sie sich darüber. Was einigen Menschen nicht bewusst ist, ist, dass die Handlinien eines Menschen sich verändern können und sich auch ständig verändern. Ihre Zukunft ist nicht in Stein gemeißelt. Zu Beginn gibt es viele Dinge, auf die wir keinen Einfluss haben – wo wir geboren werden, wer unsere Eltern sind, ob wir mit einem Augenleiden, einem Ohrenproblem, einem Problem mit den Beinen oder sonst einem Leiden zur Welt kommen –, aber von da an ist es an uns zu entscheiden, was wir aus dem machen, was uns gegeben wurde. Wir treffen unsere eigenen Entscheidungen."

Ich habe mir oft vorgestellt, wie mein Leben auch hätte verlaufen können, wenn in entscheidenden Momenten, die zu dem jeweiligen Zeitpunkt wichtig erschienen sein mochten oder auch nicht, andere Entscheidungen getroffen worden wären, auf die ich keinen Einfluss hatte – Momententscheidungen, die den Lauf meines Lebens für immer bestimmt hätten. Was wäre gewesen, wenn meine Mutter nie diese grünen Pillen geschluckt hätte, von denen sie vermutete, dass sie meine Blindheit verursacht hatten? Was wäre gewesen, wenn die Abfahrt unseres Bootes aus Vietnam nur wenige Wochen später geplant gewesen wäre, wenn wir also zur gleichen Zeit das Land hätten verlassen wollen wie die Eltern meiner Mutter? Was wäre gewesen, wenn meine Mutter meinen Vater nicht geheiratet hätte? Was, wenn der Kräuterheiler bereit gewesen wäre, das Undenkbare zu tun? Es gibt unendlich viele Möglichkeiten, wie dieses andere Leben hätte aussehen können. Aber es gab nur zwei und später drei Szenerien, die mich in meinen Fantasien am meisten heimsuchten.

In Szenario eins wurde ich normal oder in den Vereinigten Staaten geboren oder wäre innerhalb der ersten sechs Monate meines Lebens dort gelandet, sodass meine Augenerkrankung von den US-amerikanischen Ärzten, die für die meisten Menschen der Welt Wundertäter sind, vollständig hätte korrigiert werden können. Ich kann perfekt sehen. Ich kann alles machen: Tennis spielen, Auto fahren, Berge besteigen. Ich bin hübsch und beliebt, weil ich kein Sonderling mit einer Brille mit extrem dicken Gläsern bin, nicht nur Bücher mit extrem großer Schrift lesen kann und keine meiner vielen Leselupen brauche. Szenario eins tat mir weh und bereitete mir wegen all der Dinge, die hätten sein können, Kummer. Nach all diesen Dingen sehnte ich mich, wenn ich wütend oder frustriert war oder mich selbst bemitleidete. Meine Mutter teilte meine Sehnsucht nach dieser perfekten Welt mit mir. Das weiß ich, weil sie, wenn ich ein Zeugnis mit einem Notendurchschnitt von schlechter als Sehr Gut nach Hause brachte oder wenn sie sah, wie ich mich eine Treppe hinunterquälte, nicht anders konnte, als zu sagen: „Es ist so schade. Stell dir nur vor, was du alles hättest machen können, wenn du normal sehen könntest. Wenn die Ärzte es doch bloß geschafft hätten, deinen Sehfehler vollständig zu korrigieren …" Ich konnte darauf nichts erwidern, weil sie recht hatte. Ich konnte mir vorstellen, was ich alles hätte machen können.

In Szenario zwei bin ich alleine, gefangen hinter der blendenden Weiße der Katarakte. Wir haben es nicht geschafft, aus Vietnam rauszukommen. Ich trage jeden Tag alte, ausgeblichene Klamotten mit Löchern, die meine Mutter notdürftig geflickt hat. Sie schlabbern an meinem dürren, schlecht genährten Körper. Ich klammere mich an meiner Mutter fest, denn ich habe keinen Blindenstock. Ich verlasse unser Haus in Tam Ky nie, weil meine Familie Angst hat, dass ich von einem Auto überfahren werde. Ich besuche nie eine Schule, weil niemand in Vietnam Blinde unterrichtet. Szenario zwei machte mich demütig vor Dankbarkeit. Dieses Szenario vergegenwärtigte ich mir, wenn ich versuchte, meine Wut, meine Enttäuschung und mein Selbstmitleid zu überwinden. Meine Mutter erwähnte dieses Szenario nie. Das musste sie auch nicht, denn ich wusste, dass die real existierende Möglichkeit, dass dieses Szenario Wirklichkeit werden würde, ihrem verzweifelten Wunsch zugrunde lag, Vietnam zu verlassen, mehr noch als ihr dringender Wunsch nach wirtschaftlicher und politischer Freiheit. „Wir haben Vietnam verlassen, weil wir deine Augen operieren lassen wollten", pflegte sie zu sagen.

Und fünf Jahre nach meiner Begegnung mit dieser Handleserin, als meine Mutter mir gestand, was sie getan hatte, stellte ich mir Szenario drei vor: Ich sterbe im Alter von zwei Monaten. Szenario drei verletzt mich und macht mich traurig und demütig. Es wird für immer in meiner Seele ruhen. Abgesehen von dem Moment, in dem meine Mutter mir die Wahrheit enthüllte, redet niemand jemals über dieses Szenario, vielleicht, weil es zu einem bestimmten Zeitpunkt beinahe sicher Wirklichkeit geworden wäre.

Nach meiner Begegnung mit der Handleserin, als ich mitten im Leben stand, studierte, arbeitete, in den Urlaub fuhr, mit Freundinnen und Freunden zum Essen ausging, mich mit meinen Cousinen am Telefon über die gewöhnlichen und ungewöhnlichen Ereignisse in unseren Leben austauschte, im Fitnessstudio trainierte, eine Kajaktour in der Antarktis machte und mich verliebte und heiratete, begannen die Worte der Handleserin schließlich in mein stures Gehirn und mein störrisches Herz zu sickern. Das weiß ich, weil ich irgendwo auf dem Weg aufgehört hatte, den Göttern so oft wie früher meine Liste mit den Fragen zu präsentieren. Vielleicht war mein alternatives Leben gar nicht wirklich der schöne und perfekte, aber wehmütige Traum aus Szenario eins, dem ich immer hinterhergetrauert hatte. Vielleicht war mein alternatives Leben eher eins der wahrscheinlicheren tragischen Schicksale der Szenarien zwei und drei, denen ich irgendwie hatte entrinnen können. „Krankheit", „Enttäuschung", „Unzufriedenheit", „ein früher Tod" – so hatte die Handleserin mein alternatives Schicksal beschrieben. Sie können sich glücklich schätzen, hatte sie damals gesagt. Es liegt an uns zu entscheiden, was wir aus dem machen, was uns gegeben wurde. Wir treffen unsere eigenen Entscheidungen, hatte sie gesagt. Ich hatte mir so lange so viele Gedanken gemacht, wollte die Absichten und Gründe durchschauen, die den ach so furchtbaren Umständen meiner Geburt zugrunde lagen, erkennen, was das Schicksal für mich vorgesehen hatte, wollte wissen, was als Nächstes kommen würde, und bei all diesen Grübeleien ignorierte ich die Bedeutung unserer eigenen freien Entscheidungen, die wir treffen können.

Die Handleserin hatte versucht, mich wissen zu lassen, dass meine Handflächen mir, sofern ich nur hinhörte und hinsah, die Geschichte meines Lebens erzählten. Die Geschichte davon, wie weit ich von da, wo mein Leben begonnen hatte, gekommen war, einem Beginn, der von unglücklichen Umständen belastet gewesen war, die sich meinem Einfluss entzogen hatten. Doch sie wollte mich auch wissen lassen, dass zwar in einem gewissen Maße von historischen und familiären Umständen, auf die ich ebenfalls keinen Einfluss gehabt hatte, mitbestimmt worden war, dass ich da gelandet war, wo ich gelandet war, dies jedoch überwiegend ein Resultat meiner eigenen Entscheidungen war. Die Zukunft würde mir mit ihren grenzenlosen Möglichkeiten nicht so überwältigend erscheinen, wenn ich in meinen Handflächen nach der Geschichte meiner Vergangenheit suchte, um Trost zu finden in den guten Entscheidungen, die ich getroffen hatte, und in den harten Lektionen, die ich gelernt hatte. Konnte es sein, dass ich jahrelang erfolglos bei den unsichtbaren Wesen des Himmels nach Antworten auf meine Fragen gesucht hatte, die Antworten jedoch selbst finden konnte, indem ich einfach nur hinabsah auf meine Handflächen und in mich hineinblickte und mich meiner eigenen Vergangenheit zuwandte?

Wie wenig wusste ich damals von den weiteren Entscheidungen, die ich würde treffen müssen, und von den noch härteren Lektionen, die ich würde lernen müssen.

20

Zahlen, eine Neubewertung

Irgendwo ist der Ausgang von allem bekannt – von allem, vom Größten bis hin zum Kleinsten, unsere unbedeutenden Leben eingeschlossen. Mithilfe von Zahlen versuchen wir nur, die Zukunft zu berechnen.

Als ich zu Beginn dieses Umwegs, den meine Krebserkrankung für meinen Lebensweg bedeutete, mit den ernüchternden Statistiken konfrontiert war, ließ ich die Zahlen intuitiv aus reinem Selbsterhaltungstrieb nicht an mich heran und beharrte mir selbst und auch Josh gegenüber darauf, dass ich den Widrigkeiten immer getrotzt hatte und dass es auch diesmal nicht anders sein würde. Ich wusste, dass ich keine Zahl war.

Bisher habe ich Josh als einen unerschütterlichen Anhänger der Wissenschaft, der Studien und der Statistiken auf der einen Seite und mich als eine entschiedene Anhängerin des Glaubens an sich selbst, an höhere Mächte und an alles quantitativ nicht Bestimmbare auf der anderen Seite dargestellt. Während ein weiterer Herbst hereinbricht und ich sechzehn Monate nach meiner Diagnose immer noch lebe, bin ich zu der Einsicht gelangt, dass diese beiden Seiten, die theoretisch zwei gegensätzliche Perspektiven repräsentieren, sich doch nicht so klar und eindeutig widersprechen, wie ich dachte. Möglich, dass Zahlen doch nicht so nichtssagend sind, wie ich dachte, sondern informativ und wertvoll sein können. Aber man muss sie in einem nuancierten Kontext begreifen, den stark vereinfachende Aussagen wie „Du bist keine Zahl" nicht annähernd erfassen.

An einem Dienstag im Oktober 2014 feierten wir unseren siebten Hochzeitstag und es erscheint mir nur recht und billig, etwas über unsere Ehe zu schreiben, um diese angemessen zu würdigen. Ich freue mich, mitteilen zu können, dass der Zustand unserer Ehe stabil und gut ist. Wir streiten weniger, kommunizieren besser miteinander und lieben uns, wenn das überhaupt möglich ist, noch intensiver als vor einem Jahr und mit Sicherheit tausendmal mehr als am Tag unserer Eheschließung. Es mag als ein kurioses Thema für einen Liebesgruß erscheinen, aber ich wollte diesen Hochzeitstag dadurch auszeichnen, unsere langjährige Meinungsverschiedenheit hinsichtlich des Nutzens und der Fehlerhaftigkeit von Statistiken auszuräumen.

Am Abend vor meiner diagnostischen Laparoskopie, als ich mir den Kopf darüber zerbrach, was der nächste Tag bringen und wie meine Zukunft aussehen würde, an dem ich wie immer darüber nachsann, wie meine Chancen wohl standen, meinen Krebs im Stadium IV zu besiegen, als unser Hochzeitstag in meinem Kopf jedoch immer noch an vorderster Stelle stand, fragte ich Josh: „Wie hoch war bei unserer Geburt die Wahrscheinlichkeit, dass wir beide heiraten würden?"

„Null", erwiderte er.

Da Josh und ich aus so unterschiedlichen Welten stammten und nicht nur durch die räumliche Distanz getrennt gewesen waren, sondern auch durch unsere Kultur, den Krieg, die Politik, die Bildung und sogar durch meine Blindheit, habe ich mich oft gewundert, wie wir es geschafft haben, uns zu finden und uns ineinander zu verlieben. Ich habe mir auch oft vorgestellt, was wir in entscheidenden Momenten unseres jeweiligen Lebens gemacht haben, als wir uns noch nicht kannten.

Während er in den relativen Komfort und Luxus eines Lebens in Greenville in South Carolina hineingeboren wurde, in eine provinzielle, vornehme, schickliche Welt mit Südstaatencharme, lebte ich als zehnmonatiges Baby auf der anderen Seite der Erde in einer subtropischen Welt der Monsunregen und Reisfelder, einer Welt, die geprägt war von extremer Armut, ethnischer Verfolgung und wirtschaftlicher Not und in der die Kommunisten sich an denjenigen rächen wollten, die sich ihnen während des Kriegs widersetzt hatten. Schlägertruppen der neuen Regierung waren im Begriff, das Haus meiner Familie zu besetzen und all unseren persönlichen Besitz zu konfiszieren und dem Kollektiveigentum hinzuzufügen, das den Kern des sozialistischen Ideals ausmachte. Während Joshs Großmutter damit herumprahlte, dass ihr dreijähriger Enkelsohn unglaublich begabt sei und schon in so zartem Alter lesen könne, hatte ich noch nie ein geschriebenes Wort gesehen. Ich war nach fast einjähriger Reise soeben als Immigrantin in den Vereinigten Staaten gelandet. Diese Reise hatte in einer dunklen Nacht begonnen, als wir mit Lastwagen zum Hafen gefahren worden waren, wo ein nicht seetaugliches Fischerboot auf seine dreihundert Passagiere wartete.

An dem Abend, an dem meine Mutter nach meiner ersten Operation den Verband von meinen Augen nahm und ich im Alter von vier Jahren zum ersten Mal im Leben eine einigermaßen ungetrübte Welt sah, muss Josh viertausendachthundert Kilometer von mir entfernt bereits tief und fest in seinem kuscheligen Bett geschlafen haben: ein kleiner Junge voller Potenzial und mit einer unglaublichen Intelligenz, woran es mir, wie man damals annahm, komplett mangelte. Während ich jedes Jahr im Januar oder Februar die Schule schwänzte, um das chinesische Neujahrsfest zu feiern, rote mit Geld gefüllte Umschläge sammelte, den mindestens dreihundert knallenden Böllern lauschte und wir unseren alljährlichen Ausflug zum buddhistischen Tempel machten, um zu beten, hatte Josh einen normalen Tag an seiner Konfessionsschule, wo er, wie ich annehme, einen Gottesdienst besuchte und dann schnell die Aufgaben bearbeitete, die ihm für den Tag zugewiesen worden waren, viel schneller als ich, denn ich machte an der öffentlichen Schule in Los Angeles mit einem miserablen Ranking nur mäßige schulische Fortschritte. Während er an Thanksgiving Truthahn aß und Weihnachten Geschenke auspackte, saß ich vor dem Fernseher, las ein Buch oder spielte mit meinen Cousinen, als wäre es ein ganz normaler Tag, an dem wir nicht zur Schule mussten. Wenn ich mir vor Augen führe, aus welch unterschiedlichen Welten Josh und ich stammen, muss ich ihm recht geben: Vor achtunddreißig Jahren lag die Wahrscheinlichkeit, dass wir je heiraten würden, bei annähernd null Prozent, wenn nicht gar bei exakt null Prozent.

Aber wir sind uns dennoch begegnet und haben geheiratet. In diesem chaotischen Universum mit so vielen Menschen und unzähligen Wegen, die sich zufällig für kurze Momente kreuzen, haben unsere Lebensfäden sich berührt und sind miteinander verschmolzen. Wenn die Wahrscheinlichkeit, dass wir uns begegnen und heiraten würden, als wir Babys waren, bei null Prozent lag, was Josh und ich beide glauben, wie konnte das dann geschehen? Wie kann das eigentlich unmögliche Eintreten des Ereignisses, dass wir uns doch begegnet sind und geheiratet haben, mit den Zahlen in Einklang gebracht werden? Ist unsere Ehe ein Beispiel dafür, dass Zahlen rein gar nichts zu bedeuten haben? Ist unsere Ehe sogar ein Beweis dafür, dass Statistiken wertlos sind? Falls ich das je geglaubt habe, so glaube ich es jetzt nicht mehr.

Wenn ich nicht an die Zahlen glauben würde, die mir sagen, dass ich sehr wahrscheinlich nicht sterben werde, wenn ich mein Haus verlasse oder ein Flugzeug besteige, wenn ich nicht an die Zahlen glauben würde, die mir sagen, dass meine Kinder wahrscheinlich nicht von einem Irren erschossen werden, der in ihre Schule eindringt, würde ich unser Haus nie verlassen und mit Sicherheit nicht zulassen, dass meine Kinder es verlassen. Wir gehen jeden Abend mit der Erwartung ins Bett, dass die Sonne am nächsten Morgen wieder aufgeht, weil dies nach den Regeln der Wahrscheinlichkeitstheorie geschehen wird. Wir sparen für die Hochschulausbildung unserer Kinder und für unsere eigene Rente, weil wir auf der Grundlage der Wahrscheinlichkeit davon ausgehen können, dass unsere Kinder gesund aufwachsen und aufs College gehen werden und wir selbst alt werden und unseren Ruhestand genießen können. Alles, was wir in unserem Leben tun, basiert auf der Wahrscheinlichkeit, dass etwas Bestimmtes eintritt. Und das nennen wir Planung.

Während diejenigen von uns, die unter Krebs im fortgeschrittenen Stadium leiden, die Statistiken, die etwas darüber aussagen, ob wir unsere Erkrankung überleben oder an ihr sterben werden, am liebsten ignorieren und gerne sagen würden, dass Zahlen nichts zu bedeuten haben, wäre eine solche Sichtweise jedoch blauäugig. Denn obwohl wir mit unserer Krankheit leben, müssen wir de facto auch *weiterleben*. Und wer lebt, muss auch planen. Ich muss also nach wie vor an die Zahlen glauben, denn andernfalls würde und könnte ich gar nichts tun. Ich würde die Straße nicht überqueren; ich wäre nicht bereit, strapaziöse Behandlungen über mich ergehen zu lassen, die sich statistisch als zumindest einigermaßen wirksam erwiesen haben; ich würde keine Geburtstage und keine Urlaube planen. Ich tue all diese Dinge, weil es nach den Regeln der Wahrscheinlichkeit zwar unwahrscheinlich war, dass diese Krankheit mich treffen würde, ich jedoch trotzdem nach wie vor erwarte, dass die Erde sich weiterdreht, dass das Universum auf der Grundlage bestimmter Regeln weiter funktioniert und dass die Ergebnisse, die die Statistiken prognostizieren, tatsächlich eintreten. Ich kann mir die

Statistiken, die ich als für mich relevant erachte, nicht danach aussuchen, welches Resultat sie prognostizieren.

Aber statistische Wahrscheinlichkeiten sind keine Prophezeiungen und manchmal tritt das zu Erwartende nicht ein. Pläne zerschlagen sich, Kinder werden groß und zeigen kein Interesse an einem Studium, obwohl die Eltern sie nach besten Kräften dahingehend motiviert haben. Erwachsene sterben und hinterlassen ihre Altersvorsorgefonds unangetastet. Verrückte dringen in Schulen ein und massakrieren arglose Kinder. Menschen mit Krebs im Stadium I erleben nach Jahren ein Wiederauftreten des Krebses und sterben an Metastasen, obwohl ihre Überlebenschancen zum Zeitpunkt ihrer Diagnose sehr gut waren, während andere, die an Krebs im Stadium IV leiden, manchmal viel länger leben, als irgendjemand erwartet hätte. Und vielleicht wird die Erde eines Tages von einem gigantischen Asteroiden getroffen, der alles Leben, wie wir es kennen, auslöscht. Und wenn diese unwahrscheinlichen Ereignisse geschehen, liegt die Eintrittswahrscheinlichkeit bei 100 Prozent.

Josh leidet unter einer ihn beinahe lähmenden Flugangst. Trotzdem üben Flugzeugabstürze eine morbide Faszination auf ihn aus, weshalb er sich auf dem National Geographic Channel und dem Smithsonian Channel Stunden lang Dokumentationen über Flugzeugunglücke ansieht (ich folglich auch), Sendungen mit schlechten Schauspielern, die die letzten grauenvollen Minuten an Bord eines Linienflugs nachspielen, bevor das Flugzeug gegen einen Berg kracht, in eine ruhige Siedlung oder ins Meer stürzt, und in denen über die Bemühungen der Unfallermittler berichtet wird, die klären sollen, was falsch gelaufen ist. Manchmal gibt es auch einen glücklichen Ausgang, bei dem die Piloten es wie durch ein Wunder schaffen, Passagiere und Crew zu retten. Aber das passiert nur sehr selten.

Jeder weiß, dass das Fliegen statistisch gesehen deutlich sicherer ist als Auto zu fahren und dass Fliegen in Anbetracht dessen, wie viele Menschen durch die Welt fliegen und wie wenige Unfälle passieren, die sicherste Art des Reisens ist. Natürlich denken Josh und ich, wenn wir uns eine dieser Dokumentationen ansehen, dass meine Chance, den Krebs im Stadium IV zu besiegen, viel besser ist als die Chance dieser Flugzeuginsassen, die nächsten zwei Minuten zu überleben. Alles ist besser, als eine nullprozentige Überlebenschance zu haben wie diese zum Sterben verurteilten Menschen. Ich habe Josh gefragt, warum er sich so gerne diese Dokumentationen ansieht, wenn er doch Flugangst hat. Er sagt, dass sie auf perverse Weise dafür sorgen, dass er sich besser fühle, weil sie ihm vor Augen führen, wie viele Dinge passieren müssen, damit es zu einem Flugzeugunglück kommt, dass im Grunde genommen eine Vielzahl von Zufallsereignissen und unwahrscheinlichen Szenarien auf einmal eintreten müssen – die maximale Katastrophe.

Joshs gegenwärtige Obsession ist der Air-France-Flug 447 von Rio nach Paris. Das Flugzeug stürzte im Juni 2009 in den Atlantik, alle 228 Menschen an Bord kamen ums Leben. (Auf sein Drängen hin habe ich mir die Dokumentation über diesen Absturz mindestens zwanzigmal angesehen – was man für seine Lieben nicht alles tut …) Ein Unwetter sorgte dafür, dass sich in den Pitotrohren des Flugzeugs Eiskristalle bildeten, was vorübergehend dafür sorgte, dass die Geschwindigkeitsmessinstrumente des Flugzeugs nicht mehr richtig funktionierten und widersprüchliche Signale sendeten – normalerweise nur ein kleinerer Zwischenfall –, was wiederum dazu führte, dass der Bordcomputer den Autopiloten deaktivierte und daraufhin zwei junge, unerfahrene Kopiloten gezwungen waren, die Kontrolle über das Flugzeug zu übernehmen. Wie der Zufall es wollte, hatte sich der erfahrene Kapitän nach einer Partynacht mit seiner Freundin in Rio, in der er wenig Schlaf bekommen hatte, nur wenige Augenblicke zuvor zu einer planmäßigen und genehmigten Schlafpause zurückgezogen. Die beiden Kopiloten gerieten aufgrund der fehlerhaften Anzeigen über eine verringerte Fluggeschwindigkeit in Panik und rissen instinktiv die Nase des Flugzeugs hoch (was das Gegenteil von dem ist, was hätte getan werden sollen). Das führte zu einer tatsächlichen und anhaltenden Verringerung der Fluggeschwindigkeit und zu einem Strömungsabriss.

Während die Wahrscheinlichkeit, dass dieses Flugzeug abstürzen würde, zu einem gewissen Zeitpunkt so gering war wie bei jedem x-beliebigen anderen Flugzeug, traten Ereignisse ein, die die Wahrscheinlichkeit erhöhten. Die Wahrscheinlichkeit erhöhte sich, als die beiden jungen Kopiloten für den Flug eingeteilt wurden. Die Wahrscheinlichkeit erhöhte sich nochmals dadurch, dass der Kapitän am Abend zuvor ausgegangen war. Und als die Wetterbedingungen sich änderten und die Besatzung gezwungen war, ein Unwetter zu durchfliegen, erhöhte dies die Wahrscheinlichkeit so sehr, dass das Ereignis, der Absturz, unvermeidlich eintrat.

Genauso kann man sagen, dass die Wahrscheinlichkeit, dass Josh und ich uns einmal begegnen würden, die zum Zeitpunkt unserer Geburten bei null Prozent gelegen hatte, sich im Laufe der Zeit änderte. Sie stieg, als die vietnamesische Regierung ihre Politik dahingehend änderte, dass die Bevölkerungsgruppen chinesischer Abstammung das Land verlassen durften. Sie stieg noch mehr, als ich es in eines der Flüchtlingslager in Hongkong schaffte. Sie stieg dramatisch, als ich US-amerikanischen Boden betrat, und dann nochmals, als ich dank meiner Augenoperationen eingeschränkt sehen konnte. Die Wahrscheinlichkeit stieg weiter, als ich beschloss, durch herausragende schulische Leistungen zu glänzen, und dann erneut, als ich wagte, Neuland zu betreten und mich für ein Studium im Nordosten entschied. Sie stieg weiter, als ich nach meinem Jurastudium in New York blieb und noch einmal, als ich mich entschied, meine Berufskarriere bei der Kanzlei Cleary Gottlieb zu beginnen. Schließlich stieg die Wahrscheinlichkeit nochmals stark, als Josh sich entschied, Steueranwalt zu werden und etwas zu tun, was nur sehr wenige Menschen aus seiner Heimat tun, nämlich nach New York zu ziehen, um sich auf die denkbar spannendste und anspruchsvollste Weise mit Steuerrecht zu befassen, und sie stieg erneut, als er beschloss, ein Stellenangebot bei Cleary Gottlieb anzunehmen.

Statistische Zahlen sind nicht statisch. Sie verändern sich ständig, gehen stufenweise rauf oder runter. Jeder wird der Feststellung zustimmen, dass sich meine Überlebenswahrscheinlichkeit aufgrund des Ergebnisses des explorativen Eingriffs erhöht hatte. Aber um wie viel? Das kann niemand sagen. Eines hat Josh mir aber immer gesagt: So wie mehrere zufällige Ereignisse zusammenkommen müssen, um einen unwahrscheinlichen Flugzeugabsturz zu bewirken oder dafür zu sorgen, dass ein Paar wie wir sich entgegen aller Wahrscheinlichkeit begegnet, müssten auch eine Reihe von Dingen geschehen – wie wenn in einer Reihe von Dominosteinen einer nach dem anderen umfällt –, damit ich den Krebs besiegen könne.

Dr. D. L. pflichtete Joshs Ansicht bei. Josh hat mir von Anfang an gesagt: „Es ist notwendig, dass bestimmte Dinge so laufen, wie wir es uns wünschen." Ich musste gut auf die Chemotherapie reagieren. Mein CEA-Wert musste ein zuverlässiger Marker sein, um mich und das medizinische Team, das sich um mich kümmerte, auf möglicherweise nicht erkannte Tumore hinzuweisen. Ich benötigte Zugang zu dem besten HIPEC-Chirurgen, den es gab. Ich musste gute Entscheidungen treffen, ob und wann ich mich der HIPEC und dem explorativen Eingriff unterziehen wollte. Die Metastase in meinem Bauchfell musste auf die HIPEC ansprechen. Der explorative Eingriff musste ergeben, dass kein Krebsbefall zu sehen war. All diese Dinge traten ein. Als Nächstes musste sich herausstellen, dass die durchgeführten „Spülungen", bei denen die Anwesenheit einer mikroskopischen Resterkrankung getestet wurde, ein negatives Resultat ergaben.

Über all das, was bisher gut gelaufen ist, hatte ich äußerst wenig Kontrolle. In der Regel geht es bei der Krebsbekämpfung meistens um Fakten, Umstände und Ereignisse, die unkontrollierbar sind. (Zum Beispiel, wie weit fortgeschritten die Krankheit bei der Diagnose ist. Ob man krankenversichert ist und finanzielle Reserven hat. Ob man imstande ist, medizinische Informationen zu verstehen und zu verarbeiten. Ob man über seelisches Durchhaltmögen verfügt und, am wichtigsten, wie die jeweilige einzigartige Tumorbiologie auf die Behandlung reagiert oder eben nicht.)

Das Wichtigste ist jetzt, einen Weg zu finden, der mehr Dominosteine zum Fallen bringt, und zwar den richtigen Weg. Aber wie bekomme ich das hin, wenn ich so wenige Faktoren beeinflussen kann? Das ist die Frage, die mich derzeit umtreibt. Ich habe mir nicht viel Zeit gegönnt, um mich über die erfolgreiche Operation zu freuen. Ich denke schon über den nächsten Schritt nach, versuche herauszufinden, was ich tun kann, um diese Krankheit aufzuhalten. Denn wenn man meine Situation nüchtern betrachtet und sich diese oftmals dynamischen statistischen Zahlen ansieht, wird man sich dessen bewusst, dass metastasierender Krebs hartnäckig und einfallsreich ist. Ich habe nicht recherchiert, wie groß die Wahrscheinlichkeit ist, dass der Krebs bei mir wieder auftritt, aber sie ist wie bei jedem Betroffenen mit Krebs im Stadium IV ziemlich hoch. Dr. D. L. hat Josh am Freitag mitgeteilt, dass die nächsten drei Jahre die kritische Phase sind, dass meine Chancen auf ein langfristiges Überleben erheblich steigen, wenn sich der Krebs während dieser Zeitspanne zurückhalten lässt (selbst wenn die Krankheit später zu irgendeinem Zeitpunkt erneut zuschlagen sollte).

Nach meiner Krebsdiagnose hatte ich meinen Kolorektalchirurgen in einem Anfall von Verzweiflung gefragt, was ich persönlich in meinem Leben verändern könnte, um diese Krankheit zu bekämpfen, ob ich zum Beispiel noch mehr trainieren sollte (dabei trainierte ich schon viel), ob es etwas bringen würde, meine Ernährungsweise umzustellen oder Nahrungsergänzungsmittel zu nehmen. Er erwiderte darauf, dass Leute, die eine Krebsdiagnose erhalten, dazu neigen würden, in einer Welt, die verrückt geworden zu sein scheine, nach Wegen zu suchen, der Krankheit Einhalt zu gebieten, dass jedoch alles, was sie persönlich tun könnten, kaum etwas bewirke.

Als Antwort auf die Frage, wie ich mehr Dominosteine zum Fallen bringen kann, wende ich mich den Dingen zu, die *vielleicht* doch etwas bewirken, und sei es noch so wenig. Da ich die Faktoren mit einer erheblichen Auswirkung auf meine Chancen nicht beeinflussen kann, bin ich entschlossen, darauf zu setzen, dass an der Theorie, nach der gewisse persönliche Entscheidungen den kritischen Umkipppunkt herbeiführen können, zumindest teilweise etwas dran ist. Ich bin jedoch nicht gewillt, Veränderungen in meinem Leben oder hohe Kosten auf mich zu nehmen, ohne über hinreichende medizinische Beweise dafür zu verfügen, dass diese Veränderungen etwas bewirken. Ich habe vor, mich genauso intensiv mit Forschungsergebnissen und Studien zu befassen, wie ich mich seinerzeit meinen Schulaufgaben und meinem Jurastudium gewidmet habe, um ungeachtet der unzureichenden Beweislage für mich selbst herauszufinden: Werden eine Low-Carb-Diät, Hanföl, eine vegane Ernährungsweise, Nahrungsergänzungsmittel, Kräuter, ein teilweise anderer als der vorgesehene Einsatz von Medikamenten, eine Erhaltungschemotherapie, die Einnahme experimenteller Arzneimittel oder die Durchführung anderer, nicht konventioneller Behandlungsformen vielleicht doch einen Unterschied machen – und sei er auch noch so klein? Können sie dazu führen, dass meine Chance, diesen Krieg zu gewinnen, sich schrittweise verbessert?

Darüber hinaus kann ich nichts tun, um weitere Dominosteine zum Fallen zu bringen. Ich muss akzeptieren, dass ich keinen Einfluss auf die Faktoren habe, die wirklich darüber entscheiden, ob ich diese Krankheit überlebe oder an ihr sterbe. Und dass es in der Macht anderer Faktoren liegt, ob weitere Dominosteine fallen. Zu diesen Faktoren zähle ich Gott, Vertrauen, Glück, Gebete, Hoffnung, reinen Zufall oder eine Kombination von alldem. Und da liegt die Schnittstelle von Joshs wissenschaftlichem Ansatz und seinem Glauben an Studien und Statistiken und meinem Glauben an jene nicht messbaren Kräfte. Falls wir einen optimalen Punkt zwischen diesen Polen finden könnten, kann ich den Krebs immer noch besiegen.

Alles Gute zum Hochzeitstag, Liebling.

21

Jeden Sieg mitnehmen

Nachdem meine MRT-Aufnahmen Anfang Oktober einwandfrei waren, nannte mein Onkologe Dr. A. C. mir vier Optionen: (1) die Chemotherapie in vollem Umfang fortzusetzen, (2) auf eine Erhaltungschemotherapie mit 5-FU und Avastin umzusteigen, die den Blutfluss zu den Krebszellen verhindert, aber auch zu Blutgerinnseln und Blutungen führen kann, (3) die Chemotherapie ganz zu stoppen, monatliche CEA-Bestimmungen und vierteljährliche Scans durchzuführen und abzuwarten oder (4) den eher ungewöhnlichen Schritt zu gehen und in Form eines weiteren explorativen Eingriffs einen „zweiten Blick" in mein Inneres zu werfen, um dieses einer Sichtprüfung zu unterziehen, was die genaueste und verlässlichste Art der Kontrolle sei (besser als jede MRT-, PET- oder CT-Aufnahme). Angesichts des geringen mit dem Eingriff verbundenen Risikos und der enormen Menge an Informationen, die durch die Umsetzung von Option 4 erlangt würde, entschied ich mich für eine zweite Laparoskopie.

Die Operation fand an Halloween 2014 statt und ergab, dass ich nicht nur frei von sichtbaren Tumoren in der Bauchhöhle war, sondern dass sich, basierend auf den Spülungen beziehungsweise der Zytologie, um es medizinisch auszudrücken (in die Bauchhöhle gespülte Flüssigkeit wird ausgesaugt und dann getestet), auch keine mikroskopische Resterkrankung nachweisen ließ. Mit so einem Ergebnis hatten weder Dr. A. C. noch mein Chirurg Dr. D. L. noch ich gerechnet. Wir hatten uns alle darauf eingerichtet, dass das Ergebnis der zytologischen Untersuchung im Hinblick auf den Krebsbefall positiv ausfallen würde, und als dies nicht so war, haben wir uns alle riesig gefreut, auch wenn ein solches Ergebnis nur zu 50 Prozent verlässlich ist.

Als Thanksgiving näherrückte, besuchte ich sowohl Dr. A. C. als auch Dr. D. L., und sie umarmten mich beide strahlend. Dr. A. C. sagte „Gut gemacht", als ob das Ergebnis etwas wäre, das ich beeinflusst hatte, und in dem Moment spürte ich, dass er stolz auf mich war, ähnlich wie ein Vater, der stolz auf seine Tochter ist. Die Umarmungen und das Lächeln auf den Gesichtern meiner Ärzte kündeten davon, wie sehr sie sich über den Sieg freuten, den wir gemeinsam errungen hatten, und wie zufrieden sie angesichts ihres fachlichen Könnens und ihrer mitfühlenden Menschlichkeit, die sie mir entgegenbrachten, mit sich selbst waren. Ich für meinen Teil empfand Freude, gemischt mit einem Hauch von Ehrfurcht, und bescheidenen, dankbaren Stolz – Stolz auf meinen widerstandsfähigen Körper, der bis dahin den Kollateralschäden von fünfundzwanzig Chemotherapiezyklen und zwei Operationen standgehalten hatte. Ich hatte oft gedacht, wie furchtbar und deprimierend es sein muss, Onkologe zu sein, egal, ob man auf Chirurgie oder auf andere Gebiete spezialisiert ist, doch als ich die Freude meiner Ärzte sah, wurde mir klar, dass gewisse Siege sie für all das, was sie auf sich nehmen, auch entschädigen. Bei Krebs im Stadium IV nimmt man jeden Sieg mit.

Dr. D. L. teilte mir mit, dass ihn im Zusammenhang mit meiner Operation nicht das negative Ergebnis der zytologischen Untersuchung am meisten überrascht habe, sondern die bemerkenswerte Abwesenheit von Narbengewebe, was es ihm ermöglicht habe, alles klar und deutlich sehen zu können. Jemand anders, so erklärte er mir, hätte nach der gleichen HIPEC-Operation (bei gleicher Vorgeschichte mit einer Perforation zum Zeitpunkt der ursprünglichen Teilentfernung des Dickdarms) wahrscheinlich in größerem Maße Narbengewebe gebildet, das eine Untersuchung erschwert und Dr. D. L. gezwungen hätte, das Laparoskop wahllos in alle Richtungen zu manövrieren, um etwas erkennen zu können.

Narbengewebe, auch Adhäsionen genannt, ist der häufigste Grund für Darmverschlüsse. Da das Gewebe so hart wie Zement sein kann, erschwert es zudem in erheblichem Maße zukünftige Operationen, vor allem laparoskopische Eingriffe. Ich hatte es immer so verstanden, dass sich Narbengewebe in dem Moment zu bilden beginnt, in dem das Innere des Körpers Luft ausgesetzt wird. Das stimme auch im Allgemeinen, sagte Dr. D. L.

Und warum hatte ich dann kein Narbengewebe gebildet, fragte ich ihn. Er erwiderte, dass die postoperative Chemotherapie die Bildung von Narbengewebe womöglich verhindert habe. Aber ehrlich gesagt wisse er es nicht. Ich glaube, wenn er und ich das Geheimnis entschlüsseln könnten, warum ich von diesem häufig auftretenden Problem verschont worden war, wären wir beide ziemlich berühmt und reich.

Wenn ich meinen mit hässlichen Narben übersäten und für immer deformierten vorgewölbten Bauch betrachte, der mich ungemein ärgert, weil er dafür sorgt, dass meine alte Kleidung mir nicht mehr passt, muss ich ihn liebevoll tätscheln. Denn ja: Ich bin stolz auf meinen Körper, der sich der Bildung von innerem Narbengewebe aus unerklärlichen Gründen widersetzt hat, der trotz allem, was er durchgemacht hat, fit geblieben ist und es (meistens) immer noch mit den gut zwanzigjährigen Mädels aus meinem Fitnessstudio in ihren stylischen Tanktops und ihren eng anliegenden Yogahosen aufnehmen kann. Ich bin auch stolz auf meinen Geist und meinen Verstand. Ich bin stolz auf das, was ich erreicht habe. Ich bin dankbar, die Ärzte zu haben, die ich habe. Ich bin dankbar, Josh und meine Mädchen zu haben und die unglaubliche Unterstützung der Menschen aus meinem Umfeld.

Dennoch verstehe ich all dies nur als eine kurze Atempause, als eine Gelegenheit, mich neu zu formieren und neue Strategien zu entwickeln. Ich glaube trotz des guten Ergebnisses der zytologischen Untersuchung nicht wirklich, dass ich die Krankheit besiegt habe. Metastasierender Krebs gibt nicht so schnell auf und ich spüre, dass in mir noch inaktive mikroskopische Krebszellen sind.

Paradoxerweise erscheint eine Wiederaufnahme einer Chemotherapie jetzt, da ich aus medizinischer Sicht krebsfrei bin, keine durchführbare Option zu sein, da die herkömmliche Chemotherapie nur aktiven Krebs angreift, also Krebszellen, die sich vermehren. Sorgen bereiten mit zu diesem Zeitpunkt inaktive Krebszellen oder solche, die noch in den Kinderschuhen stecken.

Also machte ich mich daran, selbst neue Optionen zu finden. Ich suchte Dr. Raymond Chang auf, einen renommierten Internisten, der sich auf nicht konventionelle Behandlungen spezialisiert hat. Er ist ein Doktor der Medizin (MD), kein Naturheilkundler oder jemand, der ohne Legitimierung den Titel eines Dr. med. in Anspruch nimmt. Ich habe einige Krebspatienten kennengelernt, die von ihm begeistert sind. Außerdem kennt und schätzt mein Onkologe ihn und empfiehlt ihn sogar seinen Patienten, die an integrativen oder alternativen Behandlungsmethoden interessiert sind. Ich habe sein Buch *Beyond the Magic Bullet* gelesen, das ich für ziemlich fundiert hielt. Insbesondere gefiel mir, dass er Humanstudien eine größere Bedeutung beimisst als Labor- und Tierstudien. Unter Berücksichtigung all dessen war ich bereit, ihn aufzusuchen und die 875 Dollar pro Stunde zu bezahlen (die nicht von der Krankenversicherung übernommen werden). Ich versuche, nicht an das Geld zu denken. (Übrigens habe ich längst aufgehört, die chinesischen Kräuter zu mir zu nehmen, die der chinesische Medizinmann mir verschrieb. Ich habe keine Wirkung gespürt und bin mir dessen bewusst geworden, wie viele andere auch ohne die erforderlichen Recherchen hinsichtlich des Sinns verzweifelt nach jedem Strohhalm gegriffen zu haben, zu dem einem geraten wird.) Zusätzlich zu Vitaminen und Nahrungsergänzungsmitteln und dergleichen, schlug Dr. Chang Alternativen wie die metronomische Chemotherapie (man erhält die traditionellen Chemotherapeutika in niedrigeren Dosen, dafür aber häufiger), Hyperthermie (basierend auf der Theorie, dass Hitze Tumore abtötet, wird der Körper mittels Mikrowellen erwärmt) sowie die Einnahme weiterer nicht von der FDA zugelassener Medikamente vor. Diese werden in anderen Ländern eingesetzt und er darf sie aufgrund der gemäß der Bundesgesetzgebung erlaubten Compassionate-Use-Behandlungsoption importieren. Er gab mir zu jeder Alternative, die er mir vorschlug, entsprechende Studien und ermunterte mich, selbst weiter zu recherchieren. Nach einigen Recherchen und langem Nachdenken kam ich zu dem Schluss, dass ich, was integrative und alternative Behandlungsmethoden angeht, nur bei Vitaminen und Nahrungsergänzungsmitteln ein gutes Gefühl habe (mit Einschränkungen). Ich glaube nicht wirklich daran, dass diese Dinge viel bewirken, aber sie werden mir auch nicht schaden, und deshalb probiere ich sie aus. Ich bat Dr. A. C. und Dr. D.L. um ihre Meinungen und sie waren einverstanden. Genau genommen sagte Dr. A. C., das andere Zeug sei „Schlangenöl".

Wenn man Krebs hat, kann man Gesprächen darüber, welche Ernährungsweise die richtige ist – ob vegan, basisch oder kohlenhydratreduziert – kaum entkommen. Irgendjemand wird einem unweigerlich sagen, dass man eine Saftkur machen, sich ausschließlich pflanzenbasiert ernähren oder jeglichen Zucker meiden sollte. Einige Leute haben mich privat um meine

Meinung zum Thema Ernährung gebeten, und ich werde sie hier in aller Öffentlichkeit kundtun: Nachdem ich meine Krebsdiagnose erhalten habe, habe ich versucht, mich ausschließlich pflanzenbasiert zu ernähren – ein weiteres verzweifeltes Greifen nach jedem Strohhalm –, und ich habe es zutiefst *gehasst*. Es ist nicht so, dass ich Fleisch liebe, eigentlich esse ich gar nicht so viel Fleisch, und wenn ich Tiere esse, dann meistens Fisch und Geflügel und alles in Bioqualität. Aber auf Eier, Milch, Butter und Käse kann ich nicht verzichten. Solange keine unwiderlegbaren Beweise vorliegen, dass Produkte tierischen Ursprungs Krebs verursachen, bin ich nicht bereit, auf gewisse Nahrungsmittel zu verzichten. Das Gleiche gilt für Zucker und Kohlenhydrate. Essen ist ein wesentlicher Bestandteil der menschlichen Erfahrung. Die Freude am Essen spielt eine große Rolle in unserem Leben. Auf diese Freude zu verzichten, ohne dass unwiderlegbare Beweise vorliegen, die dieses Opfer als gerechtfertigt erscheinen lassen, würde meine Lebensqualität sehr negativ beeinflussen. Dazu bin ich nicht bereit. Ich glaube daran, dass man so viele nicht industriell verarbeitete Lebensmittel zu sich nehmen sollte wie nur irgend möglich, außerdem viel Obst und Gemüse und Vollwertprodukte, aber ein wenig Fleisch und Fisch und hin und wieder auch mal einen Nachtisch nehme ich ebenfalls zu mir. Ich meide grundsätzlich rotes Fleisch und Geräuchertes (wobei ich hin und wieder auch mal Schweinefleisch esse – wir Chinesen lieben unser Schwein!). Alles in Maßen, wie man so schön sagt.

Vor meiner Operation hatte ich in den Internetforen gefragt, ob schon mal jemand in vollem Umfang die Chemotherapie fortgesetzt hatte, wenn kein Krebs mehr nachzuweisen war (das hatte mein Onkologe zu jenem Zeitpunkt mit mir vor), woraufhin mir eine Frau aus meiner Selbsthilfegruppe eine private Nachricht schickte. M. ist eine hervorragende Rechercheurin. Sie schrieb mir, dass ich vielleicht eine Behandlungsmethode in Erwägung ziehen sollte, die sich ADAPT nennt und von Dr. Edward Lin entwickelt wurde, der an der University of Washington forscht. Die Methode befinde sich derzeit in der Phase II der klinischen Prüfung. Es gibt insgesamt drei Testphasen, bevor ein Medikament von der FDA zugelassen wird, und in Phase III wird normalerweise nur die Genehmigung erteilt, was bedeutet, dass die wissenschaftlichen Beweise, die die medikamentöse Therapie stützen, in den ersten beiden Phasen erbracht wurden.

M. schickte mir auf clinicaltrials.gov einen Link der Seite über die klinische Studie sowie Links zu den in Fachzeitschriften veröffentlichten Artikeln, in denen die Ergebnisse der Studien von 2007 bis 2012 erörtert wurden. Ich las alles und hielt Josh ebenfalls dazu an, es zu lesen. Die Ergebnisse der Phase II waren erstaunlich. Bei 40 Prozent der Teilnehmer der Studie, an denen die Methode getestet wurde, wurden Überlebensraten von zweiundneunzig Monaten bei metastasierendem Dickdarmkrebs erzielt, und das, obwohl bei dieser Art der Erkrankung normalerweise mit einer durchschnittlichen Überlebensrate von etwa vierundzwanzig Monaten zu rechnen ist. Die Behandlungsmethode sieht eine Kombination zweier Medikamente vor: Xeloda, die orale Form von 5-FU (was ich die ganze Zeit bekommen hatte), und Celebrex (ein Medikament mit entzündungshemmender Wirkung, das zur Behandlung von Arthritis eingesetzt wird). Laut Dr. Lin bewirkt die Kombination dieser Medikamente, dass die Krebsstammzellen geweckt und dann gezielt getötet werden, als würde man in einem Bienenstock herumstochern, damit die Bienen herausfliegen, und diese dann mit einem Pestizid besprühen. Dr. Lins Herangehensweise besteht darin, seine Patienten zunächst so weit zu bekommen, dass keine Krebserkrankung mehr sichtbar ist beziehungsweise so wenig sichtbar wie möglich, bevor er mit dieser Behandlungsmethode beginnt. Also schien sie perfekt auf jemanden wie mich zugeschnitten zu sein. Ich war überzeugt.

Bevor ich zu meinen Terminen ging, schickte ich Dr. A. C. und Dr. D. L. E-Mails mit Links zu der Studie und zu den Artikeln und bat sie um ihre Meinungen. Beide Ärzte hielten es für eine gute Idee, diesen nächsten Schritt zu gehen, vor allem, weil sie wussten, dass ich es nicht gut aushalten konnte, nichts zu tun. Wenn ich diese Methode nicht ausprobierte und der Krebs wiederaufträte, würde ich mir eine Million Mal in den Hintern beißen.

Eins habe auf dieser Reise mit dem Krebs gelernt: Wenn die bestehenden Optionen nicht so attraktiv sind, muss man losgehen und nach neuen Optionen suchen. So sehr ich auch zugebe, wie wenig Einfluss ich auf mein Leben habe, so versuche ich doch, das zu beeinflussen, was ich beeinflussen kann. Dann kann ich alles andere loslassen und das Universum tun lassen, was es tun will.

22
Der Krebs ist in meiner Lunge

Wie es scheint, will der Krebs auch leben.

Im späten Dezember erreichen mich schreckliche Nachrichten. Ich habe ungefähr zwanzig zwei bis vier Millimeter große, auch Lungenrundherde genannte Flecken in meiner Lunge. Wir sind uns ziemlich sicher, dass es sich dabei um Krebs handelt. Auf der CT-Aufnahme ist außerdem zu sehen, dass mein rechter Eierstock vergrößert ist, was auf eine Metastasierung hinweisen könnte. Wenn es sich bei diesen Auffälligkeiten tatsächlich um Krebs handelt, bin ich nicht mehr heilbar, und meine Prognose lautet dann, vorausgesetzt, dass ich auf die Chemotherapie anspreche, „einige Jahre". Das ist die Quintessenz dieser Nachricht.

Niemand begleitete mich zu meinem Termin bei Dr. A. C. Ich ging allein hin und erhielt die Nachricht allein. Das war wahrscheinlich gut so, denn so hatte ich Zeit, alleine zu weinen, als ich wie benommen hinausging und durch die weihnachtlich geschmückte Stadt lief. Der Gedanke, meine Kinder und meinen Mann zurückzulassen, ist unerträglich schmerzhaft. Wie werden sie ohne mich klarkommen? Wer wird die Rechnungen bezahlen? Wer geht zu Costco und kauft alles, was sie brauchen? Wer kocht für sie? Wer bringt die Kinder zur Schule? Wer macht ihnen ihr Pausenbrot? Sogar während ich erwäge, mich erneut der FOLFOX-Therapie zu unterziehen und die furchtbare Neuropathie zu ertragen, gehen mir Fragen durch den Kopf, wie meine Familie und ich die kommenden Tage, Wochen, Monate und Jahre überstehen sollen. Und meine Eltern: Mir vorzustellen, dass sie mich sterben sehen, bricht mir das Herz. Meine Schwester sagte mir, es käme ihr so vor, als würden wir wieder ganz von vorne anfangen. Nein, widersprach ich ihr, es ist schlimmer als am Anfang, weil der Krebs jetzt in meiner Lunge ist und ich bereits Chemotherapie-Schemen ausprobiert habe, die sich offenbar als nicht besonders wirksam erwiesen haben. Außerdem bin ich es leid, nachdem ich die beiden am häufigsten eingesetzten Chemotherapie-Varianten zur Behandlung von kolorektalen Karzinomen bereits ausprobiert habe, ich bin des Kämpfens überdrüssig und habe die Nase voll davon, mir irgendwelche Hoffnungen zu machen, die dann bitter enttäuscht werden. Ich bin es so leid.

Mein Instinkt hält mich dazu an zu planen. Ich muss Josh aufschreiben, von welchen Konten unsere monatlichen Rechnungen bezahlt werden, damit er darauf achtet, dass auf diesen Konten immer genug Geld ist. Ich muss mir überlegen, wer dabei helfen kann, meine Töchter zu großzuziehen, sicherzustellen, dass sie Klavier- und Schwimmunterricht bekommen, dass sie lernen, Gerichte aus allen möglichen Ländern zu essen, dafür zu sorgen, dass der Kühlschrank und die Vorratskammer immer mit Dingen gefüllt sind, die mein Mann und meine Kinder mögen. Ich muss Erinnerungsbücher für die Mädchen zusammenstellen. Ich muss bestimmten Menschen sagen, wie gern ich sie habe und sie wissen lassen, wie sehr sie mein Leben beeinflusst haben. Ich muss bestimmten Menschen Versprechen abnehmen, dass sie bei der Betreuung meiner Mädchen helfen, wenn ich nicht mehr da bin, und diejenigen, die mich am besten gekannt haben, müssen mir versprechen, dass sie meinen Mädchen von mir erzählen, dass sie sie mit Geschichten aus allen Abschnitten meines Lebens überhäufen. Ich muss mich darauf verlassen können, dass diese Menschen Mia und Isabelle vermitteln, was mir am meisten bedeutet hat, und dass sie sie mit den Werten der chinesischen Kultur vertraut machen, die meine Kinder hoffentlich verinnerlichen werden. Ich muss mit Josh und den Mädchen in die Disney World gehen und mit ihnen Urlaub auf den Galapagosinseln machen, damit wir zwischen hundert Jahre alten Schildkröten spazieren gehen können. Ich muss ein Karamell-Soufflé zubereiten, das so himmlisch schmeckt wie das, welches ich mit Josh im vergangenen Februar in Paris gegessen habe. Ich muss so oft wie möglich Joshs Kopf so kraulen, wie er es so gerne hat, und mit den Mädchen kuscheln. Ich muss so viele Dinge erledigen.

Ich weiß, dass ich bald wieder Halt finden und aufstehen und kämpfen werde, dass ich recherchieren und mich für mich selbst einsetzen werde, dass ich die Behandlungen durchstehen werde. Aber ich weiß auch, dass ich mir, um das Beste aus meinem mir noch verbleibenden Leben herauszuholen, eingestehen muss, dass ich jetzt für das Unvermeidliche plane. Ich muss all die Dinge tun, die ich gerade aufgezählt habe. Ich musste Josh versprechen, dass ich kämpfen und nicht aufgeben werde. Er klammert sich immer noch an die Hoffnung. Aber das Beste, worauf ich jetzt noch hoffen kann, ist Zeit.

Uns vorgemacht zu haben, jemals über irgendetwas von alldem die Kontrolle gehabt zu haben, erscheint uns jetzt als blanker Hohn, als eine grausame Illusion. Aber auch als eine Lektion: Wir kontrollieren nichts.

Na ja, das stimmt nicht ganz. Wir haben in der Hand, wie freundlich wir zu unseren Mitmenschen sind. Wir haben in der Hand, wie ehrlich wir zu uns selbst und anderen gegenüber sind. Wir haben in der Hand, wieviel wir uns bemühen und anstrengen, um unser Leben zu leben. Wir haben in der Hand, wie wir auf unerträgliche Nachrichten reagieren. Und wenn die Zeit kommt, bestimmen wir die Bedingungen, zu denen wir kapitulieren und uns unserem Schicksal ergeben.

2015

23
Aus der Finsternis zu neuer Kraft

An dem Tag, an dem ich die furchtbare Nachricht erhielt, erfuhr ich von einer in Deutschland und in London durchgeführten Laseroperation, die darauf abzielt, bis zu einhundert Lungenmetastasen zu entfernen. Obwohl diese Methode schon seit zehn Jahren praktiziert wird, steht sie in den USA nicht zur Verfügung, weil die FDA die dafür erforderlichen Geräte nicht zugelassen hat. Ich fragte meinen Onkologen, was er und sein Tumorboard von dieser Operation hielten. Er sagte, dass meine Tumore für die Operation zu klein seien, dass ein Chirurg nicht imstande wäre, sie zu sehen und zu zerstören. Was für eine Art Krieg ist das, in dem der tödliche Feind sich nicht zeigt? Der Krebs kämpft einen schmutzigen Kampf.

Dr. A. C. hat eine Patientin, die er nach Deutschland schicken will, damit sie sich dort dieser Operation unterzieht, aber er sagte, dass der Chirurg imstande sein werde, ihre Tumore zu *ertasten*. Dazu, so sagte er, würde ich vielleicht noch eine zweite Meinung einholen wollen. Die Operation kostet elftausend Euro pro Lungenflügel. Eine Menge Geld.

Als ich begann, meinen Weg durch die Katastrophe niederzuschreiben, schwor ich mir, mich zu bemühen, ehrlich zu sein, ungeschminkt darzulegen, wer ich bin und was es für mich bedeutet, den Krebs zu bekämpfen. Und gegen meinen sehr menschlichen, egoistischen Hang anzukämpfen, mich als einen jederzeit inspirierten, starken oder weisen Menschen darzustellen. Warum das für mich so wichtig war? Unter anderem aus folgendem

Grund: Wenn diese Niederschrift vor allem dem Zweck dienen sollte, dass meine Kinder nach meinem Tod meine innersten Gedanken und Gefühle erfahren sollten, wollte ich, dass sie mein wahres Ich kennenlernen. Ein Ich, das zwar viele Momente des Glücks, der Dankbarkeit und der Einsicht erlebt hat, jedoch häufig auch von Ängsten, Wut, Schmerz, Verzweiflung und Finsternis geplagt wurde. Außerdem leistete ich diesen Schwur, weil ich diese Blogger, die im Angesicht einer lebensbedrohlichen Krankheit ständig Bilder von sich posten, auf denen sie triumphierend die geballte Faust zu sich heranziehen und andauernd Positivität und Entschlossenheit demonstrieren, zutiefst hasste. Für mich waren solche Bilder unaufrichtig, eine Beleidigung der Intelligenz der Leser, und vor allem waren sie für Menschen wie mich, die gerade ihre Diagnose erhalten hatten und eher Finsternis als Licht empfanden, desorientierend und potenziell schädlich. Ich wollte diese Finsternis beschreiben und ergründen, um andere, von denen ich wusste, dass sie die gleiche Verzweiflung und die gleiche einsame Finsternis durchlitten wie ich, wissen zu lassen, dass sie nicht allein waren und nicht allein sind. Es gibt eine natürliche, intuitive Angst vor der Dunkelheit. Menschen, die von dieser Angst gepackt werden, schämen sich, darüber zu sprechen, während diejenigen, die frei von dieser Angst sind – wie lange auch immer –, vor ihr weglaufen möchten, als handele es sich um eine ansteckende Krankheit. Wenn der Preis für meine schonungslose Ehrlichkeit über die Finsternis, in der ich mich befand, ist, dass ich ein äußerst unvorteilhaftes, vielleicht sogar abstoßendes Bild von mir selbst zeichne, dann ist es eben so.

In den Wochen, nachdem ich die Nachricht erhalten hatte, fiel ich in eine Dunkelheit, die tausendmal schlimmer war als alles, was ich je erlebt hatte. Ich schaffte es, Weihnachten zu überstehen, doch am Tag danach brach die Dunkelheit mit voller Wucht über mich herein. Sie ließ mich am Boden zerstört zurück, und meine wuterfüllten Schreie, die dieser Finsternis entsprangen und durch das Haus schrillten, schockierten meinen Ehemann und meine Kinder, die es nicht im Traum für möglich gehalten hätten, dass diese Frau, die doch eigentlich ihre unerschütterliche Ehefrau und Mutter sein sollte, so durchdrehen könnte.

Ja, Josh hatte mich schon wütend und verzweifelt gesehen, aber nie so wie jetzt. Das, was er jetzt sah, machte ihm Angst. Er machte sich Sorgen um seine eigene Sicherheit und die seiner Kinder, denn ich war wie ein gestörtes Tier, jeder Vernunft beraubt, jeder Hoffnung, jedes Lichts. Ich schrie und schleuderte Dinge durch die Gegend, nicht auf Josh oder die Mädchen, sondern auf die herzlosen Götter, die mir das antaten, und in Wut auf die Abwesenheit dieser Götter, auf die schmerzhaft ungerechte Grausamkeit, die ein fester Bestandteil der menschlichen Existenz ist. Warum ich?, fragte ich die Götter. Hatte ich nicht bereits meinen Anteil an Trübsal und Kümmernissen ertragen müssen? Hatte ich nicht schon genug gelitten? Hatte ich nicht ein gutes und anständiges Leben geführt? Dass dem Chaos meiner Gedanken keine einzige göttliche Antwort zuteilwurde, machte mich noch verrückter. Sogar die Götter verkrochen sich vor mir. Feiglinge.

Von Schluchzern geschüttelt, bat ich Josh, mich gehen zu lassen, mich ihn und unsere Mädchen für immer verlassen zu dürfen, denn alles, was ich wollte, war zu fliehen, ein Flugzeug zu besteigen, das irgendwohin in die Fremde flog, wo ich allein bei einem Sonnenuntergang sterben konnte. In dem Zustand, in dem ich mich befand, war ich als Mutter und Ehefrau vollkommen untauglich. Genau genommen war ich als Mensch untauglich. Ich versuchte, Josh zu überzeugen, dass es für alle das Beste wäre, wenn ich verschwände, dass er noch ein junger, gut aussehender, im Beruf erfolgreicher Mann sei, dass er problemlos eine Frau finden werde, die meinen Platz einnehmen könne, dass jede Frau unsere Mädchen lieben würde und dass die Mädchen noch so jung seien, dass sie ihre neue Mutter mühelos lieben lernen würden. Ich wollte nicht mehr kämpfen, sondern an einen Ort fliehen, an dem ich sterben konnte. Ich sagte Josh, dass ich so nicht leben wolle, mit diesem kranken Körper, der mich einmal zu oft im Stich gelassen hatte, und mit dem Schreckgespenst des Todes, das drohend immer näher an mich herankam; dass dies kein lebenswertes Leben mehr sei, dass alles Gute, das noch kommen möge, jedes Lachen, jede Freude, durch den Krebs vergiftet sei, und dass ich kein durch den Krebs vergiftetes Leben leben wolle. Ich wollte neu beginnen. Ich wollte einen Fluchtweg und meine Wiedergeburt im Tod finden.

Und dann wurde ich wütend, als ich mir diese andere Frau vorstellte, die die Zeit, die eigentlich mir zustand, und das Leben, das eigentlich mir zustand, mit Josh und meinen Mädchen verbringen würde. Ich hasse sie, diese Frau, die ich nicht einmal kenne. Ich schwöre, dass ich ihr etwas antun werde, wenn sie Josh und meinen Kindern Unrecht tut. Dann komme ich als ein Poltergeist zurück und schleudere ihr Bücher, Vasen und alles, was schwer ist und wehtut, an den Kopf. Andererseits wünsche ich mir sie herbei, brauche sie und möchte, dass sie in das Leben meines Mannes und meiner Kinder tritt, um sich um sie zu kümmern. Sie soll sie so sehr lieben, wie ich sie liebe, wenn nicht sogar noch mehr, denn ich weiß: Solange es Josh und den Mädchen gut geht, wird es auch mir gut gehen. Sie sollen um mich trauern und eine Weile an mich denken, aber dann sollen sie nach vorn blicken und mit Freude und Hingabe ihr Leben leben. Das wünsche ich mir mehr als alles andere für sie.

Im Schlaf fand ich eine Atempause von dem Albtraum, in dem ich mich im Wachzustand befand, denn im Schlaf habe ich keinen Krebs. Im Schlaf lebe ich das Leben, das ich leben wollte. Ich habe mich halbwegs selbst davon überzeugt, dass der Tod so sein wird wie meine Träume. Wenn ich tot bin, wird meine Seele in eine andere Dimension reisen, wo ich die Möglichkeit habe, mein ideales Leben zu leben. Dort werde ich mich nicht mehr mit den Einschränkungen und Verletzungen dieses Körpers herumquälen, aber ich werde über das Mitgefühl und die Weisheit verfügen, die ich aus den schmerzhaften Erfahrungen dieses Lebens gewonnen habe. Dort werde ich erfahren, wie es ist, die Welt perfekt zu erleben, ein Auto zu fahren, ein Flugzeug zu fliegen und Tennis zu spielen. Ich werde die Möglichkeit haben, mit Josh, meiner großen Liebe des Lebens, ja, einer Liebe, die sogar noch größer ist, ein erfülltes und langes Leben zu leben. Mit ihm werde ich weiter die Welt bereisen, und ich werde meine beiden Mädchen und noch mehr Kinder haben. Ich werde große Festessen für sie zubereiten und das Haus mit dem Duft frisch gebackenen Brots füllen. Unser Haus wird erfüllt sein von harmlosem Radau, alltäglichen Dramen und warmherzigem Lachen. Und es wird so viel Liebe geben, immer so viel Liebe.

Jedes Mal, wenn ich aus dem Schlaf erwachte, war mein erster Gedanke, dass ich unheilbaren Krebs hatte, mit einer Prognose, noch einige Jahre zu leben (in Anbetracht der Aggressivität des Krebses vermutlich eher wenige). Und ich wollte den Verlust meiner Träume in meinen wachen Stunden laut schreiend beklagen. Jedes Mal, wenn ich aufwachte, trauerte ich wieder und wieder um den Verlust meiner Träume. Qual. Unerträgliches Leid. Schiere Verzweiflung. Das reicht aus, um sterben zu wollen, um das Leben leben zu können, das, wie man sich halbwegs überzeugt hat, auf einen wartet.

Josh ließ nicht zu, dass ich niedergeschmettert am Boden lag. Er riss mich an den Armen hoch und schrie: „Ich lasse nicht zu, dass du aufgibst. *Hast du mich verstanden?* Du wirst nicht aufgeben!" Im nächsten Atemzug flehte er mich an, für ihn und für die Kinder zu kämpfen, wenn ich es schon nicht für mich selbst täte.

Ich glaube ganz ehrlich, dass Josh und die Mädchen besser dran wären, wenn sie eher früher als später neu beginnen würden. Niemand konnte mich bisher vom Gegenteil überzeugen. Ich möchte niemandem zur Last fallen. Ich möchte nicht, dass meine Familie mit ansieht, wie ich langsam und qualvoll sterbe. Ich möchte nicht, dass sie meine emotionale Achterbahnfahrt miterlebt. Ich will in keiner Weise die Liebe kleinreden, die Josh für mich empfindet. Sie ist sehr real und tief, aber ich weiß auch, dass er imstande ist, eine andere Frau zu lieben und dass er eine andere Frau lieben sollte und lieben muss. Und vielleicht wird diese Liebe so innig sein wie unsere Liebe zueinander, wenn nicht sogar noch inniger. Er ist ein guter und wunderbarer Mann und ich habe mich immer unglaublich glücklich geschätzt, ihn zu haben. Und ich weiß, dass die Kinder belastbar sind, dass sie über den Verlust ihrer Mutter hinwegkommen und sich prächtig entwickeln werden. Sie sind schließlich meine Kinder und ich stelle mir gern vor, dass das Beste von mir durch ihre Adern fließt.

Ich weiß, dass viele einspringen und Josh dabei helfen werden, unsere Töchter großzuziehen, und dass viele ihnen von ihrer Mutter erzählen werden. Ich weiß, dass sie von Liebe umgeben sein werden.

Wenn ich also beschließe weiterzukämpfen, dann nicht, weil ich glaube, dass Josh und die Mädchen mich wirklich brauchen oder dass es im Hinblick auf ihre Zukunft und ihre Bestimmung in nennenswerter Weise positiv eine Rolle spielt, ob ich irgendwie noch mehr Zeit mit ihnen verbringen kann. Genauso wenig werde ich auf der Basis einer wahnhaften Hoffnung kämpfen, dass ich die Krankheit wie durch ein Wunder doch noch besiege oder dass mir viel mehr Zeit bleibt, als ich zum jetzigen Zeitpunkt zu haben erwarte. Ich hatte immer ein zwiespältiges Verhältnis zu dem Konzept der Hoffnung und das ist so geblieben. Ich bin nicht gläubig. Die Sache mit der Hoffnung überlasse ich allen anderen.

Trotz alledem entscheide ich mich weiterzukämpfen. Ich habe fast zwei Wochen gebraucht, um mich zu dieser Entscheidung durchzuringen. Ich habe fast zwei Wochen gebraucht, um mich von dem Tiefschlag zu erholen, der mich an jenem Tag nach Weihnachten umgehauen hatte, und mich aus der Finsternis herauszuarbeiten. Es geschah mit der Hilfe von Josh, meinen

Töchtern, meiner geliebten langjährigen Therapeutin und den Worten meiner noch mehr geliebten Schwester Lyna und meiner besten Freundin Sue. Sie halfen mir, wichtige Wahrheiten über mich zu erkennen und mir darüber klar zu werden, wie ich mein Leben jetzt und nach meinem Tod betrachtet sehen möchte.

Wenn ich bei einer Klassenarbeit in der Highschool schlecht abgeschnitten hatte – und mit „schlecht" meine ich bei meinen streberhaften Maßstäben, wenn ich 92 von 95 oder 97 von 100 Punkten erzielt hatte –, kam ich mit Tränen in den Augen nach Hause und war davon überzeugt, dass diese inakzeptable Note die schlimmste Tragödie meines jungen Lebens war. Und das war sie in dem Moment auch für mich. Meine Eltern waren nicht wie die typischen verrückten asiatisch-amerikanischen Eltern, die ihre Kinder unter Druck setzen. Okay, mein Vater belohnte uns für jedes „sehr gut" auf unseren Schulzeugnissen mit Geld, aber meine Eltern verlangten nie irgendwelche bestimmten Schulleistungen von uns oder sprachen Drohungen aus. Auf meine Tränen reagierte meine Mutter, indem sie mich in ihrem gebrochenen Englisch fragte: „Hast du dein Bestes gegeben?" Natürlich hatte ich das. „Mehr kannst du nicht tun", sagte sie dann.

Es war so ein einfacher Rat und doch war er so wahr. Mehr als die größte Anstrengung kann man sich selbst nicht abverlangen – nicht mehr und nicht weniger. Und wenn man sein Bestes gegeben hat, gibt es nichts zu bereuen. Ich werde meinen Kampf gegen diese Krankheit fortsetzen – nicht mit der gleichen wilden Entschlossenheit wie am Anfang –, aber ich werde mit einem noch nuancierteren, tieferen und realistischeren Verständnis ihrer Tödlichkeit weiterkämpfen. Ich bin sehr ehrgeizig und es gewohnt, immer mein Bestes zu geben. Oft war mein Bestes nicht gut genug, um die Bestnoten zu bekommen. Mit dem Krebs verhält es sich ähnlich: Mein Bestes wird nicht ausreichen, ihn zu besiegen, aber selbst wenn ich eines nicht allzu fernen Tages im Sterben liege, wird mir das Wissen reichen, dass ich mein Bestes gegeben habe, diesem Leben mehr Zeit abzuringen und so gut wie möglich mit dieser Krankheit zu leben und deshalb nichts zu bereuen zu haben. Dieses Wissen wird mich Frieden finden lassen, denn indem ich mich entschieden habe, unaufhörlich weiterzukämpfen, selbst im Angesicht eines so schweren Gegners, werde ich meine Mädchen eine der wichtigsten Lektionen lehren, die es zu lernen gibt. Ich möchte, dass sie begreifen, wie wichtig es ist, dass sie immer, bei allem, was sie tun und erreichen wollen, ihr Bestes geben.

Diese Lektion hat mich einst meine Großmutter mütterlicherseits gelehrt und jetzt muss ich sie an meine Töchter weitergeben.

Als Mutter darf ich meine Kinder nicht einfach verlassen, so sehr ich weiteren körperlichen und seelischen Schmerzen auch entkommen möchte oder was für andere egoistische Gründe mich auch antreiben mögen. Ich habe mich entschieden, Mutter zu werden. Und mit dieser Entscheidung gingen heilige Versprechen einher, von denen die wichtigsten waren, meine Kinder mit dem erforderlichen Rüstzeug auszustatten, damit sie ihr Leben leben können. Rüstzeug, das weit darüber hinaus geht, sie zu ernähren, zu baden und zu kleiden. Weiterzuleben und dieser Krankheit trotz des zu erwartenden Ausgangs den Kampf anzusagen bedeutet, das heiligste Versprechen zu halten, das ich ihnen an den Tagen gegeben habe, als ich ihre kleinen, fragilen Körper zum allerersten Mal in den Armen hielt.

Und bei Gott, ich werde mit Freude leben.

Nachdem ich die schlechte Nachricht erhalten hatte, erreichten mich wunderbare Botschaften der Unterstützung und der Liebe, sowohl von mir vertrauten Menschen als auch von Fremden. Sie alle hellten meine Stimmung auf und ließen mich denken, dass mein Kampf irgendwie auch ihr Kampf war. Und die Vorstellung, dass ich auch für sie weiterkämpfen musste, war für mich unglaublich schön und verleiht mir den Willen, noch stärker zu kämpfen.

Es ist, wie John Donne in seiner Meditation „Niemand ist eine Insel" schrieb: „Jedes Menschen Tod ist mein Verlust, denn ich bin Teil der Menschheit." Ja, ich nehme an, dass mein Tod ein Verlust für euch ist, aber ich verstehe jetzt auch, dass mein Leben und mein Kampf euch großartiger machen werden als ihr seid. Wir Menschen sind unverwüstlich wie Unkraut. Und in der Tat stärkt jeder, der sich entscheidet zu leben und zu kämpfen und durch sein Beispiel zu zeigen, welche Macht dem menschlichen Geist innewohnt, uns alle. Dieser Geist, der uns allen innewohnt, verleiht uns die Entschlossenheit, trotz der Brutalitäten, die das Leben mit sich bringt, durchzuhalten. Durch ihn erlangen wir ein Gefühl für das enorme Potenzial und die gewaltige Kraft, die jedem von uns innewohnt, ein Potenzial, dessen wir uns erst dann bewusst werden, wenn es wirklich auf die Probe gestellt wird.

Also kämpfe ich für mich, für meine Familie und für die Botschaft, die mein Kampf gegen den Krebs euch allen und der ganzen Menschheit überbringt: dass wir alle unglaubliche Kräfte aufzubringen imstande sind. Im gleichen Sinne bitte ich euch alle, die ihr euch euren eigenen Herausforderungen zu stellen habt, welche in euch den Wunsch aufkommen lassen, in der Dunkelheit zu versinken, ebenfalls zu kämpfen. Denn auch ihr seid Teil der Menschheit und euer Kampf ist von Bedeutung und gibt mir und anderen Kraft, wenn wir ins Wanken geraten.

Als das neue Jahr anbrach, erhielt ich viele Nachrichten, in denen die Leute mich erinnerten, wie mutig und stark ich sei. Das fühlte sich in dem Moment so an, als würde ich einem Chihuahua sagen, dass er eigentlich eine Dogge sei. Ich fühlte mich während dieser Wochen alles andere als mutig und stark. Liegt jemand, der mutig und stark ist, auf dem Boden und weint, während die eigenen Kinder entsetzt zusehen? Nein, so stellt man sich Stärke und Tapferkeit nicht vor. Aber das, was zählt, ist das, was diese Frau danach tut. Eine mutige und starke Frau nimmt ihre Töchter danach in die Arme und erzählt ihnen Geschichten über ihre Kindheit, und auch wenn die Kinder noch zu klein sind, um es zu verstehen, erzählt sie ihnen, was es bedeutet, eines Tages zu heiraten, und wie wichtig es für sie ist, sich vor allem selbst zu lieben, bevor sie daran denken, jemand anderen zu lieben. Eine mutige und starke Frau lässt sich mit der Unterstützung derjenigen, die mehr Kraft, Hoffnung und Vertrauen haben als sie, aus dem Abgrund hochziehen und geht ihr Leben an, auch wenn sie es eigentlich nicht unbedingt möchte. Eine mutige und starke Frau fängt wieder an zu recherchieren und versucht herauszufinden, was sie als Nächstes tun kann. Sie tut all dies in dem Wissen, dass sich ein weiterer Abgrund auftun wird und ihr noch viele weitere Momente, Stunden und Tage der Finsternis bevorstehen, bevor sie sich schließlich dem Unvermeidlichen beugt.

24
„Es im Bauch behalten"

Genug des Trübsalblasens von meiner Seite.
Wer hat dafür schon Zeit?
Ich muss hier etwas klären. Ich möchte über Liebe reden und auch über andere ausgesprochene und unausgesprochene Worte. Ich möchte über meine Mutter und über meine Großmutter reden. *Die* Großmutter, diese unglaublich großartige Frau, die ich wegen ihrer Klugheit und ihrer unerschütterlichen Stärke so hingebungsvoll geliebt und respektiert hatte. Als sie im Alter von dreiundsiebzig Jahren so plötzlich an Darmkrebs starb, glaubte ich, dass ich unter der Last meiner tiefen Trauer ersticken würde. Denn es war das erste Mal in meinen zwanzig Jahren auf dieser Welt, dass mich ein Mensch verlassen hatte, den ich liebte und von dem ich glaubte, dass er mich genauso liebte wie ich ihn.

Aber als meine Mutter mir erzählte, was für eine tiefe Abneigung meine Großmutter mir damals entgegengebracht hatte, musste ich lernen zu hassen, denn ich wollte ihr – dieser Frau, die jetzt eine Fremde für mich war – die gleiche Bitterkeit entgegenbringen, die sie für mich gehegt hatte. Und ich wollte alles Gute, was ich je über sie gedacht oder für sie empfunden habe, radikal ausmerzen. Ich wollte sie aus ihrer Geisterwelt zurückreißen und sie für ihre Verbrechen gegen mich, für ihren Verrat, zur Rechenschaft ziehen.

Nach dieser Eruption fühlte ich mich gefühlsmäßig wie auf einem Terrain verbrannter Erde. Ich war zutiefst verletzt und untröstlich und verspürte das dringende Bedürfnis zu erfahren, ob sie und die anderen mich je geliebt hatten oder ob es ihnen je leidgetan hatte, was sie gemeinsam zu tun versucht hatten. Ob einer von ihnen je bei dem Gedanken erschaudert war, dass ihre Tochter beziehungsweise Enkelin hätte tot sein können, bevor sie eine Chance gehabt hatte zu leben. War das der Grund, aus dem mein Vater plötzlich geweint hatte, als er gesehen hatte, wie ich am Tag vor meinem College-Abschluss meinen schwarzen Doktorhut und meinen Talar anprobierte und als mir seine über seine rauen Wangen rollenden Tränen, ungeachtet dessen, dass er sehr stolz auf mich gewesen sein mochte, angesichts des Ereignisses als maßlos übertrieben erschienen waren? Hatte es ihm da leidgetan und er sich mit jeder einzelnen Träne wortlos bei mir entschuldigt? Was hatte meine Großmutter gedacht, als ich sieben Jahre alt war und das Foto in den perfekt gepflegten botanischen Gärten der Huntington Library entstanden war, auf dem sie meine Hand hält und ich Zöpfe habe und meine Buddy-Holly-Brille trage? Was war ihr durch den Kopf gegangen, als sie sich zu mir setzte und mir auf diese ihr eigene zurückhaltende, liebevolle Weise den Rücken tätschelte, als ich zum ersten Mal meine Periode bekam? Sie hatte so stolz gewirkt. War das die gleiche Frau, die zehn Jahre zuvor so in Sorge darüber gewesen war, was passieren würde, wenn ich zum ersten Mal menstruierte? Die von der Vorstellung umgetrieben worden war, dass ich alles vollbluten könnte wie ein wildes Tier?

Hast du in dem Moment daran gedacht, dass du mich hattest einschläfern lassen wollen wie einen tollwütigen Hund?

Nach dem Kummer kam das Bedürfnis, dass der Rauch sich verziehen und die Asche verschwinden möge, um mein Leben weiterleben zu können (was ich immer noch tue), um mit Vernunft und Rationalität und sogar Mitleid für diese irregeleiteten Menschen, die ich meine Familie nennen musste, Ordnung in das Chaos in meinem Kopf zu bringen. Sie alle waren abergläubische Seelen gewesen, eingesperrt in einem zurückgebliebenen, hoffnungslosen Land. Sie hatten versucht, in schwierigen Zeiten zu überleben, in einer Kultur, in der die Tötung von Mädchen im Kindesalter durchaus nicht als etwas Unvorstellbares galt. Vielleicht hätte sogar *ich* einen Mord in dieser Situation für gerechtfertigt gehalten ... vielleicht.

Mach dich nicht lächerlich. Du weißt ganz genau, dass du das nicht hättest. Sogar der Kräuterheiler, der übrigens zur gleichen Zeit im gleichen Land lebte wie deine Großeltern und deine Eltern, wusste, dass es unrecht war.

Zumindest für meine Mutter konnte ich definitiv Mitleid empfinden. Sie war das größte Opfer. Ja, sie war schön, aber sie war auch ängstlich und hatte nicht das erforderliche Durchsetzungsvermögen, um meiner herrischen Großmutter die Stirn zu bieten. Man hatte ihr beigebracht, älteren Menschen gegenüber respektvoll und gehorsam zu sein und für das Wohl der Familie ihre eigene egoistische Stimme selbstlos zu unterdrücken. Ich konnte mir gut vorstellen, wie meine Mutter sich dem Willen meiner Großmutter beugte, denn ich hatte während meiner gesamten Kindheit erlebt, wie meine Mutter Konfrontationen zu Hause oder bei der Arbeit aus dem Weg ging. Mein oft übellauniger Vater fluchte herum und schrie sie wegen irgendwelcher Nichtigkeiten an, wann immer ihm danach war – wenn sie das Geschirr zweimal abwusch, weil sie von der zwanghaften Angst besessen war, dass wir Spülmittel zu uns nehmen könnten, oder wenn sie beim Suppenkochen zusah, bis das Wasser kochte, obwohl es effektiver gewesen wäre, wenn sie währenddessen das Gemüse für die Suppe vorbereitet hätte –, und das ging so weit, dass ich mich mit meinem kleinen fleischigen Körper auf ihren dünnen Körper werfen wollte, um sie vor den verbalen Dolchstößen meines Vaters zu beschützen. Einmal fragte ich sie aufgebracht, warum sie sich nie gegen meinen Vater oder gegen ihre Kollegin wehrte, die sie bei der Arbeit vor allen anderen schlechtmachte und die meine Mutter nur im Kreis unserer Familie wegen ihrer Schmähungen verurteilte.

Sie sagte, es sei besser, „es im Bauch zu behalten", ein vietnamesisches Sprichwort, das bedeutet, um des lieben Friedens willen lieber den Mund zu halten und seinen Ärger in sich hineinzufressen. Selbst als sie mir fast dreißig Jahre, nachdem das alles passiert war, und fast zehn Jahre nach dem Tod meiner Großmutter die Wahrheit offenbarte, war sie noch nervös und fürchtete sich davor, den Geheimhaltungspakt zu brechen, an den sich alle Beteiligten über all die Jahre hinweg gehalten hatten. Ein Pakt, dessen Verbindlichkeit deutlich schwächer geworden war, nachdem meine Großmutter, die alle zum Schweigen verdonnert hatte, nicht mehr da war.

„Wenn deine Großmutter noch leben würde, würde ich dir nicht erzählen, was ich dir gleich erzählen werde, und dein Großvater und dein Vater werden mich bis ans Ende meiner oder ihrer Tage anschreien und beschimpfen, wenn sie je herausfinden, dass ich es dir erzählt habe", sagte sie zu Beginn ihrer Beichte. Ihre Augen, ihre Augenbrauen und ihr Mund waren zu einer steifen Maske erstarrt, als ob sie sich gegen die unvermeidlichen

Angriffe wappnete, die sie erwartete. Dennoch war sie bereit, das Risiko einzugehen, es mir zu erzählen.

Sie sagte, sie würde es mir erzählen, weil ich das Recht hätte, es zu erfahren. Damit lag sie richtig. Ich hatte das Recht, es zu erfahren. Aber ich glaube nicht, dass das ihr einziger Grund war.

Getreu ihrer Überzeugung, es lieber „im Bauch zu behalten", ist meine Mutter sehr gut darin, ihre düsteren Gefühle zu unterdrücken. Ich kann mich nur an zwei Gelegenheiten erinnern, bei denen sie in meiner Anwesenheit geweint hat: einmal auf der Beerdigung meiner Großmutter, bei der sie plötzlich in Tränen ausbrach, und das andere Mal, als sie sich am Abend vor dem Beginn meines ersten Studienjahres in meinem Schlafsaal im College von mir verabschiedete und so heftig mit den Augen blinzelte, dass ich dachte, ihre Wimpern könnten abfallen. Sie findet mühelos Worte, wenn sie irgendeine Geschichte erzählt, doch wenn ihre Worte dazu dienen könnten, ihre Verletzlichkeit preiszugeben, scheinen sie zu versiegen.

In dieser Hinsicht ist sie in meiner Familie nicht die Einzige. Worte wie „Es tut mir leid" oder „Ich liebe dich" oder sogar „danke" werden in meiner Familie nicht ausgesprochen, wobei es unter den Familienmitgliedern meiner Generation, die in den USA aufgewachsen sind, Ausnahmen gibt. Ansonsten sind solche Worte einfach nicht Bestandteil unserer gesprochenen Familiensprache. Stattdessen sind wir gezwungen, die Worte, mit denen wir angesprochen werden, zu interpretieren und eine unausgesprochene Sprache zu beherrschen, in der unsere Handlungen unsere Worte sind.

Wenn meine Eltern zu Ehren meiner Besuche bei ihnen zu Hause meine absoluten Lieblingsgerichte zubereiten, zeigen sie mir, wie sehr sie mich lieben. Und das empfand ich immer als einen viel eindringlicheren, überzeugenderen Ausdruck ihrer Liebe als einfach nur ausgesprochene Worte.

Deshalb wusste ich an jenem Abend, als meine Mutter mir die Geschichte ohne jegliche Emotionen zu erzählen schien, dass es unter der Oberfläche viele unausgesprochene Botschaften gab. Dinge, die meine Mutter mich wissen lassen wollte, die sie aber einfach nicht laut aussprechen konnte. Später grübelte ich tausendmal, vielleicht auch eine Million Mal, über ihre Tonlage nach, über die Nuancen jedes einzelnen Wortes und die Feinheiten ihrer Körpersprache, um alles zu ergründen, was sie mir hatte sagen wollen. An der leicht erhöhten, fast wütend klingenden Tonlage ihrer Stimme – ähnlich der eines bockigen Kindes, das sich weigert, die Verantwortung für etwas zu übernehmen – und an ihrem ganz leicht vorgeschobenen Kinn erkannte ich ihre Abwehrhaltung gegen die Vorwürfe, mit denen sie von meiner Seite rechnete. *Es war nicht meine Idee. Ich wollte das nicht wirklich tun,* schien sie zu sagen. Doch vor allem kamen ihre Schuldgefühle zum Vorschein. Hätte sie nicht diese Schuldgefühle gehabt, wäre diese Abwehrhaltung nicht da gewesen.

Aufgrund der Dinge, die sie im Laufe der Jahre gesagt hatte, wusste ich, dass sie sich dafür verantwortlich fühlte, dass ich mit beidseitigem Grauen Star geboren wurde. Sie sagte zum Beispiel: „Es war dumm von mir, diese Pillen einzunehmen, als ich mit dir schwanger war." Sie gehört zu der Sorte Frau, die Schuldgefühle und Verantwortung für Fehlverhalten durch einen gigantischen Strohhalm einsaugt. Sie sagte Dinge wie: „Ich konnte keine Kuhmilch für dich auftreiben, als du ein Baby warst. Wenn ich welche aufgetrieben hätte, wärst du viel größer geworden." Sie gab sich die Schuld dafür, dass meine Haut so dunkel geraten war, weil sie nicht gewusst hatte, was die richtigen Nahrungsmittel für mich gewesen wären. Sie gab sich die Schuld dafür, dass ich nicht auf die Yale University gegangen bin, weil sie mich nicht hart genug gefordert hatte.

Wenn meine Mutter sich wegen meines Grauen Stars, meiner Körpergröße, der Farbe meiner Haut und der Tatsache, dass ich es nicht auf die Yale University geschafft hatte, schuldig fühlte, dann müssen ihre Schuldgefühle, die sie mit sich herumgetragen hat, weil sie mich zu diesem Kräuterheiler gebracht hatte, unerträglich für sie gewesen sein. Achtundzwanzig Jahre lang hatte meine Mutter versucht, ihre sie aufgrund dieses Tötungsversuchs quälenden Schuldgefühle zu unterdrücken, und an diesem Abend entschied sie sich schließlich, damit aufzuhören, es weiter zu versuchen. In dem Moment, in dem sie mir alles erzählte, als sie riskierte, sich den Zorn meines Vaters und meines Großvaters zuzuziehen, als sie sich von der verängstigten Frau befreite, die sie immer gewesen war, als sie den Mut fand, mir in die Augen zu sehen und mir zu gestehen, was sie getan hatte, bat sie mich um Absolution und gab mir die Macht, sie von ihrer Schuld freizusprechen.

Absolution ist schwierig. Manchmal ist es einfach nicht möglich, die Absolution zu erteilen. Mitleid ist eine Sache. Vergebung ist etwas ganz anderes.

Nachdem meine Mutter mir an jenem Abend ihre Geschichte zu Ende erzählt und mich gebeten hatte, niemandem gegenüber preiszugeben, was ich gerade erfahren hatte, hingen diese unausgesprochenen Worte „Bitte verzeih mir" zwischen uns. Sie stand über mir thronend da, die Hände an den Seiten, und wartete. Ich konnte sie nicht ansehen. Während sie mir die Geschichte erzählte, hatte ich zu irgendeinem Zeitpunkt – ich weiß nicht mehr wann – angefangen zu weinen. Ich bin anders als die anderen Mitglieder meiner Familie. Ich bin nicht gut darin, meine Tränen zurückzuhalten und meine Gefühle zu unterdrücken. Ich verließ ihr Zimmer – erleuchtet, wütend, verletzt, verwirrt und traurig, aber vor allem am Boden zerstört. Denn ich wusste, dass ich meine Familie, mein Leben, mich selbst nie wieder mit den gleichen Augen sehen würde wie zuvor. Bevor ich ging, dankte ich meiner Mutter dafür, dass sie es mir erzählt hatte, weil ich ehrlich dankbar war.

Es ist besser, die Wahrheit zu kennen, als sie nicht zu kennen.

25
Ein Tag in meinem Leben

Nachdem ich mein Jurastudium 2002 beendet hatte, fand ich eine Anstellung bei Cleary Gottlieb, einer berühmten international tätigen Anwaltskanzlei, die man damals als eine Wall-Street-Kanzlei bezeichnet hätte. Also einer Kanzlei, die die großen amerikanischen Blue-Chip-Unternehmen und Investmentbanken bei ihren zahlreichen millionen- und milliardenschweren Unternehmenstransaktionen und Gerichtsverfahren repräsentiert, die es meistens in die Schlagzeilen des *The Wall Street Journal* schaffen. Viele Absolventen der renommierten juristischen Fakultäten arbeiten ein paar Jahre in einer großen Kanzlei, um ihre Studienkredite abzubezahlen und Erfahrungen zu sammeln, bevor sie sich anderen Jobs zuwenden und sich zum Beispiel selbstständig machen oder für den Staat, für ein gemeinnütziges Unternehmen, eine kleinere Kanzlei oder als Inhouse Consultant für ein großes Unternehmen arbeiten. Eine kleine Minderheit hat den Wunsch und verfügt über das Durchhaltevermögen und das Talent dazu, um einen der begehrten Plätze als einer der illustren Partner solch einer traditionellen Anwaltskanzlei zu konkurrieren.

Ich blieb länger bei Cleary Gottlieb, als ich je gedacht hatte, und war immer noch dort, als ich meine Krebsdiagnose erhielt. Partnerin der Kanzlei zu werden, stand definitiv nicht auf meiner Agenda, denn dafür mangelte es mir an Biss und an Talent. Nach jahrelanger Plackerei, vielen durchgearbeiteten Nächten und einem Leben unter dem starken Druck, der damit einhergeht, in einer Kanzlei wie Cleary Gottlieb zu arbeiten, hatte ich endlich eine bequeme Nische gefunden, in der ich meinen Beruf und mein Dasein als Mutter von zwei kleinen Kindern etwas besser miteinander vereinbaren konnte. Und dann schlug der Krebs zu.

Seit meiner Diagnose habe ich nicht mehr in der Kanzlei gearbeitet. In Anbetracht dessen, wie abwechslungsreich meine Arbeitstage dort waren, finde ich es umso bemerkenswerter, dass in meinem momentanen Leben kein Tag je dem anderen gleicht. Außer dass ich die Mädchen morgens fertig mache und in die Vorschule und sie abends ins Bett bringe, habe ich keine festen Termine. In der Zeit dazwischen koche, putze, schreibe, lese und recherchiere ich, spreche mit krebskranken und nicht krebskranken Freundinnen und Freunden, sehe fern, gehe gelegentlich mit Leuten aus, bezahle Rechnungen, sammle Spenden für die Darmkrebsforschung und starre an die Decke. Ich habe ehrlich keine Ahnung, wo die Zeit bleibt, was angesichts dessen, wie begrenzt meine verbleibende Zeit ist, ein beängstigender Gedanke ist.

Ich bewundere all die, die mit aktivem Krebs im Stadium IV weiterarbeiten. Und noch mehr bewundere ich die, die zudem auch noch kleine Kinder haben. Ich weiß, dass sie oft gar nicht die Möglichkeit haben, nicht zu arbeiten. Dennoch bewundere ich die Fähigkeit dieser Menschen, ihre Arbeit und das emotional und physisch zehrende Leben, das ein Leben mit Krebs bedeutet, unter einen Hut zu bringen.

An einem Montag Anfang Januar 2015, als die Nachricht meiner ernüchternden Prognose noch neu und schmerzhaft war, wachte ich schon vor der Morgendämmerung übel gelaunt auf. Mich plagten Zweifel und Fragen, auf die ich keine Antworten hatte. Sollte ich es mit Hanföl probieren? Sollte ich bestimmte Nahrungsergänzungsmittel nehmen oder welche, die ich nahm, weglassen? Sollte ich eine zweite Meinung einholen? Sollte ich mir einen anderen Onkologen suchen, einen auf Dickdarmkrebs spezialisierten oder einen, der am renommierten Memorial Sloan Kettering Cancer Center praktizierte? Sollte ich die Option der Laseroperation in Deutschland mit mehr Nachdruck verfolgen, auch wenn mein Onkologe und das Lungentumorboard in meinem Fall nicht so viel davon hielten? An diesem Morgen erdrückten mich meine Sorgen, aus was für einem Grund auch immer.

Meine jüngere Tochter, die dreijährige Isabelle, schien ebenfalls verstimmt aufgewacht zu sein. Die Dunkelheit draußen schien zu unserer düsteren

Stimmung zu passen. Montagmorgens im Winter ist es immer besonders anstrengend, die Kinder fertigzumachen und aus dem Haus zu kriegen. Meistens sind wir zu spät dran, aber ich bemühe mich dennoch, die Vorschule mit einer gerade noch akzeptablen Verspätung zu erreichen. Doch an diesem Montagmorgen war es besonders schlimm. Isabelle kooperierte gar nicht und klebte an mir wie eine Klette. Wenn sie so anhänglich ist, denke ich immer, dass sie etwas weiß, was ich nicht weiß, dass sie den Krebs in mir wachsen spüren kann. Genauso war sie auch im Dezember in den Wochen vor meinem CEA-Test, der die besorgniserregenden Ergebnisse ergab, und den vernichtenden Aufnahmen gewesen.

Ich habe immer wieder zu Josh gesagt, dass Isabelle es spüren könne, wenn in mir Metastasen heranwuchsen, aber er hielt das für absurd und entgegnete, dass ihr Verhalten allen möglichen Dingen zugeschrieben werden könne. Aber natürlich hatte ich recht.

Wenn ich an unsere Kinder denke, sehe ich Mia immer als meine umwerfend hübsche, intellektuelle Tochter, die Art Mädchen, die mit ihren hinreißenden Gesichtern, ihrer Größe und ihrer Anmut dafür sorgen, dass die Leute sich nach ihm umdrehen – was auch schon der Fall war –, und die für Erstaunen sorgen, wenn sie im Museum mit dem Finger auf ein Tier auf einem mittelalterlichen Gemälde zeigen und sagen: „Das ist der Narwal, das Einhorn des Meeres." Während ich zwar befürchte, dass sie aufgrund ihrer angeborenen Unsicherheit eines Tages vielleicht ihre eigenen Dämonen zu bekämpfen haben wird, ist Mia meine experimentierfreudige Esserin und diejenige, von der ich glaube, dass sie eines Tages in meine Fußstapfen treten und viele Sprachen lernen und die Welt bis in die letzten Winkel bereisen wird.

Aber Belle (die sturer als ein Esel ist – sie würde zum Beispiel lieber verhungern und umkippen, als etwas zu essen, was sie nicht will) ist meine alterslose Seele, meine unheimlich intuitive Tochter, die die Menschen und das Leben auf eine altkluge Weise versteht, die nicht ihrem jungen Alter entspricht. Sie ist mein Kind, das mit Geistern spricht. Als Belle gerade zweieinhalb geworden war und ich sie eines Morgens in ihrem Buggy aus einem Fahrstuhl herausschob, fragte sie mich aus heiterem Himmel: „Was passiert, wenn wir sterben, Mommy?" Ich wusste nicht, was ich darauf erwidern sollte, weil ich so eine Frage niemals von einer Zweieinhalbjährigen erwartet hätte.

Es war auch während dieser Zeit, als Mia besonders schwierig war – so schwierig, dass ich das Gefühl hatte, wir würden schon diese heftigen Kämpfe austragen, die Mütter angeblich mit ihren Töchtern im Teenageralter austragen, wobei es diese Kämpfe zwischen meiner Mutter und mir nie gegeben hatte. Eines Sonntagabends ging Mia zu weit und ich ließ meinen Ärger an ihr aus, schrie sie an und schickte sie in ihr Zimmer. Sie lief mit tränenüberströmten Wangen und lauthals schimpfend davon und knallte die Tür hinter sich zu. Ich weinte danach hysterisch auf dem Sofa und warf mir vor, die schlechteste Mutter der Welt zu sein. Josh bat mich, mich in unser Schlafzimmer zurückzuziehen, damit Isabelle mich nicht so aufgebracht sähe – er glaubte, dass mein Weinen sie verängstigen würde. Doch Belle wandte sich ihrem Vater zu und sagte mit ihrer niedlichen Stimme: „Mommy ist einfach nur total erschöpft. Sie wird noch ein bisschen weinen und dann ist alles wieder gut."

Während meiner Krankheit haben die Kinder meine emotionalen Ausbrüche immer wieder mitbekommen: mein Weinen, meine Schreie, meine Wut. Bestimmt sind viele Kinderpsychologen der Meinung, dass Josh und ich unsere Gefühle und die Wahrheit vor unseren Kindern verbergen sollten, dass sie zarte Blumen sind, die beschützt werden sollten. Josh und ich teilen diese Auffassung nicht. Wir halten nichts davon, vor unseren Kindern etwas zu verheimlichen. Sie sind keine zarten Blumen, die unter der Belastung dahinwelken. Im Gegenteil: Sie sind hochintelligente kleine Mädchen mit einer enormen Fähigkeit, jede harte Realität, die sie in ihrem Leben erwartet, zu verstehen und mit ihr zu wachsen. Vom frühen Kindheitsalter an, gestützt auf das solide Fundament familiärer Liebe, mit den Härten des Lebens konfrontiert zu sein, wird sie stärken. Ich weiß aus eigener Lebenserfahrung, dass das so ist.

Wenn ich weinend im Bett liege, hält sich Mia meistens von mir fern. Oder sie kommt kurz rein, schnappt sich ihr Kuscheltier Pinky und ihre Decke, verschwindet sofort wieder und sieht fern – sie frisst ihre Ängste und Sorgen und ihre Traurigkeit in sich hinein. Belle hingegen schaut alle paar Minuten nach mir. Sie öffnet ganz leise die Tür, steckt den Kopf hindurch und sieht mich mit ihren besorgten braunen Augen an. Manchmal kriecht sie zu mir ins Bett und drückt und küsst mich. „Mommy, es wird alles wieder gut", versichert sie mir dann, als ob sie es wüsste.

Doch an diesem Montagmorgen konnte Belle mich nicht so beruhigen, wie sie es sonst manchmal konnte. Sie saß im Flur vor ihrem Klassenzimmer auf meinem Schoß und ich weinte an ihrem Nacken. Wir müssen jeden Morgen die dreißig Minuten zwischen dem Beginn von Mias Vorschulunterricht um 8.30 Uhr und dem Beginn von Belles Vorschulprogramm um 9 Uhr überbrücken. Ich saß dort und hörte mit an, wie die anderen Eltern einander fröhlich begrüßten und Urlaubserlebnisse austauschten, als ob keine einzige Sorge ihr Leben trübte. Unser Urlaub war furchtbar gewesen, komplett vergiftet durch die Krebsdiagnose. In jenem Moment überforderte mich diese Geräuschkulisse der Normalität, ich konnte sie nicht ertragen. Ich versuchte mich schluchzend in unserer kleinen Ecke zu verbergen und drückte Belle noch fester an mich. Dieses Mal kamen von ihr keine Fragen wie „Mommy, warum weinst du denn?" oder beruhigende Aussagen wie „Mommy, es wird alles wieder gut!". Stattdessen saß sie nur da und starrte mit diesem Blick in den Augen auf eine Stelle an der Wand, der mir verriet, dass sie an einem Ort, an den ich sie nicht begleiten konnte, etwas sah, das ich nicht sehen konnte. Es war dieser Blick, der mir Angst machte, weil ich wusste, dass sie wusste, dass mein Krebs sich verschlimmerte.

Ihr Schweigen endete im Klassenzimmer, als wir versuchten, uns für den Tag voneinander zu verabschieden. Ich weinte immer noch, weil ich daran denken musste, wie oft ich meine Kinder in den kommenden Jahren nicht würde zur Schule bringen können. Ich wurde von einem überwältigenden Gefühl der Vergeblichkeit erfasst, von dem Gefühl, dass ich, was auch immer ich tat, so oder so an dieser Krankheit sterben würde, dass es nur eine Frage der Zeit war und mir wahrscheinlich eher weniger Zeit blieb als viel, und dass dieses kleine Mädchen des Menschen beraubt werden würde, der es am meisten liebte. Sie kämpfte in diesem Moment darum, dass ich bei ihr blieb. „Geh nicht weg, Mommy! *Geh nicht!*", flehte sie mich an. Eine der Assistenzlehrerinnen musste sie aus meinen Armen lösen, damit ich gehen konnte. Ich rannte aus dem Raum und schreckte davor zurück, mich noch einmal umzusehen. Ihr Geschrei hallte in meinen Ohren nach.

Beim Verlassen des Vorschulgebäudes bat ich die Götter, welche auch immer da sein mochten, die mich erhören konnten, um ein Zeichen. Ein Zeichen dafür, dass meine Bemühungen, diesen Krebs zu bekämpfen, nicht vergeblich sein würden und der Rest meines Lebens nicht sinnlos sein würde, dass dieses Desaster, das mich ereilt hatte, mich nicht völlig ersticken würde, dass ich dem Leben noch einige ungetrübte Glücksmomente würde abringen können und dass ich inmitten all der Zweifel, die in meinem Kopf für

Chaos sorgten, noch ein wenig Frieden finden würde. Wenn man so weit ist, dass man die Götter um Zeichen bittet, muss man wirklich zutiefst verzweifelt sein.

Als ich meinen zwanzigminütigen Fußweg auf der Court Street in Richtung Norden antrat, um schnell noch bei Trader Joe's einzukaufen, bevor ich zu meiner nächsten Behandlung ging, hörte ich jemanden meinen Namen rufen. Ich drehte mich um, schämte mich aufgrund meines aufgelösten Zustands und sah eine Frau, die ich nicht erkannte, auf mich zukommen.

„Wir möchten Ihnen helfen", sagte sie. „Bitte sagen Sie uns doch, was wir für Sie tun können."

In dem Moment war ich noch verlegener, weil ich diese Frau einfach nicht einordnen konnte – aufgrund meiner Sehbehinderung war das Erkennen von Gesichtern noch nie eine meiner Stärken gewesen. Sie war die Mutter von einer von Isabelles Klassenkameradinnen. Sie und andere Eltern wussten über meine Erkrankung Bescheid. Die Eltern wollten mir helfen. Ich war unglaublich gerührt und sagte ihr, dass sie im Moment gerade nichts für mich tun könnten, ich aber sicher auf das Angebot zurückkommen werde, da eine Zeit kommen werde, in der ich so viel Hilfe wie nur irgend möglich in Anspruch werde nehmen müsse. Dann brach ich wieder in Tränen aus, sie weinte mit mir und wir umarmten uns mitten auf dem breiten Bürgersteig. War das das Zeichen, das die Götter mir gesandt hatten?

Nachdem ich meine Einkäufe erledigt hatte und sie mit dem Bus der Linie 63, der auf der Atlantic Avenue verkehrte, nach Hause gebracht hatte, trug ich auf die Stelle an meiner Brust, an der mir der Port-Katheter unter die Haut implantiert worden war und an der eine Stunde später die riesige Infusionsnadel hineingeschoben werden würde, Lidocain-Creme auf und nahm die U-Bahn zum NYU Clinical Cancer Center. Ich ging bedrückt, in meine düsteren Gedanken versunken, auf der 34th Street in Richtung Osten, als eine kleine, rundliche, schwarzhaarige Frau, die vermutlich in den Fünfzigern war, mit einem Zettel in der Hand auf mich zukam. Na, super. Was wollte die denn jetzt von mir? Ich nahm an, dass sie mich um Geld anbetteln würde. Die Frau sprach nur wenige Worte Englisch, aber es gelang ihr, mir verständlich zu machen, dass sie mich nach dem Weg zu einer bestimmten Adresse fragen wollte. Sie reichte mir den Zettel, auf dem die Adresse des NYU Clinical Cancer Centers stand. Was für ein Zufall.

„Dahin gehe ich auch. Begleiten Sie mich einfach", sagte ich. Dass ich nicht die Einzige war, die diese gefürchtete Klinik ansteuerte, gab mir auf merkwürdige Weise Auftrieb.

„Was für einen Krebs haben Sie?", fragte ich sie. Haben Sie inzwischen mitbekommen, wie neugierig ich bin? Ich stelle Fremden all diese persönlichen Fragen, die die meisten Leute nie stellen würden. Sie zeigte auf ihre Brüste.

„Ich habe Darmkrebs", teilte ich ihr mit und deutete auf meinen Unterleib.

Aufgrund ihres verwirrten Gesichtsausdrucks war ich nicht sicher, ob sie mich verstanden hatte. Deshalb fragte ich sie: „Sprechen Sie Spanisch?" Vielleicht, so dachte ich, könnte ich in meinem schlechten Spanisch besser mit ihr kommunizieren.

Sie schüttelte den Kopf.

„Woher kommen Sie?", fragte ich sie, jede Silbe klar und deutlich artikulierend.

„Bangladesch", erwiderte sie.

Das fand ich wirklich verrückt. Wie oft trifft man schon jemanden aus Bangladesch, selbst in einer multikulturellen Stadt wie New York? Ich glaube, mir ist in all den Jahren, in denen ich in New York City gelebt habe, nur ein einziger anderer Bangladeschi begegnet. Außerdem hat Bangladesch eine ganz besondere Bedeutung für mich. Ich war in dem Sommer nach dem ersten Jahr meines Jurastudiums zehn Wochen dort und habe ein Praktikum bei einer regierungsunabhängigen Menschenrechtsorganisation absolviert. Die Erfahrungen, die ich während dieser zehn Wochen gemacht habe, gehören zu den tief greifendsten und bereichernden Erfahrungen meines Lebens. Mein Aufenthalt dort war von all den Unannehmlichkeiten geprägt, die ein Leben unter den in Bangladesch herrschenden Bedingungen mit sich bringt – extreme Hitze, Monsunregen, bis dahin für mich unvorstellbare Armut und kulturelle Verdrängung. Hinzu kam der peinigende Anblick von minderjährigen, im Schmutz lebenden Mädchen, die sich prostituierten, und von Frauen mit weggebrannten Nasen, denen ihre gewalttätigen Ehemänner Schwefelsäure ins Gesicht geschleudert hatten. Aber meine Zeit dort war auch erfüllt von Selbsterkenntnis und Stolz darauf, dass ich selbst unter diesen beschwerlichen Bedingungen persönlich aufblühen konnte und die unvergleichliche Schönheit und Üppigkeit der unberührten Natur und die einzigartige Freundlichkeit und Widerstandsfähigkeit der Menschen mich in

Staunen versetzen konnten und mit Dankbarkeit zu erfüllen vermochten.

Während ich diese Frau aus Bangladesch ansah, die mich ausgewählt hatte, um mich nach dem Weg zu fragen, kam all das wieder in mir hoch, was ich mit Bangladesch assoziierte: das Nebeneinander von Hässlichkeit und Schönheit, das Leid und die Freude, die Armut und die Großzügigkeit. Meine Reise mit dem Krebs unterscheidet sich nicht so sehr von meiner Reise durch Bangladesch: Diese Krebsreise ist erfüllt von Hässlichkeit und Schönheit, von Leid und Freude, von Armut und Großzügigkeit. Wie hätte ich etwas anderes denken sollen, als dass dieser Augenblick, in dem sich mein Lebensweg mit dem dieser Frau aus Bangladesch kreuzte, ganz und gar kein Zufall war?

26
Unbesiegbarkeit

Jedes Mal, wenn ich einen Termin bei Dr. A. C. habe, misst Tanya meine Vitalzeichen. Tanya ist eine offenherzige schwarze Frau mittleren Alters und Mutter von zwei Kindern. Sie trägt gerne Schwesternkittel mit aufgedruckten Zeichentrickfiguren. An einem Ort, der so düster sein kann, sind ihre Kittel wie ein Leuchtturm der Aufmunterung und des Lichts. Ich war jedes Mal gespannt, welche Figur ich diesmal zu sehen bekäme, und insofern waren ihre Kittel für mich eine Quelle der Unterhaltung. Tanya und ich reden über Zeichentrickfilme, über unsere Kinder, unsere Ferien, und manchmal tratschten wir auch über das Klinikpersonal und sogar über Dr. A. C. Denn, wie bereits erwähnt, bin ich bekanntlich sehr neugierig. Solche Unterhaltungen mit den verschiedenen Menschen, die mir im NYU Clinical Cancer Center begegnen – Tanya, die Rezeptionistinnen, die Schwestern und Pfleger und Dr. A. C. selbst –, heben meine Stimmung. Sie geben mir das Gefühl, dass diese Menschen sich für mich interessieren und dass ich mich für sie interessiere, dass sie in mir nicht nur eine Krebspatientin sehen, sondern ein unverzichtbares, engagiertes, aktives, interessiertes Mitglied der Spezies Mensch, das nicht ausschließlich auf den Krebs reduziert ist. Ich glaube, die meisten wären überrascht, wenn sie wüssten, wie viel ich in der Krebsklinik lache.

Während einer dieser Plaudereien mit Tanya fragte ich sie beiläufig: „Sie müssen hier ja wirklich sehr kranke Menschen sehen." Natürlich war mir während der Zeit, die ich immer wieder im Wartezimmer verbrachte, aufgefallen, dass ich stets zu den jüngsten Patienten gehörte und trotz meiner Diagnose und Prognose meistens von allen Anwesenden am gesündesten aussah.

Tanya senkte ihre Stimme zu einem verschwörerischen Flüstern: „Oh ja. Manche, die hierherkommen und behandelt werden oder eine zweite, dritte oder vierte Meinung einholen wollen, sehen so aus, als ob ihnen nur noch zwei Tage bleiben würden."

Ich war schockiert. „Wirklich?" Während der vielen Stunden, die ich im Laufe der vergangenen einundzwanzig Monate im Wartezimmer und in den Untersuchungsräumen verbracht hatte und während denen ich meine Mitkrebspatienten alles andere als heimlich aus dem Augenwinkel gemustert hatte – in Wahrheit starrte ich sie meistens unverblümt an –, hatte ich noch nie jemanden gesehen, der so todkrank ausgesehen hatte.

Sie nickte ernst.

Bei meinem nächsten Besuch rollte ein Sanitäter genau in dem Moment, in dem ich das Untersuchungszimmer verließ, in dem ich gerade bei Dr. A. C. gewesen war, einen kranken alten Mann in den Raum, der nur noch ein paar wenige weiße Haarsträhnen hatte. Er lag reglos auf einer Tragbahre. Tanya eilte herbei, um seine Vitalzeichen zu prüfen und knallte unmittelbar hinter mir die Tür zu. Sie hatte nicht übertrieben! Menschen, die schwer krebskrank sind, begeben sich in die Notaufnahme oder ins Krankenhaus, um die Symptome oder Komplikationen zu bekämpfen, unter denen sie akut leiden. Einen Onkologen suchen sie erst dann in seinem Untersuchungszimmer auf, wenn sie sich behandeln lassen oder eine Meinung einholen wollen.

Von dem Mann ging etwas Beunruhigendes aus, genauso wie von all den anderen dem Tod geweihten Patienten, die Dr. A. C.s Behandlungsraum und die Behandlungsräume Tausender anderer Onkologen in den USA und auf der ganzen Welt aufsuchen. Noch beunruhigender fand ich den Gedanken an die vielen anderen Krebspatienten, die in Mexiko, Deutschland, Südafrika oder sogar in New York Pseudoärzte und offensichtliche Quacksalber aufsuchen. Sie nehmen die verzweifelten Kranken mit ihren hochgradig fragwürdigen Behandlungsmethoden aus, kassieren dafür Hunderttausende von Dollar und fügen den Patienten unsägliches körperliches Leid zu. Ganz zu schweigen von dem emotionalen Trauma, das diese Patienten erleiden, wenn die Behandlungen der Quacksalber unvermeidlich versagen. In der Hoffnung, gerettet zu werden, sind Menschen bereit, ihre letzten Dollars auszugeben und grünen Schlamm aus irgendeinem Sumpf zu trinken oder sich irgendwelche dubiosen klaren Flüssigkeiten in die Venen injizieren zu lassen. Verzweifelte Menschen suchen nach Wundermitteln und es gibt eine zwielichtige Industrie, die diese „Wundermittel" bereitstellt.

Ich habe meinem guten Freund X. gesagt, beziehungsweise, um näher an der Wahrheit zu bleiben, ich habe ihm geschworen: „So etwas werde ich nie tun. Ich werde auf keinen Fall nach Mexiko fahren und Schlamm trinken, egal, was auch passiert." Mein Freund, der ein brillanter Mann mit messerscharfem Verstand ist, antwortete darauf: „Ich glaube, ich würde es tun." Seine Antwort entsetzte, schockierte und verblüffte mich, doch sie machte mich auch neugierig. Warum sollte jemand, der so klug ist, so etwas Dummes tun? X. hat keinen Krebs. Doch in der Welt der Krebskranken habe ich so etwas durchaus häufig gesehen – kranke Menschen, die verrückte Dinge tun, um sich zu retten, und einige dieser Menschen sind, so würde ich sagen, ziemlich gescheit und in anderer Hinsicht sogar richtig schlau. (Um sich einen brillanten, seiner Rationalität beraubten Menschen vor Augen zu führen, denke man zum Beispiel an Steve Jobs, der zu einem Zeitpunkt, als sein Bauchspeicheldrüsenkrebs noch gut behandelbar war, konventionelle Behandlungen zugunsten von alternativen Behandlungsversuchen ablehnte. Auch wenn er sich später operieren ließ und sich anderen traditionellen Therapien unterzog, gehen viele davon aus, dass seine anfängliche Ablehnung einer konventionellen Behandlung sein Leben verkürzt hat.)

Etwas am Krebs, bei dem die ureigentliche Maschinerie unserer Existenz, die Reproduktion der Zellen, sich gegen uns wendet, macht uns Menschen verrückt. Es lässt sich leicht beobachten, wie dieses Phänomen in unserem mit Mängeln behafteten Selbst Irrationalität, Fanatismus und Verzweiflung hervorruft.

Sollten verzweifelte Menschen für ihren Mut gepriesen werden, dass sie allen Widrigkeiten zum Trotz kämpfen, dass sie nichts unversucht lassen, dass sie bis zum allerletzten Atemzug mit aller Heftigkeit „gegen das Sterben des Lichts aufbegehren", obwohl die Behandlungen, denen sie sich unterziehen, sie schwächen? Dass sie sich trotz des zerstörerischen Hurrikans, der über sie hereinbricht, nicht vom Fleck rühren und dem grausamen Schicksal mit einem symbolischen „Leck mich doch" begegnen? Soll ich sie auf die gleiche Weise loben, wie ich eine Frau lobe, die eine schmerzhafte Geburt ohne

Epiduralanästhesie erträgt – ich selbst habe ab dem Einsetzen meiner Wehen lauthals nach einer Epiduralanästhesie verlangt –, oder wie einen Mann, der auf hoher See mit wenig Essen und wenig Wasser überlebt? In einer frühen Phase meiner Krebsreise schwor ich mir, dass ich einer dieser Menschen sein würde – dass ich immer gegen das Sterben des Lichts aufbegehren würde. Damals hätte ich vielleicht sogar in Erwägung gezogen, mich noch wenige Tage vor meinem Tod einer Chemotherapie zu unterziehen oder Schlamm zu trinken. Inzwischen denke ich anders darüber.

Ich habe natürlich auch meine Momente gehabt, in denen ich irrational, fanatisch und verzweifelt war. Momente, die mir inzwischen in einem gewissen Maß peinlich sind. Ich habe für eine Sitzung bei dem berühmten Doktor Raymond Chang mit seinem integrativen Ansatz tausendachthundert Dollar hingeblättert. Ich habe für die von Dr. Chang empfohlenen oder in der Internet-Erfolgsgeschichte-des-Tages oder auf irgendeinem Link in irgendeinem Forum gepriesenen Nahrungsergänzungsmittel, Kräuter und für Cannabis Tausende von Dollar ausgegeben. Abgesehen von Vitamin D, Coenzym Q10 und Cimetidin stehen all die anderen Nahrungsergänzungsmittel, die ich gekauft habe, jetzt unangetastet auf meiner Küchentheke. (Ich habe nie ernsthaft erwogen, mich einer der drastischeren von Dr. Chang vorgeschlagenen Behandlungsmethoden wie zum Beispiel der Hyperthermie oder irgendwelchen immuntherapieähnlichen Behandlungen zu unterziehen, die nur in anderen Ländern angeboten werden.) Während meiner letzten Infusion teilte ich Dr. A. C. mit (der nie etwas dagegen gehabt hatte, dass ich Nahrungsergänzungsmittel nahm), dass ich aufgehört hatte, all die Dinge zu schlucken, die Dr. Chang mir empfohlen hatte, weil ich letzten Endes einfach nicht an deren Wirksamkeit glaube und ich nichts einnehmen könne, an das ich nicht glaube. Dr. A. C. entgegnete: „Sie glauben nicht daran, weil Sie im Grunde Ihres Herzens eine Wissenschaftlerin sind." Ich glaube, das war für mich das größte Kompliment, das Dr. A. C. mir hätte machen können. Ich bin alternativen Behandlungsmethoden gegenüber immer skeptisch gewesen. Doch als Dr. Chang mir nach dem Wiederauftreten meines Krebses Skorpiongift zum Preis von sechshundert Dollar pro Monatsration empfahl, verwandelte sich meine Skepsis in Fassungslosigkeit. Ich ging nach Hause und sah mir die *Nightline*-Folge über Skorpiongift an, in der vor allem von Schlangenöl die Rede war.

Ich werfe der Hoffnungsindustrie keinen einzigen Dollar mehr in den Rachen. Genauer gesagt: Die Industrie, die die Hoffenden abzockt, wird nicht mehr von mir unterstützt.

Viele Verfechter alternativer Behandlungsmethoden argumentieren gern, dass alles einen Versuch wert ist, solange kein Schaden damit angerichtet wird. Auf dieser Basis willigt auch mein Onkologe ein, dass seine Patienten sich alternativen Behandlungsmethoden unterziehen. Solange die Therapien die Organfunktion nicht negativ beeinflussen, duldet er sie. Natürlich ist er skeptisch, aber ich nehme an, dass er versteht, dass viele seiner Patienten sich nach dem Gefühl sehnen, ihr Schicksal beeinflussen zu können (ha!) und alles versucht zu haben. Auch wenn er und andere wissenschaftlich veranlagte Menschen wissen, dass es eine Illusion ist, das Schicksal auf diese Weise beeinflussen zu können, glaube ich, dass diese Illusion wichtig sein kann, damit ein sterbender Patient nicht den Verstand verliert.

Aber ein schlagendes Herz allein macht ein Leben nicht aus. Was erhoffte sich also der alte Mann auf dieser Tragbahre und was würde X erwarten, wenn er je an diesen Punkt käme, frage ich mich. Ein Wunder? Heilung? Mehr Zeit? Das eigene Durchhaltevermögen unter Beweis zu stellen? *Was nur?* Gibt es einen Urinstinkt, der sie zwingt, um jeden Preis ums Überleben zu kämpfen, wie ein wildes Tier, das sich mit Zähnen und Klauen gegen seinen natürlichen Feind verteidigt? Haben sie so große Angst vor dem Tod? Oder lieben sie das Leben so sehr? Oder fühlen sie sich erdrückt von den Pflichten der Liebe, die ihnen diktieren, dass sie unter allen Umständen so lange wie möglich für diejenigen leben müssen, die auf sie angewiesen sind? Was motiviert sie: Angst oder Liebe? Tod oder Leben? Über diese Fragen grübele ich seit jener Unterhaltung mit Tanya intensiv nach und versuche herauszufinden, wie ich sie für mich beantworten würde, denn ich muss mich entscheiden, ob und wie ich meine verbleibenden Tage leben will.

Ich vermute, dass für den alten Mann und X. das Gleiche gilt wie für viele andere Menschen. Nämlich, dass ihre Angst vor dem Tod größer ist als ihre Liebe zum Leben, dass eine animalische Angst sich über jegliche rationale Intelligenz, die sie besitzen, hinwegsetzt. Ich kann mir vorstellen, dass sie das Unbekannte, das Shakespeare das „unentdeckte Land" nennt, fürchten. Das Nichts, von dem sie trotz ihres schwankenden Glaubens an Gott vermuten, das es wahrscheinlich jenseits dieses Lebens auf sie wartet. Sie fürchten, dass das Feuer ihrer Existenz erlischt und es so wird, als wären sie nie da gewesen. Sie fürchten, klein, irrelevant und vergessen zu sein. Ich habe Menschen erlebt, die einer überwiegend ungläubigen Leserschaft wenige Tage vor ihrem Tod in den sozialen Medien verkündeten, dass sie ihren Krebs noch besiegen würden. Irgendwo habe ich gelesen, dass diese Menschen, die sich so an derart unrealistische Hoffnungen klammern, ein Ego haben, das sie die Vorstellung ihrer eigenen Nichtexistenz nicht begreifen lässt. Dass die bloße Vorstellung für sie so unbegreiflich und mit allem, was je ihre Realität gewesen ist, so unvereinbar und so falsch ist, dass ihr Verstand diese Vorstellung immer wieder zurückweisen muss. Bis es nicht mehr möglich ist, sich der objektiven Realität zu verschließen.

Wie es scheint, habe ich kein sonderlich ausgeprägtes Ego (zumindest keins, das sich an seine eigene Existenz klammert) – mein freudianischer Therapeut wird es besser wissen als ich –, denn ich habe keine so übermächtige Angst vor dem, was mich in dem unentdeckten Land erwartet. Vielleicht liegt es daran, dass ich glaube, dass es da ein anderes Land gibt und nicht einfach nur das Nichts. Ich kann nicht erklären, warum ich das glaube. Es ist einfach nur meine Intuition und mein Glaube. Für mich wartet der Tod wie eine Tür, die mich in ein neues Abenteuer lockt, ein weiteres Abenteuer auf meiner bereits langen Liste von Abenteuern, ein neues Land, das es zu erkunden und zu begreifen gilt und in dem meine unvergängliche Seele lernen und sich entfalten wird.

Ich will hier nicht die in die Irre führende Behauptung aufstellen, dass ich kein Ego habe – wir haben alle eins –, jenen Ort, an dem unsere Arroganz und unsere Eingebildetheit entstehen. Mein Ego nährt sich von dem Glauben daran und dem Drang danach, sich kontinuierlich weiterentwickeln zu wollen, von meiner inneren Stärke und meinem Mut, meinem angeborenen Sinn für Anstand und Würde, der es mir bis heute erlaubt hat, die Wechselfälle des Lebens mit einer manchmal brutalen Ehrlichkeit gegenüber mir selbst auszuhalten, um mich dann – nach einigem Schreien und Fluchen und vielen Tränen – lächelnd und über mich selbst lachend wieder zu erheben. Ich bin nie eine Schönheit gewesen. Und ich war weder in der Schule noch bei meiner Arbeit die Schlaueste von allen. Aber aufgrund meiner Lebensumstände und der Erfolge, die ich trotz der widrigen Umstände erzielt habe, habe ich mich immer für stark und belastbar gehalten. Ich bin gut darin, der harten Realität des Lebens direkt ins Auge zu sehen. Ich glaube an die Unbesiegbarkeit meines Geistes und bin stolz darauf.

Ich könnte es nicht besser sagen als Albert Camus, der schrieb:

In den Tiefen des Winters erfuhr ich schließlich, dass in mir ein unbesiegbarer Sommer liegt.

Und das macht mich glücklich. Denn es besagt, dass, so sehr mich die Welt auch gegen die Wand drückt, in mir etwas ist, das stärker und besser ist und sofort Gegendruck ausübt.

Für mich gilt: Zu toben wie ein wildes, irrationales Tier, die eigene Sterblichkeit zu leugnen, sich an Illusionen und falsche Hoffnungen zu klammern, eine Behandlung zu Lasten eines lebenswerten Lebens im gegenwärtigen Moment fortzusetzen, auf Lebensqualität zu verzichten, um sein Leben ein wenig zu verlängern, hat nichts mit Anstand oder Würde zu tun, und all dies widerspricht unserem Dasein als nachdenkende, entwickelte Menschen. Solche Handlungen dienen nicht der Entwicklung und Förderung eines unbezwingbaren Geists. Solche Handlungen sind keine Beweise für innere Stärke und Tapferkeit. Für mich bedeutet wahre innere Stärke, dem Tod gefasst ins Auge zu blicken und sich einzugestehen, dass der Tod nicht unser Feind ist, sondern ein unvermeidlicher Bestandteil des Lebens.

Seitdem ich erfahren habe, dass mein Darmkrebs gestreut hat und sich in meiner Lunge Metastasen gebildet haben und meine Prognose somit düster ist, hat mehr als ein Mensch eine Bemerkung darüber fallen lassen, dass ich mich verändert habe. Dass ich resigniert klinge, als ob ich meinen Tod als Folge dieser Krankheit als ausgemachte Sache akzeptiert hätte, auch wenn ich nicht wisse, wann er genau eintrete. Mehr als ein Mensch hat mir gesagt, dass ich meinen gewohnten Kampfgeist verloren zu haben scheine. Sogar Josh wirft mir inzwischen vor, dass ich eine Schwarzseherin geworden sei, dass ich mich von der Krankheit besiegen lasse, wenn ich mich meinem Schicksal ergebe, dass ich aufgehört habe zu kämpfen.

Josh und andere haben mein Handeln falsch interpretiert. Es ist wahr: Ich habe mich während der vergangenen Monate meiner Sterblichkeit gestellt, habe akzeptiert, dass ich sehr wahrscheinlich an meiner Krebserkrankung sterben werde, habe versucht, Frieden mit meinem Schicksal zu schließen. Aber was Josh und die anderen nicht verstehen, ist, dass ich genau dadurch gelernt habe, im Hier und Jetzt bewusster zu leben, dass ich jetzt mit einer Hingabe, Leidenschaft und Liebe leben kann, die ich zuvor nicht kannte. Die größte Ironie an dem Ganzen ist, dass ich durch das Akzeptieren des Todes zum ersten Mal gelernt habe, das Leben in all seiner Pracht zu begreifen. Der Teil von mir, der daran glaubt, dass Dinge aus einem bestimmten Grund passieren, glaubt, dass diese Krebsreise dazu bestimmt ist, mich tief in meiner Seele dieses Paradox von Leben und Tod begreifen zu lassen.

Vor diesem Hintergrund haben Josh und ich eine Reise geplant. Am 2. Juli fliegen wir nach Quito, der Hauptstadt Ecuadors, wo wir knapp zwei Tage bleiben und uns die alte Kolonialstadt ansehen (die zum UNESCO-Weltkulturerbe gehört). Am 4. Juli fliegen wir auf eine Insel des Galapagos-Archipels, wo wir eine Jacht besteigen, auf der für zweiunddreißig Passagiere Platz ist und die für die folgenden acht Tage unser Zuhause sein wird. Die Jacht fährt nachts von Insel zu Insel, und tagsüber wandern und schnorcheln wir und fahren mit Kajaks an Orte, an denen nur wenige Menschen je gewesen sind und an denen prähistorisch aussehende Tiere frei umherstreifen, die seit Jahrhunderten nahezu ungestört dort gelebt haben. Josh und ich betrachten diese Reise als die Verwirklichung eines gemeinsamen Lebenstraums.

Ich besuche die Webseiten der Krebsselbsthilfegruppen nicht mehr sehr oft. Ich recherchiere auch nicht mehr über alternative Behandlungsmöglichkeiten. Alternative Behandlungen verlangen einem ziemlich viel Energie für Recherchen und auch für die Behandlung selbst ab. Das lenkt mich von meinem ultimativen Ziel ab – nämlich für den Moment zu leben. Ich recherchiere auch nicht mehr über konventionelle Behandlungsmöglichkeiten. Ehrlich gesagt bin ich dafür viel zu sehr damit beschäftigt zu leben, Zeit mit meiner Familie zu verbringen, zu kochen und ein großes Projekt zu verfolgen, bei dem es um die Vergrößerung unseres Zuhauses geht. Es wird die Zeit kommen, wenn ich mich wieder auf den Krebs, auf klinische Studien und die Wahl neuer Therapien werde konzentrieren müssen, aber jetzt ist nicht diese Zeit. Jetzt, da ich mich einigermaßen gesund fühle und schmerzfrei bin, werde ich mein Leben in vollen Zügen genießen, auch wenn überall um mich herum der Tod lauert. Jetzt sauge ich das Mark aus diesem herrlichen Leben, das mir geschenkt wurde.

Aber ungeachtet all dessen, es ist nichts je so einfach, wie es sich anhört, oder?

Als ich ohne Josh Dr. A. C. aufsuchte, um mit ihm die Möglichkeit zu besprechen, die Art meiner Behandlung zu verändern (also auf Kosten meiner

Lebensqualität zu einer aggressiveren Methode zu wechseln, mit der sich meine Tumore vielleicht tatsächlich verkleinern ließen, anstatt einfach nur den Status quo beizubehalten), erklärte ich ihm, was ich mir wünschte: „Eins ist für mich klar: Ich gehöre nicht zu denen, die sich um jeden Preis ans Leben klammen. Für mich ist Qualität immer wichtiger als Quantität. Dem Tod mit Würde und Anstand ins Auge zu blicken, ist für mich wichtiger, als meinem Leben auf diesem Planeten ein paar Tage hinzuzufügen." Aber dann hielt ich inne. Und sprach etwas aus, das ich zuvor noch nie in Worte gefasst hatte. „Doch jetzt, da ich Ihnen dies sage, fühle ich mich, als würde ich meinen Mann und meine kleinen Töchter verraten. Ich fühle mich, als sollte ich um ihrer willen beschließen, so lange wie möglich zu leben, egal, welchen Preis ich dafür auch selbst bezahlen muss, weil die Zeit mit ihnen so kostbar ist, dass es nichts Wertvolleres gibt."

Wie werden meine Kinder eines Tages über mich denken? Wie werden sie über mich urteilen? Werden sie mich auch eine Schwarzseherin nennen? Werden sie mir übelnehmen, dass ich nicht härter gekämpft habe, dass ich nicht mehr Energie aufgebracht habe, um Möglichkeiten zu finden, mit denen sich mein Leben hätte verlängern lassen? Würden sie mich mehr bewundern, wenn sie in mir die Frau sehen, die trotz ihrer Krankheit gut gelebt hat, oder würden sie mich mehr respektieren, wenn ich mich wie der alte Mann auf der Tragbahre ins Behandlungszimmer des Onkologen rollen ließe? Würde ich ihnen ein besseres Vorbild sein, wenn ich mich wütend und tobend aus dem Leben verabschiedete oder wenn ich leise davonginge? Ich kenne die Antworten auf diese Fragen nicht. Und ich weiß auch nicht, ob die Antworten auf diese Fragen meine Entscheidungen im Hinblick auf mein eigenes Leben wirklich beeinflussen sollten. Das Einzige, was ich weiß, ist, dass ich meine Töchter liebe.

Einige Stunden nachdem ich Dr. A. C. anvertraut hatte, was mich bewegte, kam meine Schwester vorbei, um mit den Mädchen zu Target zu gehen und ein Muttertagsgeschenk für mich zu besorgen. Ich begleitete sie nicht. Später erzählte meine Schwester mir, wie sie Isabelle gebeten habe, eine Karte für mich auszusuchen (nicht, dass die Kleine schon lesen könnte). Belle saß im Einkaufswagen und zeigte auf eine Karte, nur auf eine einzige, und schrie, dass sie diese ausgesucht habe. Als sie nach Hause kamen, reichte meine Schwester mir die Karte, die ein goldener Schmetterling zierte, und sagte mir, dass Isabelle die Karte allein ausgesucht habe. Natürlich war es

Isabelle, die aus Hunderten von Karten diese eine mit diesem Sinnspruch ausgewählt hatte, als ob sie meine Gedanken gekannt und gewusst hätte, was ich wenige Stunden zuvor meinem Onkologen anvertraut hatte.

Auf der Karte stand: „Von uns beiden, Mommy. Unsere Erinnerungen und unser Lachen – all dies ist schöner, wenn wir es mit unserer Mutter gemeinsam machen." Wie es scheint, möchte Isabelle, dass ich härter kämpfe, um so lange wie nur irgend möglich bei ihnen zu sein. Ich weiß nur einfach nicht, ob ich das kann …

27

Wiedergeborene Träume

Durch nichts signalisiert man seine „Verpflichtung zu leben" so sehr, wie wenn man eine Hypothek aufnimmt. Zu Beginn des Sommers 2015 gab es bei Josh und mir eine sehr aufregende Neuigkeit. Und nein, leider war es nicht die schockierende Entdeckung, dass die auf meinen Aufnahmen zu sehenden Lungenmetastasen die Metastasen von jemand anderem waren. Ich wünschte, dass es so gewesen wäre. Die Nachricht war, dass Josh und ich einen Kaufvertrag für die Wohnung nebenan unterschrieben hatten, um diese mit unserer Wohnung zu verbinden und dadurch einen Wohnraum von 235 Quadratmetern zu schaffen, der wahrscheinlich vier Schlafzimmer (darunter zwei große) und drei Bäder haben wird. Für all die, die den New Yorker Immobilienmarkt nicht kennen – die Gelegenheit, eine benachbarte Wohnung kaufen zu können, um sie mit der eigenen Wohnung verbinden zu können und so den verfügbaren Wohnraum zu vergrößern, ergibt sich äußerst selten. Und die Gelegenheit, so eine Wohnung in einem unter Denkmalschutz stehenden Gebäude mit guter Bausubstanz kaufen zu können, wie sie sich uns bot, ist noch seltener. Der Zufluss von Geld ausländischer Investoren, die der Meinung sind, dass ihr Vermögen in New Yorker Immobilien sicherer angelegt ist als in den Banksystemen ihrer Heimatländer, hat die Immobilienpreise so hochgetrieben, wie es sich Leute, die nicht in dieser Stadt leben, gar nicht vorstellen können. Das hat auch dazu geführt, dass potenzielle Käufer aus Manhattan verdrängt wurden und in weniger teuren Stadtbezirken investieren, insbesondere in Brooklyn, wo auch wir leben.

Schon zu der Zeit, als ich meine Krebsdiagnose erhielt, hatten Josh und ich das Gefühl gehabt, für uns und unsere beiden Töchter mehr Platz zu brauchen, und hatten davon geträumt, die Wohnung eines Nachbarn zu kaufen, so unwahrscheinlich es auch war, dass sich diese Chance ergeben würde (wobei ich Josh nie gefragt habe, für wie unwahrscheinlich er dies genau hielt). Doch was uns zwei Jahre zuvor völlig unwahrscheinlich erschienen war, ergab sich dann doch: Unseren Nachbarn war ihre Wohnung zu klein geworden und sie verkauften uns ihre Wohnung mit zwei Schlafzimmern.

Auch wenn wir seit mehr als zwei Jahren mit dem Gedanken gespielt hatten, kam es mir nicht in den Sinn, dass wir die Wohnung kaufen könnten, als ich erfuhr, dass unsere Nachbarn sie verkaufen wollten. Stattdessen dachte ich: Oh nein, jetzt verlieren Mia und Belle eine weitere Spielkameradin in unserem Haus. Eine ganze Woche lang dachte ich nicht einmal daran, Josh davon zu erzählen. Aber als ich dann sagte, „H und T verkaufen ihre Wohnung und ziehen weg", bekam Josh ganz große Augen und fragte aufgeregt: „Im Ernst? Das ist unsere Chance!" Ich sah ihn verständnislos an und wusste nicht, was er damit meinte.

Es gibt ein Leiden, das sich Chemogehirn nennt. Jeder Patient, der über längere Zeiträume hinweg Chemotherapie-Infusionen bekommen hat, kennt diesen Zustand. Man kann meine vorübergehende Verständnislosigkeit also meinem Chemogehirn zuschreiben.

In der Zeit, die verging, bis ich verstand, worauf Josh hinauswollte, und bevor ich mir erlaubte, mir eine herrlich vergrößerte Wohnung vorzustellen, schossen mir alle möglichen furchtbaren Komplikationen durch den Kopf, durch die der Krebs so ein ehrgeiziges Bauprojekt belasten könnte. So sehr ich den Krebs auch an den äußersten Rand meines Bewusstseins verbannen kann, vor allem dann, wenn ich im Urlaub bin oder wirklich nur für den Moment lebe, sind doch alle Handlungen oder Überlegungen, die auch nur ansatzweise einen Blick in die Zukunft erfordern, immer von der möglichen Entwicklung und dem Verhalten meiner Krebserkrankung und deren Auswirkung auf meinen Körper und Geist belastet.

Was wäre, wenn ich inmitten der Renovierungsarbeiten operiert werden müsste und nicht imstande wäre, das Projekt zu beaufsichtigen (denn ich und nicht Josh würde diejenige sein, die den Schutzhelm tragen würde)?

Was wäre, wenn es noch schlimmer käme und ich sterben würde, bevor die neue Wohnung fertig wäre? Wie käme Josh zurecht, der sich, was die Planung der feineren Details des alltäglichen Lebens angeht, so unglaublich schwertut? Was wäre, wenn wir aus unserer Wohnung ausziehen müssten? Wie sähe es mit den finanziellen Verpflichtungen aus, und was wäre, wenn wir das Geld für eine Operation oder eine Behandlung benötigten, die nicht von meiner Krankenversicherung übernommen werden würde? Was wenn ... *was wenn* ...

Ich sah aber auch sofort das wunderbare Potenzial dessen, was Josh vorschlug: eine hervorragende Investition, eine Wohnung, in der die Mädchen ihre eigenen Zimmer hätten (denn ich war mir sicher, dass sie es irgendwann leid sein würden, sich ein Doppelbett zu teilen), , und die groß genug wäre, um meine Eltern und Schwiegereltern und andere zu beherbergen, die mir, Josh und den Mädchen helfen könnten Z, wenn ich immer kränker werde. Außerdem sollte sie groß genug sein, um, ein Bett für Mitarbeiter des Hospiz-Teams unterzubringen, wenn die Zeit für mich kommt (denn ich hatte mich schon oft gefragt, ob ich meine letzten Tage angesichts unserer beengten Wohnsituation überhaupt in unserem von mir so geliebten Zuhause würde verbringen können). Wohnungen mit vier Schlafzimmern und so vielen Quadratmetern sind in New York sehr begehrt. Wenn wir alles gut hinbekommen würden, wäre unsere Wohnung ein wunderbarer Ort, an dem die Mädchen aufwachsen und sich entwickeln könnten, ein Zuhause, das von Generation zu Generation weitervererbt werden könnte, eine Wohnung, in der meine Arbeit und meine Liebe stecken würden und die das größte handfeste und greifbare Vermächtnis wäre, das ich meinen Kindern und meinem Mann hinterlassen könnte. Für Josh und mich wäre die Realisierung dieses Projekts die Verwirklichung eines großen Traums, den wir schon vor meiner Krebsdiagnose gehabt hatten, und der Beweis dafür, dass das Leben auch nach einer schrecklichen Diagnose weitergehen kann und weitergeht, selbst wenn es sich um die Diagnose einer unheilbaren Krankheit handelt. Die Verwirklichung des Projekts wäre eine kraftvolle symbolische Bejahung des Lebens und stünde für eine optimistische Einstellung im Hinblick auf eine Zukunft, die größer ist als ich.

Aber was war nun mit all den Was-ist-wenn-Fragen? Mein Kopf schaltete in den Problemlösungsmodus. Wir konsultierten unsere Finanzberater und brüteten über Cashflow-Analysen. Wir sprachen mit Architekten, Bankberatern, Anwälten, Immobilienmaklern, Vertretern der Eigentümergemeinschaft und anderen. Basierend auf diesen Gesprächen wuchs unsere Zuversicht, dass eine Zusammenlegung der beiden Wohnungen aus jeder Perspektive durchführbar wäre, sowohl im Hinblick auf die Gestaltung und den Umbau als auch hinsichtlich der einzuhaltenden Vorschriften und der Finanzierung des Projekts (wir ließen uns auch zusichern, dass wir nicht aus unserer derzeitigen Wohnung ausziehen müssten, weil fast alle anstehenden Arbeiten in der anderen Wohnung zu erledigen waren und beendet sein würden, bevor der Durchbruch zwischen den Wohnungen vorgenommen werden würde).

Aber was meine Hauptsorge anbelangte – nämlich die, dass der Krebs dafür sorgen könnte, dass ich unfähig wäre, die Realisierung des Projekts zu beaufsichtigen –, sprach ich mit meinem Bruder und meiner Schwester. Sie waren beide spontan begeistert von dem Ganzen. Neben all den auf der Hand liegenden Vorteilen glaubten sie, dass ein Projekt wie dieses dazu beitragen würde, dass ich mich nicht unterkriegen lassen würde. In eher praktischer Hinsicht war es hilfreich, dass meine Schwester Architektin ist. Ich war mir sicher – und sie versprach es mir auch –, dass sie gerne bereit wäre, für mich einzuspringen und die Aufsicht über die Realisierung dieses Projekts zu übernehmen, falls ich nicht bis zum Ende durchhalten könnte. Natürlich sind viele Entscheidungen zu Beginn des Projekts, in der Entwicklungs- und Planungsphase zu treffen (vor allem bei der Beauftragung der entsprechenden Fachhandwerker), und ich habe die feste Absicht, bei den Planungen dabei zu sein. Danach geht es nur noch darum, dass die Fachleute die Arbeiten auf der Grundlage der Pläne ausführen.

Meine Schwester erzählte mir, die wichtigste Person bei dem ganzen Projekt sei der Bauunternehmer, und zum Glück kenne ich einen, den ich wirklich bewundere. Wie häufig hört man so ein Lob? Er hat im vergangenen Dezember unser Wohnzimmer umgebaut, dem Monat, in dem ich erfahren habe, dass mein Krebs wieder aufgetreten ist und seit dem ich somit als unheilbar gelte. Der arme Mann hatte sich den falschen Zeitpunkt ausgesucht, als er mich einige Tage, nachdem ich die Nachricht erhalten hatte, anrief und mich fragte, wie es mir gehe. Denn als Antwort heulte ich ihm die Ohren voll. Ich glaube, ich tue ihm wirklich leid. Seit diesem Telefonat ist er unglaublich nett zu mir, zeigt sich besorgt und ist sogar gekommen, um

Glühbirnen auszutauschen. Welcher Bauunternehmer macht schon Hausbesuche, um Glühbirnen auszutauschen, nachdem er seinen eigentlichen Auftrag erledigt hat?

Vor einigen Wochenenden bat ich ihn, sich die andere Wohnung einmal anzusehen und mir einen ungefähren ersten Kostenvoranschlag zu machen. Während er da war, sprach ich offen mit ihm darüber, dass ich mich darauf verlassen können müsse, dass er meine Wünsche auch dann ausführen würde, wenn ich zu krank werden oder nicht lange genug leben würde, um die Beendigung des Projekts zu erleben. Er war sofort besorgt und wollte wissen, ob sich mein Gesundheitszustand verschlechtert habe. Ich versicherte ihm, dass mein Zustand momentan stabil sei, ich aber immer mit dem Schlimmsten rechnen müsse. Daraufhin sah er mir in die Augen, legte mir die Hand auf die Schulter und sagte: „Ihnen wird nichts passieren. Ich lasse nicht zu, dass Ihnen etwas passiert." Ich war sehr gerührt, dass er sich so offensichtlich um mich sorgte und glaubte, den Verlauf meiner Krankheit irgendwie beeinflussen zu können. Diese Art von Unterstützung ist von unschätzbarem Wert.

Seit meiner Diagnose habe ich gelernt, dass sich viele Härten des Lebens besser ertragen lassen, wenn man sich auf ein Netzwerk der Treue, Unterstützung und Liebe verlassen kann und Menschen um sich schart (es kann sogar der Bauunternehmer sein), die einem zur Seite stehen und helfen. Aber die Sache ist die, dass man sie an sich heranlassen muss. Man muss seinen Kummer, sein Leid und seine Verletzlichkeit offen zeigen, anstatt diese Gefühle in schmachvolle Dunkelheit zu hüllen. Und man muss bereit sein, sich von diesen Menschen, die sich für einen interessieren, helfen zu lassen.

Schließlich bat ich auch noch meinen Onkologen um seinen Segen. Ich hatte das Gefühl, dass ich sein grünes Licht dringender brauchte als das von allen anderen. Sein Segen war der einzige, der mir wirklich wichtig war. Er kann natürlich auch nicht in die Zukunft sehen, aber er weiß besser als irgendjemand sonst, was in meinem Inneren los ist. Seine Antwort war eher komisch, weil sie angesichts dessen, wie viele Gedanken ich an den Krebs verschwendet hatte, um zu einer Entscheidung zu gelangen, sehr kurz ausfiel. „Tun Sie es!" In der Kürze liegt die Würze. Mein Krebs, der sich für mich oft so anfühlte, als würde er jeden Teil von mir und meinem Leben kontrollieren, schien für ihn bei dieser Entscheidung nicht das geringste Problem darzustellen.

Und nachdem ich Dr. A. C.s Segen bekommen hatte, legten wir los. Es sollten noch einige Monate vergehen, bis wir mit den Bauarbeiten beginnen würden, weil wir uns noch über die konzeptionelle Gestaltung einig werden mussten, die Genehmigungen der Baubehörde und der Stadt benötigten und die Finanzierung stehen musste. Aber die Unterzeichnung des Kaufvertrags war der erste große Schritt.

Ich brauchte zwei ganze Jahre, in denen ich mit metastasierendem Krebs lebte, bis ich eine wichtige Wahrheit erkannte: Abgesehen von einigen körperlichen Beschwerden und ein paar anderen Beeinträchtigungen, die dem Krebs oder der Behandlung geschuldet sind, ist es nicht der Krebs, der mich daran hindert, meine Träume zu verwirklichen. Es ist nicht der Krebs, der mich daran hindert, in den Urlaub zu fahren, eine neue Wohnung zu kaufen oder irgendetwas anderes zu tun, was ich gerne tun möchte. Es ist vielmehr der sich der Angst vor dem Krebs und seiner Unvorhersehbarkeit beugende, gelähmte Geist, der mich daran hindert, meine Träume zu verwirklichen. In seiner Gelähmtheit ordnet er alle Träume in eine einzige Kategorie ein. Also die Träume, die sich tatsächlich erledigt haben (zum Beispiel ein weiteres leibliches Kind zu bekommen), aber auch die, die abgewandelt und neu definiert werden können. Oder auch neue Träume, die als Folge der Krebsdiagnose entstehen. In seiner Gelähmtheit kann der Kopf keine Alternativpläne entwickeln; er kann nicht mutig und vorausschauend denken; er kann nicht akzeptieren, was *ist*, ohne vor dem *Was wird sein* davonzulaufen.

Eine der vielen Paradoxien, die mit dem Leiden an einer unheilbaren Krankheit einhergehen, ist für mich, dass es so zu sein scheint, als ob ich mich erst dadurch, dass ich meinen unvermeidlichen Tod durch diese Krankheit akzeptiert habe, von dieser Gelähmtheit befreit habe. Gleichermaßen kann ich jetzt mit einer gewissen Sicherheit voranschreiten. Solange ich die Betonung darauf lege, im Hier und Jetzt zu leben, kann ich für mich und für meine Familie planen. Mit denjenigen zusammenzuleben, die wir lieben, erfordert zwangsläufig ein gewisses Maß an Planung, verlangt einem ab, sich darüber Gedanken zu machen, was sein könnte, und sich etwas für sie zu erträumen. Auch wenn das etwas sein mag, das man sich nicht notwendigerweise auch für sich selbst erträumt.

Ich erfreue mich an meiner Befreiung, an meinem Mut voranzuschreiten, an der Wiedergeburt eines Traums, von dem ich einmal geglaubt habe, dass ich ihn für immer verloren habe.

Lebt, solange ihr lebt, meine Freundinnen und Freunde.

28

Einsamkeit

Im Rahmen meiner mir selbst auferlegten Verpflichtung, all denen eine Stimme zu verleihen, die so empfinden wie ich, bin ich brutal ehrlich. Ich beschreibe die dunkle Seite des Krebses und entlarve die allzu süße, rosarote Fassade des Optimismus, der abstrusen Hoffnungen und all den von Krebspatienten und anderen ausgespienen Hipp-Hipp-Hurra-Unsinn, den ich inzwischen überhaupt nicht mehr ertragen kann. Ich glaube, wie ich schon immer geglaubt habe, dass Ehrlichkeit – eine brutale, jedoch wohlwollende, wohl überlegte Ehrlichkeit – uns letztendlich nicht Verletzlichkeit, Scham und Schmach bringt, sondern Befreiung, Linderung und ein Gefühl von Ganzheit. Ich hoffe, dass meine Familie und meine Freunde mir diese Ehrlichkeit nicht übelnehmen.

Anfang August 2015 erhielt ich schlechte MRT-Ergebnisse, die dafür sorgten, dass die folgenden Wochen etwas schwierig waren. Da schlechte Nachrichten einen offenbar meistens gehäuft ereilen, erfuhr ich einige Tage später, dass mein von Anfang an immer so zuverlässiger Tumormarker (CEA) wieder angestiegen war. Und zwar um weitere 7 ng/ml auf 29 ng/ml, was der bislang größte Anstieg innerhalb eines Drei-Wochen-Zeitraums war. Auf den Link zu klicken, der meinen neuesten CEA-Wert anzeigt, ist für mich noch stressiger, als die Ergebnisse meiner letzten CT-Scans oder MRT-Scans zu erfahren. Das liegt wahrscheinlich daran, dass mein CEA-Wert mir immer schon vorher verraten hat, was ich von den Aufnahmen zu erwarten hatte.

Denjenigen, die nicht wissen, wie es ist, als Patient mit metastasierendem Krebs seinen CEA-Wert zu erfahren und zur Kenntnis nehmen zu müssen, dass das Ergebnis nicht gut ist, würde ich das Gefühl, das ich in diesem Moment empfinde, so beschreiben: Es ist, als ob mir das Herz in die Hose rutschen würde, als ob die Zimmerwände auf mich zu rücken würden und ich von einer panischen Urangst und Verzweiflung erfasst werde, die, wie ich mir vorstelle, ein Tier spüren muss, das von einem Raubtier verfolgt wird und sich dessen bewusst wird, dass es keine Chance mehr hat.

Nachdem ich den CEA-Link angeklickt hatte, fanden meine Kinder mich in Embryonalstellung zusammengerollt auf meinem Bett vor. Belle fragte mich, warum ich weine. „Mommy ist sehr traurig", erwiderte ich. Meine süße und unglaublich einfühlsame Tochter schlang ihre Arme um mich und sagte: „Keine Sorge, Mommy, ich werde dich immer liebhaben, auch wenn ich groß bin." Ich habe Angst, dass die Erinnerungen meiner Töchter an mich, wenn ich nicht mehr da bin, immer mehr verblassen und dass sie mich im Laufe der Zeit immer weniger lieben werden. Ihre Worte ließen mich erneut heftig in Tränen ausbrechen. Kurz darauf kam Josh nach Hause. Ich erzählte ihm von meinem CEA-Wert und weinte an seinem Hals. Mit Rücksicht auf mich reagierte er ruhig und stark, aber ich wusste, wie aufgewühlt er war. Trotz der Ruhe, die er ausstrahlt, glaube ich, dass die Intensität und die Heftigkeit meiner Emotionen ihn manchmal überfordern. Vor allem, weil er auch mit seinen eigenen Gefühlen klarkommen muss. Er drängte mich, meine Schwester oder meine beste Freundin anzurufen, irgendjemanden. Aber der einzige Mensch, mit dem ich reden wollte, war meine Therapeutin, und die war bis September verreist. Genauso, wie ich beim Schreiben kein Blatt vor den Mund nehme, neige ich normalerweise dazu, mein Herz denjenigen, die mir (neben Josh) am nächsten stehen, verbal auszuschütten, weil ich weiß, dass der Prozess der Verbalisierung mir Linderung verschafft. Aber nicht jetzt. Ich wollte und will nicht einmal mit Menschen reden, die die gleiche Krankheit haben wie ich. Jedenfalls nicht mit jemandem, der besser dran ist als ich, und ich kann mir vorstellen, dass jemand, dem es noch schlechter geht als mir, nicht mit mir reden will. Meine mir selbst auferlegte Zurückgezogenheit und Isolation sind teilweise dem Neid und dem Hass geschuldet.

Ich kann mir nicht vorstellen, dass mir irgendjemand etwas sagen könnte, das auch nur im Entferntesten hilfreich oder tröstend sein könnte. Ich will nichts von einer vielversprechenden Immuntherapie hören. Ich will keine Worte des Mitleids hören. Ich will mir keine weisen Ratschläge darüber anhören müssen, wie ich die verbleibenden Tage meines Lebens verbringen sollte. Ich will nicht darüber reden. Ich will keine Fragen beantworten. Ich will mich nicht dazu gezwungen sehen, irgendjemandem irgendetwas erklären zu müssen. Wenn ich etwas erkläre oder Informationen preisgebe, muss das nach meinen eigenen Bedingungen und auf meine eigene Initiative geschehen. Und nicht, weil mich jemand gefragt hat oder weil ich zu irgendeiner sozialen Interaktion gezwungen wurde.

Vielleicht ist es normal, dass man sich mit dem näherkommenden Tod isoliert. Wenn auch nicht physisch, so doch zumindest emotional, da einem deutlicher als je zuvor bewusst wird, dass diese Reise ans Ende eine Reise ist, die man ganz alleine antreten muss. Ich habe das Gefühl, dass ich jeglichen Trost nur in mir selbst finden kann und nicht irgendwo außerhalb. In einsamen Gesprächen mit mir selbst und mit den Göttern, wenn ich es schaffe, an sie zu glauben.

Ich erhielt eine Rückmeldung von dem Chirurgen in Deutschland, den ich wegen der Laseroperation kontaktiert hatte. Inzwischen habe ich zu viele Metastasen in der Lunge, in jedem Flügel vierzig, und zu viele davon befinden sich jeweils in der Mitte des Flügels. Ich bin inoperabel. Mit dieser Art Laseroperation sollen in jedem Lungenflügel bis zu einhundert Metastasen entfernt werden können. Es war entsetzlich, hören zu müssen, dass ich nicht einmal mehr dafür eine Kandidatin war, noch entsetzlicher als zu erfahren, dass mein CEA-Wert erneut gestiegen war. Der andere Chirurg, den ich kontaktiert hatte und der diese Laseroperation in England durchführt, hatte mir nicht geantwortet. Ich sehe keinen Sinn darin, ihn nochmals anzuschreiben. Da er ein Schüler des deutschen Chirurgen ist, kann ich mir nicht vorstellen, dass er anderer Meinung ist. Auf diese Weise habe ich vermutlich 24.000 Euro gespart und muss meine Kinder nicht mehrere Wochen lang verlassen. Das habe ich mir zumindest eingeredet, um mich besser zu fühlen.

Ich habe viele Tränen vergossen: im Bett, im Fitnessstudio, während der Akupunktur, in Restaurants. Es ist nicht so schlimm wie in jenen düsteren Tagen im Dezember und im Januar. Ich nehme noch am Leben teil. Als wir Belles vierten Geburtstag gefeiert haben, habe ich mich relativ normal verhalten. Ich habe es sogar geschafft, mich mit einigen Freundinnen und

Freunden zu treffen. Ich lache noch und denke oft an andere Dinge als den Krebs.

An dem Abend des Tages, an dem ich die Antwort des deutschen Chirurgen erhalten hatte, lag ich zwischen Mia und Isabelle im Bett. Belle war schon eingeschlafen, aber Mia war noch wach und wollte, dass ich ihr eine Geschichte erzähle. Ich erzähle ihr gerne Geschichten aus meinem Leben und von meiner Familie während meiner Kindheit. Sie hört sehr gerne die Geschichte über unsere Flucht aus Vietnam, aber an diesem Abend wollte ich ihr in meinem aufgewühlten Gefühlszustand eine andere Geschichte über mich erzählen, etwas, das sie noch nie gehört hatte. Im Zusammenhang mit ihrem Geigenunterricht hatte ich mit ihr über die Tugenden der Disziplin und des harten Arbeitens geredet. Obwohl sie erst seit drei Monaten Geige spielte, hatte ihre Lehrerin mir und Josh schon mehrfach gesagt, dass Mia außergewöhnlich talentiert sei. Sie scheint Joshs unglaubliches musikalisches Talent geerbt zu haben.

Kurz nachdem sie mit dem Geigenunterricht begonnen hatte, begleitete ich sie zu einer Unterrichtsstunde und war von den Klängen, die sie ihrem Instrument entlockte, schwer beeindruckt. Ich sagte der Lehrerin: „Ich bin wirklich froh, dass ich so eine hochwertige Geige für Mia ausgeliehen habe. Sie klingt wirklich gut." Die Lehrerin erwiderte darauf: „Also, ich hatte schon viele Schüler, die auf teuren Geigen gespielt haben, und bei ihnen klangen sie nicht so gut. Mia ist wirklich talentiert." Ich war total überrascht. Es war mir nie in den Sinn gekommen, dass meine Tochter ein Geigentalent sein könnte. Natürlich *dachte* ich, dass die Geige so schön klang, weil es so eine gute Geige war und nicht, weil meine Tochter so talentiert war! Es war ein Moment, in dem ich mich wie eine typische chinesische Mutter fühlte, so herabwürdigend, so zweifelnd. Meine Mutter hatte mir und meinen Geschwistern ständig solche Dinge gesagt, die unsere eigenen Fähigkeiten herabwürdigten. Falls Sie chinesische Wurzeln haben sollten, werden Sie verstehen, worauf ich hinauswill.

Seitdem habe ich mich bewusst bemüht, an Mias musikalisches Talent zu glauben und sie zu fördern. Sozusagen als Entschädigung für diesen Moment, in dem ich mich wie die typische chinesische Mutter verhalten hatte (und um der skeptischen Stimme zu widerstehen, wenn sie mir sagt, dass die Lehrerin übertreibt). Also habe ich sie ermuntert, täglich zu üben, worauf sie manchmal reagiert, als wollte man ihr ohne Betäubung einen Zahn ziehen.

Vor Kurzem habe ich sie für ihr Üben nicht mit Aufklebern und Spielzeug belohnt, sondern ihr zu erklären versucht, dass das Ziel des Ganzen (unter anderem) sei, ihr einen Sinn für Disziplin zu vermitteln, wobei ich nicht weiß, inwiefern eine Fünfjährige etwas mit der Tugend der Disziplin und ihrer Bedeutung fürs Leben anfangen kann oder ob sie das auch nur einen Deut interessiert. An jenem Abend wollte ich ihr das anhand einer Geschichte aus meinem eigenen Leben erklären.

Ich kuschelte mich eng an Mia und wir lagen beide in Löffelposition auf der Seite. Mia hatte ihre langen, dünnen Ärmchen und Beinchen so eng wie möglich an sich gezogen, die helle Flurlampe tauchte die Wand, auf die wir blickten, in ein beruhigendes Licht. Dann fing ich an:

Mommy erzählt dir eine Geschichte über Mommy, die du noch nie gehört hast. Du weißt ja, dass Mommy in Vietnam geboren ist, aber wusstest du auch, dass ich blind auf die Welt gekommen bin? Es war nach dem Krieg, und es gab kein Essen und kein Geld, und Neh und Gong (so nannte Mia meine Eltern) hatten auch kein Geld, um einen Arzt zu bezahlen, damit er Mommy gesund macht. Aber auch wenn sie Geld gehabt hätten, hätte es in Vietnam keine Ärzte gegeben, die Mommys Augen hätten gesund machen können. Doch irgendwie haben wir es geschafft, das Land zu verlassen und in dieses Land zu kommen, in die USA. Wir hatten zwar kein Geld, aber weil nette Menschen uns Geld gaben, konnte Mommy zu einem der besten Augenärzte der Welt gehen. Er hat Mommys Augen operiert. Aber nicht einmal er konnte sie perfekt machen. Ich kann immer noch nicht gut sehen. Deshalb bitte ich dich immer, mir beim Sehen zu helfen. Manchmal sehen deine Augen für mich mit.

Als ich klein war, war ich wirklich oft traurig, weil ich nicht so gut sehen konnte wie Onkel oder Titi oder Mommys Cousinen. Ich wollte Fahrrad fahren, Tennis spielen und ein Auto fahren können. Ich wollte keine riesigen Bücher mit riesigen Wörtern lesen müssen. Und niemand konnte verstehen, wie Mommy sich fühlte. Ich war allein und manchmal einsam in meiner halbblinden Welt. Weil Mommy nicht gut sehen konnte, dachten alle aus Mommys Familie, dass sie nicht besonders klug sein konnte. Sie glaubten, dass Mommy nichts schaffen könnte. Da wurde Mommy richtig sauer. Es gefiel mir nicht, wenn mir andere sagten, was ich tun konnte und was ich nicht tun konnte. Deshalb beschloss ich, ihnen zu zeigen, dass ich alles tun konnte, was ich tun wollte. Vergiss das nie, Mia: Du allein bestimmst, wozu du in der Lage bist. Niemand anders kann das für dich bestimmen, nicht mal Mommy oder Daddy.

Also hat Mommy *richtig* hart gearbeitet und sehr viel Disziplin aufgebracht. Ich habe viel gelernt und irgendwann haben die Leute angefangen zu merken, dass ich nicht automatisch dumm war, nur weil ich nicht richtig sehen konnte, und dass auch ich etwas aus meinem Leben machen konnte. Ich bekam in der Schule sehr gute Noten und bin anschließend auf ein gutes College gegangen. Ich bin viele Male alleine durch die Welt gereist, was nicht einfach ist, wenn man nicht richtig sehen kann. Ich habe eine gute Stelle gefunden. Und weißt du, was das Beste ist, Mia? Dass ich deinen Daddy gefunden habe und dann dich und Belle bekommen habe. Ich hätte nie gedacht, dass ich jemanden wie deinen Daddy finden könnte, der mich so sehr liebt, und genauso dachten alle anderen offenbar auch, und das nur, weil ich nicht so sehen konnte wie alle anderen. Ich hätte nie gedacht, dass ich heiraten und Kinder bekommen würde. Ich hätte nie gedacht, dass mich jemand würde haben wollen. Du, Belle und Daddy, ihr seid das Beste, was mir je im Leben passiert ist. Aber alles Gute in meinem Leben begann, weil ich bereit war, hart zu arbeiten, weil ich fest entschlossen und diszipliniert war, weil ich unbedingt etwas für mich erreichen wollte. Deshalb möchte ich, dass du lernst, wie wertvoll und wichtig es ist, hart zu arbeiten. Vergiss diese Geschichte nie, okay? Ich möchte, dass du dich immer an Mommys Geschichte erinnerst.

Mia schwieg eine Minute lang und ich wusste, dass sie das, was ich ihr gerade erzählt hatte, mit ihrem schnellen Verstand verarbeitete. Dann sagte sie: „Ich vergesse die Geschichte nicht, Mommy, aber du solltest sie aufschreiben. Und wenn ich dann größer bin und besser lesen kann, kann ich die Geschichte lesen und mich daran erinnern."

29
Ein kompliziertes Spiel

In letzter Zeit sind meine Gedanken in einem erschöpften Geist gefangen. Ich habe mich intensiv mit Badezimmerfliesen, Bodenbelägen und vergoldeten Tapeten beschäftigt, Kostenberechnungen angestellt und über die feineren Details des vorgelegten Entwurfs nachgedacht. Wie sehr ich mir wünsche, dass ich mich in meinem Leben nur um so alltägliche Dinge kümmern müsste, denn ich bin es so leid, mir über meine Existenz Gedanken machen zu müssen. Aber leider sind Einfachheit und Normalität nie meine Bestimmung gewesen.

Der Teil meines Lebens, der sich um den Krebs dreht, hat in letzter Zeit alles beherrscht. Anfang September versank ich in der Dunkelheit eines neuen Abgrunds, eines Abgrunds, der durch Wut, Bitterkeit, Hass und lähmende Einsamkeit gekennzeichnet war. Der kürzlich erfolgte Verlust eines wahren Freundes und einer wahren Freundin und die furchtbaren Nebenwirkungen meines neusten Behandlungsplans haben mich über den Rand des Abgrunds rutschen lassen.

Es waren ein Freund und eine Freundin, die ich von Zeit zu Zeit sah und die ich noch einige Wochen vor ihrem Tod besucht hatte. Chris war eine gute Seele, ein geliebter Ehemann, Vater, Bruder, Sohn und Freund und zudem ein Schachspieler und Lehrer und für mich nicht zuletzt eine Art Mentor während dieser Reise, auf die mich meine Krebserkrankung geführt hat. Er hatte sich beim Mittagessen oder beim Tee regelmäßig meine weitschweifigen Ausführungen angehört . Dabei hatte er mir angesehen,, wie ich mich im Laufe der Monate von der streitlustigen Kämpferin, die entschlossen war, den Krebs zu besiegen, in die eher nachdenkliche Philosophin verwandelt habe, die sich vor allem darum bemüht, in einem Leben, über das sie wenig Kontrolle hat, Sinn, Frieden und Hinnahmebereitschaft zu finden. Der Krebs führt zumindest mich wirklich auf eine Reise, die mich dazu bringt, alles zu analysieren und infrage zu stellen, was ich über mich selbst glaube (zum Beispiel, ob ich stark oder schwach oder mutig oder feige bin). Ob ein höheres Wesen existiert und welche Rolle dies, wenn es denn existiert, für die Belange der Menschheit spielt. Wie es um meine Verpflichtungen und meine Liebe bestellt ist (also die Frage, wie weit ich gehen werde, um für meine Familie am Leben zu bleiben). Was der Sinn meines Lebens und des Lebens im Allgemeinen ist, was mit dem Tod ist und was danach kommt.

Wenn man offen dafür ist, sich all diesen unvermeidlichen Fragen zu stellen (was man nur ist, wenn etwas wie eine unheilbare Krebserkrankung einen dazu zwingt, dass diese Fragen auf einmal oberste Priorität genießen, und wenn man sich die Zeit nimmt und die Geduld aufbringt, über all diese komplexen, verwirrenden, schmerzhaften und unmöglich zu beantwortenden Fragen nachzugrübeln), wird die Reise einen sowohl verändern (ich glaube zum Besseren) als auch zu einem Menschen machen, der noch mehr der Mensch ist, der man bereits gewesen ist.

Chris verstand das alles, bevor ich es verstand. Wir hatten die gleiche Philosophie, die stark von buddhistischem Denken geprägt ist. Aber er war weiser als ich und deshalb war er auch ein Lehrer für mich. Ich habe ihn besucht, als er sich in die Pflege eines Hospizes begab. Wir saßen auf seiner Terrasse mit Blick auf den Atlantik und redeten über seine Traurigkeit und seine Erwartungen, und ich war erstaunt, dass er gar nicht verbittert, wütend oder ängstlich war. Er war die Anmut und Würde in Person. Als ich in dem Wissen, dass ich ihn nie wiedersehen würde, endgültig Abschied von ihm nahm, umarmte ich ihn und bat ihn, auf der anderen Seite auf mich zu warten. Er versprach es mir und das tröstet mich sehr.

Chris war der erste wahre Freund, den ich infolge von Dickdarmkrebs verlor. Ja, ich habe auch von anderen geschrieben, aber sie waren eher virtuelle Freunde. Mit ihnen habe ich mich nicht zum Mittagessen getroffen. Ich habe sie nicht bei sich zu Hause besucht.

J. war eine Freundin, die ich ebenfalls von Zeit zu Zeit sah, meistens in ihrer Wohnung in Manhattan, die von ihrem erfolgreichen Leben kündete. Doch wie berühmt J. war, erfuhr ich erst, als ich in der The New York Times den Nachruf auf sie las. Man muss schon relativ wichtig gewesen sein, wenn jemand einen Nachruf auf einen verfasst und dieser in der The New York Times veröffentlicht wird. Aber J. hat ihren beruflichen Erfolg immer heruntergespielt. Sie war eine bekannte Trickfilmzeichnerin und blickte auf vierzig Jahre produktiven Schaffens zurück. Ihr Werk wurde wegen seiner innovativen Bedeutung im Museum of Modern Art und im Metropolitan Museum of Art ausgestellt – und ich hatte keinen blassen Schimmer davon. Wir kannten einander einfach nur als zwei Frauen, zwei Ehefrauen und zwei Mütter, die unter der gleichen furchtbaren Krankheit litten. Wir trafen uns, um das Für und Wider einer HIPEC-Operation zu besprechen. Sie war, was ihren Krebs anging, extrem verschlossen, weshalb ich in der Krebs-Community vielleicht die Einzige war, mit der sie sich anfreundete, mit der sie einigermaßen regelmäßig sprach und der sie Zutritt zu ihrer getrübten Welt erlaubte. Sie schenkte meinen Töchtern zwei Bücher, die sie geschrieben und illustriert hatte, und eine App für das iPad, die ihnen helfen sollte, das Alphabet zu lernen. Ihr Tod schockierte mich, denn er war meiner Meinung nach zu schnell gekommen. Bei unserem letzten Treffen, kurz vor dem Sommer, hatte sie nicht so ausgesehen, als ob sie schon so bald sterben würde. Ich schrieb ihr sogar eine E-Mail, in der ich ihr mitteilte, dass ich ihren Wunsch, in ein Hospiz zu gehen, für verfrüht hielt. Sie antwortete mir nie darauf. Später erfuhr ich, dass sie Ende Juni, zwei Wochen, nachdem ich ihr die Mail geschickt hatte, gestorben war. Ihre Krankheit war so schnell fortgeschritten, dass selbst ihre Ärzte erstaunt waren. Ich hatte keine Gelegenheit, mich richtig von ihr zu verabschieden, was ich zutiefst bereue.

Ich bereue es, weil sie meine Freundin war. Aber ich bereue es auch, weil ich die Gegenwart sterbender Menschen im Gegensatz zu den meisten normalen Menschen nicht als beängstigend empfinde. Ich habe keine Angst. Denn J. hat ihr Endziel erreicht. Sie war einfach nur in einem früheren Zug, das ist alles. Die Nähe zum Tod zieht einen stark zu einem sterbenden Menschen hin – man will ihm nah sein, mit ihm kommunizieren, ihm Trost spenden und sich von ihm trösten lassen.

Abgesehen davon, dass ich mich von Freunden verabschieden muss, was man nie wirklich überwinden kann, habe ich das Gefühl, die Spielregeln dieses komplizierten Spiels auf der Suche nach dem Schlüssel zum Erfolg, auch bekannt als Krebs im Stadium IV, einigermaßen zu beherrschen: Du begibst dich voll und ganz in die Hände bestimmter Ärzte und entziehst ihnen das Vertrauen wieder. Du magst sogar in Versuchung geraten, deinen Onkologen zu betrügen und mit anderen größeren Kliniken anzubändeln, nur um irgendwann wie ein begossener Pudel wieder zu deinem treuen Onkologen zurückzukehren. Du klammerst dich euphorisch an verschiedene Verfahrensweisen, um dann festzustellen, dass sie nichts taugen. Diverse Medikamentenkombinationen oder klinische Studien überzeugen dich jedes Mal aufs Neue davon, dass genau sie die Lösung sind. Aber sie sind nicht die Lösung. Du vergeudest Zeit und Geld mit dem Ausprobieren alternativer Therapien, nur um anschließend entweder frustriert zu sein oder *total* frustriert. Du wirst die ganze Zeit ein hoffnungsloser Fall sein und wirst schreien und weinen. Dann wischst du deine Tränen weg und redest mit Klempnern, siehst dir die Muster für das neue große Schlafzimmer an, für das du zuständig bist, und dann gehst du mit Freunden in ein Restaurant. Denn das Leben muss gelebt werden!

Vor knapp zwei Monaten, nachdem der Chirurg aus Deutschland mir mitgeteilt hatte, dass eine Laseroperation meiner Lunge nicht möglich sei, beschloss ich zusammen mit meinem Onkologen, eine Behandlung mit dem Medikament Erbitux (allgemein unter dem noch schwerer aussprechbaren Namen Cetuximab bekannt) zu beginnen. Erbitux ist das Medikament, wegen dem die US-amerikanische Fernsehmoderatorin Martha Stewart im Zusammenhang mit illegalen Aktiengeschäften einige Monate im Gefängnis saß. Erbitux ist nur für diejenigen Patienten eine Option, deren Tumore keine KRAS-Mutation aufweisen. Bei Patienten, die diese Mutation aufweisen, scheint es mehr Schaden anzurichten als zu nützen. Also kann ich mich wohl glücklich schätzen, dass ich KRAS-Wildtyp-Tumore habe (das heißt normale), denn diese Mutation kommt relativ oft vor; sie betrifft 40 bis 60 Prozent der Kolorektalkarzinomzellen. Erbitux hat hässliche Nebenwirkungen, unter anderem schlimme Hautausschläge und Akne. Aber da es sich um eine zielgerichtete Therapie handelt, gilt sie im Hinblick auf das Blutbild und die Blutplättchen eher als schonend.

Ich stellte Dr. A. C. gegenüber unmissverständlich klar: „Ich will an Krebs sterben, nicht an der Behandlung des Krebses."

Er erwiderte: „Wie wäre es, wenn Sie gar nicht sterben würden?" Seine unerwartet optimistische Frage brachte mein Herz vorsichtig zum Lächeln.

Nur aus seinem Mund dulde ich so einen honigsüßen Optimismus. Von niemandem sonst. Seine Bemerkung widersprach so sehr der düsteren Prognose, die er mir im vergangenen Dezember gegeben hatte, dass ich annehmen muss, dass er aufgrund all des Wirbels um die Immuntherapie, über die inzwischen immer heftiger diskutiert wird, eine reale Chance für mich sieht. Und wenn er an etwas glaubt, kann ich auch den Mut aufbringen, daran zu glauben, wenn auch nur ein wenig.

Des Weiteren stellte ich Dr. A. C. gegenüber unmissverständlich klar: „Ich möchte nicht, dass meine Kinder mich als total krank in Erinnerung behalten." Er entgegnete: „In diesem Fall werden sie sich nur als eine Mutter mit Akne an Sie erinnern."

Außerdem sollte ich als Erhaltungstherapie erneut das Zytostatikum 5-FU nehmen, das mir alle zwei Wochen während eines Zeitraums von achtundvierzig Stunden über eine Pumpe verabreicht werden sollte, die man mit sich herumtragen muss. Ich wollte die Pumpe nicht tragen. Zum einen, weil sie lästig ist, vor allem aber, weil ich nicht wollte, dass sich meine Kinder und Josh beim Anblick dieses offensichtlichen Anzeichens meiner Krankheit aufregten. Daraufhin schlug Dr. A. C. mir etwas vor, wovon ich noch nie gehört hatte (zumindest schien es nicht der geltende Behandlungsstandard zu sein). Da ich die Erbitux-Infusionen einmal pro Woche bekommen sollte, könne er mir während der wöchentlichen Sitzungen auch schnell das 5-FU injizieren. Ich willigte ein.

Ich hatte mich also entschieden, wie es mit meiner Behandlung weitergehen sollte, und fühlte mich damit gut. Ich kann mich glücklich schätzen, einen Onkologen zu haben, der auf mich hört und es mir gestattet, im Hinblick auf meine Behandlung meine eigenen Entscheidungen zu treffen, so beängstigend diese auch sein mögen. Er ist bereit, ungewöhnliche Schritte zu gehen, das Unorthodoxe auszuprobieren. Er sagte mir mal: „Nur weil irgendwas normalerweise nicht getan wird, heißt das nicht, dass wir es nicht trotzdem tun können." Am meisten gefällt mir, dass wir uns auf Instagram folgen, dass wir einander Einblicke in persönliche Bereiche unseres Lebens gewähren, dass wir über unsere gärtnerischen Bemühungen und über unsere Kinder reden. Ich glaube, dass die Beziehung zwischen einem Patienten mit metastasierendem Krebs und ihrem oder seinem Onkologen eine ganz spezielle Beziehung sein sollte, eine, die anders ist als jede andere Arzt-Patient-Beziehung. Denn in der Onkologie geht es ständig um Leben und Tod, und deshalb sollte die Beziehung über das Medizinische und Wissenschaftliche hinausgehen. Sie sollte von gegenseitigem Verständnis und Menschlichkeit geprägt sein. Ich muss diese Bindung zu meinem Arzt spüren, der mir entweder das Leben rettet oder, was wahrscheinlicher ist, mich auf meinem Weg zum Ende meines Lebens begleitet.

Aber so gut ich mich angesichts meiner Entscheidung bezüglich meiner Behandlung auch gefühlt hatte – das gute Gefühl hielt nicht lange an. Innerhalb einer Woche bekam ich im Gesicht den zu erwartenden Ausschlag und die Akne, die mein Dermatologe Pusteln nannte. Ein hässliches Wort, das passend beschreibt, was mit meinem Gesicht passierte. Mit Clindamycin (einer Hautcreme) und Doxycyclin (einem oralen Antibiotikum) konnten der Ausschlag und die Akne schnell unter Kontrolle gebracht werden (wobei mein Gesicht immer noch die ganze Zeit gerötet ist). Meine Kopfhaut begann zu jucken und berührungsempfindlich zu werden, was meistens ein Vorbote von Haarverlust ist. Tatsächlich begann ich vor einigen Wochen Haare zu verlieren. In der Hoffnung, den Haarverlust mildern zu können, benutze ich jetzt Haarmasken, die dafür sorgen sollen, dass meine Kopfhaut und meine Haare mehr Feuchtigkeit aufnehmen.

Ungefähr eine Woche nach meiner ersten Erbitux-Infusion bekam ich in meinem linken Auge Mouches volantes. Jeder kann dieses sogenannte Mückensehen von Zeit zu Zeit vorübergehend bekommen, aber aufgrund meiner zurückliegenden Augenoperationen war ich für dieses Leiden besonders anfällig. Früher waren die schwarzen Punkte immer nach einigen Tagen verschwunden, aber diesmal blieben sie. Sie haben mich schon immer beunruhigt, weil sie mich daran erinnern, dass mein Sehvermögen sich verschlechtern oder ich wieder ganz blind werden könnte, was für jemanden mit meiner Geschichte eine der größten Sorgen ist, die einen umtreiben kann. Als ich klein war, habe ich meiner Mutter immer gesagt, dass in meinem Sichtfeld Fliegen herumtanzen, wenn ich beschreiben wollte, was mit mir los war. Ich wusste damals nicht, wie ich den dunklen Fleck sonst beschreiben sollte, der da war, egal wohin ich auch blickte, sogar bei geschlossenen Augen.

Außerdem ist an meinem Halsansatz eine merkwürdige weiche Beule entstanden, die Dr. A. C. nicht für eine Hirnmetastase hält. Es sei denn, mein Gehirn wäre aus meinem Schädel herausgewachsen, aber wir haben keine Ahnung, um was es sich handelt. Fürs Erste beobachten wir sie einfach nur, wobei ich sie regelmäßig mit den Fingern abtaste. Es tröstet mich nur wenig, dass auf meinen letzten MRT-Aufnahmen des Gehirns nichts zu sehen war.

Doch all diese trivialen Sorgen wegen Akne, ausfallender Haare, lästiger schwarzer Punkte vor den Augen, seltsamer Beulen am Kopf und häufiger Erschöpfungszustände verblassen im Vergleich zu den Hautschäden an meinen Händen, Füßen und Lippen durch die extreme Trockenheit und zu den wunden Stellen in meinem Mund. Obwohl ich ständig Lotionen und Cremes auftrage, wache ich mit getrocknetem, an meinen Lippen und in meinen Fingernagelbetten klebendem Blut auf. Das sind die schlimmsten Nebenwirkungen, die ich seit dem Beginn meiner Behandlung erlebt habe. Sie sind schlimmer als die Übelkeit, die Verstopfung, der Durchfall, die Neuropathie, schlimmer als alles! Und auch mein medizinisches Team machte sich diesbezüglich ernsthafte Sorgen, denn wunde Stellen im Mund können den Appetit reduzieren und es dem Betroffenen erschweren zu essen und die ungeheuer wichtigen Nährstoffe aufzunehmen. Die verfügbaren Mundspülungen und die anderen Mittel zur Linderung der wunden Stellen im Mund haben alle nicht gewirkt. Sobald sich eine der lästigen Blasen zurückbildete, bildeten sich auf der Zunge, am Zahnfleisch oder an den Innenseiten der Lippen und der Wangen neue. Eine Blase an der Unterseite meiner Zunge verursachte jedes Mal, wenn ich etwas aß, einen brennenden Schmerz in meinem Gehörkanal. Angesichts der Absurdität, dass meine Schmerzen im Mund bis in meine Ohren strahlten, war ich entrüstet! Krebs kann einen töten, aber muss er auch noch solche Spiele mit einem treiben?

Einmal war es so schlimm, dass ich kaum noch sprechen konnte, weil schon das bloße Bewegen des Mundes mir zu sehr wehtat, und ich musste den Mädchen sagen, dass ich ihnen keine Gute-Nacht-Geschichten vorlesen konnte. Wasser kann ich kaum im Mund ertragen. Jede Mahlzeit ist zu einer Tortur geworden und zieht sich ewig hin, denn sobald Nahrung in meinen Mund gelangt, brennt es überall (wobei ich zugeben muss, dass die cremige Kühle von Eiscreme das in meinem Mund wütende Feuer wirklich beruhigt). Für jemanden, der so gerne kocht (und isst) wie ich, sind die Schmerzen im Mund fürchterlich und kaum erträglich. Mein Arzt hat darauf bestanden – und ich habe gern eingewilligt –, die Behandlung während der Labor-Day-Woche auszusetzen, damit mein Mund und meine Finger mehr Zeit hatten zu heilen.

Ich bin daran erinnert worden, wie sehr Schmerzen einem auf die Stimmung schlagen und den Willen zerstören können. Vielleicht muss ich zu meiner Schande gestehen, dass ich einfach keine sehr hohe Schmerztoleranz habe. Leider ist das etwas, das ich nicht ändern kann. Wie bei jedem anderen sorgen Schmerzen bei mir dafür, dass ich mich elend fühle. Aber diese körperlichen Schmerzen und der emotionale Schmerz, der schon vorher da war, verschärft durch die Todesfälle in meinem Freundeskreis und die Strapazen, mit den anderen Nebenwirkungen klarkommen zu müssen, führten mich in den dunkelsten aller Abgründe.

An einem Sonntagabend, einem Vorabend einer weiteren Behandlung, als mein Mund wieder mal wie Feuer brannte, schaffte ich es nicht, Isabelle dazu zu bringen, ins Bett zu gehen, woraufhin ich total ausrastete. Ich schrie sie an. Josh sagte, ich hätte die Grenze überschritten. Danach setzte ich mich aufs Sofa und weinte, weil ich dabei war, so eine furchtbare Mutter zu werden. Und weil die Schmerzen und das ganze Desaster mich zu einer Mutter und Ehefrau werden ließen, die ich nicht sein wollte. Ich weinte bis in die frühen Morgenstunden und saß allein in der Dunkelheit. Ich habe noch nie zuvor in meinem Leben so heftig und so verzweifelt geweint. Ich habe mich noch nie so geschwächt und so einsam gefühlt. Ich erwog ernsthaft, die Behandlung zu beenden, weil ich nicht wollte, dass meine Kinder mich so in Erinnerung behalten. Im Dickdarmkrebs-Club-Forum postete ich diesen verzweifelten Hilferuf:

> Ich habe mich seit einer Weile nicht mehr gemeldet, um zu berichten, was mit mir los ist, genauer gesagt, seitdem ich das letzte Mal gepostet habe, wie einsam und verlassen ich mich manchmal fühle ... Ich bin zu der Überzeugung gelangt, dass nichts, was mir jemand sagen könnte, mich trösten kann. Ich bin so sehr von Neid, Bitterkeit und Hass erfüllt, dass ich nicht weiß, was ich tun soll, um diese Gefühle loszuwerden. Ich habe monatelang geglaubt, meinen Frieden gefunden zu haben, aber dann kamen die aktuellen MRT-Ergebnisse, seitdem ist es mit meiner kurzen Phase der Stabilität aus und vorbei. Ich habe das Gefühl, dass mich weder mein Mann noch meine Freunde verstehen können. Die einzigen Menschen, die mich verstehen könnten, sind Menschen, die sich exakt in der gleichen Situation befinden wie ich, aber so jemanden gibt es nicht.
>
> Aber heute Abend habe ich mich nach langer Abwesenheit auf der Suche nach Hilfe wieder hier eingeloggt. Vermutlich aus Verzweiflung.

Ich nehme jetzt seit einem Monat Erbitux und seitdem habe ich Schmerzen im Mund. Es ist furchtbar. Mit dem Ausschlag kann ich klarkommen, darüber klage ich also gar nicht. Ich bin auch davon überzeugt, dass Erbitux für diesen hartnäckigen schwarzen Punkt in meinem linken Auge verantwortlich ist, der mich dazu treibt, mir das Auge am liebsten herausreißen zu wollen. Wer meine Geschichte kennt (dass ich blind auf die Welt gekommen bin und so weiter), kann vielleicht verstehen, wie dieses sogenannte Fliegensehen mich auf die Palme bringt und in mir die Sorge aufkommen lässt, dass die Einnahme von Erbitux mich womöglich wieder ganz erblinden lassen könnte. Aber wie auch immer, jedenfalls habe ich heute Abend meiner vierjährigen Tochter gegenüber, die einfach nicht ins Bett gehen wollte, die Nerven verloren. Ich weiß, dass meine Reaktion nur auf diesen Scheißkrebs zurückzuführen ist. Ich will nicht so leben. Ich will nicht, dass meine Kinder mich als eine Zicke in Erinnerung behalten, die immer unter Schmerzen gelitten hat und unglücklich war. Morgen steht meine nächste Behandlung an und ich habe meinem Mann gesagt, dass ich aufhören möchte. Ich möchte lieber früher sterben, als so weiterzuleben. Ich möchte mich lieber gut fühlen und glücklich und eine gute Mutter sein. Ich weiß aber auch, dass ich nicht den Mut habe, meine Ankündigung in die Tat umzusetzen, aber irgendwann wird die Zeit kommen.

Auf Mias Wunsch besuchen wir seit Kurzem die Gottesdienste unserer Kirchengemeinde. Ich bin keine Christin und werde nie eine werden, aber ich gehe meinem Mann (der episkopalkirchlich erzogen wurde) und meinen Kindern zuliebe in die Kirche. Ich verzichte höflich auf die heilige Kommunion, höre mir die Predigten aber so unvoreingenommen an wie nur irgend möglich. Eine Predigt von Mother Kate ist mir besonders im Gedächtnis haften geblieben. Sie sprach darüber, dass wir zwar oft die Kraft und das Gute des Lichts betonen, dass jedoch auch die Dunkelheit manchmal wundervolle Dinge hervorbringen kann. Sie hielt eine Pflanze aus ihrer Wohnung in Brooklyn hoch, in die, wie in so viele andere Wohnungen der Stadt, nur wenig natürliches Licht fällt. Sie führte uns vor Augen, dass diese Pflanze aus einem Samenkorn entstanden war, das in der tiefen Dunkelheit der Erde gesteckt hatte. Das Gleiche trifft auf alle Menschen und Tiere zu: Unser aller Leben beginnt in der Dunkelheit. Oder etwa nicht?

An jenem Abend weinte und weinte ich. In einer, wie es schien, symbolischen Geste dessen, wie tief ich gesunken war, legte ich mich auf den Teppich und weinte untröstlich in den Flor. Und dann kam meine liebe Isabelle, das Kind, das ich wenige Stunden zuvor angeschrien hatte, in dieser einsamen Dunkelheit zu mir. Sie fand mich auf dem Teppich liegend, setzte sich neben mich, legte ihre Hand auf meinen Kopf und sagte viele Minuten lang gar nichts, während ich weiterweinte.

Dann fragte sie mich mit ihrer niedlichen Vierjährigenstimme: „Mommy, warum liegst du denn auf dem Boden?"

Natürlich konnte ich ihr unmöglich auf der metaphorischen Ebene antworten und ihr sagen, dass ich da lag, weil ich so tief gesunken war, weshalb ich ihr eine einfache Antwort gab. „Weil Mommy so warm ist."

Es folgte ein behagliches Schweigen zwischen uns. Dann sagte ich: „Isabelle, du solltest zurück ins Bett gehen und schlafen."

„Aber ich möchte, dass du bei mir schläfst, Mommy", entgegnete sie. „Wenn du willst, kannst du auch in meinem Zimmer auf dem Boden schlafen."

Wie hätte ich meinem Kind, das sich aus seinem Zimmer in die Dunkelheit hinausgetraut hatte, um mir, seiner furchtbaren Mutter, zum Zeichen der Liebe und Vergebung die Hand zu reichen, diesen Wunsch verwehren sollen? Den Rest der Nacht schlief ich auf dem großen Doppelbett der beiden Mädchen zwischen ihr und Mia und mied den Boden.

30

Das Geschenk der Trauer

Die Frage, die mir am häufigsten gestellt wird, lautet: „Wie geht es dir?" Aber gleich danach kommt: „Wie geht es den Mädchen?"

Meine Kinder sind sich voll und ganz dessen bewusst, dass ich krank bin und wahrscheinlich in nicht allzu ferner Zukunft sterben werde. Während sie gewachsen sind, haben sie nach und nach immer besser verstanden, was es bedeutet „tot" zu sein. Aber ich habe natürlich meine Zweifel, ob sie wirklich verstehen, was mein Tod emotional für sie bedeuten wird.

Meine ach so kluge, fast sechs Jahre alte Mia versucht schweigend, all dies intellektuell zu begreifen, in seine Bestandteile zu zerlegen und zu analysieren. Sie sieht sich gern Dokumentarfilme über wilde Tiere an, die sich gegenseitig töten. Sie liebt es, auf dem Schoß ihres Vaters zu sitzen und mit ihm Dokumentationen über Flugzeugabstürze zu sehen, in denen der Tod nachgespielt wird und dann die Ermittler kommen, um zu ergründen, warum das Flugzeug vom Himmel gestürzt ist. Sie sieht sich auch gerne Sendungen über spannende Fälle der Gerichtsmedizin an, in denen über grausame Morde berichtet und nachgezeichnet wird, wie die Mörder mithilfe der Wissenschaft überführt werden. Josh findet solche makaberen Sendungen faszinierend und seine ältere Tochter teilt diese Vorliebe offenbar, denn wenn sie diese Sendungen sieht, ist sie immer voll bei der Sache. Wenn es nicht Filme über wildlebende Tiere sind, protestiert

Belle jedes Mal, wenn Mia und Josh ihre Lieblingssendungen einschalten und schreit: „Ich *will* keine Flugzeugabstürze sehen!" Und dann rennt sie in ein anderes Zimmer und zieht mich oft mit.

Es war bei einer dieser Gelegenheiten, dass Mia den Wunsch äußerte, in die Kirche zu gehen und mehr über Jesus zu erfahren. Vater und Tochter hatten sich zusammen eine Dokumentation angesehen, in der das Jahr „1532 nach Christus" erwähnt wurde und Josh hatte Mia erklärt, was das bedeutet, und war in diesem Zusammenhang auch auf die Kreuzigung Jesus zu sprechen gekommen. Sie sagte, dass sie glaube, eine Christin zu sein. Da wir nicht viel über Religion mit ihr reden (und Mia zuvor noch nie an einem Gottesdienst teilgenommen hatte), kann sie nur in der Vorschule von Gott und religiösen Themen gehört haben, wahrscheinlich von einer Klassenkameradin, die regelmäßig in die Kirche geht. Aber Mia hat schon mit vier Jahren angefangen, von Gott zu reden, weshalb es mich nicht allzu sehr überraschte, als sie den Wunsch äußerte, mehr über das Christentum zu erfahren. Ich erinnere mich an einige Male, als wir kurz nach meiner Krebsdiagnose an einer Kirche vorbeigingen und sie mich fragte: „Was ist das für ein Gebäude?" Oder: „Wer hat uns geschaffen, Mommy?"

Und dann sind da die sporadischen Gespräche zwischen ihr und Belle, wenn sie gemeinsam im Bett liegen:

Belle: „Gott ist tot."

Mia: „Nein, ist er nicht. Er ist überall. Er hat uns geschaffen."

Das ist der Grund, weshalb wir angefangen haben, in die Kirche zu gehen und uns der Gemeinschaft zugehörig zu fühlen, die sie repräsentiert. Und ich gehe, auch wenn ich keine Christin bin, mit zu den Gottesdiensten, denn ich möchte meine Familie ermutigen, jedes Angebot zu nutzen, das ihnen helfen kann, schwierige Zeiten zu überstehen. Ich vertraue darauf, dass meine Kinder intelligent und urteilsfähig sind und zu einem späteren Zeitpunkt, wenn sie über mehr Reife und Wissen verfügen, entscheiden, ob der christliche Glaube oder vielleicht eine andere Religion oder auch gar keine für sie das Richtige ist.

Belle hingegen scheint kein großes Interesse an der Kirche und allem, was damit zusammenhängt, zu verspüren. Sie mag den Kindergottesdienst, der jetzt wieder angefangen hat. Aber so kurz und kindgerecht die Gottesdienste auch gestaltet sein mögen, es fällt ihr manchmal schwer, sie über sich ergehen zu lassen.

Eines Tages führten wir auf dem Weg zur Kirche folgende Unterhaltung:

Belle (maulend): „Warum müssen wir jeden Tag in die Kirche gehen, Mommy?"

Ich: „Wir gehen nicht jeden Tag in die Kirche. Wir gehen nur sonntags."

Belle (aufsässig): „Freitage sind meine Lieblingstage, weil ich freitags immer Pizza essen darf und nicht in die Kirche gehen muss!"

Auch wenn Isabelle möchte, dass ich lebe, weiß ich, dass sie sich auf meinen Tod vorbereitet. Ich denke, es ist immer gut, sich vorzubereiten, und für meine beiden Kinder ist es auf jeden Fall sehr gut. Ich glaube, es wird ihnen helfen, ihren Schmerz und ihren Kummer zu lindern. Noch wichtiger ist, dass ihre Vorbereitung auf meinen Tod es ihnen ermöglicht, dieses furchtbare Szenario zu verarbeiten, solange ich noch da bin und sie unterstützen kann. Auf diese Weise können sie ihren Zorn oder jegliches andere Gefühl, das sie mir oder der Welt gegenüber empfinden, herauslassen und anschließend von mir getröstet werden. Auf diese Weise können sie mir Fragen stellen, wie sie es immer getan haben, und von mir selbst erfahren, wie sehr ich sie liebe und immer lieben werde.

Ich betrachte dies als „Geschenk der Trauer". Wir trauern gemeinsam, und zwar jetzt, und wir weinen gemeinsam über ihren Verlust und mein Dahinscheiden, sodass sie nicht allein vor der Aufgabe stehen, meinen Tod zu begreifen, wenn ich plötzlich nicht mehr da bin. Einige Experten für psychische Gesundheit empfehlen, kleinen Kindern diesen Teil des Sterbeprozesses zu ersparen, aber ich bin davon überzeugt, dass die Beherzigung dieses Ratschlags für meine Kinder bedeuten würde, dass ich ihnen meine tiefsten Gefühle und meine unendliche und einzigartige Liebe vorenthalten würde, eine Mutterliebe, die sie in bleibender Erinnerung behalten werden und die sie in ihrem Leben vielleicht nie wieder kennenlernen werden.

Als Josh und Isabelle einmal zusammen im Auto unterwegs waren, hat Isabelle Josh gefragt: „Darf ich auf Mommys Platz sitzen, wenn sie gestorben ist?" Und eines Abends beim Zubettgehen wollte sie an meiner Stelle die Geschichten erzählen. Also erzählte sie zwei Geschichten mit völlig konträren Ausgängen. In der ersten Geschichte ging es um eine Rettung (vielleicht meine): „Es waren einmal ein Drache und eine Prinzessin. Der Drache fraß die Prinzessin. Der Prinz schnitt ein Loch in den Bauch des Drachen, ging hinein und holte die Prinzessin heraus. Danach lebten sie glücklich miteinander, und wenn sie nicht gestorben sind, dann leben sie noch heute."

Dann erzählte sie ihre zweite Geschichte: „Es waren einmal ein Frosch und eine Prinzessin. Der Frosch fraß die Prinzessin. Und dann fand der Prinz eine neue Prinzessin. Sie lebten glücklich miteinander, und wenn sie nicht gestorben sind, dann leben sie noch heute. Ende der Geschichte."

Isabelle verhält sich oft außergewöhnlich. Sie scheint eine alterslose Seele zu haben, die mich immer wieder in Staunen versetzt. In den Momenten, in denen ich an einen Gott glaube, spüre ich die Kraft meiner Tochter und bin überzeugt, dass sie mir als Hilfe geschenkt wurde, um mit meiner Krankheit fertigzuwerden. Genauer gesagt glaube ich dann an einen Gott – oder sogar daran, dass Gott durch sie zu mir spricht –, wenn ich erlebe, wie weise dieses Kind ist, auf welch einzigartige Weise es mich versteht, welche Magie ihm innewohnt.

Wenn Mia mich mit ihren langen Armen umarmt, spüre ich ihre Liebe. Ich spüre ihr Bedürfnis danach, dass ich ihr Wesen stärke und sie wissen lasse, dass ich sie kein bisschen weniger liebe als ihre Schwester. Ich wünschte, ich könnte ihr gegenüber zum Ausdruck bringen, was für eine unglaubliche Anmut, Schönheit, Intelligenz und Liebenswürdigkeit ich trotz ihres zarten Alters schon jetzt in ihr sehe, und ich staune voller Stolz, dass ich so ein bezauberndes Kind geboren habe. Genau genommen liebe ich meine beiden Kinder grenzenlos und staune unentwegt darüber, wie ich es hinbekommen habe, Mutter von zwei so großartigen Mädchen zu sein. Ich empfinde eine Liebe für sie, die ich nie für möglich gehalten hätte.

Belles Umarmungen sind anders. Wenn Isabelle mich mit ihrem kompakteren, stämmigeren Körper an sich drückt (sie hat einen robusten Rumpf und Fleisch auf den Rippen, während ihre Schwester gertenschlank ist und sehr lange Arme und Beine hat), spüre ich sehr wohl ihre Liebe, aber ich spüre nicht das gleiche Schutzbedürfnis bei ihr. Ich empfinde ihre Umarmungen eher so, als würde sie mich in den Momenten, in denen ich am liebsten gehen würde, mit dem Gewicht ihres Körpers auf der Erde halten und mich an diesem Leben festhalten lassen, als ob sie mir durch ihre Umarmung schweigend zu verstehen geben würde, dass ich nicht für sie weiterleben muss, sondern dass es für meine Seele in diesem Leben noch mehr zu tun und zu lernen gibt, dass ich der Welt noch mehr zu geben habe, bevor ich weiterziehe, dass meine Existenz auf dieser Erde etwas Größerem gedient hat und dient, als mich um sie und ihre Schwester zu kümmern.

Nachdem all dies gesagt ist, werden Sie verstehen, was es für mich bedeutet hat, als Isabelle in jener schlimmen, einsamen Nacht zu mir in die Dunkelheit gekommen ist und ihre Hand nach mir ausgestreckt hat, um mich vom Boden hochzuziehen und mich dadurch aus dem Abgrund hervorzuholen, in den ich gestürzt war.

Am nächsten Morgen wachte ich erschöpft, aber klarsichtig und entschlossen auf. Mir war klar, dass meine Familie und ich meines Selbstmitleids überdrüssig waren, dem ich mich während der vergangenen Wochen und Monate ergeben hatte. Ich wusste, dass ich etwas tun musste, um mich aus meiner Dunkelheit zu befreien. Isabelle hatte mir ihre Hand gereicht, aber den Rest der Arbeit musste ich selbst erledigen.

2016

31

Wie die Yips nach Amerika kommen

Ich sitze auf dem Schoß meiner Großmutter. Ich spüre, wie das Boot schaukelt. Im Augenblick ist es ein angenehmes Schaukeln, aber ich weiß, dass es nicht immer so ist. Ich sehe den gespenstischen Schein einer nackten Glühbirne, die irgendwo über uns baumelt, und einen bewölkten Nachthimmel, der nicht ganz schwarz ist. Ich höre den Motor. *Tuck … tuck … tuck*. Aber vor allem höre ich die schrillen Stimmen der Menschen um mich herum – es sind so viele –, verzweifelte menschliche Stimmen, die lauter sind als die Geräusche des Bootes und des Ozeans. Ich sehe, dass die Menschen zum Himmel sprechen, zu etwas oder jemandem am Nachthimmel. Ich verstehe ihre Worte. Sie sagen Sachen wie: „Bitte, Gott, hilf uns." Oder: „Lieber Gott, bitte pass auf uns auf." Mein Kopf liegt an der Brust meiner Großmutter, und ich blicke ebenfalls zum Himmel hinauf, starre in die graue Schwärze, und in dem Augenblick glaube ich eine Sekunde lang, eine Stimme aus den Wolken zu hören. Aber dann komme ich zu dem Schluss, dass die Stimme nur meinem eigenen Wunschdenken entspringt, eine Antwort auf die Gebete zu hören, denn ich verstehe instinktiv, dass das, worum diese Menschen bitten, für uns alle wichtig ist. Ich verstehe, dass es in den Gebeten darum geht, am Leben bleiben zu wollen und nicht zu sterben, und ich will auch leben.

Dann spüre ich wieder, wie mir vor Hunger der Magen knurrt, verlange weinend nach mehr Milch und klopfe mit der leeren Flasche gegen den Schoß meiner Großmutter, auf die einzige Art und Weise nach Nahrung kämpfend, die ich kenne und die mir zur Verfügung steht. Meine Großmutter schreit mich an. Sie ist wütend auf mich.

„Es gibt keine Milch mehr! Verstehst du mich? Und es wird auch so bald keine Milch mehr geben, egal, wie sehr du auch schreist. Also sei still!" Sie schnappt sich meine Babyflasche und schleudert sie in hohem Bogen in die schwarze See, als ob dadurch alles besser würde. Ein Teil von mir weiß, dass sie statt der Flasche lieber mich über Bord geworfen hätte, aber das kann sie nicht tun.

Ich weine noch heftiger. Ich kann nicht aufhören zu weinen.

Auf diesem Boot bildeten sich meine ersten realen und bewussten Erinnerungen. Ich sage real und bewusst, weil diese Bilder und Empfindungen die ersten Erinnerungen sind, in denen ich mich an mehr erinnere als nur an vage Farb- und Lichtblitze. Es sind die ersten Erinnerungen, die eher einer realen Welt entsprungen sind als einer Traumwelt, Dinge, an die sich mein Gedächtnis erinnert und nicht nur meine Seele, und die ersten Erinnerungen, in denen ich die Welt um mich herum erfasse und meine eigene Existenz in dieser Welt wahrnehme. Auch wenn dieses Auffassungsvermögen erst im Entstehen begriffen sein mochte, erfasste ich die Hoffnungslosigkeit der Situation und begriff, an welch seidenem Faden mein eigenes Leben hing. Auf diesem Boot erfuhr ich, was Angst, Hunger und Lebenswille sind.

Die Bootsfahrt war ein derart schreckliches, von Urängsten begleitetes Erlebnis, dass die meisten Mitglieder meiner Familie später versuchten, ihre Erinnerungen daran aus ihrem Gedächtnis zu verbannen und nie wieder darüber zu reden. Das Erlebnis war von einer solchen Urangst geprägt und so furchtbar, dass die bloße Erinnerung daran meine Mutter noch jedes Mal erschaudern lässt, wenn sie irgendwo auf die endlose Weite des Ozeans blickt und in so einem Moment selbst nach so vielen Jahren noch sagt: „Ich hätte nie gewagt, dieses Boot zu besteigen, wenn ich gewusst hätte …" Aber natürlich hatte sie es nicht gewusst und deshalb hatte sie es gewagt.

Dass wir überhaupt hier sind und von unserer Flucht aus Vietnam erzählen können, dass wir überlebt haben, grenzt an ein Wunder. Bevor wir das Boot auch nur bestiegen hatten, stand das Wasser schon dreißig Zentimeter hoch im Laderaum. Es strömte durch den ramponierten Schiffsrumpf hinein, und das Boot sank immer tiefer ins Wasser. Die Menschen, die an Bord eilten, um auf dem einzigen Deck des offenen Bootes einen Platz zu finden, konnten das Wasser sehen, als sie an der kurzen nach unten führenden Treppe vorbeihuschten. Doch niemand schien sich darum zu scheren, denn niemand versuchte, das Boot wieder zu verlassen. Stattdessen kamen immer mehr Menschen an Bord. Offenbar glaubten sie, weil sie mutig waren oder vielleicht auch eher naiv, genauso wie meine Eltern und so viele andere vor ihnen: Lieber auf dem Meer sterben als in Vietnam leben. Lieber auf ein sinkendes Boot steigen, als auch nur einen weiteren Augenblick auf vietnamesischem Boden bleiben.

Doch dann übertönte eine Stimme des gesunden Menschenverstands das Dröhnen des Schiffsmotors und den Lärm der Menschenmenge.

„Werft Gepäck ab! Das Boot muss leichter werden!", schrie Bruder Can den gut hundert Menschen zu, die bereits an Bord gegangen waren. Dann wandte er sich den zweihundert Leuten zu, die noch warteten, um über die dicke Holzplanke, die vom Pier auf das Boot führte, an Bord zu kommen. „Bringt nur das an Bord, was ihr *unbedingt* braucht. Sonst nichts!" Dann zeigte Bruder Can auf den Steuermann und seinen ratlos neben ihm stehenden Bruder und befahl: „Pumpt das Wasser raus! Na los! Jetzt sofort, habe ich gesagt!"

Bruder Can stand an der Backbordseite des Bootes und starrte jeden, der an Bord ging, misstrauisch an. Er war entschlossen, für Ordnung zu sorgen und sicherzustellen, dass das Boot nicht schon sank, bevor es überhaupt losgefahren war. Immerhin gehörte das Boot ihm. Genau genommen war Bruder Can nur der Bruder von ein paar wenigen Passagieren, aber jeder wusste, wer er war, und jeder sprach ihn, um ihm Respekt zu zollen, mit „Bruder" an (was im Vietnamesischen gängige Praxis ist). Er war der Hauptorganisator dieser Expedition, der Mann, der die Anschaffung des Bootes geplant hatte, der auf meinen Großvater zugekommen war, damit dieser das Boot in Tam Ky registrierte, und der den Steuermann aufgetan hatte. Er war vor allem dafür zuständig, die 315 Flüchtlinge zusammenzustellen. Die Menschen an Bord nannten ihn den „Bootschef", den Kapitän, und der Kapitän erwartete, dass seinen Befehlen Folge geleistet wurde.

Bruder Cans vier jüngere Brüder, alle groß, muskulös und einschüchternd wie Bruder Can selbst, machten sich daran, Bruder Cans Befehle auszuführen, und waren bereit, sich ohne große Rücksicht um das Gepäck so vieler wildfremder Menschen zu kümmern. Die Brüder nahmen die größten Taschen ins Visier, die die Passagiere zwischen sich gequetscht hatten. „Nur die wichtigsten Sachen können mitgenommen werden. Nur eine Tasche, und keine zu große!", rief Bruder Can den Leuten immer wieder zu, während sie versuchten, mit bepackten Rücken und Taschen in den Händen an ihm vorbeizuschlüpfen, als hätten sie seine Anweisungen nicht gehört. Die meisten, denen Bruder Can den Zutritt aufs Boot verwehrte, machten kehrt, gingen zurück an Land und packten ihr auf zahlreiche Gepäckstücke verteiltes Hab und Gut neu, bis all das, was sie wirklich benötigten und mitnehmen wollten, schließlich in eine Tasche passte. Diejenigen, die versuchten, an Bruder Can vorbeizukommen, sahen sich mit seinen zahlreichen Schwagern konfrontiert.

In dem Wissen um Alternativlosigkeit ignorierten Bruder Can und seine Verwandten das entrüstete Geschrei, das ihnen angesichts ihrer herzlosen Gleichgültigkeit, mit der sie die Habseligkeiten der Leute behandelten, entgegenschlug. Sie warfen haufenweise voluminöse Segeltuch- und Nylontaschen, deren Reißverschlüsse und Nähte spannten, zurück auf den Pier und zwangen die Passagiere, es ihnen gleichzutun. Der hölzerne Pier ragte in einem natürlichen Hafen, der vor den Strömungen des Südchinesischen Meeres geschützt war, von einem weißen Sandstrand ins Wasser. Manchmal nutzten die Fischer aus dem nahe gelegenen Dorf Ky Ha den Anleger, um ihren Fang abzuladen. Doch an diesem dunklen Abend war er die Ablagestelle für die zurückgelassenen Habseligkeiten der Flüchtlinge, die persönlichen Dinge, die sie aus einem Haushalt und einem ganzen Leben ausgewählt hatten, um sie aus ihrem Heimatland mitzunehmen in die Fremde: Kleidung, Buddha-Statuen in Miniaturformat, Schmuckgegenstände, Fotos, Bücher, Tagebücher und jede Menge andere Dinge, die nur für diejenigen einen Wert besaßen, denen sie gehörten. Doch in den Taschen befanden sich auch wertvolle Gegenstände, die sich in Hongkong oder irgendwo anders auf der Welt verkaufen ließen: Goldbarren und Goldschmuck in Mengen, die die von der Cong An (der Polizei) beim Verlassen des Landes erlaubten zwei Tael pro Person deutlich überstiegen, dicke und duftende Zimtrinde von in den Urwäldern Vietnams gewachsenen Bäumen, aus der sich in gemahlenem Zustand der beste Zimt der Welt herstellen lässt, und Sandelholzrinde, die wegen ihres Aromas und ihrer heilenden Wirkung geschätzt ist und gutes Geld einbringen konnte.

„Lasst mir meine Tasche! Sie ist nicht schwer!", schrie eine grauhaarige Frau einen von Bruder Cans Männern halb protestierend, halb flehend an. Sie standen nicht weit von der Stelle entfernt, an der meine Mutter mit mir auf dem Schoß auf dem Holzdeck saß. Nach einem vergeblichen Hin-und-Herziehen rissen Bruder Cans Männer ihr die Tasche, die doppelt so groß war wie der Oberkörper der Frau, aus den Händen, warfen sie über Bord und suchten sich das nächste Opfer.

Meine Mutter lehnte sich noch kraftvoller an die einzige Tasche, die sie für uns gepackt hatte, und drückte sie in dem Versuch, sie vor dem Zugriff des Mannes zu schützen, gegen die Bootswand hinter ihrem Rücken. Meine Großmutter saß neben uns und drückte ihre eigene Tasche hinter sich gegen die Bootswand. Meine Mutter konnte meinen Bruder sehen, der neben meinem Vater auf der Bank saß, die sich an der Hinterseite des Bootes befand. Sie sah auch meinen Großvater, der mit einem von Bruder Cans Brüdern diskutierte. Mein Großvater hatte ein Dutzend sechzig Zentimeter lange Zimtrinden bei sich, die er zusammengebunden und in einen gewebten Sack gesteckt hatte, der sie schützen sollte. Erst nachdem mein Großvater den Mann daran erinnert hatte, dass er seinen Teil dazu beigetragen hatte, diese Bootsfahrt überhaupt möglich zu machen, gab der Bruder nach und erlaubte meinem Großvater, die Hälfte der Zimtrinden zu behalten. Die andere Hälfte warf er auf den Anleger.

Von ihrer Position auf dem Boden, rechts von Bruder Can, sah meine Mutter zu, wie sich diese surreale Szene in dem schummrigen Licht der beiden nackten Glühbirnen abspielte, die von dem Sonnendach des Bootes herunterbaumelten. Es war schon einundzwanzig Uhr und längst dunkel. Die Cong An zwang viele Boote, die ethnische Chinesen beförderten, bei Nacht loszufahren, da die Polizei befürchtete, dass der Anblick fliehender Flüchtlinge auch ethnische Vietnamesen ermutigen könnte, das Land zu verlassen. Da schaukelten wir also alle in der nur vom schwachen Schein der wenigen nackten Birnen erhellten Dunkelheit im Boot herum. Meine Mutter sah zu, wie die Leute sich anschrien, miteinander stritten und verhandelten und wie sich rund um uns herum immer mehr Menschen aneinanderdrängten. Sie sah zu, wie die den Flüchtlingen abgenommenen Habseligkeiten und ihre lebenslangen Ersparnisse in die Luft geschleudert wurden und alle durcheinander auf dem Anleger landeten, wo sie am nächsten Morgen von Plünderern aufgesammelt werden würden. Nichts von alldem schien real. Nicht dass die Menschen gezwungen wurden, das wenige Gebliebene – nachdem die Kommunisten ihnen schon so viel weggenommen hatten (einige hatten nur noch die Kleidung, die sie am Leib trugen) – zurückzulassen, und nicht das Wasser, das dieses winzige, überfüllte Boot sinken zu lassen drohte, das dreihundert Flüchtlinge über das offene Meer in das mehr als tausendsechshundert Kilometer entfernte nordöstlich gelegene Hongkong bringen sollte.

Vielleicht liegt es an der winterlichen Jahreszeit, dass ich so viel an die Gespenster unserer Migration, an die Tabakfrau und an den großväterlichen Geist denke. Und vielleicht ist es eine Folge meiner nicht so guten MRT-Ergebnisse und der mich seit Kurzem befallenden starken Durchfallattacken, dass ich mich fühle wie eine wandelnde Leiche.

In Vietnam verkaufte eine vietnamesische Frau auf der Straße vor unserem Haus jeden Tag Tabak. Sie hockte dort vor einem Tuch auf der Erde, auf dem sie ihre Ware ausbreitete. Manchmal kehrte der Geist des verstorbenen Großvaters der Tabakfrau zurück. Wenn das geschah, ließ sie dies meine Großmutter väterlicherseits wissen. Der großväterliche Geist riet meiner Großmutter oft, auf welche Zahlen sie bei der lokalen Lotterie setzen sollte – sie war nämlich eine passionierte Lotteriespielerin –, und dann gewann sie. Aber der Geist beriet sie auch in ernsteren Angelegenheiten, in Angelegenheiten, bei denen es um Leben und Tod ging.

Meine Schwester, die sechs Jahre älter ist als ich, bekam als Kleinkind Grauen Star. Ich vermute, dass die Trübung ihrer Linsen schon bei ihrer Geburt in irgendeiner Form angelegt war. Aber sie trat erst später zutage, vielleicht als sie ungefähr vier Jahre alt war. Bei mir war der Graue Star schon bei meiner Geburt viel ausgeprägter und offensichtlicher. Jedenfalls konnte weder mein Sehproblem noch das meiner Schwester in Vietnam behandelt werden und nachdem die Kommunisten den Krieg gewonnen hatten, gab es noch weniger Hoffnung auf eine erfolgreiche Behandlung.

Es flohen schon 1975, nach dem Fall Saigons, Menschen aus Vietnam, aber bei diesen frühen Flüchtlingen handelte es sich vor allem um Vietnamesen, die Repressalien befürchteten, weil sie sich auf die Seite des südvietnamesischen Regimes und der US-amerikanischen Truppen gestellt hatten.

1978 suchten die ethnischen Chinesen, die ihrer wirtschaftlichen Freiheit beraubt worden waren, und andere nach Möglichkeiten einer nicht durch Repressalien bestraften Flucht. In Anbetracht dessen, dass sich diese Fluchtaktionen im Verborgenen abspielten, waren es häufig junge alleinstehende Männer und Frauen, die in der Hoffnung, irgendwann einen besseren Ort zum Leben zu finden, den Mut hatten, auf maroden Fischerbooten die Reise nach Hongkong und Macau anzutreten. Alle träumten von den USA, aber auch andere Länder wie Frankreich, England und Australien waren in Ordnung. Mein dritter, vierter und fünfter Onkel, die jüngeren Brüder meines Vaters, waren die jungen Mitglieder unserer Familie, also diejenigen, die sich trauten.

Aber meine Mutter war die Mutigste von allen. In der Hoffnung, dass meine achtjährige Schwester an einen Ort gelangen möge, an dem ihr Sehleiden behandelt werden konnte, bat sie ihre Schwäger, Lyna mitzunehmen. Wir würden später nachkommen – und vielleicht wiedervereinigt sein, vielleicht aber auch nicht. Jetzt, da ich selbst eine Mutter bin, kann ich mir vorstellen, wie schwer es ihr gefallen sein muss, ihr erstgeborenes Kind gehen zu lassen und zu wissen, dass die keineswegs geringe Möglichkeit bestand, dass sie ihr Kind nie wiedersehen würde oder dass ihr Kind während der Reise in eine unbekannte und unvorstellbare Zukunft, von der sie nur aus Kinofilmen und Märchenbüchern eine flüchtige Vorstellung hatte, sterben könnte. Inzwischen hat meine Mutter mir erzählt, dass sie mich ebenfalls mit meinen Onkeln hatte mitschicken wollen, ich jedoch mit meinen zwei Jahren noch zu klein gewesen war, um jemandem die Verantwortung aufzubürden, sich um mich kümmern zu müssen.

Meine Schwester verließ Vietnam. Es vergingen Wochen und Monate, in denen wir nichts von den Onkeln hörten. Briefe konnten damals bis zu sechs Monate oder noch länger unterwegs sein, falls sie überhaupt je ankamen. Meine besorgte Mutter konsultierte den Geist des verstorbenen Großvaters der Tabakfrau, als dieser wieder einmal in Erscheinung trat. Er sagte ihr, dass meine Schwester wohlbehalten in den USA angekommen sei und dass es ihr gut gehe. Wochen später erhielt meine Mutter einen Brief, in dem auch ein Foto meiner Schwester steckte, auf dem sie vor der herrlichen Golden Gate Bridge posiert und ihre neue in den USA gekaufte Kleidung und eine neue Brille trägt.

Mir ist durchaus klar, dass viele, die diese Geschichten hören, trotz alledem nicht an Geister glauben. Das ist absolut verständlich. Ich hingegen glaube nicht nur an die Existenz von Geistern und Gespenstern, sondern ich glaube auch, dass die Seelen, die diese Geister repräsentieren, irgendwann weiterziehen. Sei es, dass sie sich in ein neues Leben verwandeln oder sich in eine andere zeitliche und räumliche Dimension begeben, irgendwohin, wo die Seelen eine Chance haben, mehr über dieses Universum zu erfahren und zu lernen. Letztendlich glaube ich an die Evolution der Seele – daran, dass der Sinn und Zweck des Lebens darin besteht, die Seele mit dem Herzschmerz und all den Freuden zu bereichern, die dieses Leben und andere Leben ihr geben können. Und ich glaube, dass die Seele, sobald sie so viel wie möglich aufgesaugt hat, mit all ihrer Weisheit und ihrem Wissen in das eintritt, was die Buddhisten das Nirvana nennen und die Christen vielleicht als den Himmel und eine Nähe und vielleicht sogar Einheit mit Gott bezeichnen würden.

Seit meiner Diagnose habe ich so viel Entschlossenheit erlebt, um jeden Preis am Leben bleiben zu wollen, manchmal mit einer geradezu verstörenden, an Wahnsinn grenzenden Verbissenheit. Ich bin zuversichtlich, dass mein unerschütterlicher Glaube an Geister, Gespenster, die Wiedergeburt und die Evolution meiner Seele dafür sorgen wird, dass ich keine Angst vor dem Sterben haben werde. Tatsächlich sind es diese Überzeugungen, die mich davon abhalten, an diesem Leben zu hängen und mich in gewisser Hinsicht dazu bringen, mich auf den Tod zu freuen. Dieser Glaube ist der Kern des dauerhaften, gewachsenen und kontemplativen Friedens, den ich in meinem Tod zu finden anstrebe.

Glauben Sie, was Sie glauben müssen, um Trost und Frieden mit dem unvermeidlichen Schicksal zu finden, das jedem Lebewesen auf diesem Planeten gemein ist. Der Tod erwartet uns alle. Man kann sich entscheiden, aus Angst vor ihm wegzulaufen. Oder man kann ihm offen mit besonner Gelassenheit entgegentreten und aus dieser besonnenen Gelassenheit Frieden und innere Ruhe ziehen.

32

Leben

Am ersten Frühlingstag wurden bei mir eine CT des Brustkorbs und eine MRT des Unterleibs und des Beckens durchgeführt. Seit meiner PET-Untersuchung Anfang Januar waren zehn Wochen vergangen. Diese Untersuchung hatte ein „uneinheitliches" Ergebnis ergeben. Einige Tumore waren gewachsen, einige unverändert geblieben und einige der Tumore in meiner Lunge hatten sich zurückgebildet. Trotz des festgestellten Wachstums waren mein Onkologe und ich übereingekommen, dass wir vorerst mit der wöchentlichen Erbitux-Infusion und der 5-FU-Therapie fortfahren wollten, jedoch schon nach sechs Wochen und nicht wie normalerweise üblich erst nach drei Monaten erneut Scan-Untersuchungen durchführen wollten. Die Aufnahmen vom Februar ergaben, verglichen mit dem PET-Ergebnis aus dem Januar, weitgehend stabile Ergebnisse. Was mich jedoch mehr beunruhigte, war, dass im Vergleich zu den CT- und MRT-Aufnahmen vom Oktober ein „signifikantes" Wachstum zu erkennen war.

Die unterschiedlichen bildgebenden Untersuchungsverfahren bieten verschiedene Vor- und Nachteile. Ich kann nicht behaupten, dass ich sie voll und ganz verstehe. Normalerweise werden bei mir alle sechs bis neun Monate PET-Untersuchungen durchgeführt, weil dabei auch ein Befall der Knochen sowie kanzeröse Stoffwechselaktivitäten in nicht soliden Bereichen (zum Beispiel am Bauchfell) entdeckt werden können und weil sie einen größeren Bereich abdecken, etwa vom Hals bis zur Mitte des Oberschenkels. Da eine PET-Untersuchung zusammen mit einer Computertomografie durchgeführt wird, ist die Bildqualität schlechter als bei einer ausschließlichen CT- oder MRT-Untersuchung. All dies dient dazu zu erklären, warum der Vergleich zwischen einer aktuellen CT-/MRT-Aufnahme mit einer früheren CT-/MRT-Aufnahme präziser ist, als ein Vergleich einer PET-Aufnahme mit einer CT-/MRT-Aufnahme. Deshalb war die Veränderung zwischen Oktober und Februar in meinem Fall relevanter (und beunruhigender). Die Februar-Aufnahmen zeigten einige neue Tumore und bei einigen bereits vorhandenen ein Wachstum von ungefähr einem Millimeter bis drei Millimetern. Auf den MRT-Aufnahmen war außerdem ein vergrößerter Lymphknoten in meinem Retroperitoneum zu erkennen, der bösartig oder eine gutartige Entzündung sein konnte – die Radiologen schienen sich nicht einigen zu können. Wie ich schon vermutet hatte, ließ die Wirkung der Erbitux- und 5-FU-Einnahme allmählich nach – wenn die Therapie nicht bereits dabei war, komplett zu versagen. Mein Onkologe und ich kamen jedoch überein, dass wir mit einer Veränderung der Behandlung warten wollten, bis ich von unserem bevorstehenden Urlaub zurückkäme. Danach würde ich neue Scan-Untersuchungen durchführen lassen, auf deren Grundlage wir dann entscheiden wollten, wie es mit meiner Behandlung weitergehen sollte. Das Letzte, was ich in meinem Urlaub gebrauchen konnte, waren unvorhergesehene Nebenwirkungen oder Komplikationen.

Als ich nach diesem Termin nach Hause kam, war ich niedergeschlagen und mitgenommen (allerdings nicht so schlimm wie nach früheren ähnlichen Arztbesuchen, Denn man gewöhnt sich irgendwann daran, schlechte Nachrichten zu erhalten). Ich lag auf dem Sofa und bat Isabelle, zu mir zu kommen und mich zu umarmen. Wir hatten die folgende Konversation:

Ich: „Isabelle, Mommy wird kränker."

[Einige Sekunden des Schweigens, in denen sie mich nachdenklich ansah.]

Belle: „Mommy, wie alt bist du?"

Ich: „Ich bin vierzig."

Belle [ohne zu zögern]: „Das ist alt."

Ich: „Nein, eigentlich nicht. Es gibt viele Menschen, die achtzig oder neunzig Jahre alt werden."

[Sie wandte den Blick von mir ab, starrte eine ganze Weile auf den Fernsehbildschirm, und dann wandte sie sich mir wieder zu, sah mir in die Augen und sagte …]

Belle: „Mommy, du bist noch nicht tot."

Da habe ich Isabelle in die Arme geschlossen und mich wieder einmal über dieses Kind gewundert, das sich in anderen Situationen wie jedes andere vierjährige Kind verhält, aber, wenn ich es emotional brauche, zu einer Weisen wird. Sie gibt Dinge von sich, als ob sie schon ein Leben hinter sich hätte, als ob sie sich irgendwo in den Tiefen ihrer unendlichen Seele an Lektionen aus einem früheren Leben erinnert.

33

Wahnsinn

Zum ersten Mal habe ich das Gefühl, zusehends einem einsamen Wahnsinn zu verfallen. Ich bemühe mich, den schmerzhaftesten – einige mögen sagen: den beschämendsten und am wenigsten schmeichelhaften – Aspekten, die mich auszeichnen, eine Stimme zu verleihen, während ich durch diese Reise stolpere, die mein Leben mit dem Krebs darstellt: der Wut, dem Neid, der Bitterkeit, der schrecklichen Angst und der Traurigkeit. Während ich die hässlichsten Teile dieser Reise auf eine Weise niederschreibe und mitteile, wie ich es niemals angemessen oder umfassend verbal in Worte fassen könnte, tue ich dies (unter anderem) zum Zweck einer kathartischen Selbstreinigung. Aber ich tue dies auch, weil ich weiß, dass so eine brutale Ehrlichkeit dazu beiträgt, die düsteren Emotionen derjenigen anzuerkennen, die sich fühlen wie ich, während sie durch ihre eigenen Prüfungen strauchln, egal, ob sie auch mit Krebs zu tun haben oder mit etwas anderem. Und durch das Anerkennen dieser Emotionen finden Sie und ich, ungeachtet dessen, ob wir uns je persönlich begegnet sind, eine Verbindung zueinander, ein Einssein in unserem Leiden, das Ausdruck der universellen menschlichen Erfahrung ist, die Klassen-, Rassen- und Kulturzugehörigkeit, Zeit und Raum überwindet.

Ich möchte Sie alle wissen lassen, dass es diese Verbindung ist, an die ich mich klammere, während die Einsamkeit dieser Reise mich zu verschlingen droht. Und das geht mir sogar dann so, wenn ich mich dabei wiederfinde, auf Facebook Fotos von unserem herrlichen Sizilien-Urlaub zu posten: beim Wandern um einen schneebedeckten Vulkan, von den Kindern beim Tanzen und Toben auf einer Piazza nach der anderen, beim Erkunden zweitausend Jahre alter Ruinen unter der lebensspendenden mediterranen Sonne, beim Genießen des Dufts blühender Blutorangenbäume, beim Schlecken der frischesten Gelatos und Granitas. An dem Wochenende nach unserer Rückkehr flog ich ohne meinen Mann und die Kinder nach Los Angeles, um ein bisschen etwas mit meiner Cousine N zu unternehmen und zu erleben. Unter anderem sahen wir Oprah Winfrey aus einer Entfernung von eineinhalb Metern. Ich liebe Oprah seit meinen Kindheitstagen und habe ihre Show immer gesehen, wenn ich meine Hausaufgaben gemacht habe. Ich postete Bilder von mir, auf denen ich lächele, Spaß habe und es mir gut gehen lasse.

Das ist doch das, was ich tun sollte, oder? Es mir so gut gehen lassen wie nur irgend möglich, um mir und der ganzen Welt und dem Krebs selbst (als wäre er ein fühlendes Wesen) zu zeigen, dass er mich nicht besiegen kann und nie besiegen wird. *Schwachsinn!* Ich bezichtige mich selbst und jeden anderen, der solche Fassaden errichtet, des Verzapfens von Schwachsinn.

Diese Fotos haben nur die halbe Wahrheit gesagt und insofern habe ich also gelogen. Ich war unaufrichtig. Hinter dem manchmal gequält aussehenden Lächeln und Lachen drangsalierten mich düstere und hässliche Gedanken, die wieder in den Vordergrund getreten waren. Verstehen Sie mich nicht falsch – wir hatten eine wunderbare Zeit auf Sizilien. Es war das erste Mal, dass ich sozusagen von meiner Familie, die ich selbst gegründet hatte, wirklich Besitz ergriff. Bis zu unserem Sizilien-Urlaub hatte ich es nie so empfunden, dass Mia und Isabelle wirklich meine Kinder waren. Oder dass wir, zusammen mit Josh, eine eigenständige Familie waren. Meine Familie war für mich immer die Familie gewesen, in die ich hineingeboren worden war, nicht diese beiden kleinen Menschen, die über ihre eigenen Persönlichkeiten verfügten, die ich immer noch zu verstehen versuchte. Und Josh – tja, er war mein Ehemann, mein Geliebter, mein bester Freund, mein Partner, aber nicht meine „Familie". Es war irgendwann während der vielen Stunden, die wir in unserem geliehenen Mercedes-Kombi verbrachten, mit dem wir in elf Tagen 1300 Kilometer über die gar nicht so kleine Insel fuhren. Wir vertrieben uns die Zeit mit Spielen wie „Ich sehe was, was du nicht siehst" und „Was würdest du lieber machen?" (nach dem Motto: „Würdest du lieber Äpfel oder Orangen essen?" oder „Würdest du lieber in der Stadt oder auf dem Land leben?"), als mir klar wurde, dass diese Momente mich an meine eigenen Kindheitserlebnisse mit meinen Eltern und meinen Geschwistern erinnerten. Auch wir hatten damals lange Fahrten nach San Francisco und Las Vegas unternommen. Und waren diese gemeinsamen Erinnerungen an gleiche Erlebnisse mit unseren Blutsverwandten nicht der Kern dessen, was es bedeutet, eine Familie zu sein?

Und dann fragte ich mich, wie viele weitere Familienurlaube wir wohl noch gemeinsam würden unternehmen können, wie viele weitere verrückte Abenteuer wir noch gemeinsam erleben würden, wie viele weitere kostbare Erinnerungen wir uns noch würden erschaffen können. Und als ich diese Fragen unter der Berücksichtigung der Ängste, die mir zu schaffen machten, beantwortete, spürte ich, wie meine Traurigkeit, meine Bitterkeit und mein Neid sich steigerten. Daraufhin stieg auch der Druck, während dieses Urlaubs so viele großartige Erinnerungen zu erschaffen wie nur irgend möglich. Denn es war gut möglich, dass dies der einzige Urlaub mit mir sein würde, an den Mia und Isabelle sich später würden erinnern können. Deshalb durfte ich nicht traurig sein und ich musste alles, was mit Krebs zu tun hatte, aus meinem Kopf verbannen. Doch in Wahrheit kann man den Krebs nie aus seinem Kopf verbannen, jedenfalls nicht, wenn man mit metastasierendem Krebs lebt, und je stärker man es versucht, desto präsenter wird die Krankheit. Josh empfand den gleichen Druck. Also kämpften wir und weinten dann. Diesen Teil der Geschichte erzählen die Fotos nicht.

Wir kehrten an einem Samstag zurück nach New York. Am Montagmorgen wurden gleich als Erstes neue MRT-Untersuchungen meines Unterleibs und meines Beckens und eine CT-Untersuchung meines Brustkorbs durchgeführt. Ich hatte die Behandlung während unseres Urlaubs ausgesetzt, deshalb ging ich davon aus, dass die Tumore gewachsen waren. Meine Lungenknötchen waren in den sechs Wochen seit den letzten Untersuchungen um ein bis zwei Millimeter größer geworden. Noch beunruhigender aber war, dass mein linker Eierstock vergrößert war, was wahrscheinlich bedeutete, dass der Krebs auch meine Eierstöcke befallen hatte. Dr. A. C. wollte, dass ich Dr. B. aufsuchte, eine gynäkologische Onkologin. Kaum hatte ich von dem vergrößerten Eierstock erfahren, spürte ich in der Gegend ein Unbehagen und Schmerzen – der Kopf kann so mächtig sein. Bei Dr. B. gab es erst zwei Wochen später einen Termin für mich. Das war absolut inakzeptabel. Ich schickte meinem Onkologen eine SMS, informierte ihn über meine schlimmer werdenden Schmerzen und bat ihn, mir zu helfen. Er rief seine Kollegin an und bat sie, meinen Termin vorzuziehen, was sie auch tat.

Ich habe Oprah gesehen und mit Cousine N Spaß gehabt, aber vor allem habe ich mir Sorgen gemacht, war gestresst, habe geweint und mir jedes denkbare Szenario ausgemalt, überzeugt, dass die Krankheit sich auf mein Peritoneum ausgebreitet hatte und mir somit nur noch wenige Monate blieben, dass der Krebs sich, während ich die Behandlung ausgesetzt hatte, auf meine Wirbelsäule ausgebreitet hatte und in mein Gehirn gelangt war und ich mich einer Gamma-Knife-Strahlentherapie würde unterziehen müssen. Und wie sollte ich imstande sein, all das, was ich für meine Töchter festhalten wollte, niederzuschreiben, wenn der Krebs mein Gehirn befallen hatte? Diese Gedanken kamen mir ständig, überrollten mein Gehirn, wiederholten sich immer wieder wie eine hängen gebliebene Schallplatte. Eine Folter, die mich zu zerstören drohte. Wahnsinn.

Ich spürte, wie die animalische Panik in mir aufstieg. Ich wurde von den Wasserspeiern auf den hoch aufragenden Steinmauern gezwungen, immer schneller zu meiner Exekution zu gehen, ihre Pfeile waren wurfbereit, ihre steinernen Körper jede Sekunde bereit, lebendig zu werden. Die durch den vergrößerten Eierstock verursachten Schmerzen wurden immer schlimmer. So schlimm, dass ich zum ersten Mal wirklich Angst vor den Schmerzen hatte, die ich würde ertragen müssen, wenn ich sterbe. Was, wenn die Ärzte es nicht schafften, die Schmerzen unter Kontrolle zu bekommen? Was, wenn die Narkotika bei mir Halluzinationen verursachen und mich dazu bringen würden, dass ich versuchen würde, mir die Haut vom Leib zu reißen wie eine Patientin in der Psychiatrie? Ich kann nicht zulassen, dass meine Kinder mich so sehen. Weitere Folter, die mich zu zerstören drohte. Noch mehr Wahnsinn.

Während meines Aufenthalts in L.A. sah ich auch meine Eltern und meinen Bruder. Mein Vater fuhr mich zu ihrem Haus in Monterey Park, dem Haus, in dem ich gelegen und Schmerzen gelitten hatte, als ich noch nicht gewusst hatte, dass ich Krebs habe, als der Tumor meinen Dickdarm völlig verstopft hatte und die Bauchschmerzen so schlimm gewesen waren, dass ich meinen Vater gebeten hatte, mich am Tag der Hochzeit meiner Cousine um 4 Uhr morgens in die örtliche Notaufnahme zu bringen. Ich werde dieses Haus für immer mit meiner Krebsdiagnose in Verbindung bringen. Deshalb war ich seit fast drei Jahren nicht mehr dort gewesen. Ich konnte diesen traumatischen Ort einfach nicht mehr betreten. Und so saß ich, lange nachdem meine Eltern hochgegangen waren, im Auto meines Vaters in der Garage, inmitten unzähliger verstaubter, alter, längst vergessener Kisten, in denen sich meine High-School-Jahrbücher, meine bei Sprachwettbewerben gewonnenen Pokale und meine Kindheits- und Jugenderinnerungen befanden.

Dann rief ich Josh an und hatte den vielleicht längsten, verrücktesten und hysterischsten Heulanfall seit meiner Diagnose. Mein philosophisches, weises Ich, das so gerne über die Evolution der Seele spricht und ein kleines Leben in den Kontext der gesamten Menschheitsgeschichte zu stellen weiß, war verschwunden. In diesem Moment und den vielen weiteren ähnlichen Momenten seitdem wurde und werde ich völlig von meinem eigenen Leben und meinem eigenen Schmerz absorbiert. Ich sagte Josh, wie ich ihm schon oft gesagt habe, dass ich, wenn die Mädchen und er und mein Versprechen an ihn, so lange wie möglich am Leben zu bleiben, nicht wären, alle Behandlungen abbrechen und den Krebs seinen Lauf nehmen lassen würde. Dass ich meine Tage in einem anderen Land verbringen und das tun würde, was ich mein ganzes Leben lang am liebsten getan habe, nämlich eine neue Sprache lernen. Und wenn der Schmerz so schlimm würde, dass ich ihn nicht mehr ertragen könnte, würde ich von einer Brücke springen, um mich aus meinem Elend zu befreien, ähnlich wie wir geliebte leidende Haustiere einschläfern lassen. Ich würde mir diese Gnade erweisen. Aber ich habe einen Mann und Kinder, die ich liebe, und deshalb kann ich das nicht tun. Ich darf das nicht tun.

In diesen Momenten des ungeheuren emotionalen Schmerzes wollte ich das Irrationale und Unmögliche. Ich wollte in der Zeit zurückreisen, um das kleine Mädchen und die Teenagerin, die ich einst war, vor ihrem Schicksal zu warnen, damit sie es ändern konnte. Ich wollte das Unmögliche. Ich wollte, dass die Zeit zirkulär verläuft statt linear. Ich wollte, dass das Leben nach dem Tod das Versprechen einer zweiten und dritten und vierten Chance bereithält, die Möglichkeit, dieses Leben wieder und wieder zu leben, bis ich alles genau richtig machen können würde, bis Josh und ich uns all unsere Träume würden gemeinsam erfüllen können. Aber vor allem wollte ich einfach dieses Leben zu Ende leben, was ebenfalls eine Unmöglichkeit zu sein scheint. Ich bete nie für mich selbst, weil ich es für überaus arrogant und egoistisch halte, so etwas zu tun. Warum sollte Gott – wenn es tatsächlich einen Gott gibt und er tatsächlich in unser Leben eingreift – mein Leben verschonen und nicht das Leben eines unschuldigen Kindes, das es mehr verdient zu leben als ich? Ich würde es nie wagen, einem allmächtigen Wesen nahezulegen, dass ich in irgendeiner Weise besonderer bin als andere. Aber in diesen entsetzlich schmerzhaften Momenten bete ich zu einem Gott, von dem ich nicht einmal sicher bin, ob es ihn gibt, dass ich von diesem Krebs verschont bleiben möge. Auch diesen Teil der Geschichte spiegeln die Fotos nicht wider.

Mitte April ging ich zu Dr. B. Nach einer körperlichen Untersuchung kam sie zu dem Schluss, dass ich keine Eierstockzysten habe und dass das, was dort wächst, von innen herauswächst und es wahrscheinlich Krebs ist. Sie sagte, wenn meine Metastasen sich ausschließlich in den Eierstöcken befinden würden, sei die einfache und offensichtliche Behandlungsmöglichkeit, eine Operation durchzuführen. Aber da ich bereits Lungenmetastasen hätte, mache es keinen Sinn, den Eierstock zu entfernen, es sei denn natürlich, ich empfinde die Schmerzen als unerträglich. In dem Fall wäre sie gerne bereit, den betroffenen Eierstock und wahrscheinlich auch den anderen zu entfernen. Zu diesem Zeitpunkt fand ich nicht, dass meine Schmerzen so stark waren, dass sie eine Operation rechtfertigen würden. Aber nachdem ich einige Minuten lang über ihre Aussagen nachgedacht hatte, war ich trotzdem anderer Meinung als sie.

Ich suchte unmittelbar nach dem Termin Dr. A. C. auf, erzählte ihm, zu welchem Schluss Dr. B. gelangt war, und sagte dann: „Ich bin anderer Meinung. Ich denke, diese Operation könnte eine Chance für mich sein."

„Genau!", stellte er klar, bevor ich auch nur dazu kam, meine Überlegungen weiter auszuführen.

Es freute mich sehr, ein weiteres Mal zu erleben, dass Dr. A. C. und ich ähnlich denken. Er und ich halten das wahrscheinlich krebsartige Gewebe in meinem Eierstock – ob es wirklich Krebs ist, werden wir erst wissen, wenn der Eierstock entfernt und eine Biopsie des Gewebes durchgeführt wurde – für wertvoll. Es kann dazu verwendet werden, die genetischen Tests zu aktualisieren, die an meinem Primärtumor vorgenommen worden waren, der sich zum größten Teil nach wie vor eingefroren in der UCLA befindet. Ich musste so schnell wie möglich operiert werden, damit ich so schnell wie möglich wieder mit der Behandlung beginnen konnte, die dafür sorgen sollte, das Wachstum der Lungenknoten zu verlangsamen. Ich hatte zudem beschlossen, mein eigenes Geld dazu zu verwenden, die lebenden Krebszellen in immunsupprimierte Mäuse implantieren zu lassen. Wenn die Implantation erfolgreich durchgeführt werden konnte, würden wir anschließend Medikamente an diesen Mäusen testen können, um zu bestimmen, ob diese Medikamente bei meinem genetisch einzigartigen Krebs irgendwelche krebszerstörenden Wirkungen hatten. Vor dem Operationssaal würde ein Kurier warten, um das Gewebe entgegenzunehmen und es nach New Jersey zu bringen, wo sich das Labor und die Mäuse befinden. Die Wissenschaftler würden den Mäusen die Krebszellen noch in der Nacht oder am nächsten Morgen implantieren.

Zudem besteht die Möglichkeit, dass eine weitere Chemotherapie keine Auswirkungen auf meine Eierstöcke hat. Es ist eher wahrscheinlich, dass sie in diesem Bereich nicht gut wirkt, wie es auch bei meinem Bauchfell der Fall war. Ich möchte nicht, dass diese Dinger auch nur noch ein bisschen größer werden und mir zusätzliche Schmerzen verursachen, denn dann müsste ich die Behandlung mindestens vier Wochen aussetzen, um mich einer Operation zu unterziehen. Es scheint jetzt angebracht, diese Operation durchzuführen, da ich die Behandlung seit vier Wochen abgesetzt habe. Das Zeitfenster ist jetzt offen. Also muss ich die Gelegenheit nutzen. Außerdem kann ich nicht umhin, rational denkend zu dem Schluss zu kommen, dass es besser ist, jeden Krebs zu entfernen, um das Leben zu verlängern, insbesondere dann, wenn die Operation risikoarm und nicht so invasiv ist.

Doch auch wenn das Zeitfenster jetzt offen ist – es schließt sich schnell. Ich bin überzeugt, dass sich der Krebs als Nächstes auf mein Gehirn ausbreiten wird. Während wir uns mit meinen Eierstöcken befassen, wachsen die Lungenmetastasen. Dr. A. C. sagte mir, dass es sehr unwahrscheinlich sei, dass der Krebs in mein Gehirn gelangt. Meine Antwort: „Es war auch sehr unwahrscheinlich, dass der Krebs meine Eierstöcke befällt. Und es war relativ unwahrscheinlich, dass der Krebs meine Leber und meine Lunge befällt. Die Wahrscheinlichkeit, dass ich im Alter von siebenunddreißig Jahren überhaupt Darmkrebs bekommen würde, war gering. Also kommen Sie mir nicht mit Wahrscheinlichkeiten. Für mich gelten sie nicht. Setzen Sie die Operation so schnell wie möglich für mich an." Ja, so spreche ich manchmal mit meinem Onkologen, der das alles mit Fassung trägt.

Es dauerte ein paar Tage, in denen ich spät abends Textnachrichten mit Dr. A. C. austauschte und ihn wegen Dr. B.s ausbleibender Antwort ständig mit Anrufen auf seinem Handy nervte, aber schließlich planten wir die Operation. Es wird eine laparoskopische bilaterale Ovarektomie sein, die im besten Fall eine Stunde dauern wird, sofern das Narbengewebe aufgrund früherer Operationen nur in minimalen Mengen vorhanden ist. Abhängig von der Menge des Narbengewebes wird Dr. B. sich auch in meinem Inneren umsehen und feststellen können, ob mein Bauchfell befallen ist und dann, je nach Ausmaß des Krebsbefalls, versuchen können, den Krebs, den sie sieht, zu entfernen, wenn sie dies schnell tun kann. Eine Woche nach der Operation werde ich die Behandlung wieder aufnehmen können.

Ich traf die Entscheidung zur Operation innerhalb von Minuten. Denn ich hatte das Szenario bereits in der Woche, in der ich auf den Termin bei Dr. B. wartete, in Betracht gezogen. Ich hatte diesen nächsten Schritt durchdacht, abgewogen und geplant. Außerdem bin ich von Natur aus eine schnelle Entscheiderin, selbst wenn es um große, lebensverändernde Entscheidungen geht. Ich habe immer meinen Instinkten vertraut, den mutmaßlichen Signalen, die das Universum mir zukommen ließ. In diesem Fall war es nicht anders. Josh war erstaunt, wie schnell ich meine Entscheidung getroffen hatte, und er war unvorbereitet auf diesen plötzlichen neuen Schritt, als ob er sich in einer Art Selbstschutztaktik zu glauben und zu hoffen erlaubt hätte, dass dieser vergrößerte Eierstock nichts Ernstes ist.

Ein weiterer Grund, aus dem ich Hoffnung hasse, ist, dass sie die Reaktionszeit verlangsamt, einen in Selbstgefälligkeit einlullt und es einem erlaubt, sich nutzloser Verblendung hinzugeben. Wir stritten also. Er argumentierte, dass ich ständig zu voreilig sei, dass jede Operation eine große Sache sei, und ich argumentierte, dass er sich ständig der Realität verschließe und nicht darauf vorbereitet sei, sich der Realität zu stellen, und dass ich nicht den Luxus hätte, über die Zeit zu verfügen, herumzusitzen und alles gründlich zu durchdenken. Schließlich würde ich einfach nur mein Versprechen an ihn einlösen, alles zu tun, was ich tun konnte, um so lange wie möglich am Leben zu bleiben, denn wenn es nach mir ginge, würde ich nichts von all diesem Mist machen. Es war ein schlimmer Streit, der mich neben dem Stress, die Operation zu planen, und der ständigen Sorge wegen dem, was während der Operation gefunden werden könnte, an den Rand des Abgrunds trieb. Noch mehr Wahnsinn.

Bis jetzt habe ich noch nicht speziell über meine und Joshs Beziehung geschrieben und darüber, wie sie den Stress und den Druck, der mit meiner

Krebserkrankung einherging, überstanden hat. Josh ist ein sehr viel stärker auf seine Privatsphäre bedachter Mensch als ich, und ich möchte sein Bedürfnis nach einer Wahrung seiner Privatsphäre respektieren. Nichtsdestotrotz fragen mich Freunde, wie es Josh geht und wie es uns als Paar geht. Denn der Krebs verfügt nicht nur über die Kraft, Körper zu zerstören, er verfügt auch über eine unglaubliche Kraft, Beziehungen zu zerstören. Der Kampf, Beziehungen aufrecht und gesund zu erhalten, wenn der Krebs mit einem macht, was er will, und sich von seiner schlimmsten Seite zeigt, ist besonders mühsam und für manche Menschen nicht durchzustehen.

Eine Freundin, die innerhalb von zwei Jahren nach ihrer Diagnose starb, erzählte mir, dass sie sich manchmal fühlte, als wären sie und ihr Ehemann zwei Gespenster, die im selben Haus lebten, blasse Schatten der glücklichen Menschen, die sie früher einmal gewesen waren, Gespenster, die sich gegenseitig umkreisten, nicht wussten, was sie sagen sollten, voneinander und vom Rest der Welt getrennt, so einsam und isoliert in ihrem individuellen Leiden. Inzwischen verstehe ich, was sie meinte. Denn Josh und ich befinden uns auf scharf voneinander abweichenden Wegen – meiner führt in den Tod und in das, was mich danach erwartet, was auch immer es ist, und seiner in ein neues Leben ohne mich, aber mit den Kindern und einer neuen Frau. Meine größten Ängste sind ein schmerzhafter Tod und nicht alles getan zu haben, was ich vor meinem Tod noch tun will. Seine größte Angst ist es, ohne mich weiterleben zu müssen. Ich bin wütend auf ihn wegen des glücklichen Lebens, das er sich, wie ich weiß, nach meinem Tod wieder aufbauen wird. Er ist wütend auf mich, weil ich krank geworden bin und sterbe. Ich habe ständig Schuldgefühle, dass ich ihn geheiratet und dazu verdammt habe, so jung Witwer zu werden, und dass ich die Kinder ohne Mutter zurücklasse. Er fühlt sich unendlich schuldig, weil er mich nicht retten kann. Und in all unserer Angst, unserer Wut und mit all unseren Schuldgefühlen und unserer Traurigkeit fühlen wir uns allein und so unfähig, einander zu helfen.

So geht es uns, auch wenn wir uns mehr lieben und einander dringender brauchen als je zuvor.

Ich komme zurecht, indem ich plane. Ich mache Listen von all unseren Ausgaben und erstelle Aufstellungen darüber, wie und wann wir unsere Rechnungen bezahlen, damit Josh weiß, was zu tun ist, wenn ich nicht mehr da bin. Ich rede heimlich mit seinem Chef und sage ihm, wie ich mir Joshs weitere berufliche Karriere vorstelle. Ich bitte meinen heißgeliebten

Bauunternehmer, mir den Gefallen zu tun, Josh bei all den Dingen rund um die Wohnung zu helfen. Ich spreche mit den Verwaltungsangestellten und den Lehrern und Lehrerinnen der Schule der Mädchen und bitte sie, den beiden zu helfen, auf gute Highschools zu kommen, um Josh dadurch etwas von dem Druck abzunehmen. Ich richte ein schönes Zuhause für ihn und die Mädchen her. Ich besorge ihnen einen Hund. Josh sagt dazu, dass ihm all diese Dinge egal sind, dass er nur mich will. Traurigerweise ist das wirklich das Einzige, was ich ihm nicht geben kann.

Inmitten all dieser Verrücktheit ging ich zu einer routinemäßigen Zahnreinigung bei meiner Parodontologin. Da sich einer meiner Zähne etwas merkwürdig anfühlte, machte sie eine Röntgenaufnahme. Die Aufnahme zeigte, dass ich fünf Löcher hatte. Fünf verdammte Löcher! Ich hatte noch nie so viele Löcher gehabt. Ich fing an, das Gefühl zu bekommen, dass nun wirklich alles schieflief. Noch eine blöde Sache, um die ich mich kümmern musste, noch ein Defekt meines Körpers. Die Entdeckung dieser Löcher hat mich fast um den Verstand gebracht. Ich rief meinen langjährigen Zahnarzt Dr. D. an und bat dringend um einen Termin. In Anbetracht meiner bevorstehenden Operation mussten diese Löcher so schnell wie möglich gefüllt werden. Ich war seit fast zwei Jahren nicht mehr bei Dr. D. gewesen, weil ich zu faul gewesen war, den Weg zu seiner neuen Praxis auf mich zu nehmen. Aber er ist der beste Zahnarzt aller Zeiten, hypergründlich und voller Enthusiasmus für seinen Beruf. Eigentlich hatte er seine Praxis am nächsten Tag geschlossen, aber für mich machte er eine Ausnahme. Also ging ich hin.

Nachdem er sich die Röntgenaufnahmen angesehen hatte, sagte er, dass zwei meiner Zähne möglicherweise einer Wurzelbehandlung bedurften. *Wurzelbehandlung*! Er sagte mir zudem, dass die Zahnprobleme, unter denen ich litt, typisch für Menschen mit einem chronisch trockenen Mund seien und durch Chemotherapien und andere medikamentöse Behandlungen verursacht würden. Die Karies in den beiden Zähnen erwies sich als sehr tief, hatte die Wurzeln jedoch noch nicht angegriffen, also doch keine Wurzelbehandlung. Was für eine Erleichterung. Dr. D. sagte: „Sie haben großes Glück." Ich hätte gelacht, wenn ich nicht lauter Zahnarztinstrumente im Mund gehabt hätte. Die Vorstellung, dass ich Glück haben sollte, war lächerlich. Doch während ich da lag und Dr. D. fleißig meine neuen Füllungen wie Michelangelo modellierte, wurde mir klar, dass ich in gewisser Weise wirklich Glück hatte, ihn und so viele andere Menschen in meinem Leben zu haben, die sich um mich und meine Familie kümmern, von meinem Onkologen über meinen Internisten und meine Handwerker bis hin zu meinen vielen Freunden und meiner Familie. Was habe ich je getan, um all diese guten und freundlichen Menschen in allen Bereichen meines Lebens verdient zu haben?

Josh steht nicht so aufs Reden und teilt sich nicht so gerne mit wie ich, und deshalb glaube ich nicht, dass er den Leuten eine Chance gibt, ihm Unterstützung anzubieten. Typisch Mann. Und leider glaube ich auch nicht, dass Betreuende so viel Aufmerksamkeit oder Unterstützung bekommen wie Krebspatienten, obwohl sie genauso leiden und genauso einsam sind.

34

Chipper

Am 20. Mai hatte ich meine laparoskopische Ovarektomie (ein lustiges Wort). Mein linker Eierstock war etwa zwei bis drei Zentimeter größer, als er hätte sein sollen. Während der Operation wurde eine Biopsie durchgeführt, die bestätigte, dass es sich bei dem Wachstum (das sich im Inneren des Eierstocks befand) um Metastasen meines Dickdarmkrebses handelte. Etwa ein Kubikzentimeter des Krebsgewebes wurde sofort einem Kurier übergeben, der es in ein Labor auf der anderen Seite des Flusses in New Jersey transportierte, wo Teile davon erfolgreich in fünf Mäuse implantiert wurden – eine sehr gute Zahl, wie man mir sagte.

Meine Mäuse sind inzwischen nach Baltimore ins Hauptlabor gebracht worden. In zwei Wochen werde ich wissen, ob die Transplantation meiner Krebszellen in diese Mäuse gelungen ist. Wenn sie gelungen ist, werden die Mäuse für individualisierte Experimente geklont. Der rechte Eierstock sah zwar normal aus, wurde jedoch vorsichtshalber auch entfernt, zusammen mit meinen Eileitern. Ich verliere jetzt in rasantem Tempo Teile meines Körpers. Wie die endgültige pathologische Untersuchung später zeigen sollte, war der Schein trügerisch gewesen, denn der Test des rechten Eierstocks auf metastasierenden Darmkrebs fiel positiv aus. Ansonsten sah in meinem Bauchraum alles normal aus, einschließlich aller dort befindlichen Organe sowie meines Bauchfells. Es wurden jedoch vierzig Milliliter Aszites – Bauchwasser – gefunden. Das Wort „Aszites" macht mir Angst. Ich höre es oft im Zusammenhang mit Krebs im Endstadium, wenn sich, während der Krebs den Körper überrollt, Hunderte von Millilitern Wasser im Bauchraum ansammeln können. Zum Glück fiel der Test der Aszites-Probe auf Krebs laut dem Pathologiebericht negativ aus. Die Chirurgin füllte meine Bauchhöhle zudem mit einer Kochsalzlösung, saugte sie wieder ab und ließ sie auf Krebs untersuchen. Das war auch bei meiner diagnostischen Laparoskopie nach der HIPEC-OP gemacht wurde. Der Test der Kochsalzlösung auf Krebs fiel, wie im Oktober 2014, negativ aus. Wenn meine Bauchhöhle tatsächlich nicht von Krebs befallen ist, kann das als Zeichen dafür gewertet werden, dass die chirurgische HIPEC-Behandlung im März 2014 den Krebsangriff gut abgewehrt hat.

Wenn man von der Tatsache absah, dass mein rechter Eierstock von Krebs befallen war, war das die beste Nachricht, die ich mir unter den gegebenen Umständen hätte wünschen können. Andererseits treten Metastasen in den Eierstöcken oft beidseitig auf, und was ist schon der Unterschied zwischen einem von Krebs befallenen Eierstock oder einem beidseitigen Befall? So fängt man an zu denken, wenn man schon eine Weile mit metastasierendem Krebs lebt: Oh, noch ein Tumor, noch ein betroffenes Organ, was soll's?

Meine Genesung nach dem Eingriff verlief ohne besondere Vorkommnisse und so schmerzfrei wie nur denkbar möglich. Ich glaube, ich habe nicht einmal eine Percocet genommen. Die Operation begann gegen dreizehn Uhr. Um acht Uhr abends war ich wieder zu Hause und das Einzige, was mich in diesen Stunden beeinträchtigte, war meine gebückte Haltung, wenn ich aufstand, und drei kleine Verbände, die drei kleine Löcher bedeckten. Ach ja, und ich hatte in den ersten zwölf Stunden nach der Operation Probleme beim Wasserlassen, eine Nachwirkung des Katheters, der mir während der Operation gelegt worden war. Ich finde es erstaunlich, wie sie es geschafft haben, zwei Organe, von denen eines stark vergrößert war, durch diese winzigen Löcher zu entfernen. Falls Sie sich fragen, wie das möglich war: Die Chirurgin hat sie zerstückelt. Und um zu verhindern, dass sich der Krebs überallhin ausbreitet (was passiert wäre, wenn sie sie an der Stelle, an der sie sich befanden, zerschnitten hätte), trennte sie die Eierstöcke ab, beförderte sie in einen Beutel, den sie unter meiner Haut eingeführt hatte, zerschnitt die Eierstöcke in diesem Beutel und saugte den gesamten Beutel anschließend durch eines der drei winzigen Löcher heraus. Die medizinische Wissenschaft ist schon zu erstaunlichen Dingen in der Lage.

Eines verblüfft mich immer noch: Entweder war dieses massive Wachstum in meinem linken Eierstock die ganze Zeit auf den Aufnahmen übersehen worden oder der Krebs hatte es geschafft, während der sechs Wochen, die seit den letzten MRT-Untersuchungen meines Bauchraums vergangen waren, so schnell zu wachsen. Auch diese Frage können die Ärzte nicht beantworten. Wirklich beruhigend ... Mein Onkologe glaubt eher nicht, dass der Krebs so schnell gewachsen ist, denkt also, dass er auf den Aufnahmen nicht zu sehen war. Und offensichtlich war der Krebs in den Eierstöcken gegen die monatelange Behandlung resistent. Auch sehr beruhigend ... Jetzt bin ich wirklich sarkastisch.

Zehn Tage nach der Operation habe ich die Behandlung wieder aufgenommen. Die drei Behandlungen, denen ich mich seit der Operation unterzogen habe, verliefen ohne besondere Vorkommnisse. Aber ich hatte Schmerzen in der Hüfte und in den Knien. Ich kann nicht sagen, ob sie von den Knochen oder den Muskeln ausgehen. Vielleicht sind sie auf den plötzlichen Verlust des Östrogens zurückzuführen, das meine Eierstöcke einst produziert haben. Vielleicht sind die Schmerzen auch eine Folge meiner Gewichtszunahme durch die Steroide oder sie haben damit zu tun, dass ich seit Monaten nicht mehr ins Fitnessstudio gehe. Vielleicht kann ich die Schmerzen auch darauf schieben, dass ich jetzt stundenlang auf den Beinen bin und den Hund ausführe, um ihn stubenrein zu machen.

In den fünf Wochen nach der Operation war ich in den sozialen Medien kaum aktiv und hatte auch mit Freunden und unserer Familie weniger Kontakt. Anders als in früheren Phasen, in denen ich mich zurückzog, lag es diesmal nicht daran, dass ich mich in einem düsteren, durch den Krebs bedingten Zustand des Unwohlseins befand. Während der zurückliegenden fast drei Jahre habe ich mich immer dafür entschieden, meine Krankheit frontal anzugehen, sie zu leben, mich ihr zu stellen, mich zu zwingen, durchs Feuer zu gehen und den Schmerz zu spüren, weil ich geglaubt habe, aus diesem Kampf am Ende gestärkt und weiser hervorzugehen. Jetzt wollte ich laufen und mich verstecken. Genau das brauchte ich, um mich mental und emotional zu erholen.

Mein kleiner Bichon-Frisé-Welpe Chipper (wir haben ihn nach dem Baseballspieler Chipper Jones von den Atlanta Braves benannt – Chipper kommt aus Atlanta, und Josh ist ein Fan der Braves), erleichterte mir dieses Vorhaben. Zwei Tage nach meiner ersten postoperativen Behandlung, als ich von meinem Steroid-High abstürzte, fuhren Josh, die Mädchen und ich zum LaGuardia Airport und hielten auf dem großen Flughafengelände nach einem obskuren Gebäude Ausschau, in das der kleine Chipper gebracht worden war. Mit seinem weißen Flaum, den pechschwarzen Augen und den samtweichen Schlappohren war er einfach nur niedlich. Als ich seinen Transportbehälter auf den Beifahrersitz stellte, wurde ich von einem mulmigen Gefühl erfasst und fragte mich, wie ich die Energie aufbringen sollte, mich um ein weiteres Lebewesen zu kümmern, noch dazu ein Lebewesen, das mir fremder war, als es mir einst meine neugeborenen Babys gewesen waren. Zu Hause angekommen, kackte er fast sofort auf unseren Holzboden. Ich sprang herbei, um ihm eine abwaschbare Welpenmatte unter den Hintern zu legen, aber ich war nicht schnell genug. In dieser Nacht jaulte er unaufhörlich und weckte mich stündlich. Ich nahm ihn aus seinem Hundekorb, woraufhin er plötzlich vor mir wegrannte (ein sicheres Zeichen dafür, dass er sein Geschäft erledigen wollte). Ich rannte mit einer Welpenunterlage in der Hand hinter ihm her, doch er verrichtete sein großes und sein kleines Geschäft nicht auf der Unterlage. Ich wischte die Bescherung weg, legte ihn zurück in seinen Hundekorb und ein oder zwei Stunden später wiederholte sich das Ganze. So ging es in den folgenden Tagen weiter. Durch den Schlafentzug und die Behandlung war ich total erschöpft und ständig kurz davor, einen hysterischen Weinanfall zu bekommen. Ich kam zu dem Schluss, dass ich einer gewaltigen Fehleinschätzung erlegen war, als ich beschlossen hatte, diesen Hund anzuschaffen, und fragte mich, ob der Züchter ihn zurücknehmen würde, wenn ich ihn darum bäte.

Die Hundeerziehung im Haus war dadurch erschwert, dass wir in einem Mehrfamilienhaus wohnen und ich Chipper laut dem Tierarzt nicht mit nach draußen nehmen durfte (oder zumindest verhindern sollte, dass seine Pfoten draußen den Boden berühren), weil er noch nicht vollständig geimpft war und es bis zur vollständigen Immunisierung noch sieben Wochen dauerte. Die Straßen sind offenbar voller tödlicher Hundekrankheiten. Auf Empfehlung meines Hundetrainers ließ ich Chipper in seinem Hundekorb und führte ihn alle paar Stunden an der Leine ins Treppenhaus, wo ich ein paar Welpenunterlagen auslegte. Dort zwang ich ihn, angeleint auf den Unterlagen zu bleiben, aber Chipper weigerte sich, das zu tun, was ich wollte. Er setzte sich, legte sich hin und rollte sich herum. Ich saß auf einer Stufe, während er gelangweilt auf einer der Unterlagen lag und wartete. Ich verbrachte viele

Stunden in diesem Treppenhaus und wartete vergebens. Und wie es schien, wartete Chipper auch, denn immer, wenn ich ihn in seinen Hundekorb zurücksetzte, verrichtete er prompt sein Geschäft. Und so ging es tagein, tagaus.

Nach einer Woche beschloss ich, die Anweisung des Tierarztes zu missachten und trug Chipper nach draußen. Ich wusste es zu dem Zeitpunkt nicht, aber wenn man einen Hund trägt, verrichtet er niemals sein Geschäft, genauso, wie er sich nie auf seiner Mutter entleeren würde. Und wie durch ein Wunder erledigte er draußen sofort sein kleines und sein großes Geschäft! Ich beschloss, dass das Risiko, mit ihm rauszugehen und in einem begrenzten Gebiet zu bleiben, in dem es nur wenige Hunde gab, von denen die meisten auch noch Leuten gehörten, die im gleichen Haus wohnten wie wir und die somit, was ihre Gesundheit anging, vermutlich vertrauenswürdig waren, nur minimal war und dass ich dieses Risiko um meiner seelischen Gesundheit willen, die auf dem Spiel stand, eingehen musste.

Als ich anfing, mit Chipper nach draußen zu gehen, erlebte ich etwas Bemerkenswertes, zumindest war es für jemanden wie mich bemerkenswert, denn ich war in einer Familie großgeworden, die Tiere hasste. Ich erlebte, dass die allermeisten Menschen Hunde *lieben*. Als meine Kinder noch Babys waren, erntete ich gelegentlich ein Lächeln von Fremden, wenn sie meinen entzückenden Nachwuchs betrachteten. Insgesamt interessieren sich aber nur wenige Menschen für süße Babys. Aber ein Welpe? Unglaublich! Jung, alt, schwarz, weiß, braun, Geschäftsleute, Müllmänner, Bauarbeiter, Mädels aus der Gothic-Szene, harte Kerle – Menschen aller Altersgruppen aus allen Gesellschaftsschichten und aus allen Teilen der Welt blieben stehen, um meinen Hund zu streicheln und mit ihm zu spielen. Wir unterhielten uns über ihre eigenen Hunde und sie erzählten mir, dass sie immer noch um ihre lieben verstorbenen Hunde trauerten oder wie sehr sie sich wünschten, sich auch einen Hund zulegen zu können.

Als die für mich zuständige Krankenschwester (eine weitere jener Tierliebhaberinnen, die Hunde Babys vorzieht) erfuhr, dass ich einen Hundewelpen hatte, bestand sie darauf, dass ich ihn in das Krebszentrum mitbrachte, wenn ich zur Behandlung kam. Ich befürchtete, dass sich möglicherweise jemand beschweren würde, wenn ich den Hund mitbrachte, und mein Onkologe hatte die gleichen Bedenken. Aber die Krankenschwester schlug Dr. A. C.s Bedenken in den Wind und sagte mir, ich solle den Hund mitbringen. Da ich Chipper ohnehin nur ungerne so lange alleine zu Hause ließ, tat ich, wozu sie mich ermuntert hatte und nahm ihn in einer kleinen Tasche mit, die ich zu verbergen versuchte, als ich beim Betreten der Klinik an dem Wachmann vorbeimusste. Der Warteraum war wie üblich mit mindestens 50 Patienten gefüllt. Doch alles andere als üblich war die plötzliche Aktivität und Heiterkeit, die den Raum auf einmal erfüllte, als die Wartenden mitbekamen, dass sich in ihrer Mitte ein Welpe befand. Aus den Büros und den Untersuchungsräumen kamen Angestellte der Klinik, die vor Freude juchzten. Patienten und ihre Betreuer lächelten und sahen Chipper an, einige eilten sogar herbei, um den Hund zu streicheln und zu halten. Und der kleine Chipper ließ das alles bereitwillig über sich ergehen, sonnte sich in der Aufmerksamkeit und schlief dann auf mir ein, als ich meine Infusion bekam. Er hat kein einziges Mal gebellt oder gewinselt oder sich sonst irgendwie störend verhalten, während wir in der Krebsklinik waren. Allerdings sollte ich nicht unerwähnt lassen, dass es im Wartezimmer auch ein paar Leute gab, die keineswegs begeistert waren, dort einen Hund zu sehen. Ihre Gesichtsausdrücke ließen sogar Ungläubigkeit und Entrüstung erkennen. Es waren die chinesischen Patienten, Chinesen aus der Generation meiner Eltern. Ihre Einstellung kam mir bekannt vor.

Seitdem ich weiß, was zu tun ist, läuft die Erziehung im Haus gut. Nach drei Tagen hat Chipper aufgehört, nachts zu winseln und schläft jetzt ohne Zwischenfälle durch. Viele haben mir gesagt, einen Welpen zu haben, sei wie ein neugeborenes Baby zu haben. Ich finde nicht, dass das stimmt. Wenn ich gerade keine Lust habe, mich mit Chipper zu beschäftigen, stecke ich ihn in seinen Korb. Er schläft die Nacht durch und muss nicht ständig gestillt werden. Ich brauche keine Windeln zu wechseln. Er weint nicht und bellt nicht. Wenn ich mit ihm nach draußen gehe, muss ich nicht tonnenweise Babyutensilien mit mir herumschleppen. Er ist viel, viel einfacher zu handhaben als ein Baby.

Und das Beste an ihm ist seine Einfachheit, er ist ganz und gar nicht kompliziert. Ich erwarte nicht von ihm, dass er eines Tages ein Rhodes-Stipendium bekommt oder Konzertgeiger wird, und ich verlange ihm nichts ab, was ihm zu schaffen macht oder was er mir übelnimmt. Wir haben keine komplizierte Beziehung zueinander, in der ich ihm Vorträge über den Wert des Geldes halten oder ihm erklären muss, warum ich ihm nicht jedes Spielzeug kaufen kann, das er haben will. Er hat wirklich nur Grundbedürfnisse, die in der Regel sehr leicht zu befriedigen sind und die ich, wie ich festgestellt habe, auch problemlos befriedigen kann. Er liebt bedingungslos, mit einer Reinheit, die auf ihre Art sehr schön und inspirierend ist. Die Durchführung unserer täglichen, uns beide fesselnden Rituale – ich hocke mich mit einer Plastiktüte in der Hand hin, um sein Geschäft aufzusammeln, ich werfe einen Quietschfrosch, während er sehnsüchtig darauf wartet, hinter diesem herzustürmen, ich bürste ihm sein verfilztes Haar aus – gibt mir das Gefühl, dass er und seine Unkompliziertheit mich vor dem abzuschirmen vermögen, womit ich mich gerade nicht beschäftigen will. Und er erlaubt mir, mir so lange weiter etwas vorzumachen, wie ich will. Wenn wir diese Rituale durchführen, gibt es keinen Krebs, kein Leben, keinen Tod, keine Zukunft, keine Vergangenheit, nicht einmal diesen Tag oder diese Stunde oder diese Minute, nicht einmal Josh oder die Mädchen oder mich. Es gibt nur diesen Moment und dann den nächsten und dann den nächsten. Und in diesen Momenten gibt es nur ihn.

35

Mut und Liebe

Wer ist mutiger? (1) Die Krebspatientin, die mit zermürbenden Behandlungen, die von zweifelhaftem Nutzen sind, weitermacht, weil sie die winzige Hoffnung hat, dass sie ihr Leben so lange verlängern, bis es eine bessere Behandlungsmöglichkeit gibt? Oder (2) die Krebspatientin, die einfach weggeht und beschließt, sich so lange wie möglich gut zu fühlen, um dann palliative Behandlungen in Anspruch zu nehmen, die die Schmerzen lindern, bevor das Unvermeidliche geschieht?

Diese Frage quält mich ungefähr seit ich weiß, dass ich Krebs habe. Wie Sie vielleicht schon vermutet haben, lege ich sehr viel Wert auf Mut und Tapferkeit. Ich möchte als mutige Frau in Erinnerung bleiben, als eine Frau, die dem Krebs und dem Tod die Stirn geboten hat, anstatt zu fliehen und wie ein wildes, verrücktes Tier um ihr Leben zu betteln, sich dabei jedoch gleichzeitig die Realität, die Angst, die Wut und die Traurigkeit eingestanden und all dies hingenommen hat und dadurch eine Haltung zum Ausdruck gebracht hat, die ein Streben nach innerer Stärke, Würde, Anstand und Schönheit widerspiegelt. Aber welcher Weg führt zu diesem Ergebnis? In Anbetracht dessen, dass wir als Gesellschaft Geschichten über erfolgreiche Sportler und Filme über Protagonisten zu lieben scheinen, denen es gelingt, entgegen allen Erwartungen unüberwindlich erscheinende Widrigkeiten doch noch zu überwinden, glaube ich, dass dem allgemeinen Konsens und der verbreiteten Ansicht zufolge Antwort Nummer 1 als zutreffend betrachtet werden dürfte.

Ich habe dafür Verständnis, dass ein lange leidender Patient so viel aushält, um noch einen weiteren Tag mit seinen Lieben zu verbringen, auch wenn ihm das einen unglaublichen emotionalen und körperlichen Tribut abverlangt. Aber es erfordert auch einen unglaublichen Mut, alle Behandlungen einzustellen und zuzulassen, dass die Krankheit ihren Lauf nimmt. Denn dann ist jeder Anschein eines Sicherheitsnetzes dahin, da dieser Mensch den Tod einlädt, seine Ankunft zu beschleunigen. Blickt dieser Mensch dem Tod dann nicht erst recht ins Auge? Entscheidet sich dieser Mensch nicht mit Würde und Anstand für einen Tod zu seinen eigenen Bedingungen? Oder ist dieser Mensch wirklich ein Feigling, eine furchtbare Ehefrau und Mutter, zu geschwächt, besiegt und zu erschöpft, um noch länger kämpfen zu können, nicht einmal bereit, für das leiseste Versprechen eines weiteren Tages mit ihren geliebten Kindern zu kämpfen, beeinträchtigt durch mangelnde Liebe, die ihre Grenzen hat?

Oder vielleicht ist diese Frage auch für jeden Einzelnen individuell zu beantworten, basierend auf der subjektiven Bestimmung, welcher Weg der leichtere wäre – falls sich so etwas überhaupt bestimmen lässt –, und vielleicht ist unter dieser Maßgabe die Person wirklich mutig, die den für sie persönlich schwierigeren Weg geht.

Für mich ist der leichtere Weg der Weg des geringeren Widerstandes, der Weg, den Antwort Nummer 2 beschreibt. Und ich nehme an, dass ich dann also ein Feigling bin, wenn ich diesen Weg einschlage, weil ich mich nicht dafür entscheide, weiterzumachen und zu „kämpfen" wie die „Kriegerin", die ich sein sollte und einst war. Ich hasse die Kriegsrhetorik, die die Welt des Krebses durchdringt, obwohl ich mich früher selbst großzügig dieser Sprache bedient habe. Wenn es um Kampf und Krieg geht, gibt es einen Sieger und einen Verlierer. Werden Sie mich als Verliererin betrachten, wenn ich sterbe, weil ich mich meiner Krankheit ergeben habe? Werden Sie mich als Verliererin betrachten, wenn ich mich einfach dafür entscheide, die Behandlung einzustellen und aufhöre, aktiv zu „kämpfen"? Wenn Sie das tun, sei es eben so.

Es scheint, dass ich am Ende des Weges der erträglichen Behandlungsmöglichkeiten angelangt bin, und deshalb empfinde ich es als besonders dringlich, eine Antwort auf diese Frage zu finden. Mitte Juni wurden weitere Aufnahmen gemacht und einige Tage später erhielt ich die Ergebnisse. Während meine Lunge insgesamt stabil ist (ein Tumor ist deutlich geschrumpft, ein anderer gewachsen und alle anderen Lungenmetastasen sind unverändert geblieben), war auf den Aufnahmen der MRT-Untersuchungen des Bauchraums und des Beckens ein vergrößerter Peritoneallymphknoten sowie eine fragwürdige Stelle in der Nähe meiner Gebärmutter zu sehen. Letztere mag postoperatives „Zeug" sein und nichts zu bedeuten haben, aber ohne eine weitere Operation lässt sich das nicht feststellen. Außerdem steigt mein CEA-Wert weiter an. Dr. A. C. ist kein Anhänger meiner derzeitigen Behandlung (Irinotecan und Avastin). Wer könnte ihm das verdenken? Dieser erneute Einsatz von Medikamenten, die ich schon einmal genommen habe, ist de facto ein auf meinem Mist gewachsener allerletzter verzweifelter Versuch, auf die einzige noch verfügbare, wahrscheinlich wirksame Behandlungsmöglichkeit zu setzen und darauf zu hoffen, dass die Krebszellen durch meine frühere Einnahme dieser Medikamente noch nicht desensibilisiert wurden. Dr. A. C. glaubt, dass die Fortsetzung der Behandlung mit Irinotecan und Avastin uns vielleicht ein gutes Gefühl geben mag, weil es so aussieht, als würden wir wenigstens „irgendetwas" tun, aber er glaubt nicht, dass wir damit tatsächlich etwas bewirken, zumindest nicht mehr lange. Es gibt noch zwei von der FDA zugelassene Medikamente zur Behandlung von Darmkrebs, von denen eines so toxisch ist, dass ich mir geschworen habe, es nie zu nehmen, und das andere so wenig wirksam, dass seine Einnahme reiner Zeitverschwendung gleichkommt.

 Dr. A. C. hat mich dann gefragt, ob ich etwas „Verrücktes" machen wolle. Natürlich wollte ich wissen, was er damit meinte, etwas „Verrücktes" zu machen. Da er nicht glaube, dass eine auf einem Einzelwirkstoff basierende Immuntherapie bei den Besonderheiten meiner Tumorbiologie funktioniere, erklärte er mir, sollten wir eine kombinierte Immuntherapie ausprobieren, und die Medikamente, die ihm vorschwebten und zu denen er Zugang habe, seien Ipilimumab (Markenname Yervoy) und Nivolumab (Markenname Opdivo). Beides sind von der FDA zugelassene Medikamente, die mit Erfolg zur Behandlung des metastasierenden Melanoms eingesetzt werden. Jedes Medikament stärkt zwei verschiedene Rezeptoren auf Zellen, die Teil unseres Immunsystems sind und deren Aufgabe es ist, Krebszellen als unerwünscht zu erkennen und es damit dem Immunsystem zu ermöglichen, diese zu töten. Dr. A. C. wollte auch ein wenig (wahrscheinlich auf diesen peritonealen Lymphknoten gerichtete) Strahlentherapie einsetzen, um eine erste Immunantwort auszulösen und dem Immunsystem eine Starthilfe zu geben. Dies würde „off trial" geschehen, also außerhalb einer klinischen Studie.

Klingt aufregend, nicht wahr? Verrückt klingt immer aufregend, aber so etwas ist immer auch mit gewissen Komplikationen verbunden. Da ist zunächst die Frage, wie man diese Medikamente bekommt, um sie für eine Behandlung einzusetzen, für die sie nicht vorgesehen sind, da die FDA sie nicht für die Behandlung von Darmkrebs zugelassen hat. Dr. A. C. scheint ein paar Verbindungen zu den Pharmaunternehmen zu haben, deshalb glaube ich, dass es ihm gelingen wird, sie zu beschaffen, auch wenn er selbst sagt, dass es nicht einfach sei. Noch besorgniserregender ist für mich, dass der Einsatz beider Medikamente – die auch als PD1-Inhibitor bzw. als CTLA4-Hemmer bekannt sind – mich von zukünftigen klinischen Studien ausschließen würde, bei denen es um den Einsatz dieser oder anderer PD1- und CTLA4-Hemmer geht. Das ist natürlich nur dann ein Problem, wenn ich an klinischen Studien teilnehmen möchte.

Dr. A. C. sagte, er würde eine klinische Studie wahrscheinlich etwas „Verrücktem" vorziehen. Er möchte aber, dass ich, wenn ich an einer klinischen Studie teilnehme, an einer Studie teilnehme, bei der eine Kombinations-Immuntherapie getestet wird. Er sagt, er werde mit seinen Kontaktleuten im Memorial Sloan Kettering Cancer Center, dem Columbia-Presbyterian und dem Johns Hopkins Hospital sprechen, alles Kliniken, die über bedeutende Immuntherapie-Abteilungen verfügen. Wenn ich mich dafür entscheide, an Studien teilzunehmen, muss ich die Recherchen selbst durchführen. Das ist eine gewaltige Aufgabe.

Die meisten klinischen Studien, an denen man teilnehmen kann, sind Phase-I-Studien, das heißt Studien, in denen der zu testende Wirkstoff auf Verträglichkeit getestet wird und nicht auf Wirksamkeit. Das ist ein beängstigender Gedanke, oder? Ich habe Leute sagen hören, dass die Wahrscheinlichkeit, dass eine bei einer klinischen Studie getestete Behandlung wirkt, bei 5 Prozent liegt. Ich glaube, sie ist noch viel niedriger und liegt wohl eher bei 0,1 Prozent.

Josh glaubt, dass es sich auch auf diesen 0,1 Prozent basierend lohnt zu „kämpfen". Ich bin anderer Meinung. Warum sollte ich zulassen, wie eine Laborratte behandelt zu werden, herumgeschubst, überwacht und untersucht zu werden und wer weiß was für Nebenwirkungen zu erleiden? Warum sollte ich die Lebensqualität der Zeit, die mir mit meinen Kindern noch bleibt – wie lange auch immer sie sein mag – mindern, wenn die Erfolgsaussichten so gering sind? Warum soll ich das alles auf mich nehmen, wenn es am Ende sowieso auf das Gleiche hinausläuft?

Ich bin müde. So absolut müde, dass ich gar nichts machen will, keine „verrückten" Sachen und keine Teilnahme an klinischen Studien. Diejenigen von Ihnen, die nicht mit metastasierendem Krebs leben, die sich nicht all diesen Operationen und Behandlungen unterzogen haben – können Sie sich überhaupt vorstellen, wie erschöpft und ausgelaugt ich bin, physisch, emotional und spirituell? Ich glaube nicht. Es ist eine Erschöpfung, die nicht nur meinen Mut auf die Probe stellt, sondern auch die ungeheure Liebe, die ich für meinen Mann und meine Kinder empfinde.

Ich bin es leid, die Belastungen zu ertragen, die mit dem Versuch einhergehen, ein möglichst normales Leben zu leben, während man permanent vom Tod bedroht ist. Ich bin es leid, gegen den Neid und die Wut anzukämpfen, die mich erfassen, wenn ich eine Großmutter sehe, die das Privileg hat, ihren Enkel in die Schule zu bringen, oder Neid zu empfinden, wenn ich eine andere Mutter sorgenfrei mit ihren Freundinnen lachen höre. Ich bin es leid, den Hass auf die Frau in mir aufsteigen zu spüren, die Josh heiraten wird, wenn ich nicht mehr da bin, die in dem Zuhause leben wird, das ich gestaltet habe, die die Ehre haben wird, meine wunderbaren Kinder großzuziehen, die ihre Kleider in meinem Schrank aufhängen wird, die das Leben stiehlt, das ich hätte haben sollen. Ich bin es leid, die Traurigkeit in mir hochkommen zu spüren, wenn ich daran denke, wie Mia in ihrer wöchentlichen Geigenstunde sitzt, ohne dass ich dabei bin, dass sie mich nicht mehr hin und wieder ansehen kann, um sich zu vergewissern, dass sie es gut macht, und sich ermuntern zu lassen weiterzumachen. Ich bin es leid, mir immer weiter Sorgen zu machen und immer weiter zu planen. Dies ist der Text einer E-Mail, die ich an Mias Geigenlehrerin schrieb, ein Ausdruck meiner Traurigkeit, meiner Sorgen und meiner planenden Voraussicht:

> Hallo A.,
> ich glaube, ich habe Ihnen irgendwann erzählt, dass ich an metastasierendem Krebs leide, Krebs, der unheilbar und wahrscheinlich tödlich ist. Als Sie uns diese Woche von Ihrer Geigenlehrerin erzählt haben und davon, wie sie Sie während der ersten sieben Jahre Ihres Musizierens auf der Geige begleitet hat, bevor sie an Krebs gestorben ist, ist mir klar geworden, wie viel diese Frau Ihnen bedeutet hat und wie viel Sie zweifelsohne auch ihr bedeutet haben. Jedenfalls hat mich das ins Grübeln gebracht. Bitte haben Sie Nachsicht mit mir, wenn Sie die folgenden Zeilen lesen.

Mir sagen zwar alle, dass ich positiv denken muss, aber ich bin eine Realistin und Planerin. Sie sind so jung, daher werden Sie wahrscheinlich einiges von dem, was ich sage, noch nicht ganz erfassen können, aber ich werde mein Bestes tun, um es Ihnen zu erklären. Was mich am traurigsten macht, wenn ich daran denke, dass ich sterben muss, ist, mir vorzustellen, wie Mia ihren Geigenunterricht hat und ich nicht neben ihr sitze und ihr zuschaue. Mir vorzustellen, dass sie auf einer größeren Bühne auftritt und ich nicht in der ersten Reihe sitze, um ihr Beifall zu klatschen, bricht mir das Herz in Millionen kleine Stücke. Die Vorstellung, wie sie alleine übt, ohne dass ich sie antreibe, die Stimme erhebe, sie fordere, sie umarme, ihr etwas beibringe (nicht, wie man Geige spielt, sondern etwas über das Leben), bereitet mir Sorgen und macht mich traurig. Wer wird und kann mich ersetzen? Wer kann sie musikalisch und anderweitig so fördern wie ich? Die Antwort lautet: niemand. Niemand kann meine Kinder genauso lieben wie ich, nicht einmal ihr Vater. Also ist das Beste, was ich tun kann, so viele Menschen wie möglich bereitzustellen, die ihnen in den verschiedenen Bereichen ihres Lebens helfen und für sie da sein werden. Und genau darüber möchte ich mit Ihnen reden.

Mias Vater ist zwar musikalisch äußerst talentiert, aber er arbeitet viel. Ich sehe nicht, dass er meine Rolle, was die musikalische Förderung angeht, übernehmen wird, wenn ich nicht mehr da bin. Deshalb möchte ich Sie bitten, Mia – so gut es geht und soweit es Ihre Zeit Ihnen erlaubt – unter Ihre Fittiche zu nehmen, sie auf ihrem musikalischen Weg zu begleiten, sie anzuleiten und anzuregen, wenn das erforderlich ist, ihr mit Rat und Tat zur Seite zu stehen, damit sie bei musikalischen Veranstaltungen zu Auftritten kommt, und ihr falls/wenn die Zeit kommt, gegebenenfalls zu helfen, eine neue Lehrerin zu finden.

Ich weiß, dass Mia musikalisches Talent hat. Ich weiß nicht, wie groß ihr Talent ist, und das ist mir eigentlich auch egal. Wichtig ist nur, dass sie das Talent, das sie hat, entwickelt. Ich will nicht, dass es verschwendet wird. Außerdem glaube ich, dass sie wirklich gerne spielt und auftritt. Sie ist einer jener Menschen, die ihre Gefühle für sich behalten, was sicher kein gesunder Bewältigungsmechanismus ist. Ich hoffe, dass die Musik ein emotionales Ventil für sie wird, ein Weg, mit der Trauer nach meinem Tod und mit anderen Belastungen fertig zu werden, mit denen sie in ihrem Leben unweigerlich konfrontiert werden wird.

Wie viel Sie Mia helfen wollen und können, liegt natürlich ganz bei Ihnen. Ich kann verstehen, wenn Sie über die wöchentlichen Unterrichtsstunden hinaus nicht viel tun können. Aber wenn Sie sich mehr in ihr Leben einbringen und uns besser kennenlernen möchten, sind Sie jederzeit eingeladen. Wir wohnen gleich um die Ecke hinter der Schule. Mia mag Sie und offenkundig finden Sie gut Zugang zu kleinen Mädchen.

Danke, dass Sie Mia schon so viel beigebracht haben (und mir auch). Sie können es sich vermutlich nicht vorstellen, aber der Unterricht ist ein Highlight meiner Woche. Ich hätte als Kind selbst gerne Musikunterricht bekommen, aber meine Eltern waren zu arm, um sich das leisten zu können. Und danke, dass Sie das alles gelesen und meinen Gefühlsausbruch ertragen haben.

Aus Eifersucht, Hass, Sorge und Liebe habe ich Josh gedroht, ihn aus dem Grab heraus umzubringen, falls er je auf die Idee kommen sollte, zukünftige Kinder gegenüber unseren Kindern zu bevorzugen, auch finanziell. Ich ließ ihn versprechen, dass er nicht aus dieser Wohnung auszieht, in die ich so viel Zeit und Energie gesteckt hatte, um sie für meine Kinder zu renovieren, weil die Zweitschlampe das verlangt, um alle Spuren von mir zu beseitigen. Ein Freund hat mir von einem kleinen Jungen erzählt, der seine krebskranke Mutter verloren hatte, als er erst ein Jahr alt gewesen war. Danach hat sein Vater wieder geheiratet und jetzt, vier Jahre später, nennt der Junge diese Frau „Mom". Diese Geschichte hat mich erschaudern lassen und mich hysterisch gemacht.

Während ich all dies niederschreibe, ist mir bewusst, wie verrückt ich klinge. Ich bin verrückt. Josh würde sagen, dass ich schon immer verrückt war und der Krebs mich noch verrückter gemacht hat.

Der arme Josh muss meine Hysterie, meine Wut, meine Traurigkeit, meine Tränen und meine Düsternis ertragen. Josh ist es auch leid. Er ist es leid, unter dieser schwarzen Wolke zu leben. Und aus Liebe zu ihm möchte ich lieber früher sterben als später. Ich will ihn und die Kinder befreien. Ich will, dass er wieder ein normales, glückliches Leben hat. Und zweifellos will seine Familie dasselbe für ihn. Ich bin eine Last. Ich will ihm mit meiner verunstalteten Haut und meinem schwer gezeichneten Körper bei Familientreffen nicht peinlich sein – „oh, armer Josh", müssen sie alle denken. Es wird viel besser für ihn sein, wenn ich nicht mehr da bin und er eine andere hat, mit der er den Rest seines Lebens teilen kann, eine, die ihm hilft, sein gebrochenes Herz zu heilen und den Schmerz zu vergessen.

Jetzt verstehen Sie also, womit ich ringe. Ist es mutiger weiterzumachen oder aufzuhören? Ist es liebevoller zu gehen oder zu bleiben? Ich weiß es immer noch nicht.

36
Hass

Früher habe ich die Menschen nicht gehasst. Aber heute hasse ich sie. Können Sie erraten, wen ich am meisten hasse?

Es ist nicht die Großmutter, die das Privileg hat, ihren Enkel zur Geigenstunde zu begleiten, die Großmutter, die ich immer sehe, wenn wir nach Mias Unterrichtsstunde den Raum verlassen. Jede Wette, dass sie ihr Privileg nicht einmal richtig zu schätzen weiß.

Es ist nicht einmal die alte Dame mit dem Stock, die mich angefahren hat, weil ich mich im vorderen Teil des Busses auf einen Platz für Behinderte gesetzt und dadurch einen Mann gezwungen habe, den Gang entlangzuhumpeln und sich ein paar Meter weiter hinten hinzusetzen. Ich habe sie zum Schweigen gebracht, indem ich sie angeschrien und ihr mitgeteilt habe, dass ich Krebs im Stadium IV habe und den Ausschnitt meines T-Shirts runtergezogen habe, um ihr und allen anderen im Bus die unverkennbare Beule auf meiner Brust zu zeigen, unter der sich mein Mediport befindet. Ich wollte ihr auch entgegenschreien, dass ich offiziell blind bin und somit auch noch in anderer Weise behindert und absolut dazu berechtigt, mich auf einen Behindertenplatz zu setzen, auch wenn sie vielleicht nicht verstehen könne, warum ich dazu berechtigt sei, und dass sie mich mal könne. Aber die Anwesenheit meiner älteren Tochter neben mir ließ mich innehalten. (Meine armen Kinder. Sie sind so traumatisiert durch mich und werden mit Sicherheit verwirrende und beschämende Erinnerungen an ihre wütende

Mutter mit sich herumtragen, die sich bei Anlässen wie diesem und auch bei vielen anderen Gelegenheiten wie eine völlig durchgedrehte Irre benommen hat. Ich hoffe, sie werden verstehen, dass die Wut einer tiefen Liebe zu ihnen entsprungen ist.)

Und dann war da diese große, gut gekleidete Frau, die mich mit einer abfälligen Bemerkung bedachte, als Chipper mir mit der Leine entwischte und ihr in den Weg lief, während sie gedankenversunken den breiten Bürgersteig vor unserem Haus entlangeilte. Ich wollte hinter ihr herstürmen und immer wieder auf sie einschlagen, bis die ganze Wut aus mir heraus war. Ich wollte ihr die Augen auskratzen. Ich wollte sie erwürgen. Das will ich immer noch. Eine Anzeige, Gefängnis, lebenslange Haft – nichts von alldem zählt in solchen Momenten des Zorns. Aber meine Kinder waren bei mir, also ließ ich die Sache einfach auf sich beruhen. Auch wenn ich diese Frau umbringen wollte, ist auch sie nicht der Mensch, den ich am meisten hasse.

Es sind auch nicht all die anderen mir bekannten und mir unbekannten Mütter, die nach den Ferien bei Schulbeginn zu den Elternabenden gehen und sich die Vorträge der neuen Lehrer über ihre Erwartungen im Hinblick auf die Hausaufgaben anhören, ohne sich auch nur einen einzigen Gedanken darüber machen zu müssen, wer eigentlich dafür sorgen wird, dass ihre Kinder die Hausaufgaben machen, wenn sie nicht mehr da sind. Oder, noch grundlegender, wie zum Teufel sie es hinbekommen sollen, dass ihre Kinder angesichts des Todes ihrer Mutter nicht total den Boden unter den Füßen verlieren.

Es sind nicht einmal Mütter, die von Krebs im Stadium I oder II oder III geheilt wurden.

Verstehen Sie mich nicht falsch, ich hasse all diese Leute in einem gewissen Maße, zumindest im abstrakten Sinne. Aber am meisten hasse ich Mütter, bei denen Krebs im Stadium IV diagnostiziert wurde und die irgendwie geheilt wurden, die dem Tod aus irgendeinem unbekannten Grund von der Schippe gesprungen sind. Ich finde mich dabei wieder, einen Gott zu fragen, der meine Fragen nie beantwortet. Warum? Warum sie und nicht ich? Aber diese Frage scheint irrelevant, wenn ich an meine Kinder denke. Ich würde mich eine Million Mal für meine Kinder opfern. Haben die Kinder dieser Frauen es aus irgendeinem Grund mehr verdient, eine Mutter zu haben als meine Kinder? Meine Kinder sind unglaubliche kleine Menschen. Mia ist so klug und wissbegierig und musikalisch so begabt. Isabelle ist so mitfühlend und lustig und anmutig. Wenn diese Mütter sich jemals dazu hinreißen ließen zu glauben, dass ihr Leben wertvoller ist als meins oder dass ihre Kinder es mehr als meine verdient haben, eine Mutter zu haben, würde ich sie in der Tat kaltblütig umbringen.

Was ich hier geschrieben habe, ist vielleicht das Finsterste, das ich je zu Papier gebracht habe, denn ich schreibe über Wut, Hass und Gewalt. Ich glaube wirklich, dass solche Gefühle universelle Bestandteile unserer menschlichen Erfahrung sind, hervorgebracht durch so alltägliche Situationen wie die, eine Mutter zu sein, oder an einem Ort wie New York City zu leben. Diese Gefühle sind negative Nebenprodukte unserer sozialen Interaktionen und unserer angeborenen Neigungen, die durch die extrem stressigen Bedingungen, die mit einer Krebserkrankung einhergehen, verstärkt und verschlimmert werden. Aber so eine Negativität wird einem oft nicht zugestanden, weil niemand über etwas so Hässliches und Unschmeichelhaftes reden will. Niemand will unangenehm, peinlich und beschämend sein.

Aber mir scheinen alle gesellschaftlichen Umgangsformen abhandengekommen zu sein, die mich dazu angehalten hätten, mich vorzusehen, um nicht unangenehm, peinlich oder beschämend zu sein. Es ist mir inzwischen egal, denn ich sterbe. Das hat mir mein Onkologe Mitte September nach der Auswertung der Aufnahmen der letzten Untersuchungen ziemlich deutlich mitgeteilt. Die Strahlen-Immuntherapie-Kombination war ein kolossaler Misserfolg. Überall Wachstum, in der Lunge, im Bauch, im Becken. Die schlimmsten Untersuchungsergebnisse, die ich je bekommen habe. Er sprach von neuen und größeren Tumoren. Es war so furchtbar, dass ich mich nicht einmal dazu durchringen konnte, die Berichte über die Untersuchungsergebnisse zu lesen, ich, die ich mich gerne für so schlau halte und so davon überzeugt bin, immer alles lesen zu sollen. Dr. A. C. sagte, dass mir ohne Behandlung noch ein Jahr bleibe. In Anbetracht dessen, dass ich die erste, zweite und dritte Behandlungsmethode ausgeschöpft habe, würden die verbleibenden Optionen mein Leben über dieses eine Jahr hinaus nicht mehr signifikant verlängern. Und es bestehe jederzeit die Möglichkeit, dass eine Behandlung, die zu diesem Zeitpunkt überwiegend experimentell wäre, mich so krank machen könnte, dass sie mein Leben sogar verkürzen würde.

Bitte ersparen Sie mir die Plattitüden wie „Nur Gott weiß, wann Sie abtreten" und „Ärzte wissen es nicht". Ärzte können aufgrund ihrer Berufserfahrung ganz bestimmt eine fundiertere Prognose abgeben als ich. Und ich will auch nicht das banale „Wir müssen alle einmal sterben" hören.

Nach diesen Untersuchungsergebnissen wandelte ich wie benommen durch die Welt. Wie konnte ich nach drei Jahren mit diesem Mist immer noch von irgendetwas geschockt sein, fragte ich mich. Die Benommenheit wurde durch Schlafentzug und starke Bauch- und Beckenschmerzen verschlimmert, die höchstwahrscheinlich durch die ständig wachsenden Tumore verursacht wurden. Dennoch bewegte ich mich noch, obwohl meine Bewegungen unbeholfen waren.

Wie habe ich es trotzdem geschafft, mit dem Hund Gassi zu gehen, die Kinder für die Schule fertig zu machen und Mia beim Geige-Üben zu beaufsichtigen? Wie habe ich es geschafft, an einem Grillabend bei Joshs Chef teilzunehmen und zu lächeln und mich normal zu verhalten? Wie konnte ich meine Kinder zu Geburtstagsfeiern bringen und Einkäufe bei Costco machen? Wie habe ich unseren Wiedereinzug in unser neues Zuhause bewerkstelligt, nachdem das monatelange Zusammenlegungsprojekt der beiden Wohnungen beendet war? Wie konnte ich irgendetwas von alldem schaffen, obwohl ich spürte, wie die Lebensflamme in mir immer schwächer wurde und ich immer näher an den Tod heranrückte?

Instinkt, nehme ich an. Muskelgedächtnis. Ein starkes Gefühl der Verpflichtung. Eine unglaublich starke praktische Veranlagung. Nachdem ich Dr. A. C.s Büro verlassen hatte, rief ich meine Schwester an, um ihr die Neuigkeiten mitzuteilen. Ohne zu weinen sagte ich ihr, dass wir nun, so sehr sie sich auch dagegen sträube, „darüber" anfangen müssten zu reden. Darüber zu reden, dass sie sich darauf vorbereiten müsse, die Ersatzmutter meiner Kinder zu werden, dass ich lieber sie als Ersatzmutter meiner Kinder sähe als irgendeine andere Frau, die Josh womöglich heiratet. Sie müsse dann diejenige sein, die dafür sorgt, dass die Kinder ihre Hausaufgaben machen und auf ihren Instrumenten üben. Sie müsse sich über die außerschulischen Aktivitäten und Sommercamp-Angebote informieren und sie Josh präsentieren. Sie müsse die Führung des Haushalts überwachen. Unausgesprochen blieb das Einvernehmen, dass sie den weiblichen Part der emotionalen Unterstützung meiner Kinder übernehmen wird, die sie dringend benötigen werden. Ich teilte ihr mit, dass ich bereits eine kurze Liste von Freundinnen (und Müttern) zusammengestellt hatte, die sie (weil sie keine eigenen Kinder hat) unterstützen und ihr helfen würden. Frauen, die ihr bei Bedarf mit Rat und Tat zur Seite stünden. Ich sagte ihr, dass das vielleicht alles so sein sollte, dass sie durch den Tod ihrer einzigen Schwester jetzt die Gelegenheit bekäme, eine einzigartige Art der Mutterschaft zu erleben. So sehr sie sich auch dagegen gesträubt hatte, darüber zu reden, weil sie nicht wollte, dass ich sterbe, war sie nun doch bereit, darüber zu reden.

Wir sprachen darüber, dass sie womöglich näher zu uns heranziehen könnte (Queens scheint mir zu weit entfernt zu sein), dass sie und mein Bruder sich die Verantwortung für die Betreuung unserer alternden Eltern teilen würden und ob sie vielleicht vorübergehend in unsere Wohnung einziehen sollte, um den Übergang zu erleichtern. Wenn es eine Sache gibt, auf die ich im Zusammenhang mit der Familie, in die ich geboren wurde, sehr stolz bin, ist es die Tatsache, dass wir unglaublich praktische Menschen sind. Egal, wie schrecklich und tragisch etwas auch sein mag, wir kümmern uns immer um das, was erledigt werden muss. Wir kennen keinen emotionalen Zusammenbruch, keine lähmende Depression. Unsere Erfahrungen, die wir als verarmte Einwanderer gemacht haben, lehrten uns Überlebensfähigkeiten, die für unsere Wesen fundamental und prägend sind. Ich hoffe, dass die Mädchen diese Grundhaltung, diese Herangehensweise ans Leben und diese Weltsicht trotz der vergleichsweise privilegierten Bedingungen, unter denen sie groß werden, von mir geerbt haben.

Josh war am Boden zerstört. *Hör auf*, dachte ich. Wie kann man nach drei solchen Jahren, in denen wir immer wieder mit furchtbaren Nachrichten klarkommen mussten, immer noch am Boden zerstört sein? Wir erwachten in den frühen Morgenstunden aus unserem kurzen, erschöpften Schlaf und trösteten uns gegenseitig. Ich drängte ihn, mir seine Ängste anzuvertrauen. Das waren seine Ängste: Wie sollte er es schaffen, als Alleinerziehender klarzukommen und gleichzeitig seinem Beruf nachzugehen, der ihm so viel bedeutet? Wer bloß sollte den Haushalt so führen wie ich? Wann sollte er aufhören zu arbeiten, um bis zum Ende ständig bei mir zu sein? Ich tat mein Bestes, um zu versuchen, ihm all seine Ängste zu nehmen. Ich habe drei Jahre damit verbracht, meinen Tod zu planen. Ich habe viele Pläne für alle möglichen Eventualitäten. Jede Menge Listen im Kopf. Viele Dinge, die ich aufschreiben muss. Viele Anweisungen, die ich erteilen muss. Wenn ich könnte, würde ich Joshs zweite Frau auch persönlich aussuchen, aber leider bin ich noch nicht dazu gekommen, auch dafür einen Plan zu erstellen.

Ich habe Josh gesagt, dass ich verbrannt werden möchte und dass meine Asche in den Pazifik gestreut werden soll. Für den Pazifik entschied ich mich im vergangenen Sommer während eines Aufenthalts im Haus meines Bruders. Ich saß in seinem Garten hinter dem Haus und blickte hinab auf das Meer, das sich zwischen der Landmasse, auf der ich geboren wurde, und dem Kontinent, auf dem ich mein unwahrscheinliches Leben lebte, erstreckte. Ich sagte ihm, dass die Trauerfeier für mich in der Kirche abgehalten werden solle, in die wir gehen, seit Mia vor über einem Jahr den Wunsch geäußert hatte, die Kirche zu besuchen. Ich sagte ihm, dass die Trauerfeier drei Monate nach meinem Tod abgehalten werden soll. Drei Monate reichen aus, damit alle, die an der Trauerfeier teilnehmen wollen, ihre Reise arrangieren können, und drei Monate sind lange genug, damit Josh und meine Familie genug Zeit zum Trauern haben. Danach möchte ich, dass sie ihr Leben normal weiterleben. Ich möchte, dass er Mias Geigenlehrerin bittet, bei der Trauerfeier zu spielen. Ich habe ihm mitgeteilt, wen er bitten soll, ihn bei der Planung der Trauerfeier zu unterstützen, und ihm gezeigt, wo er alte Bilder von mir findet. Er weinte das ganze Wochenende über diesen verblassten Fotos und beklagte die Ungerechtigkeit dieses ganzen Desasters.

Ich verbrachte das Wochenende damit, Ordnung in unser Chaos zu bringen. Ich ordnete unsere Sachen in unsere neuen, erweiterten Schränke ein, ersetzte unser altes Geschirr durch das, das ich neu gekauft hatte, sortierte die Gewürze neu, putzte, plante, dachte nach und plante noch mehr.

Als Dr. A. C. mir die düstere Prognose übermittelte, wusste ich, dass ich noch länger als ein Jahr am Leben bleiben wollte. Ich brauchte mehr Zeit zum Planen, zum Leben, zum Muttersein. Meine Kinder brauchen mich so viele Tage wie nur irgend möglich. In den Wochen ohne Chemotherapie hatte ich mich einigermaßen gut gefühlt, deshalb wusste ich, dass ich eine weitere Behandlung aushalten konnte.

Und so bat ich eine Freundin, mir dabei zu helfen, für die kommende Woche einen Termin bei einem prominenten Facharzt für onkologische Gastroenterologie (Dr. M.) in Washington, D.C., zu vereinbaren, der mir vor einigen Jahren bei einer Spendenaktion geholfen hatte, den ich aber nie als Patientin konsultiert hatte. Hätte ich den normalen Weg genommen, hätte ich sechs Wochen warten müssen. So bekam ich einen Termin für den darauffolgenden Donnerstag.

Ich rief im Memorial Sloan Kettering Cancer Center an und bat um einen Termin bei einer Onkologin (Dr. V.), bei der ich schon einige Male gewesen war, um eine zweite Meinung einzuholen. Sie ist jung und hat sich daher in der Krebsklinik noch keinen Namen gemacht, aber ich habe sie immer gemocht und wollte vor allem Zugang zu den klinischen Studien der Klinik. Ich hatte bereits beschlossen, dass ich, egal, an welchen klinischen Studien ich teilnähme, nicht reisen würde, jedenfalls nicht, solange es sich nicht um eine absolut vielversprechende Studie handelte. Ich wollte die wertvolle Zeit, die mir noch mit meiner Familie blieb, nicht dafür vergeuden, ständig wegen etwas unterwegs zu sein, das höchstwahrscheinlich sowieso nicht funktionieren würde. Das Memorial Sloan Kettering Cancer Center ist die führende Krebsklinik im Land und zum Glück nur eine fünfunddreißigminütige U-Bahn-Fahrt von unserem Zuhause entfernt. Nur wenige Stunden, bevor ich den Zug nach Washington nehmen wollte, wurde bei Dr. V. kurzfristig ein Termin abgesagt und mir angeboten. Ich nahm ihn.

Ich hatte instinktiv das Bedürfnis, andere Meinungen einzuholen. Dr. A. C. bot mir Lonsurf und Stivarga an, die letzten beiden zur Behandlung von Darmkrebs zugelassenen Medikamente. Dr. V. kannte diese Medikamente, bot mir jedoch auch einen Platz in einer klinischen Studie an. Es handelt sich um eine Phase-II-Studie (was bedeutet, dass das experimentelle Medikament bereits auf seine Verträglichkeit getestet wurde). In dieser Phase wird ein Chemotherapie-Wirkstoff namens SGI-110 getestet, der in Kombination mit Irinotecan verabreicht wird, einem Chemotherapie-Medikament der Art, von der ich schon viele bekommen hatte. Die Patienten werden per Zufall zwei Gruppen zugeteilt, wobei die eine Gruppe SGI-110 und Irinotecan und die andere entweder Lonsurf oder Stivarga (je nach Wahl des Patienten) erhält. Selbst wenn der Patient letzterer Gruppe zugeteilt wird, teilt man ihn, sobald Lonsurf oder Stivarga versagt, der anderen Gruppe zu, sodass er früher oder später das experimentelle Medikament erhält.

Am nächsten Morgen hatte ich meinen Termin bei Dr. M. Trotz der ungewohnten Umgebung empfand ich es als eine Erleichterung, ihn zu sehen. Er ist ein freundlicher Mann, der gut mit Patienten umgehen kann, aber er weiß auch, wovon er spricht. Er hat mich beruhigt. Zuerst fragte er mich, wie es mir emotional gehe. Wie es um das Innere meines Körpers bestellt war, verrieten ihm die Aufnahmen meiner Untersuchungen, aber er wollte wissen, wie es mir tief in meinem Inneren ging. Ich erwiderte, dass ich erschöpft sei, dass ich es leid sei, Entscheidungen zu treffen, dass ich mir jemanden wünsche, dem ich vertrauen könne und der mir einfach sage, was ich tun solle.

Dr. M. verstand, warum ich so erschöpft war. Er nahm ein Blatt Papier und fing an, genau aufzuschreiben, was ich tun sollte. Ich sollte einen Caris-Gentest meines Eierstocktumors vornehmen lassen, der bei der Operation im Mai entfernt worden war. Aktualisierte Tests würden mit einer zehnprozentigen

Wahrscheinlichkeit dabei helfen zu entscheiden, welche zukünftigen klinischen Studien für mich infrage kämen. Er werde sich für mich darum kümmern, wenn ich den Papierkram erledige, da er die Durchführung über den Standard hinausgehender Tests verlangen könne. Lonsurf und Stivarga seien durchschnittlich sechs Monate lang zu 40 Prozent effektiv, wobei einige Patienten auch durchaus länger profitieren. Beide Medikamente würden dafür sorgen, dass die Tumore nicht weiterwachsen, keines bewirke jedoch eine Schrumpfung der Tumore. Stivarga sei, ungeachtet dessen, was in der Blogosphäre und dem Internet kursiere, nicht so furchtbar, wie es heiße, insbesondere nicht, wenn es angemessen dosiert werde – Dr. M. beginne mit 120 Milligramm. Er verabreiche Lonsurf mit Avastin. Nicht Avastin mit Stivarga. Die Wahl zwischen den beiden sei aber letztendlich eine Frage der Nebenwirkungen, die ich bereit sei, eher zu tolerieren – Übelkeit und Müdigkeit oder Hand- und Fußsyndrom. Er kenne die SGI-110-Studie und halte es für „sinnvoll", dass ich daran teilnähme, und ich solle den Randomisierungsgöttern erlauben, mir wenigstens eine Entscheidung abzunehmen.

Wie viel Zeit mir noch bleibe, wisse er nicht. Ich sei nicht in unmittelbarer Lebensgefahr. Er fragte mich, ob ich mir die Aufnahmen meiner Untersuchungen schon mal angesehen habe. Ich entgegnete, dass ich immer Angst gehabt habe, sie mir anzusehen. Er ging die Aufnahmen mit mir durch und zeigte mir, dass nicht so viele Regionen von der Krankheit befallen waren. Wir besprachen, wo der Krebs bei mir gefährlicher ist – in der Lunge oder am Bauchfell. Mit anderen Worten: welcher Krebs mich am Ende umbringen wird. Der Bauchfellkrebs hat mir immer Sorgen bereitet, weil ich den Eindruck habe, dass er so schnell wächst. Er erklärte mir, dass er, wenn er sich entscheiden müsste, sagen würde, dass der Bauchfellkrebs in der Tat gefährlicher sei, aber nicht wegen des schnellen Tumorwachstums, sondern wegen der Auswirkungen auf die Lebensqualität. Bauchfellkrebs verursache Darmverschlüsse, die einen enormen Einfluss auf die Lebensqualität hätten (das heißt Schmerzen und die Unfähigkeit zu essen und zu trinken). Wenn es so weit gekommen wäre, sei jedoch künstliche Ernährung, die über eine Infusion verabreicht wird, eine Option. Die Tumore in meiner Lunge seien noch klein, hier ein Zentimeter, dort ein Zentimeter. Aber sobald diese Tumore eine gewisse Größe erreicht hätten, würde meine Lunge versagen und ich würde sterben. Es gebe keine Methode, ein Lungenversagen künstlich auszugleichen.

Mein Gespräch mit Dr. M. war der beste onkologische Termin, den ich je gehabt hatte. Das Gespräch mit ihm machte mir bewusst, warum ich, was Dr. A. C. anging, seit einiger Zeit ein ungutes Gefühl hatte. Er konnte meine Fragen nie beantworten oder schien die Beantwortung meiner Fragen aufzuschieben. Dr. A. C. war ein Arzt, mit dem ich eine kooperative Beziehung haben konnte, die Art von Arzt, dem ich zu jeder Tageszeit Textnachrichten und E-Mails schicken konnte. Aber das will oder brauche ich nicht mehr. Dr. M. verurteilte ihn dafür, dass er es zugelassen hatte, dass ich mich der Kombination aus Bestrahlung und Immuntherapie unterzogen hatte. Er war wütend auf ihn, weil ich dadurch meine Chance vertan hatte, an Immuntherapie-Studien teilzunehmen, bei denen ähnliche Wirkstoffe getestet wurden. Ich war mir dieses Risikos sehr wohl bewusst gewesen und Dr. A. C. auch, aber er schien dem keine Bedeutung beigemessen zu haben und ich auch nicht. Ich bedaure es jetzt sehr, dass ich mich auf Dr. A. C.s „verrückte" Idee eingelassen habe. Doch wie ein Freund mir sagte, ist es angesichts dessen, dass wir auf dieser Krebsreise an jeder Gabelung Entscheidungen treffen müssen, unmöglich, sie zu bewältigen, ohne etwas zu bereuen. Aber ich glaube nicht, dass der Umweg am Ende einen großen Unterschied machen wird. Ich werde sowieso sterben.

Ich suchte Dr. V. auf, unterschrieb die Einwilligung zur Teilnahme an der SGI-110-Studie und sagte ihr, dass ich von nun an von ihr und im Memorial Sloan Kettering Cancer Center behandelt werden wolle, auch im Anschluss an die Studie. Der institutionelle Charakter der Krebsklinik hat mich immer abgeschreckt – die langen Wartezeiten, die Warteschlangen vor den Aufzügen, der scheinbar unpersönliche Charakter von allem -, aber das ist mir jetzt egal. Ich möchte jetzt die Unterstützung einer institutionellen Einrichtung. Ich glaube, dass ich eher nur noch Monate als Jahre zu leben habe, und deshalb möchte ich eine Institution wie das Memorial Sloan Kettering Cancer Center hinter mir haben.

Da es jetzt einen Plan gibt, fühle ich mich viel besser, und die jüngsten Ereignisse haben mir eine seltsame Art von Frieden und Ruhe gebracht. Meine Unterleibsschmerzen sind weg. Ich bin zum ersten Mal seit Jahren wieder eine Runde schwimmen gewesen, und obwohl es mich immer Mühe gekostet hat, mit der richtigen Technik zu atmen, habe ich es an diesem Tag mithilfe eines Freundes und eines Fremden, der auf der Bahn neben mir schwamm, gelernt.

Ungeachtet dessen, was ich gerade geschrieben habe, hasse ich niemanden von Ihnen.

2017

37

Eine Lektion der Geschichte

Ich war froh, dass das Jahr 2016 vorbei war. Auch wenn es bedeutete, dass ich dem Ende näher kam, aber das war mir egal. Mit dem Jahreswechsel spürte ich, dass meine Verbitterung zu einem großen Teil verschwand. Ich widmete mich wieder dem Schreiben, um Mia und Belle eine Erinnerung an mich zu hinterlassen.

Die chilenische Schriftstellerin Isabel Allende (die vor allem wegen ihres Romans *Das Geisterhaus* bekannt ist) erzählt ihrer Tochter Paula, die in einem durch Porphyrie verursachten Koma liegt, aus dem sie nie wieder erwachen wird, in ihrem autobiografischen Roman *Paula* von ihrem außergewöhnlichen Leben. Ich habe *Paula* vor mehr als fünfzehn Jahren gelesen, doch eine Passage auf Seite 23, in der eine Reihe von Gefühlen beschrieben wird, hat mich nie losgelassen, und jetzt muss ich stärker denn je an diese Passage denken. Allende erzählt ihrer Tochter von ihrer Vergangenheit: „… es ist mein letzter Garten, in dem sich auch nicht der zudringlichste Liebhaber hat sehen lassen. Nimm sie hin, Paula, vielleicht ist sie dir zu etwas gut, denn ich glaube, die deine gibt es nicht mehr, sie ist dir in diesem langen Schlaf verlorengegangen, und ohne Erinnerungen kann man nicht leben."

Ich bin eine Freundin von Erinnerungen, der Vergangenheit, der Geschichte. Am College habe ich Geschichte als Hauptfach studiert und mich mit amerikanischer, chinesischer, europäischer, afrikanischer, sozialer, wirtschaftlicher, politischer und kultureller Geschichte beschäftigt. Ich finde es faszinierend, wie einige einzigartige, charismatische Persönlichkeiten wie Jesus Christus, der Vorsitzende Mao oder revolutionäre Erfinder und Entwickler Thomas Edison und Steve Jobs den Lauf der Menschheitsgeschichte verändert haben. Wir normalen Menschen werden lediglich von der Flut der Ereignisse mitgerissen, von Ereignissen, die in der Vergangenheit und in der Gegenwart von anderen in Bewegung gesetzt wurden, und von Ereignissen, die von Kräften verursacht werden, die sich unserer Kontrolle entziehen (je nachdem, welcher Religion wir angehören oder welche philosophischen Ansichten wir haben, von Gott, der Mutter Natur oder von der Willkür des Universums, die Dinge wie Naturkatastrophen oder Krankheiten über uns hereinbrechen lässt).

Es sind die Geschichten von anderen ganz normalen Menschen wie wir, die ich am faszinierendsten und wertvollsten finde – die Geschichte der schwarzen Frau aus der Karibik, die mit ihren drei Kindern vor ihrem sie misshandelnden Ehemann in ein Frauenhaus in New York City geflohen ist; die Geschichte eines US-amerikanischen Kriegsgefangenen, der im Zweiten Weltkrieg Monate allein auf dem Meer trieb und anschließend jahrelange Folter durch die Japaner überlebte; die Saga vom unglaublichen Lebenswillen der Mitglieder einer uruguayischen Rugby-Mannschaft, deren Flugzeug 1972 in den Anden abstürzte; oder die unglaubliche Geschichte einer Frau, die es schaffte, nach ihrer Diagnose fünfzehn Jahre mit metastasierendem Darmkrebs zu leben. Es gibt so viele Geschichten. Das, was unsere Mitmenschen tatsächlich erlebt haben, ist viel inspirierender als jede Geschichte, die sich die größten Geschichtenerzähler ausgedacht haben.

Aber Allende erinnert mich daran, welchen Wert unsere individuellen Erinnerungen, unsere eigene Vergangenheit, unsere eigene Geschichte haben. Denn letzten Endes sind wir doch nichts anderes als das Produkt aller unserer Erfahrungen. Anstatt außerhalb nach Inspiration, Kraft und Hoffnung zu suchen, müssen wir den Blick manchmal in unser Inneres richten, um unsere eigenen Geschichten zu entdecken und zu erkennen. Schließlich gibt es in uns Wunder zu entdecken. Natürlich ist der Blick in sich selbst hinein viel schwieriger. Denn wenn wir dorthin blicken, müssen wir uns mit unseren schmerzhaften Fehlern, unseren Ängsten, unseren Schwächen, unseren Unsicherheiten, unseren Abscheulichkeiten auseinandersetzen.

Als bei mir Krebs diagnostiziert wurde, las Josh meine Operations- und Pathologieberichte hundertmal – so kam es mir zumindest vor. Ich hingegen schaffte es kaum ein einziges Mal, meinen Operationsbericht zu lesen, ohne dass mir bei der Vorstellung übel wurde, dass Teile meines Körpers entfernt worden waren. Josh las jede relevante medizinische Studie, die er online finden konnte, etliche Male, erlernte medizinische Fachbegriffe und kam zu begründeten Schlüssen hinsichtlich meiner Prognose, die ihm mehr Hoffnung machten. Ich las einen Satz einer Studie, spürte, wie mir schwummrig wurde, und das war das Ende meines Versuchs, mein Schicksal im Hinblick auf meine medizinische Versorgung und meine Prognose in die eigenen Hände zu nehmen. Josh setzt sein Vertrauen in die Wissenschaft, die auf Zahlen und Rationalität basiert. Ich vertraue auf mich und eine höhere Macht, also auf etwas, das scheinbar auf nichts Greifbarem basiert, auf etwas, das manche als totale Irrationalität bezeichnen würden.

So irrational es auch erscheinen mag, mein Glaube hat seinen Ursprung in meinen Erinnerungen, in dem Verständnis meiner eigenen Geschichte und, in geringerem Maße, in der Geschichte meiner Eltern und derer, die vor ihnen lebten. Meine allererste Erinnerung ist die Erinnerung daran, wie ich in unserem Haus in Tam Ky in Vietnam die enge Treppe hochgekrabbelt bin, die über kein Geländer verfügte, das mich vor einem Sturz auf den staubigen Zementboden schützte. Meine zweite Erinnerung ist die Erinnerung daran, wie ich auf dem vietnamesischen Fischerboot auf dem Südchinesischen Meer auf dem Schoß meiner Großmutter saß, wo über mir eine nackte, schwache Glühbirne schaukelte (trotz meiner Blindheit konnte ich etwas Licht und Bewegung erkennen) und die Nacht von den trauervollen Gebeten der dreihundert Menschen erfüllt war, die darum flehten, die rettenden Flüchtlingslager in Hongkong zu erreichen. Ich erinnere mich, wie ich ein Jahr später versuchte, mich gegen die Maske zu wehren, mittels der mir vor meiner ersten Augenoperation im Jules-Stein-Augeninstitut der UCLA die Vollnarkose verabreicht werden sollte. Ich erinnere mich, wie ich mein Buch mit Großschrift mit mir herumschleppte und all die anderen Kinder mich anstarrten, als wäre ich ein Monster. Ich erinnere mich, wie ich in meinem zweiten Jahr in der High School den Antwortbogen für den vorbereitenden Studienplatzbewerbertest nicht ausfüllen konnte, weil die Kästchen so klein waren, dass ich sie selbst mit meiner Lupe nicht sehen konnte, und ich den Rest des Wochenendes heulte und das ganze niederdrückende Gewicht all meiner Einschränkungen spürte. Ich erinnere mich an das Hochgefühl, das ich verspürte, als ich meinen Eltern am Telefon erzählte, dass ich gerade an der Harvard Law School angenommen worden war, und daran, wie ich meinen Vater gleich einem kleinen Jungen, der bekommen hatte, was er sich zu Weihnachten gewünscht hatte, klatschen hörte, so, als ob er sich noch mehr freute als ich.

Es gibt so viele weitere Erinnerungen, sowohl freudige als auch schmerzhafte. Aber ich denke, jeder kann allein aufgrund dieser Erinnerungen verstehen, warum ich an mich selbst und an eine unsichtbare Hand glaube. Ich habe Gottes Gegenwart mehr als einmal in meinem Leben gespürt und ich habe auch seine Abwesenheit gespürt. Und in jenen Zeiten, in denen Gott anderweitig beschäftigt war, fand ich durch meine Scham, meine Frustration, meinen Kummer, mein Selbstmitleid und meine Selbstverachtung eine Stärke und Entschlossenheit, von der ich nicht gewusst hatte, dass sie mir innewohnte.

Als ich am Tag nach meiner Darmspiegelung um vier Uhr morgens aufwachte, dem Tag, nachdem wir erfahren hatten, dass ich Dickdarmkrebs habe und bevor ich für die Operation in die UCLA verlegt wurde, überkam mich während der wohl dunkelsten Stunden meines Lebens die nackte Angst. Denn es war mir klar geworden, dass dies kein Alptraum war, aus dem ich aufwachen würde. Ich schluchzte so hysterisch in die einsame Dunkelheit dieses elenden Krankenhauses, dass ich kaum noch atmen konnte. Die Zukunft, wie lang oder kurz sie auch für mich sein mochte, türmte sich bedrohlich vor mir auf, wie eine Masse aus purer Dunkelheit, so groß wie die dunkle Masse, die sich in meinem Inneren breitgemacht hatte. Ich grub tief in meiner Vergangenheit, um mich an einen anderen Moment zu erinnern, in dem ich eine ähnliche Angst verspürt hatte. Aber es gab kein Erlebnis, bei dem ich je eine Angst verspürt hatte, die mit dieser Angst vergleichbar war. Aber es gab eine Erinnerung an eine Zeit, in der ich eine Angst verspürt hatte, die nah an dieses Angstgefühl herankam. Dies war die Erinnerung an den Sommer nach meinem ersten Studienjahr an der juristischen Fakultät, als ich vorhatte, nach Bangladesch zu reisen. Obwohl ich mich nach der Erfahrung sehnte, weil ich wusste, dass sie sich als bereichernd erweisen würde, hatte ich große Angst. Eine junge asiatische Frau, die nicht gut sehen konnte und im Begriff war, allein in eines der ärmsten Länder der Welt zu reisen, ohne mit der Sprache oder Kultur vertraut zu sein – das war schon beängstigend. Bangladesch kam mir in den Tagen und Monaten vor meiner Reise vor wie in Schatten gehüllt. Was war, wenn ich überfallen würde, einen schrecklichen Unfall hätte oder das Dengue-Fieber bekäme? Ich erinnere mich, dass ich mir die Ängste eingestand und alles in meiner Macht Stehende tat, um die

Risiken zu minimieren – ich ließ meine Mutter versteckte Taschen für mein Geld und meinen Pass in meine Unterwäsche nähen; ich trainierte hart, um körperlich stark zu sein und mich so heftig zur Wehr setzen zu können wie nur irgend möglich, falls ich überfallen werden würde; ich schloss eine Reiseversicherung ab. Dann ließ ich alles los, vertraute auf mich und auf eine höhere Macht und zog einfach los, durch die Angst hindurch und hinein in mein unglaubliches Abenteuer. Anstatt in Schatten gehüllt zu sein, war und ist Bangladesch ein wunderschöner Ort voller lebhafter Farben und freundlicher Menschen. Meine düsteren Befürchtungen, was alles passieren könnte, erfüllten sich nicht erfüllt.

In jener Nacht brachte ich in meinem Krankenhauszimmer meinen ganzen Willen auf, um mich dazu zu zwingen, mir meine Angst wieder einzugestehen und nahm mir vor, alles in meiner Macht Stehende zu tun, um mein Schicksal in den Griff zu bekommen und alles andere loszulassen. Und dann befahl ich mir, nach vorne zu schauen, noch einmal durch die Angst hindurchzugehen und sie hinter mir zu lassen.

Allende beschreibt ihr Leben als ein „vielfältiges und wandelbares Fresko, das nur ich deuten kann und das mir gehört wie ein Geheimnis. Das Bewusstsein wählt aus, übertreibt, verrät, die Ereignisse verflüchtigen sich, die Personen werden vergessen, und zum Schluss bleibt nur die Bahn der Seele, diese seltenen Augenblicke, wenn der Geist sich offenbart. Nicht was mir geschieht, ist interessant, sondern die Narben, die mich zeichnen und kennzeichnen. Meine Vergangenheit hat wenig Bedeutung, ich sehe weder Ordnung noch Klarheit, weder Pläne noch Wege, nur eine Reise aufs Geratewohl, geleitet vom Instinkt und unkontrollierbaren Ereignissen, die den Lauf meines Schicksals ablenkten. Es gab keine Berechnung, nur gute Vorsätze und den vagen Verdacht, dass ein höheres Muster existiert, das meine Schritte bestimmt."

Jeder von uns hat eine Geschichte. Jeder von uns hat Erfahrungen gesammelt, aus denen wir Kraft schöpfen können und die uns als Grundlage unseres Glaubens dienen können. Es geht nur darum, ob wir bereit sind, oft unangenehme Erinnerungen zu ertragen, die Lehren aus unserer Geschichte zu ziehen, die Geheimnisse der Reisen unserer Seelen zu finden. Genauso wie Allende versuchte, das Geheimnis ihrer Lebensgeschichte, ihrer Vergangenheit und ihrer Erinnerungen an ihre Tochter weiterzugeben, möchte auch ich all dies an meine Töchter weitergeben.

38

Zu Hause

Kurz nach dem Jahreswechsel zeigten die Aufnahmen meiner Untersuchungen, dass ich bei der klinischen Studie, an der ich im Memorial Sloan Kettering Cancer Center teilgenommen hatte, gescheitert war (oder genauer gesagt war die Studie bei mir gescheitert). Die Aufnahmen zeigten ein Wachstum meiner abdominalen Lymphknoten und zwei neue Läsionen an meiner Leber (was wohl besser ist als neue Läsionen *in* meiner Leber). Die Nachricht kam zwar nicht unerwartet, war aber dennoch erschütternd, weil jetzt ein weiteres lebenswichtiges Organ befallen war und es somit eine weitere Art und Weise gab, auf die der Krebs mich umbringen könnte. Wird es meine Lunge oder meine Leber sein? In meiner Lunge waren einige Metastasen geschrumpft und andere gewachsen, sodass die Lage, was meine Tumore in meiner Brust insgesamt anging, unverändert war. Ich hatte für diese schreckliche Studie meine Haare verloren, unter unglaublicher Müdigkeit gelitten, mich einer grauenhaften Lungenbiopsie unterzogen – und wofür? Für absolut nichts!

Dr. V. bot mir an, mich auf Lonsurf zu setzen, was die Standardbehandlung ist. Es handelt sich um eine orale Chemotherapie, die bei einer Untergruppe von Darmkrebspatienten eine begrenzte Wirksamkeit gezeigt hat und bestenfalls für einige Monate Stabilität bieten kann. Während meiner Besprechung mit Dr. M. im Oktober in Georgetown hatte dieser mir gesagt, dass er Lonsurf immer zusammen mit Avastin verschreibe, weil die beiden

Medikamente ihre Wirkung auf verschiedenen Wegen entfalten. Aufgrund seiner Empfehlung und in Anbetracht dessen, dass Avastin im Allgemeinen als verträglich gilt, wollte ich diese beiden Medikamente ebenfalls kombinieren. Dr. V. teilte mir mit, dass so eine Kombination im Memorial Sloan Kettering Cancer Center nicht verabreicht werde. Und warum nicht? Weil diese Kombination nicht indiziert sei, erklärte mir Dr. V. (es gibt also keine Studien, die die Wirksamkeit dieser Kombination stützen, obwohl es auch keine Studien gibt, die belegen, dass die Kombination nicht wirkt). Ich verließ ihr Büro, schickte während meiner U-Bahn-Fahrt Dr. A. C. eine E-Mail und erhielt Minuten später eine Antwort, in der er mir mitteilte, dass er mir die Kombination aus Avastin und Lonsurf verschreiben würde, vorausgesetzt, meine Krankenversicherung erhebe keine Einwände. Er besorgte mir beide Medikamente in weniger als zwei Wochen.

Ich bin mit siebzehn Jahren zu Hause ausgezogen, um aufs College zu gehen, und bis auf kurze Phasen nie wieder zurückgekehrt. Ich wohnte jahrelang in Wohnheimen, bei Gastfamilien im Ausland, zur Untermiete und in Wohnungen mit kurzen Mietverträgen. Ich schwirrte umher, ging zur Schule, studierte im Ausland, reiste, arbeitete, studierte weiter, arbeitete wieder und reiste wieder. Ich sehnte mich nach Neuem – nach neuen Orten, neuen Menschen, neuen Herausforderungen. Das Unvertraute war beängstigend, aber vor allem war es aufregend. Ich hatte kein wirkliches Zuhause, das mein eigenes Zuhause war, aber das machte mir nichts. Die meiste Zeit war ich arm. Je unwirtlicher meine Bleibe, desto besser, denn das bedeutete, dass ich Geld sparte.

Damals dachte ich, dass ich ewig leben würde, dass ich unbesiegbar wäre, und ich genoss meine Freiheit mit einer Hingabe, die nur der Jugend vorbehalten ist. Ich unterschied mich nicht so sehr von anderen jungen Frauen in den späten Teenagerjahren und zwischen zwanzig und dreißig. Aber das Alter und die Kinder und meine Berufstätigkeit, die es mir ermöglichte, mir ein recht gediegenes Leben leisten zu können, haben mich verändert, und der Krebs noch mehr. Ich bin zu einem Menschen geworden, der sich nach Komfort, nach Geborgenheit und nach einem Zuhause sehnt. Das wurde ganz offensichtlich, als ich inmitten der unpersönlichen Unvertrautheit des Memorial Sloan Kettering Cancer Centers hysterisch weinte und dankbar in das NYU Clinical Cancer Center zurückkehrte. Es ist insofern offensichtlich, als ich jetzt einfach immer nur zu Hause sein möchte.

Nach acht Monaten Bauzeit und zwei weiteren Monaten, in denen noch Mängel behoben und Bilder aufgehängt wurden und wir ein Klavier (unser letztes neues Möbelstück) gekauft haben, ist das Zuhause, von dem Josh und ich trotz der allgegenwärtigen düsteren Krebswolke im Sommer 2015 zu träumen gewagt hatten, Wirklichkeit geworden. Ich kann nicht sagen, was ich an unserem neuen Zuhause am meisten liebe: die vergoldete Eichenwaldtapete, die eine meiner Schlafzimmerwände ziert; den Sims über dem neuen elektrischen Kamin, der aus aufgearbeitetem Walnussbaum gefertigt ist; die Reihe maßgefertigter Schränke mit eingebauten Lämpchen, die automatisch beim Öffnen und Schließen der Türen an- und ausgehen; die Fußbodenheizung in den Badezimmern oder die elektrischen Rollläden vor den Fenstern. Ich habe alle Einrichtungsentscheidungen in dem Wissen getroffen, dass dieser Ort der letzte sein wird, an dem ich leben werde, und ganz sicher der Ort, an dem meine Familie und Freunde mich in meinen letzten Tagen besuchen werden und an dem ich sterben werde – danke, Josh, dass du mir so viele Freiheiten gelassen hast. Ich wollte, dass unsere Wohnung über so viel Luxus und Komfort verfügt, wie Josh und ich uns leisten konnten.

Viel wichtiger als all das ist jedoch, dass ich unser Zuhause in dem Wissen eingerichtet habe, dass es der Ort sein wird, an dem meine Kinder aufwachsen werden. Ich musste berücksichtigen, dass die Regale in ihren Schränken verstellbar sein mussten, dass eine Badewanne über die Jahre gesehen vielseitiger verwendbar ist als eine Duschkabine und dass der zusätzliche Raum, der heute als Spielzimmer dient, eines Tages ihr Teenager-Treffpunkt sein wird und deshalb ein Stück weit entfernt von den Zimmern liegen muss, in denen die Erwachsenen sich aufhalten. Ich betrachte die Wohnung als ein Geschenk an meine Kinder, als ein greifbares Vermächtnis, das sie hoffentlich viele Jahre lang schätzen werden.

Jetzt gibt es viele Nächte, in denen ich auf Mias oder Belles Bett liege, den Prinzessinnenleuchter anstarre, der über dem Bett hängt, und mich an all die Nächte erinnere, in denen ich erst als kleines Mädchen und dann als Jugendliche auf meinem eigenen Bett lag. Natürlich war meine Matratze damals klumpig und durchgelegen, und ich starrte eine Popcorn-Decke und eine hässliche quadratische Deckenleuchte mit einer riesigen schwarzen Schraube in der Mitte an. Aber es war in diesem Kinderzimmer – das zusammen mit dem Rest des Hauses längst abgerissen wurde –, in dem ich über meine Zukunft nachgedacht habe, über den gesichts- und namenlosen

Mann, den ich eines Tages heiraten würde, und über das weit entfernte College, in dem ich vier lange, mir unheimlich erscheinende Jahre verbringen würde. In diesem Bett träumte ich davon, die Welt zu sehen, zu reisen, Abenteuer zu erleben und Liebesaffären zu haben. In diesem Bett war ich wegen anstehender Prüfungen aufgeregt und machte mir Sorgen wegen irgendwelcher Freundschaftsdramen, an die ich mich nicht mehr erinnern kann. Jetzt liege ich auf den Betten meiner Töchter und frage mich, welche Gedanken, Ängste und Träume ihre Geister und Herzen beschäftigen werden, wenn sie genauso daliegen wie ich. Wenn ich diese Räume, die ich für sie hergerichtet habe, ansehe, denke ich, dass ich, wenn ich mich stark genug konzentriere, ein Stück von mir an diesem Ort zurücklassen werde. Sodass ich, wenn sie erschöpft, ängstlich oder hoffnungsvoll in ihren Betten liegen, da sein werde, um diese intimsten Gedanken und Gefühle mit ihnen zu teilen, und ein Teil meines Geistes immer bei ihnen sein wird, besonders an diesem Ort. Ich hoffe, dass dieser Ort, also ihre Schlafzimmer, ihr Bad, die ganze Wohnung, meinen Töchtern die absolute Gewissheit geben wird, dass ihre Mutter sie sehr geliebt hat. Und das in dem Maße, in dem ein Ort etwas Substanzielles über denjenigen vermitteln kann, der sich darum bemüht hat, ihn herzurichten.

Mein Zuhause ist da, wo ich jetzt bin. Und in gewisser Weise ist mein Zuhause der Ort, an dem ich immer sein werde, auch wenn ich physisch nicht mehr auf dieser Welt bin.

39
Glaube

Ich liebe Roger Federer. Für diejenigen unter Ihnen, die es noch nicht wissen: Er ist für viele der beste männliche Tennisspieler aller Zeiten, der GOAT (der „Greatest of all Time"). Ich bin eher ein Federer-Fan als ein Tennis-Fan. Alles begann, als ich Josh kennenlernte, der sich schon immer für alle Sportarten (außer Hockey und Fußball) begeistert hat und dies auch heute noch tut. Und dennoch: Tennis schien ihn in ganz besonderer Weise abwechselnd in Phasen des angespannten Bangens und der Euphorie zu versetzen, insbesondere wenn Roger Federer spielte. Er sah sich zeitversetzt Liveaufzeichnungen der Wimbledon Championships oder der Australian Open an und war regelrecht am Boden, wenn Federer einen Satz verlor. Ich wusste damals nichts über Federer und dachte, Josh sei einfach nur verrückt, sich so über zwei Männer aufzuregen, die einen winzigen Ball hin und her schlagen. Ich sah heimlich im Internet nach und erfuhr, dass Federer das Spiel gewonnen hatte. Josh hasst es, zeitversetzt mit jemandem zusammen eine Liveaufzeichnung eines Sportwettkampfs anzusehen, der das Ergebnis bereits kennt und ihm dann liebevoll sagt: „Reg dich nicht auf, Schatz, es geht gut aus." Damals war Federer gerade in Bestform und sammelte in einem erstaunlichen Tempo Grand-Slam-Titel, um seinem Ziel näherzukommen, das darin bestand, Pete Sampras mit seinen vierzehn gewonnenen Grand-Slam-Turnieren zu übertreffen. Wie die meisten Menschen staunt Josh als Zuschauer von Sportwettkämpfen gerne über Darbietungen von

Dominanz und die Vorführung körperlicher Spitzenleistungen, und Roger Federer war ein Paradebeispiel für die unglaublichen Leistungen, zu denen der menschliche Körper fähig ist. Mein vorgetäuschtes Interesse an Basketball und Football verschwand wieder, nachdem wir uns verlobt und dann geheiratet hatten, aber meine Begeisterung für Federer blieb.

Nach unserer Hochzeit, im Herbst 2007, begann Federers körperliche Verfassung sich zu verschlechtern. Josh und ich sahen uns die Spiele gemeinsam an und waren angespannter als sonst, da seine Siegeschancen im Laufe der Monate und Jahre immer geringer wurden. Als Federer bei den Australian Open 2009 vorhatte, den Rekord von Pete Sampras einzustellen, standen wir um 3.00 Uhr morgens auf, um uns das Finale gegen Federers Erzrivalen Rafael Nadal anzusehen, den anderen Sportler, der für sich in Anspruch nehmen kann, als bester Spieler aller Zeiten gehandelt zu werden. Das Spiel endete für Federer desaströs. Er brach unter dem Druck, Geschichte schreiben zu wollen, zusammen. Unser zweiköpfiger Haushalt war an jenem Tag in Trauer. Und doch bin ich mir ziemlich sicher, dass Mia in jener Nacht gezeugt wurde – aus der Niederlage geboren, wie es so schön heißt.

Als ich im siebten Monat mit Mia schwanger war, machten wir richtig viel Geld locker, um Federer am Labor Day in der vierten Runde der U.S. Open spielen zu sehen. Wir saßen in der ersten Reihe, direkt hinter der Aufschlaglinie. Man konnte uns den ganzen Tag im Fernsehen sehen. Ich war in Ekstase, meinen Tennis-Gott aus solcher Nähe zu erleben.

Federer schaffte es bis ins Finale dieser U.S. Open, verlor jedoch gegen den Argentinier Juan Martín del Potro. Josh sah sich das Finale auf dem Platz an, während ich zu Hause blieb und es mir im Fernsehen ansah. In den Werbepausen rief er mich an und schilderte mir seine Eindrücke vom Platz. Ich erzählte ihm, was John McEnroe im Fernsehen sagte. Ich war genauso verrückt geworden wie er.

Doch Federer gewann noch weitere Grand-Slam-Turniere. Seinen letzten Sieg, die Nummer 17, fuhr er bei den Wimbledon Championships 2012 ein. Am Morgen meiner Darmspiegelung, am 7. Juli 2013, dem Tag, an dem bei mir Dickdarmkrebs diagnostiziert wurde, verlor Novak Djokovic das Wimbledon-Finale gegen den uns verhassten Andy Murray. Federer war bereits in einer früheren Runde ausgeschieden. Wie passend. Josh hatte sich das Spiel am frühen Morgen angesehen, bevor er ins Krankenhaus gekommen war, um bei mir zu sein, als ich auf meinem Krankenbett weggerollt wurde. Wir waren in Kalifornien, was bedeutete, dass der Zeitunterschied noch größer war. In jenem Jahr habe ich von dem Turnier in Wimbledon kaum etwas mitbekommen.

Im folgenden Jahr schaffte Federer es erneut ins Finale von Wimbledon. Wie schon so oft zuvor sah ich mir das Spiel in meiner Wohnung an, klebte regelrecht am Fernseher und warf mir in den dramatischsten Momenten eine Decke über den Kopf. Obwohl ich wusste, dass es lächerlich war, sagte ich mir, wenn Roger Federer einen weiteren Grand-Slam-Titel gewinnen könnte, obwohl er in der Tenniswelt inzwischen als ein alter Mann galt, könnte ich den Krebs besiegen. Natürlich hatte der Krebs zu jenem Zeitpunkt noch keine Metastasen in der Lunge gebildet. Federer wurde im fünften Satz von Djokovic besiegt. Ich war am Boden zerstört – wegen seiner Niederlage, aber vor allem wegen mir selbst.

In den folgenden Jahren gewann Federer die Titel nicht. Er kam bei vielen Grand-Slam-Turnieren ziemlich weit, also in die Viertel- und Halbfinale, aber nicht ins Finale. Als er auf Mitte dreißig zuging, begannen ihm Verletzungen zu schaffen zu machen. Ich hörte auf, mir seine Spiele anzusehen. Ich sagte Josh, dass das Spiel für unseren geliebten Federer aus sei, dass es für ihn an der Zeit sei, sich mit Anstand zurückzuziehen, dass ich nicht wolle, dass er von diesen jüngeren Typen gedemütigt wird. Doch Josh hat ihn nie aufgegeben. Niemals. Josh konnte auf eine Weise an ihn glauben, wie ich noch nie jemanden habe glauben sehen. Er erzählte mir immer wieder, dass Fed, solange er es schaffe, bei einem Grand-Slam-Turnier weit zu kommen, auch eine Chance habe, den Titel zu holen.

Im Jahr 2016 beendete Federer seine Saison sechs Monate früher, um sich von einer Knieoperation zu erholen. Bei den Australian Open des Jahres 2017, dem ersten Grand Slam des Jahres, hatte niemand, auch er nicht, viel erwartet. Dennoch sah er in den Runden vor dem Finale gut aus. Ich sah mir die Spiele immer noch nicht an. Josh fragte sich, ob Federer überhaupt den Einzug ins Finale anstreben sollte, denn es schien immer wahrscheinlicher, dass er dort auf Nadal treffen würde, gegen den er schon so viele Niederlagen erlitten hatte. Federer hatte längst ein mentales Problem mit Nadal. Würde Federer eine weitere Niederlage verkraften können? Könnten wir das? Ich sagte Josh, dass ich es nicht ertragen könne, eine weitere Niederlage von Federer mit anzusehen, und schon gar keine gegen Nadal. Dass es mich wirklich niederschmettern würde. Josh stand früh auf und sah sich zeitversetzt die Aufzeichnung des noch laufenden Finales an, und ich stand kurz danach auf (nachdem ich natürlich online nachgesehen und erfahren hatte, dass es nicht gut aussah. Federer lag im fünften Satz zurück und stand höchstwahrscheinlich kurz davor, geschlagen zu werden). Aber ich stand trotzdem auf, um meinem gefesselt vor dem Fernseher sitzenden Ehemann beizustehen, und hegte noch eine ganz leise Hoffnung, dass Federer am Ende doch gewänne. Josh beschlagnahmte mein Handy, als er sah, wie ich versuchte, einen weiteren Blick auf ein Live-Update zu erhaschen. Ich hatte also wirklich keine Ahnung, was passieren sollte.

Irgendwie, mit dem Momentum gegen sich, holte Federer alles aus sich heraus, hielt seinen Aufschlag, breakte Nadal und blieb somit im Satz. Daraufhin brachte Federer seinen Aufschlag wieder mühelos durch und breakte Nadal erneut. Kurz darauf gewann er das Spiel. Josh und ich sprangen mit rasenden Herzen auf und ab, tanzten vor Freude, umarmten uns, küssten uns und klatschten ab. Die Kinder hätten uns bestimmt für verrückt gehalten, aber wir hatten sie in unser Schlafzimmer am anderen Ende der Wohnung gesteckt und nonstop *Monster High* eingeschaltet. In seinen Interviews nach dem Spiel sprach Federer davon, wie süß dieser Sieg sei, dass er so lange darauf hingearbeitet und so hart trainiert habe und dass er es nun ja trotz seines Alters und all der Schwarzseher doch noch mal geschafft habe.

Josh hat nie aufgehört, an Federer zu glauben. Er hat auch nie aufgehört, an mich zu glauben, niemals. Selbst als ich ihm gesagt habe, dass das Spiel für mich vorbei ist, dass ich sterbe. Ich habe ihm gesagt, dass mein vergangener Geburtstag mein letzter gewesen sein wird. Meine nachdrücklichen Erklärungen und die entmutigenden Aufnahmen meiner letzten Untersuchungen haben ihn zweifellos dazu gebracht, seinen eigenen Glauben infrage zu stellen, aber er blieb trotzdem standhaft. Ich sagte ihm, dass er offenbar unter Wahn leide, dass er meinen Tod einfach nicht akzeptieren könne, dass er sich um seiner eigenen mentalen Gesundheit willen einreden müsse, dass ich immer noch eine Chance habe. Er musterte meine Haut, beobachtete, wie ich mich bewegte, und sagte: „Du stirbst nicht." Oder: „Solange man noch mitspielt, hat man immer eine Chance."

Federer gewann und ich hatte das Gefühl, dass dies Ende Januar ein Zeichen dafür war, dass ich anfangen musste, auf meinen Mann zu hören. Ach du je! Aber was hätte ich sonst tun sollen?

40

Schmerzen

Seit einer Woche versuche ich zu schreiben, aber es kommt nichts dabei heraus. Nichts Kohärentes. Nichts Gutes. In mir herrscht Chaos, und unter diesen Umständen kann ich nichts Gutes zu Papier bringen.

Es ist mir nicht gelungen, Dr. Y., den Strahlenonkologen, davon zu überzeugen, die Bestrahlung meiner Wirbelsäule vorzuziehen. Er sah keine unmittelbare Gefahr. Er sagte, dass der Tumor in meinen Knochen hinein zu wachsen scheine und nicht in Richtung Rückenmark. Ich nehme an, er hatte recht, denn ich schaffte es am 5. Juni zur Bestrahlung, ohne vorher gelähmt zu sein. Tatsächlich schien der Schmerz in der Zwischenzeit nachzulassen. Ich konnte es kaum glauben und schrieb die Verbesserung meinem bewussten Bemühen zu, in der richtigen Ausrichtung zu schlafen. Ich hatte drei Bestrahlungsbehandlungen an drei aufeinanderfolgenden Tagen. Die Behandlungen selbst verliefen ohne weitere Vorkommnisse, schnell und problemlos. Mir machten eher die Nachwirkungen zu schaffen, mit denen ich nicht ganz gerechnet hatte. Die Schmerzen. Unerträgliche, pochende Schmerzen in meinem oberen rechten Rücken, die Art von Schmerzen, die dafür sorgten, dass ich nachts senkrecht im Bett saß und mir diesen Teil meines Körpers am liebsten herausgerissen hätte. Ich nahm Oxycodon, das die Schmerzen linderte, aber dafür sorgte, dass ich am nächsten Tag völlig ausgelaugt war. Ich litt unter Schlafentzug und Übelkeit und musste mich innerhalb von zwölf Stunden mehrmals übergeben. Offenbar ist es normal, dass sich die Schmerzen nach der Bestrahlung erst einmal verschlimmern, bevor sie nachlassen. Natürlich hat mir das niemand gesagt. Ich dachte oft, dass ich die Notaufnahme würde aufsuchen müssen, wenn ich die Schmerzen nicht in den Griff bekäme – so schlimm war es. Zum Glück ließen die Schmerzen nach knapp einer Woche nach und sind nun fast verschwunden.

Aber jetzt habe ich woanders Schmerzen. Schmerzen in meiner linken Gesäßhälfte und im linken Bein, die sich in den letzten Wochen kontinuierlich verschlimmert haben. Ich bin sicher, dass ich in der Lendenwirbelsäule eine neue Metastase habe.

Ich habe auch willkürliche vaginale Blutungen. Tut mir leid, wenn das zu sehr ins Detail geht, aber warum sollte ich das verheimlichen, wenn ich über alles andere spreche? Natürlich habe ich Angst, dass es sich um eine zweite primäre Krebserkrankung handelt. Es dauerte Wochen, im Memorial Sloan Kettering Cancer Center einen Termin bei einer gynäkologischen Onkologin zu bekommen, die einige Pap-Abstriche vornahm und eine Gebärmutterbiopsie durchführte. Sie könne es zwar erst sicher sagen, nachdem die Ergebnisse vorlägen, aber sie vermute, dass die Blutungen eher durch die Lokalisation der Darmkrebsmetastasen verursacht wurden. Ich weiß nicht, was geschehen soll, wenn ich einen zweiten Primärkrebs entwickelt habe. Die Vorstellung ist unerträglich, aber in Wahrheit schien alles, was ich in den zurückliegenden vier Jahren ertragen musste, irgendwann unerträglich.

Dann machte mir der Tumor neben meinem Bauchnabel wieder zu schaffen. Ich kann ihn jetzt buchstäblich fühlen, wahrscheinlich, weil ich so stark abgenommen habe. Die Medikamente der klinischen Studie, an der ich teilnahm, haben dafür gesorgt, dass ich wochenlang nichts mehr geschmeckt habe. Das führte dazu, dass ich drastisch an Gewicht verlor, da ich kein Interesse am Essen mehr hatte und nur noch aß, um nicht hungrig zu sein. Jetzt kann ich wieder etwas schmecken, obwohl nichts richtig zu schmecken scheint, sodass ich immer noch nicht so viel Appetit habe wie früher. Und dass ich mich aufgrund der Einnahme der Opiate ständig erbrechen musste, war auch nicht gerade hilfreich.

Zurück zum Tumor. Ich spiele mit ihm, reibe ihn, stelle ihn mir vor, vermesse ihn. Ich bestimme mit meinem Daumen und meinem Zeigefinger seine Länge und halte sie dann an ein Lineal – ungefähr zwei Zentimeter, genauso, wie es im Bericht nach der letzten Aufnahme stand. Ich berühre den Tumor, tätschele ihn, verehre ihn, fast so, als wäre er ein Glücksbringer, eine

Manifestation Gottes, den ich um Erlösung bitten kann. Manchmal fühlt es sich an, als ob der Tumor meine Gebete erhört, als ob er sich beruhigt hätte, ja, sogar geschrumpft wäre. Manchmal fühlt er sich auch groß an, als ob er aufgebracht und wütend auf mich wäre, weil ich versuche, seinen Willen zu beeinflussen. Am Ende läuft es darauf hinaus, dass er meine Stimmung beeinflusst. Wenn er ruhig ist, bin ich ruhig (sogar optimistisch). Wenn er wütend ist, bin ich wütend (und ängstlich und traurig). Noch wichtiger aber ist, dass ich weiß, dass er mich im Griff hat, dass er bestimmt, ob und wie lange ich lebe und wann ich sterbe.

Mitte Juni stehen weitere Aufnahmen an. Die Ergebnisse werden wahrscheinlich sehr schlimm ausfallen, jedenfalls meinen Schmerzen und meinem allgemeinen körperlichen Befinden nach zu urteilen. Ich versuche mich für das Schlimmste zu wappnen. Aber ich weiß nicht, wie ich das tun soll. Ich weiß nicht, wie die nächsten Schritte aussehen werden, wenn es für mich überhaupt noch weitere Schritte gibt. Stattdessen ringe ich darum, mich damit abzufinden, dass ich bald sterbe. Ich sage mir, dass ich ein gutes Leben gelebt habe. Ich sage mir, dass ich keine Angst vor dem Sterben habe, dass ich so erschöpft bin und solche Schmerzen habe, dass ich jetzt bereit bin zu sterben. Die meiste Zeit ist das wahr, aber ich bin noch nicht ganz so weit. Ich habe noch nicht den Frieden gefunden, den ich mir so verzweifelt wünsche, den Frieden, der dafür sorgen würde, dass ich mich mit einem schlechten Ergebnis einer Aufnahme abfinden könnte, wohl wissend, dass dies bedeuten würde, dass der Tod dann doch viel früher käme. Frieden ist alles, was ich mir wirklich wünsche. Die Frage ist: Wie finde ich ihn?

41
Tod, Teil zwei

Ich war Papas kleines Mädchen, sein Liebling, sein Juwel, sein Goldstück. Genau das sagte er jedem, auf Vietnamesisch oder auf Chinesisch. Es war peinlich, vor allem in meinen Teenagerjahren, aber ich liebte ihn ebenfalls, auch wenn er oft zu neugierig war und mich auf so viele andere Arten nervte. Vielleicht lag es daran, dass ich das Kind war, das ihm am ähnlichsten war: neugierig und interessiert an der Welt und ihren Menschen. Vielleicht sah er in mir – der Intellektuellen, der furchtlosen Weltreisenden, der gutes Geld verdienenden Akademikerin – sein eigenes Potenzial, das er nie entfaltet hatte, und seine eigenen Träume, die er nie verwirklich hatte. Ich sah in ihm einen Mann, der mich über alle Maßen liebte, der viele Stunden im Auto zubrachte, um mich auf den verstopften Straßen zum Flughafen zu bringen oder abzuholen, der mich zu Highschool-Wettbewerben, Treffen meiner Studiengruppen und zum Kieferorthopäden fuhr, der glaubte, dass ich auf dem Mond spazieren gehen könnte, wenn ich es wollte. Manchmal taten mir mein älterer Bruder und meine ältere Schwester ein bisschen leid. Er liebte sie natürlich auch, aber es war einfach nicht dasselbe. (Allerdings war es kein Geheimnis, dass mein Bruder der Liebling meiner Mutter war und meine Schwester der Liebling unserer Großmutter und unseres Onkel, also fühlte ich mich auch nicht allzu schlecht.) Während einer unserer vielen gemeinsamen Autofahrten fragte ich meinen Vater: „Findest du nicht auch, dass es nicht in Ordnung ist, wenn du mich mehr liebst als meinen älteren

Bruder und meine ältere Schwester?" Er nahm seine rechte Hand vom Lenkrad und hielt sie mir mit ausgestreckten Fingern hin. „Sieh dir meine Hand an", forderte er mich auf. „Siehst du meine Finger? Sind sie alle gleich? Nein. Es ist nicht möglich, all seine Kinder auf die gleiche Weise zu lieben." Und das war's. Mein Vater, der weise chinesische Philosoph, hatte gesprochen.

Da ich wusste, dass er mich so liebte, tat er mir jedenfalls immer unglaublich leid, wenn er so hilflos dastand, als ich erst zu meinem viertausendachthundert Kilometer von zu Hause entfernten College aufbrach und dann zu meinen verschiedenen Abenteuerreisen an entlegene Orte in verarmten Ländern – Ländern wie jenem, aus dem wir einst unter Lebensgefahr geflohen waren. Er war und ist einer jener Menschen, die sich immer Sorgen machen. Er saß verdrossen da und sah mit hängenden Schultern zu, wie ich meine Sachen für mein nächstes Abenteuer packte, rieb sich die Hände und fuhr sich mit den Fingern durch sein praktisch nicht vorhandenes Haar. Natürlich war ich vor meinen Reisen aufgeregt und hatte angesichts dessen, was mir womöglich begegnen könnte, ein mulmiges Gefühl, aber vor allem war ich aufgeregt und freute mich auf die Aussicht und die Möglichkeit, etwas Neues zu entdecken, und auf all die Dinge, die ich sehen und erleben würde. Ich reise, um Spaß zu haben, um mich weiterzuentwickeln, zu lernen, mich zu verändern und mich Herausforderungen zu stellen, während mein Vater zu Hause zurückblieb und sich Sorgen machte. Ich war der Mittelpunkt seines Lebens und dieser Mittelpunkt seines Lebens verließ ihn. Ich schwor mir damals, dass ich selbst niemals die Zurückgelassene sein wollte, nicht einmal, wenn ich eigene Kinder hätte, dass ich eine unerschrockene Reisende und Abenteurerin war und immer bleiben wollte.

Wie es angesichts der neusten schlechten Ergebnisse meiner Untersuchungen scheint, werde ich das Versprechen, das ich mir vor so langer Zeit gegeben habe, weiterhin einhalten. Ich werde diejenige sein, die jung sterben wird. Ich werde von so vielen Familienmitgliedern und Freundinnen und Freunden die Erste sein, die sich auf das größte aller Abenteuer einlässt, das darin besteht, die Reise aus diesem Leben ins nächste anzutreten. Wenn ich die Wahl hätte, würde ich länger bleiben, um meine Kinder aufwachsen zu sehen und mit meinem Mann zu altern, meine Eltern zu begraben und mehr von diesem Leben zu sehen, das ich so sehr geliebt habe. Aber die Entscheidung liegt nicht bei mir. Sie war nie meine.

Jetzt bin ich emsig dabei, meine Koffer zu packen. Ich erstelle meine Listen, hinterlasse meine Anweisungen, lege mein endgültiges Testament bereit. Ich erlebe meine letzten Momente und erschaffe meine letzten Erinnerungen, verabschiede mich, sage allen, dass ich sie liebe, schreibe meine letzten Worte auf. Ich werde mir nicht nur all der Menschen bewusst, die ich vermissen werde, sondern auch der alltäglichen Dinge des Lebens, die ich vermissen werde. Ich werde das einfache Ritual des Be- und Entladens der Spülmaschine vermissen. Ich werde die glatte Patina meiner gusseisernen Pfanne vermissen, die durch das Zubereiten unzähliger Mahlzeiten entstanden ist. Ich werde es vermissen, bei Costco einzukaufen. Ich werde es vermissen, mit Josh fernzusehen. Ich werde es vermissen, meine Kinder zur Schule zu bringen. Ich werde dieses Leben so sehr vermissen. Es heißt: Die Jugend ist verschwendet an die jungen Leute. Jetzt, da ich mich meinen letzten Tagen nähere, wird mir bewusst, dass Gesundheit an die Gesunden verschwendet ist und das Leben an die Lebenden. Ich habe das erst jetzt verstanden, da ich mich ernsthaft darauf vorbereite, aus diesem Leben zu scheiden.

Schlaf spielt keine Rolle mehr. Während ich mich in diesem Wettlauf gegen die Zeit befinde, um alles zu schaffen, bevor sich der Schmerz einstellt und bevor mein Geist durch Opiate verwirrt wird, sage ich mir, dass ich später noch genug Zeit zum Schlafen habe. Leider ist es diesmal nicht nur mein Vater, der hilflos neben mir sitzt, sondern auch Josh und Mia und Isabelle und meine Mutter und es sind meine Geschwister, meine Cousins und meine Cousinen und so viele Freunde. Das tut mir sehr leid. Es tut mir leid, dass ich es anderen überlasse, die Scherben aufzusammeln. Es ist ein egoistischer Akt, vielleicht unwissentlich eine Folge eines egoistischen Versprechens, das ich mir vor so langer Zeit selbst gegeben habe. Aber man möge mir glauben, wenn ich sage, dass dies nicht meine bewusste Entscheidung ist.

Ich weiß, dass ich bald an der Schwelle zu etwas Außergewöhnlichem stehen werde, zu etwas, das größer ist, als dass der menschliche Verstand es begreifen könnte. Mein Glaube daran, dass nach diesem Leben noch etwas kommt, ist viel stärker als mein Glaube an einen Gott. Ich weiß mit jeder Faser meines Seins, dass es ein Leben nach dem Tod gibt. Ich denke immer wieder an all die Menschen, die seit meiner Diagnose vor vier Jahren gestorben sind – Debbie, Carlyle, Rachel, Colleen, Chris, Jane und so viele andere –, und mir wird klar, dass sie mich gelehrt haben, wie man stirbt, dass ich in ihre Fußstapfen treten werde und dass sie und andere Mitglieder meiner Familie, die bereits gestorben sind, auf mich warten, um mich an der Schwelle willkommen zu heißen und mir beim Übergang zu helfen. Und das macht mich glücklich. Als ich mit Mia schwanger war und wegen der bevorstehenden Geburt sehr aufgeregt, tröstete ich mich mit dem Gedanken, dass Milliarden von Frauen seit Jahrtausenden genau dasselbe getan haben und es deshalb keinen Grund geben sollte, warum ich es nicht auch erfolgreich hinbekommen sollte. Genauso denke ich jetzt an all die Menschen, die ich kannte, die gestorben sind, und an die Milliarden von Menschen, die im Laufe der Jahrtausende gestorben sind. Es gibt keinen Grund, warum ich diese Reise des Übergangs nicht ebenfalls antreten und erfolgreich hinter mich bringen sollte.

Es ist mein absolutes Ziel, gut zu sterben, in Frieden zu sterben, ohne das gelebte Leben zu bereuen, stolz und zufrieden. Warum gehen wir immer davon aus, dass das ideale Leben ein langes Leben ist? Warum gehen wir davon aus, dass es so furchtbar ist, jung zu sterben? Könnte es sein, dass diejenigen, die jung sterben, besser dran sind? Könnte es sein, dass der Tod mehr Weisheit und Freude bietet als dieses Leben und dass diejenigen, die jung sterben, sich in Wahrheit glücklich schätzen können, weil es ihnen vergönnt ist, schon früher in den Genuss dieser Gaben zu kommen? Vielleicht sind das einfach nur die Überlegungen eines Menschen, der verzweifelt versucht, seinen eigenen frühen Tod zu bewältigen. Und doch kann ich Ihnen versichern, dass ich keine Verzweiflung empfinde (außer, dass ich verzweifelt versuche, alle Vorbereitungen zu beenden, bevor es zu spät ist), sondern eher einen absoluten, umfassenden Frieden.

Ich weiß nicht, ob alle Frieden finden oder nur diejenigen, die ihn suchen, oder ob ihn eher diejenigen finden, die wüten und toben oder diejenigen, die sich ergeben. Ich jedenfalls habe in den Monaten des Jahres 2017 meinen Frieden gefunden.

42

Vorbereitung

Mia geht in die dritte Klasse und Belle in die erste. Als die Schule nach den Sommerferien wieder begann, kamen die Eltern zusammen und spielten eine Version des Spiels, wer am besten über die Kunst verfügt, den anderen zu übertrumpfen und die Trophäe für den gelungensten und coolsten Sommer zu ergattern. Reisen nach Frankreich, Spanien, Italien, *bla bla bla bla*. Natürlich habe ich das Spiel auch mitgespielt. Ein Teil von mir musste dieses Spiel mitspielen, um das Gefühl zu haben, dass ich meinen Kindern trotz allem immer noch den Anschein einer normalen Kindheit und eines Sommers geben konnte, der es mit denen aller anderen aufnehmen konnte. „Mia und Belle haben ihre Großeltern in South Carolina besucht, wo sie die totale Sonnenfinsternis miterleben konnten. Sie fanden es super und werden dieses Erlebnis nie vergessen", prahlte ich. Schon als ich die Worte aussprach, fragte ich mich, warum ich mich in diesem Stadium meines Lebens um so etwas scherte, warum ich mich auf diese dummen, geistlosen Spielchen einließ und was das alles überhaupt sollte.

Ich hätte einfach den Mund aufmachen und sie mit der Wahrheit sprachlos machen sollen: „Die Mädchen sind nach South Carolina gefahren, um ihre Großeltern zu besuchen und die totale Sonnenfinsternis zu erleben. Aber ich habe mich mit der Frage herumgequält, ob ich ihnen die Reise erlauben soll, weil es mir zu schaffen gemacht hat, während ihrer zwölftägigen Abwesenheit gemeinsame Zeit mit ihnen zu verlieren, oder schlimmer noch, weil ich von der Sorge gequält wurde, während ihrer Abwesenheit möglicherweise zu sterben. Aber mir wurde klar, dass ich sie die Reise machen lassen musste, weil das ein notwendiger Teil meiner Vorbereitung auf den Tod ist. Genau das habe ich diesen Sommer getan: mich darauf vorbereitet zu sterben. Und meine Töchter waren sich dessen vielleicht nicht bewusst, aber sie haben sich auch darauf vorbereitet, dass ich sterben werde, dass sie mich gehen lassen müssen und anfangen müssen, in dieser Welt ihren eigenen Weg zu gehen, ohne ihre Mutter. Genau das hat unsere Familie diesen Sommer getan. Versuchen Sie mal, das zu toppen."

Oh, wie gerne hätte ich die Gesichter dieser Menschen gesehen, wenn ich das alles gesagt hätte. Wie gern hätte ich die schockierten Mienen gesehen, wenn ich sie mit dieser absolut nackten, ungeschminkten, unangenehmen Wahrheit konfrontiert hätte.

Ende Juni begannen die Sommerferien der Kinder und zur gleichen Zeit markierten die Aufnahmen meiner jüngsten Untersuchungen den wahren Beginn des Endes meines Lebens. Das wusste ich. Zwei Monate lang hatte diese vielversprechendste aller klinischen Studien, die so vielversprechend war, dass die Ergebnisse der Phase I Anfang des Monats sogar auf der Jahrestagung der klinischen Onkologen vorgestellt worden waren (etwas, das nur den aufregendsten frühen Forschungsergebnissen vorbehalten ist), funktioniert. Die Tumore waren geschrumpft, sogar dramatisch, wie es schien. Ich habe oft beobachtet, wie metastasierender Krebs und der Körper, den er befallen hat, eine Zeit lang eine Balance zu finden scheinen, ein gewisses Gleichgewicht zwischen Stabilität oder langsamer Progression und Behandlung, und beide in einer relativ friedlichen Koexistenz leben, die auf der gegenseitigen Vereinbarung beruht, einander nicht zu stören. Aber dann störte ich den Krebs und er wurde richtig wütend. *Wie kannst du es wagen, dich mit mir anzulegen?*, tobte er. Und als Reaktion darauf, dass ich es gewagt hatte, ihn anzugreifen, wuchs und wuchs er und wächst immer weiter. Ich hatte die Bestie gestört und habe den Preis dafür bezahlt. Die Metastase neben meinem Bauchnabel fühlt sich inzwischen an wie ein Golfball, in der Nähe haben sich weitere dubiose Knoten entwickelt. Die Metastasen in meinem Becken wachsen ebenfalls schnell und ich gehe davon aus, dass sie irgendwann meinen Verdauungstrakt blockieren werden, sodass ich nicht mehr essen kann, und dann werde ich über die Durchführbarkeit und Zweckmäßigkeit einer künstlichen Ernährung nachdenken. Aber der Tod tritt nur ein, wenn ein lebenswichtiges Organ versagt. Im Moment funktionieren meine Lunge und meine Leber einwandfrei, allerdings weiß ich nicht, wie lange das noch so sein wird. Nach meinen Beobachtungen wird der Krebs gegen Ende noch aggressiver und wächst noch schneller, bis er den Körper, von dem seine eigene Existenz abhängt, auffrisst. Wie dumm der Krebs doch ist. Wenn ich doch bloß einen Waffenstillstand aushandeln könnte. Aber auch wenn es anders erscheinen mag – der Krebs ist kein fühlendes Wesen, dem Intelligenz oder Vernunft innewohnt.

Trauer ist ebenfalls ein notwendiger Teil der Vorbereitung, deshalb habe ich genau das in diesem Sommer getan: Ich habe getrauert. Nach diesen Untersuchungsergebnissen trauerte ich um das Leben, das ich nicht mehr haben werde, um den Urlaub auf Tahiti mit Josh, der ein Traum bleiben wird, die Afrika-Safari mit den Mädchen, die ohne mich stattfinden wird, und die Reise nach Vietnam, um den Mädchen zu zeigen, wo ihre Mutter geboren wurde, die sie nun mit meiner Schwester machen werden statt mit mir. Ich beklagte meinen verfallenden Körper, die Tatsache, dass ein schneller Einkauf bei Target oder ein Gang zur Bank jetzt ein monumentales Unterfangen für mich ist, ich beklagte meine verkümmerten Muskeln und meine erschlaffte Haut, die Angst, zu weit von zu Hause und einem Bett oder einem Sofa entfernt zu sein, den Körper, der sich nicht die Bohne darum kümmert, was andere denken könnten, wenn er mich zwingt, mich auf den Bürgersteig zu hocken, sofern keine Bank in Sicht ist, und darauf zu warten, dass die Bauchschmerzen nachlassen. Ich frage mich oft, ob das alles so ist wie zu altern, nur mit Hochgeschwindigkeit.

Ich bat meine Eltern, zu mir zu kommen. Ich wollte, dass meine Mutter meine Lieblingssuppen kocht und mein Vater mir mein chinesisches Lieblingsgebäck kauft. Ich schreckte zunächst davor zurück, weil ich dachte, es wäre zu schwierig, meinen Eltern dabei zuzusehen, wie sie die Tatsache aufnehmen, dass ich im Begriff war zu sterben. Es kann nichts Grausameres geben, als sein eigenes Kind sterben zu sehen. Jetzt, da ich selbst Mutter bin, ist mir das klar. Aber meine Schwester bestand darauf, dass es für uns alle besser wäre, gemeinsam zu trauern als getrennt voneinander, dass sie sich besser fühlen würden, wenn sie mit mir zusammen wären, als wenn sie nicht bei mir wären. Also kauften meine Geschwister und ich Einwegtickets für sie, denn ihr Aufenthalt würde auf schmerzliche Weise ein Aufenthalt für unbestimmte Zeit sein. Eine Zeit lang nervte mich meine Mutter, weil sie darauf bestand, dass ich irgendwelche merkwürdigen Mittel der chinesischen Medizin zu mir nehmen sollte, Zeug, an dessen Wirksamkeit ich nicht glaubte. Außerdem war sie entschieden dagegen, dass mein Vater mir all das ungesunde chinesische Gebäck kaufte, das ich essen wollte. Ich sagte ihr, dass ich jetzt essen könne, was immer ich wolle, und mein Vater blaffte sie an, dass sie den Mund halten solle. Jeden Abend, wenn meine Eltern in die Wohnung meiner Schwester zurückkehrten, baten meine Schwester und mein Vater meine Mutter, mich doch in Ruhe zu lassen, mich die Zeit, die mir noch blieb, genießen zu lassen und darauf zu vertrauen, dass ich wusste, was ich wollte und was das Beste für mich war. Irgendwann ging sie mir so auf die Nerven, dass ich ihr drohte, sie aus meiner Wohnung zu werfen und sie zurückzuschicken nach Los Angeles. Ab da ließ sie mich in Ruhe.

Den Sommer verbrachte ich damit, mich zu verabschieden. Ich bat meinen Bruder, uns zu besuchen. Ich wollte, dass er kommt, um meine Messer zu schärfen, mein Schneidebrett zu ölen und die Wasserfilter unter der Küchenspüle zu wechseln. Ich wollte ein letztes Mal gemeinsam mit ihm zu Costco fahren, denn so etwas machen chinesische Geschwister, die auf Schnäppchen stehen, gemeinsam. Mein Bruder kam Ende Juli und blieb nur ein Wochenende. Am Abend vor seiner Abreise saßen wir fünf – meine Eltern, meine Schwester, mein Bruder und ich – in unserem Esszimmer und sagten nicht viel. Wir wussten, dass es das letzte Mal war, dass wir wirklich zusammen waren, dass ich beim nächsten Mal, wenn mein Bruder die Tausende von Kilometern nach New York flöge, innerhalb von Tagen oder Stunden tot sein würde. Mau und ich überhäuften meine Schwester mit Anweisungen, was sie als Ersatzmutter alles zu beachten haben würde, aber in Wahrheit war es das Ungesagte, das an jenem Abend in dem Zimmer nachhallte. Während wir einander schweigend zu verstehen gaben, dass jeder von uns wusste, wie kostbar und vergänglich diese Momente waren, holten wir die Handys und die Kameras hervor. Wir waren einundvierzig Jahre lang zu fünft gewesen. Das war meine Familie, auch wenn wir Kinder erwachsen geworden waren und unser eigenes Leben führten und unsere eigenen Familien hatten. Das war immer noch meine Familie, unsere Familie. Und ich wusste, dass zukünftige Familienfotos durch eine augenfällige Abwesenheit geprägt sein würden, durch eine herzzerreißende Lücke, die nie gefüllt werden konnte. Meine Eltern werden nie mehr eine andere

Tochter und meine Geschwister werden nie mehr eine andere Schwester haben. Die einundvierzig gemeinsamen Jahre endeten in dieser Nacht in diesem Zimmer.

Ich verbrachte den Sommer mit der Planung. Ich kaufte für Mia eine neue Matratze, weil die alte klumpig war, und wenn ich die Matratze nicht gekauft hätte, hätte vielleicht nie jemand eine gekauft, und dann hätte Mia wer weiß wie lange auf einem unbequemen Bett schlafen müssen. Ich habe für die Mädchen eine Kinderpsychologin gesucht und gefunden. Ich habe eine Köchin aufgetrieben, die Josh und den Mädchen die Mahlzeiten zubereiten wird. Ich fing an, nach einer älteren Schülerin oder Studentin zu suchen, die die Mädchen zum Musikunterricht begleiten und ihr Üben beaufsichtigen soll. Diesen Punkt auf meiner Liste werde ich bald abhaken. Ich wäre keine echte chinesische Tigermutter, wenn ich nicht für die musikalischen Fortschritte meiner Töchter Sorge tragen würde.

Ich habe meine Grabstelle gekauft. Ich werde in Green-Wood begraben werden, einem historischen und unerwartet schönen Friedhof im Herzen von Brooklyn, auf dem einige ziemlich berühmte Leute beerdigt sind. Man sagte mir, dass es schwer sei, dort eine Grabstelle zu finden, aber ich hatte Glück. Ich hatte vier Jahre lang eine Einäscherung geplant. Ich hatte Josh immer wieder gesagt, dass ich wolle, dass mein Körper verbrannt wird, dass ich wolle, dass der Krebs verbrannt wird, weil er nichts Geringeres verdient habe. Aber als dann die Zeit kam, die letzten Vorbereitungen zu treffen, wurde mir klar, dass ich die Idee, meinen eigenen Körper verbrennen zu lassen, nicht ertragen konnte. Der Wunsch, meinen Körper zu verbrennen und den Krebs auszulöschen, rührte von einem Teil in mir, in dem so viel Hass und Wut brodelte, dass ich nicht zulassen konnte, dass dies die letzte Botschaft meines Körpers sein sollte. So sehr ich den Krebs auch hasse, mein Körper hat mir siebenunddreißig Jahre lang gute Dienste geleistet. Er hat mich um die ganze Welt gebracht und mir zwei wunderschöne kleine Mädchen geschenkt. Ich konnte nicht zulassen, dass der Krebs all das Gute zerstört, das einmal gewesen war. Und dann ist da noch die Tatsache, dass ich das Feuer schon immer gehasst habe. Ich zünde nicht einmal gerne ein Streichholz an. Der Gedanke, dass mein Körper in ein kaltes, funktionales Krematorium gebracht wird, erschien mir auf einmal noch abstoßender. Außerdem möchte Josh einen Ort haben, an dem er mich besuchen kann. Er möchte einen Ort haben, an den er die Mädchen mitnehmen kann, um mich zu besuchen. Später möchte er einmal neben mir seine letzte Ruhe finden können. Wie sich herausstellte, will ich das Gleiche wie Josh.

Aber vor allem habe ich den Sommer damit verbracht, darüber nachzudenken, wie ich meine verbleibenden Monate in diesem Leben verbringen möchte.

Im Sommer vor zwei Jahren war ich auf den Galápagos-Inseln gewesen. Josh und ich waren mit dreißig anderen Passagieren auf einem Boot gewesen, das von Insel zu Insel fuhr. Wir beobachteten alle möglichen verrückten Vögel mit blauen Schwimmfüßen und roten Kehlsäcken, die sich wie riesige Herzen aufblähten, umhertapsende hundertjährige Riesenschildkröten und Seelöwen, die beim Schnorcheln unmittelbar neben uns schwammen (die Meeresversion der Hundewelpen). Auf einer Insel sahen wir das Skelett einer schon lange toten Robbe, die zweifellos von Aasfressern weggepickt worden war, keine hundert Meter entfernt beschäftigte sich eine äußerst lebendige Robbenmutter mit ihren Jungen. Es war einer jener abgelegenen Orte, an denen einem klar wird, dass man Zeuge der Ursprünge des Lebens wird, Mutter Natur in ihrer ursprünglichsten Form, Millionen von Jahren ungezähmten Lebens, ungestört von menschlicher Aktivität. Schließlich war dies der Ort, an dem Charles Darwin erstmalig seine Theorien vom Überleben des Stärkeren und der Evolution entwickelt hatte.

Eines Abends sah jemand nach dem Abendessen auf dem Boot einen Hai durchs Wasser gleiten. Das Boot stoppte, damit wir den Hai beobachten konnten. Der Schein der Lichter des Bootes warf einen schwachen Glanz auf den glatten Körper des Hais. Bald wurden wir uns dessen bewusst, dass der Hai einen Fisch verfolgte, ich glaube, es war ein sogenannter Fliegender Fisch. Der Fisch, der verzweifelt zu entkommen versuchte, flog buchstäblich aus dem Wasser und klatschte mitten aufs Deck, wo er anfing, sich hin und her zu winden, um in seiner Panik einen Weg zu finden, sein eigenes Leben zu retten. Was sollten wir tun? Wir konnten den Fisch nicht retten. Vermutlich hätten wir ein Stück weiterfahren und den Fisch wieder ins Wasser werfen können. Aber bestimmt hätte der Hai oder ein anderer Raubfisch ihn in seinem lädierten Zustand auch dort aufgespürt. Schließlich warf einer unserer Führer den Fisch zurück in den dunklen Ozean, wo er komplett von dem Hai verschluckt wurde. Kurz darauf war die Wasseroberfläche wieder ruhig und glatt.

Seitdem habe ich oft über diesen Fisch nachgedacht. Ich weiß, dass die Urinstinkte, die ihn dazu trieben, überleben und sich selbst retten zu wollen, auch in mir schlummern. Ich kenne die nackte Verzweiflung, die er empfunden haben muss. Ich spüre diese verzweifelte Panik jedes Mal, wenn ich merke, dass meine Tumore wieder wachsen. Ich habe die gleichen Instinkte bei anderen beobachtet, die unmittelbar mit dem Tod konfrontiert waren. Da war dieser Mann, der über klinische Studien redete, an denen er möglicherweise teilnehmen wollte, obwohl bei ihm eine Drainage seiner Lunge unmittelbar bevorstand. Er starb fünf Tage später im Krankenhaus. (Falls Sie es nicht wissen sollten: Wenn einem Schläuche eingeführt werden müssen, um unerwünschte Flüssigkeit zu entfernen, ist das im Allgemeinen ein Zeichen dafür, dass das Ende naht und man nicht gesund genug ist, um an einer klinischen Studie teilzunehmen.) Dann gibt es die Menschen in den Selbsthilfegruppen, die die dümmsten und unbedachtesten Ratschläge herausposaunen, Ratschläge, die den gleichen niederen, verzweifelten Instinkt widerspiegeln, um jeden Preis überleben zu wollen. Einem Patienten, der erwägt, alle Behandlungen abzubrechen und in ein Hospiz zu gehen, raten diese Menschen oft: „Du musst weitermachen. Aufgeben ist keine Option." Eine Mutter, die inzwischen gestorben ist, sagte, nachdem ihr Arzt ihr mitgeteilt hatte, dass ihr noch achtzehn Monate blieben (sie starb viel früher): „Sterben ist keine Option." Damals dachte ich: *Wirklich?* Und als selbst für sie offensichtlich wurde, dass sie sterben würde, fragte ich mich: Was denkt sie wohl jetzt? Denkt sie immer noch, dass der Tod keine Option ist? In Wahrheit ist der Tod das wirklich Unvermeidliche und das Leben die Option.

Solche Aussagen stammen von genau den Leuten, die so dämliche Behauptungen von sich geben wie die, dass es immer Hoffnung gebe. Man schaue sich nur ihre Situation an, sie hätten schließlich auch Krebs gehabt, wenn auch in einem anderen Stadium, und sie hätten es geschafft. Aber wo ist die Hoffnung für mich und andere in meiner Situation? Wo ist die Hoffnung für meine Freundin Amy, die nur ein Jahr nach der Diagnose starb und eine zweijährige Tochter zurückließ? Wo ist die Hoffnung für die Millionen, die an Krebs gestorben sind?

An irgendeinem Punkt muss man die Realität und die Unvermeidbarkeit des Todes anerkennen und akzeptieren. Menschen, die im Angesicht des Todes so unbedachte Aussagen machen, lassen zu, dass ihre niederen Instinkte die Kontrolle über sie übernehmen. Sie entscheiden sich dafür, sich eher wie ein Urfisch zu verhalten als wie ein hochentwickeltes menschliches

Wesen. Das sind Menschen, die so eine Angst vor dem Tod haben, dass sie ihm nicht mit der Würde und dem Anstand begegnen können, die einer entwickelten Seele gebühren.

Ich habe vielleicht einige der Instinkte dieses Fisches, aber ich bin nicht dieser Fisch. Wir sind menschliche Wesen, nicht dieser Fisch. Wir sind entwickelte Lebewesen. Wir verfügen über Vernunft. Wir sind zu einem durchdachten und vernunftgeleiteten Dasein fähig, das über unsere ursprünglichen Wurzeln hinausgeht. Das ist es, was ich anstrebe, und ich wage zu behaupten, dass es das ist, was jeder Mensch anstreben sollte. Das Beste an unserem Menschsein ist, dass wir unsere niederen Instinkte kontrollieren können, dass wir die Panik und die Angst unterdrücken können und imstande sind, sie mit Vernunft, Intellekt, Mitgefühl, Ehrlichkeit, Glauben und Liebe zu überwinden.

Was uns auch von den Urfischen unterscheidet, ist unsere Fähigkeit, unser Schicksal selbst zu bestimmen. Der eigene Wille und die Selbstbestimmung sind grundlegende Faktoren dessen, was es bedeutet, Mensch zu sein, Faktoren, die uns ausmachen, die geschätzt und gefeiert werden sollten. Innerhalb gewisser Grenzen – wohl wissend, dass sich vieles unserer Kontrolle entzieht – können Sie und ich unser Schicksal selbst bestimmen. Und wenn mir oder jemand anderem gesagt wird, dass ich keine Wahl habe, dass ich auf der Basis eines stumpfsinnigen Instinkts handeln muss, nimmt mir das etwas von der Großartigkeit meines Menschseins und meiner individuellen Entscheidungsfreiheit. Das gilt für jeden Lebenskontext, nicht nur für Krebs. Den Menschen, der mit Depressionen kämpft und jeden Morgen mit sich ringt, ob er aufstehen soll, und dann trotzdem aufsteht, preise ich für diese Entscheidung. Den Menschen, der mit Depressionen kämpft und sich umbringen will und sich dann in Ausübung seiner Selbstbestimmung dazu entschließt, sein Leben in die Hand zu nehmen, preise ich ebenfalls für seine Entscheidung, solange er sie stringent durchhält. Gleichermaßen preise ich den Menschen, der sich bewusst und mit Bedacht entscheidet, in ein Hospiz zu gehen, anstatt sich erst weiteren Behandlungen zu unterziehen und dann an weiteren klinischen Studien teilzunehmen oder umgekehrt. Ich feiere sie. Bravo!

Was auch immer die Welt oder meine Kinder nach meinem Tod über mich denken mögen, ich hoffe, dass mich zumindest niemand für einen gedankenlosen, geistlosen Menschen hält, der sich verzweifelt ans Leben geklammert hat. Ich hoffe, dass die Welt weiß, dass ich meinen Tod mit Klarheit angegangen bin, dass ich meine Entscheidungen nicht aus Panik getroffen habe, sondern dass ich mich von Vernunft, Verstand, Mitgefühl, Ehrlichkeit und Liebe habe leiten lassen, also dem Besten, was mein Menschsein ausmacht. Zumindest ist das mein Ziel.

Innerhalb einer Woche nach dem Erhalt meiner letzten Untersuchungsergebnisse hatte ich einen Termin im Mount Sinai Hospital, um die Ergebnisse der Fruchtfliegenstudie zu besprechen, an der ich teilgenommen habe. Forscher des Mount Sinai Hospitals hatten achtzehn Monate lang daran gearbeitet, Avatare der Fruchtfliege zu kreieren, die Krebsgewebe enthielten, das aus meinem ursprünglichen primären Darmtumor stammte. Sie hatten eine mögliche Medikamentenkombination identifiziert. Aus einer Vielzahl von zwölfhundert von der FDA zugelassenen Medikamenten hatte eine Kombination, die aus zwei Medikamenten bestand, zu dem Ergebnis geführt, dass die Fruchtfliegen, die mein Gewebe enthielten, noch lebten. Die Studie war nicht darauf angelegt zu testen, ob die Tumore der Fruchtfliegen schrumpften, sondern es ging nur darum, ob die Fruchtfliegen, nachdem alles versucht worden war, noch lebten. Die Fliegen überlebten den Krebs nur mit dieser einen Medikamentenkombination. Eines der Medikamente genehmigte die Versicherung problemlos. Das andere ist ein Melanompräparat, das nicht für Darmkrebs zugelassen ist, und deshalb wollte die Versicherung es nicht bezahlen. Das Pharmaunternehmen weigerte sich ebenfalls, mir das Medikament zur Verfügung zu stellen, weil ich die recht strengen Regelungen des Unternehmens im Hinblick auf mein Einkommen nicht erfüllte. Ich fand eine spezielle Versandapotheke, deren Mitarbeiter bereit waren, mir das Medikament zu einem Preis von siebentausend Dollar pro Monat zur Verfügung zu stellen. Theoretisch konnte ich das Medikament zwei Monate bezahlen und wenn die Aufnahmen der nächsten Untersuchungen dann ergaben, dass die Medikamentenkombination funktionierte, hatte ich ein gutes Argument, um mich mit der Versicherungsgesellschaft wegen einer Kostenübernahme auseinanderzusetzen.

Im Grunde genommen sind siebentausend Dollar pro Monat für Josh und mich keine unerschwingliche Summe, und ich hätte das Geld zwei Monate lang problemlos aufbringen können. Aber ich war nicht gerade beeindruckt von der Tatsache, dass im Rahmen der Studie kein Weg gefunden worden war, die Kosten für das Medikament zu decken, wenn es bei Patienten angewandt wurde. Das sprach meiner Meinung nach nicht gerade dafür, dass die Forscher großes Vertrauen in ihre Erkenntnisse hatten. Zweitens war ich nach wie vor skeptisch, ob die Resultate, die bei den Fruchtfliegen erzielt worden waren, erfolgreich auf Menschen übertragen werden konnten. Es ist schon schwer genug, die Ergebnisse von Studien an Mäusen auf Menschen zu übertragen, und dabei handelt es sich immerhin um zwei Säugetiere mit einem viel ähnlicheren gemeinsamen Erbgut. Außerdem waren die Tests an Gewebe meines Primärtumors durchgeführt worden, der höchstwahrscheinlich kein exaktes biologisches Äquivalent meines metastasierenden Krebses darstellte. Drittens war es unabdingbar, auf diese oder jede andere Studie jede Menge Zeit und Energie zu verwenden. Ich habe mich drei experimentellen Behandlungen unterzogen, zweimal im Rahmen einer klinischen Studie. Ich bin mir der umfangreichen Tests, die erforderlich sind, deshalb sehr wohl bewusst, und zum jetzigen Zeitpunkt kann ich nicht so viel Zeit und Energie für etwas aufbringen, bei dem die Wahrscheinlichkeit eines Misserfolgs bei 99,9 Prozent liegt. Ich wäre viel lieber zu Hause bei meinen Kindern oder mit Freunden zusammen oder würde schreiben oder einfach nur auf meinem Sofa vor dem Fernseher sitzen.

Ich bin erschöpft.

Das Memorial Sloan Kettering Cancer Center bot mir die Teilnahme an einer Immuntherapie-Studie an. Es schien sich um eine gute Studie zu handeln, aber nachdem ich die Einwilligung unterschrieben hatte, zog die Klinik das Teilnahmeangebot zurück. Die Mitarbeiter der Yale University teilten mir mit, ich sei mehr als gesund genug, um an einer weiteren klinischen Studie teilzunehmen, aber derzeit gebe es keinen freien Platz in der Studie, an der ich teilnehmen wollte. Aber egal, ich hätte sowieso nicht jedes Mal zwei Stunden pro Weg nach New Haven fahren wollen. An irgendeinem Punkt schienen sich die klinischen Studien, die diese renommierten Institutionen an einen herantragen, nicht allzu sehr von dem grünen schlammigen Sumpfwasser aus Mexiko zu unterscheiden, von dem ich mir geschworen hatte, es niemals zu trinken. Verzweiflungstaten, Experimente an Mäusen, die mit einer kaum akzeptablen dünnen wissenschaftlichen Fassade ausgestattet werden – das ist alles, was klinische Studien sind. Vielleicht bin ich all dieser Dinge auch durch meine Erfahrungen überdrüssig. Jedenfalls lehnte ich eine

Teilnahme an den klinischen Studien ab und beschloss, in einer reduzierten Dosis noch einmal FOLFOX, meine erste Chemotherapie-Kombination, zu nehmen. Es schien mir die Behandlung mit den besten Erfolgsaussichten zu sein und ich hatte etwas, worauf ich verweisen konnte, um den Mädchen zu zeigen, dass ihre Mutter am Ende nicht ganz aufgegeben hatte. Ich unterzog mich drei Behandlungen. Inzwischen brauche ich keine CT- oder MRT-Aufnahmen mehr, um zu wissen, ob eine Behandlung funktioniert. Ich kann spüren, wie der Krebs wächst. Die Behandlung wirkt nicht. Ich werde bald aufhören und dann wird es Zeit für meine Palliativversorgung. Es sei denn, meine niederen Instinkte treten trotz meiner besten Vorsätze doch noch auf den Plan.

Ich habe immer gewusst, dass ich mich frühzeitig um eine Sterbebegleitung kümmern wollte. Ich wollte, dass die Hospizmitarbeiter mich und meine Familie kennenlernen. Ich wollte schon immer zu Hause sterben und nicht im Krankenhaus. Und um das zu gewährleisten, müssen die Hospizmitarbeiter rechtzeitig an Bord geholt werden. Zu oft habe ich von Patienten gehört, die ins Krankenhaus gegangen sind, um ihre Symptome behandeln zu lassen, und dann nicht mehr herausgekommen sind. Es kann schwierig sein, dem Strudel der aufeinanderfolgenden Komplikationen zu entkommen, die durch den Krebs im Endstadium und die in Krankenhäusern durchgeführten Interventionen verursacht werden können. Ich habe auch Familien gesehen, die am Ende um Privatsphäre bitten, wenn sie näher um ihre Sterbenden zusammenrücken. Ich denke, das liegt zum großen Teil an einer Kultur, die Angst vor dem Sterben und dem Tod hat, einer Kultur, die sich gerne vor dem Tod versteckt oder sich dafür schämt und bis zum Ende so tut, als ob der Tod nicht eintritt und nicht real ist. Ich habe immer gewusst, dass diese Herangehensweise für mich nicht die richtige ist. Ich liebe die Menschen. Ich liebe das Leben. Ich möchte von beidem umgeben sein, wenn ich mich endgültig verabschiede. In dem Maße, in dem ich noch die Kontrolle habe, werde ich zu meinen Bedingungen sterben. Das habe ich mir selbst versprochen. Ich möchte, dass meine Kinder bei mir sind. Ich möchte, dass mein Zuhause mit Familienangehörigen und Freunden gefüllt ist, dass gelacht und geweint wird, dass Geschichten erzählt werden und gegessen wird, dass also das Allerbeste des Lebens präsent ist. Ich möchte, dass meine Kinder am Beispiel meines Todes lernen, keine Angst vor dem Tod zu haben, dass sie lernen, ihn einfach als einen Teil des Lebens zu begreifen. Ich möchte, dass sie sehen, wie sehr ihre Mutter geliebt wurde und dass infolgedessen auch sie sich geborgen und geliebt fühlen können. Ich weiß, dass ein Tod, der zugleich lebendig und friedlich und von Liebe erfüllt ist, eines der größten Geschenke sein wird, die ich ihnen machen kann. Ich habe meinen Tod vier Jahre lang geplant und jetzt kann ich meinen Plan endlich ausführen.

43
Liebe

Lieber Josh,

manchmal spüre ich das Gewicht deines Blicks, wenn ich in diesen quälenden Minuten, bevor ich ganz wach bin, so tue, als ob ich noch schliefe. Du umfasst meine Hand fester. Vermutlich bin ich deshalb überhaupt aufgewacht. Ich kann deine Liebe fühlen. Ich spüre, wie du verzweifelt versuchst, das Bild meines Gesichts an einem besonderen Ort abzuspeichern, der gegen die Auswirkungen der Zeit und das damit einhergehende Verblassen der Erinnerungen immun ist. Ich spüre deine Angst, wenn du dir widerwillig ein Leben ohne mich vorstellst. Wie sollst du die Mädchen so trösten, wie ich sie trösten kann? Wie wirst du ihre Geburtstagsfeiern planen und ihre Termine organisieren? Wie wirst du all die Dinge reparieren, die in unserem Haus kaputtgehen? Wie sollst du all das schaffen, während du weiter deinen anstrengenden Beruf ausübst und deine steile Karriere weiterverfolgst? Im Gegenzug kann ich vor meinem inneren Auge sehen, wie du unsere Schränke und die Badezimmerschubladen ausräumst und meine Sachen entsorgst. Ich kann sehen, wie du Blumen auf mein Grab legst. Ich kann sehen, wie du dir, nachdem die Mädchen ins Bett gegangen sind, im Dunkeln alleine „unsere" früheren Lieblingssendungen ansiehst und der Fernseher sein unheimliches blaues Licht auf dein Gesicht wirft, in das Traurigkeit eingemeißelt zu sein scheint. Es tut mir so leid für dich, aber ich weiß nicht, wie ich dir helfen kann. Was kann ich, abgesehen davon, all die logistischen Probleme zu lösen, die durch meinen Tod verursacht werden, sagen oder tun, um deinen Schmerz zu lindern, um dir den Verlust zu erleichtern, wenn das überhaupt möglich ist? So wie ich mich gedrängt fühlte, den Mädchen einen Brief zu schreiben, verspüre ich den gleichen Drang, dasselbe für dich zu tun, um dir zu helfen. Denn wenn ich es nicht täte, würde ich als deine Ehefrau schwer versagen.

Wenn ich dich jetzt umarme, wenn ich deinen Kopf kraule, wenn ich in deiner Armbeuge liege, spüre ich intensiv die Endlichkeit unserer gemeinsamen Zeit in diesem Leben. Ich versuche so sehr, durch eine einzige Berührung alles zu fühlen und mich an alles zu erinnern, jede Pore meines Körpers und meiner Seele für dich zu öffnen, nur für dich, als ob ich deine Haut, dein Haar, dein ganzes Wesen irgendwie in meine Seele einbrennen könnte, damit ich dich mitnehmen kann, wenn ich diese Welt verlasse. Hilft es dir, das zu wissen? Glaub mir, Josh, ich hatte mein ganzes Leben das Gefühl, auf dich gewartet zu haben, bis ich dir im Alter von dreißig Jahren begegnet bin. Hilft es dir, auch das zu wissen? Ich habe immer an Seelenverwandte geglaubt, an diesen einen Menschen (oder vielleicht zwei Menschen), der mühelos und nahtlos in mein Leben und mein Herz schlüpfen würde, als wäre er immer da gewesen. Als ich zehn, zwölf, vierzehn, sechzehn und achtzehn Jahre alt war, lag ich nachts wach und fragte mich, wo du in diesem Moment warst, der Junge, der eines Tages der Mann sein würde, der die Liebe meines Lebens sein würde, mein Mr. Darcy, mein großer, dunkler und schöner Mann. Was soll ich sagen? Ich war schon immer eine hoffnungslose Romantikerin.

Die Wahrheit ist, dass nichts von dem, was ich sage oder tue, dir so helfen wird wie die Zeit. Die Zeit, dieses undefinierbare Etwas, das das Vergehen der Sekunden, Minuten, Stunden, Tage, Wochen, Monate, Jahre und Jahrzehnte markiert; dieses Etwas, das sich oft quälend bis in die Ewigkeit zu ziehen scheint und doch auch auf grausame Weise zu schnell vergeht; das Etwas, das wartet und eilt und ansonsten nichts und niemanden verschont; das Etwas, das uns das Gute und das Schlechte vergessen oder die Erinnerungen daran zumindest verblassen lässt. Erinnerst du dich daran, wie Mia damals, als ich mit ihr schwanger war, einen Tag überfällig war, und du ungeduldig warst, regelrecht ausgeflippt bist und wolltest, dass ich die Geburt einleiten lasse (was ich ignoriert habe)? Jetzt ist sie bald acht Jahre alt. In der Zwischenzeit sind unsere Gesichter gealtert, unmerklich, von Tag zu Tag, aber auch so deutlich erkennbar, wenn wir auf verschiedene Momente zurückblicken, die wir auf Fotos festgehalten haben, die uns das Vergehen der Zeit untrüglich vor Augen führen. Die Zeit hat dich und mich fast jedes Detail jenes Abends vergessen lassen, an dem wir über die Brooklyn Bridge gingen, jenes Abends, an dem wir uns ineinander zu verlieben begannen. Waren draußen 14,5 oder 15,5 Grad? War es windig, als wir die Millionen funkelnder Lichter der Skyline von Manhattan betrachteten? Was hattest du an dem Abend an?

Die Zeit hat unserem Geist viele schöne und wertvolle Details geraubt, zZdazu gehört wohl oder übel auch jene einzigartige Euphorie, die uns befallen hat, als wir uns ineinander verliebt haben. Die intensive Aufregung und Erregung, die wir verspürt haben, als wir uns ineinander verliebt haben, sind nur noch Erinnerungen, beinahe unpersönlich, als ob das alles jemand anderem passiert wäre. Manchmal wünsche ich mir, ich könnte diese Momente noch einmal erleben, ich wünsche mir, ich würde nur einen Knopf drücken müssen und für ein paar glorreiche Minuten zurückreisen können in die Vergangenheit und noch einmal die junge, ekstatische Frau sein, die sich in den Mann ihrer Träume verliebt. Aber die Gesetze unserer Existenz erlauben das nicht. Ebenso wenig erinnere ich mich an die unzähligen Streitereien, die wir ausgetragen haben, nicht einmal an die schlimmsten, bei denen wir uns mit Scheidung gedroht haben. Ich weiß nicht mehr, worum es dabei ging. Ich weiß, dass es Gelegenheiten gab, bei denen ich so wütend war, dass ich dir am liebsten eine Ohrfeige verpasst hätte, aber ich kann mich nicht dazu bringen, diese Wut jetzt noch einmal nachzuempfinden. Die Zeit schert sich nicht darum, dass du der Mann meiner Träume bist, und auch nicht um die schlimmsten Verletzungen, die wir einander zugefügt haben; es ist ihr egal, ob unsere Erfahrungen und Gefühle gewollt oder ungewollt waren, ob wir sie geliebt oder gehasst haben; die Zeit unterscheidet nicht. Letztendlich stumpft sie alles ab. Sie nimmt den reinsten Freuden, der rasendsten Wut und, ja, sogar der herzzerreißendsten Trauer die Intensität.

Ich erinnere mich daran, als meine Großmutter starb. Damals war ich zwanzig und es war das schmerzlichste Erlebnis meines jungen Lebens. Ich erinnere mich, dass ich auf dem Rückflug zum College weinte. Ich erinnere mich, dass ich während meiner Halbjahresprüfungen geweint habe. Meine Familie und ich (wenn ich bei ihnen zu Besuch war) gingen ständig zu ihrem

Grab. Sie war der Mittelpunkt unserer Familie gewesen und wir vermissten sie schmerzlich. Aber im Laufe der Jahre fanden die Friedhofsbesuche seltener statt. Aus wöchentlichen Besuchen wurden monatliche, dann gingen wir nur noch an Feiertagen hin, dann nur noch einmal im Jahr und schließlich überhaupt nicht mehr. Ich war seit fünfzehn Jahren nicht mehr an ihrem Grab. Mein Leben und das Leben aller anderen ging weiter. Wir wurden alle älter. Wir heirateten. Wir bekamen unsere eigenen Kinder. Wir lebten unser Leben weiter.

Eines Tages, recht bald, wird meine ganze Existenz, alles, was ich für dich bin und gewesen bin, eine Erinnerung sein, die mit jedem Tag weiter verblasst. Eines Tages wirst du aufwachen und dich nicht mehr so leicht an mein Gesicht erinnern. Du wirst dich nicht mehr an meinen Geruch erinnern. Du wirst dich nicht mehr daran erinnern, ob ich Schokoladeneis mochte oder nicht. Du wirst dich an so viele Dinge nicht mehr erinnern, von denen du vielleicht einmal dachtest, du könntest sie nie vergessen. Vielleicht hast du irgendwann eine Stunde lang nicht an mich gedacht, oder zwei oder drei oder einen ganzen Tag lang. Vielleicht hörst du sogar auf, regelmäßig mein Grab zu besuchen. Ich möchte, dass du weißt, dass das in Ordnung ist, dass es so sein soll, dass es das ist, was ich will.

Die Macht der Zeit, Erinnerungen verblassen zu lassen, ist notwendig und gesund, denn sie ermuntert uns weiterzuleben, sie verschafft uns Raum für neue Erlebnisse und neue Emotionen, die sich einstellen, wenn wir uns mit der Gegenwart befassen und hoffnungsvoll in die Zukunft blicken. Sie befördert unsere Erinnerungen dorthin, wo sie sein sollten – in die Vergangenheit, damit wir auf sie zugreifen können, wenn wir sie benötigen und auf sie zugreifen wollen. Am wichtigsten und relevantesten ist für dich vielleicht das Verstreichen der Zeit, das dafür sorgt, dass sich die klaffenden Wunden der Vergangenheit schließen, sodass wir unser Leben weiterleben können und uns selbst an die schmerzhaftesten Erlebnisse mit einer gewissen Objektivität erinnern und aus diesen lernen und wachsen können. Ich möchte, dass du dein Leben weiterlebst, Josh. Ich möchte, dass du dir weiter begeistert sportliche Wettkämpfe ansiehst. Ich möchte, dass du in guten Restaurants speist. Ich möchte, dass du die Welt bereist. Ich möchte, dass du unsere Kinder so gut erziehst, wie du nur irgend kannst, und dafür ist es erforderlich, dass du sehr präsent bist und dich auf das Hier und Jetzt konzentrierst.

Als ultimativen Akt des Lebens möchte ich sogar, dass du wieder jemanden liebst. So schwer es mir auch fällt, das zu sagen, ich will es wirklich.

Wir haben während der vergangenen vier Jahre viel Zeit damit verbracht, über die Zweitschlampe zu sprechen. Diesen Namen habe ich der Frau, die mich ersetzen wird, wenige Tage nach meiner Diagnose verpasst. Eigentlich war ich diejenige, die über sie sprach, während du nur die Augen verdreht hast. Und ich würde es nicht als Reden bezeichnen; es war mehr ein Geifern, Drohen und Zetern. Es gibt Frauen, die auf dem Sterbebett Briefe an ihre Nachfolgerinnen schreiben und ihnen alles Gute wünschen, aber tut mir leid – das kann ich nicht. So großmütig bin ich nicht.

Mich treibt die Sorge um, dass sie womöglich eine Goldgräberin ist, die dich in deinem verletzlichen Zustand ausnimmt. Mich treibt die Sorge um, dass sie wie Aschenputtels böse Stiefmutter sein wird. Mich treibt die Sorge um, dass sie versuchen wird, alle Spuren von mir aus deinem Leben und dem Leben der Mädchen zu beseitigen. Ich befürchte, dass es ihr nicht so wichtig sein wird, dass die Mädchen so oft wie möglich in Los Angeles sind, damit sie ihre Beziehung zu meiner Familie aufrechterhalten können, und dass sie sich nicht darum scheren wird, mein Vermächtnis zu bewahren. Ich befürchte, dass sie dich einer Gehirnwäsche unterziehen wird und du im Stress des Alltags vergessen wirst, was mir wichtig war, wie auch all die Versprechen, die du mir gegeben hast, meine Wünsche im Hinblick auf die Mädchen zu berücksichtigen. Wird sie diese Wohnung komplett umgestalten, um so viel wie möglich von dem Zuhause auszuradieren, das ich für dich und die Mädchen geschaffen habe? Oder schlimmer noch, wird sie dich zwingen, diese Wohnung zu verkaufen, die ich für dich und die Mädchen geschaffen habe, damit du und die Mädchen noch jahrelang Freude daran haben? Wie du weißt, plagen mich Hunderte solcher Sorgen. Du sagst mir, ich soll dir vertrauen. Du sagst mir, ich soll auf deine Fähigkeit vertrauen, die richtigen Entscheidungen zu treffen. Aber das fällt mir schwer.

Erinnerst du dich an den heftigen Streit, den wir darüber hatten, wie viel Zeit vergehen müsse, bevor man wieder anfangen dürfe, sich zu verabreden, sich auf eine Beziehung einzulassen und zu heiraten? Du hast zu dem Thema gegoogelt und mir Statistiken und Prozentzahlen darüber vorgetragen, wie bald nach dem Tod eines Ehepartners der überlebende Ehepartner wieder eine sexuelle oder eine ernsthafte Beziehung eingeht oder heiratet. Es gab drastische Unterschiede zwischen Witwen und Witwern, wobei die Witwer all dies viel früher angehen als die Witwen. Zum Beispiel hatten 7 Prozent der Witwen innerhalb eines Jahres nach dem Tod ihres Ehepartners eine sexuelle Affäre, während dies bei 51 Prozent der Witwer der Fall war. Ich war entsetzt und angewidert. Männer sind von Natur aus so schwach und unfähig, für sich selbst zu sorgen und allein zu sein. Du sprachst davon, ein Jahr nach meinem Tod verlobt zu sein und spätestens nach zwei Jahren zu heiraten. Ich war wütend auf dich. Bist du so schwach und erbärmlich?

Zugegeben, du hattest viel Zeit, dich auf meinen Tod vorzubereiten. Es ist nicht so, als ob mein Tod überraschend käme. Trotzdem sagt mir mein Bauchgefühl, dass ein Minimum an Zeit verstreichen sollte, um mir den gebührenden Respekt zu erweisen. Aber wie viel Zeit sollte verstreichen?

Ich habe viel über diese Frage nachgedacht. Und hier ist meine Antwort, die ich dir in Form von Geschichten durch die Blume geben werde.

Wie bereits erwähnt, war ich schon immer eine hoffnungslose Romantikerin. Ich nehme an, dass dies eine Reaktion darauf war, dass es in meiner Kindheit und Jugend absolut keine Liebesabenteuer gab (abgesehen natürlich von den Szenen, die ich im Fernsehen und auf der Kinoleinwand gesehen habe, und dem, was ich in den Liebesromanen gelesen habe, die ich heimlich verschlingen musste, weil mein Vater mir verboten hatte, sie zu lesen). In unserem Einwandererhaushalt war Pragmatismus die Richtschnur der Liebe und der Ehe. Hast du je gesehen, dass meine Eltern sich küssen, wenn auch nur auf die Wange? Genau, hast du nicht. Ich auch nicht. Ich kann an einer Hand abzählen, wie oft ich gesehen habe, dass sie sich auch nur in einer Geste der Zuneigung berührt haben. Bei meinen Großeltern, den Eltern meines Vaters, mit denen ich aufgewachsen bin, habe ich so etwas nie gesehen. Romantische Liebe war einfach kein Bestandteil meiner Familientradition.

Die Ehe meiner Großeltern wurde arrangiert, als die beiden noch Kinder waren, obwohl sie in verschiedenen Ländern lebten. Meine Großmutter stammte aus einem kleinen Dorf in Hainan, einer saftig grünen Insel vor der Küste Südchinas. Die Eltern meines Großvaters waren ebenfalls in Hainan geboren, aber er selbst war in Vietnam zur Welt gekommen, wohin seine Eltern ausgewandert waren, um dort mit Gewürzen und anderen wertvollen Waren wie Elefantenstoßzähnen und Nashornhörnern Handel zu treiben und ein Geschäft zu gründen, das später recht erfolgreich werden sollte. Die Familien kannten und mochten einander. Der Familie meines Großvaters ging es gut, meine Großmutter war jung, stark und gesund. Mit vierzehn

Jahren wurde sie aus ihrem vertrauten Umfeld gerissen und von einem Fremden, dem Großvater mütterlicherseits ihres zukünftigen Ehemannes, auf eine mehrwöchige Bootsreise nach Vietnam mitgenommen. Dort musste sie eine neue Sprache und eine neue Lebensweise erlernen, die sich um den Handel und nicht um die Landwirtschaft drehte. Sie tat verbittert, was ihre herrschsüchtige Schwiegermutter befahl, während meine Urgroßmutter die meisten Tage mit Glücksspielen verbrachte. Sie kümmerte sich um ihren jugendlichen Ehemann und seine sieben jüngeren Brüder und Schwestern und stillte sogar gleichzeitig mit ihrem eigenen erstgeborenen Sohn seinen jüngsten Bruder. Meine Großmutter kochte, putzte, nähte und massierte sogar die Stummel, die die Füße meiner Urgroßmutter waren. Meine Urgroßmutter war in einer Zeit aufgewachsen, in der gebundene Füße, die nicht größer als gut 7,5 Zentimeter waren, als erotisch und schön galten, deshalb muss meine Urgroßmutter die grotesk großen Füße meiner Großmutter missbilligt haben. Im Grunde genommen war meine Großmutter eine Dienerin in ihrem eigenen Haus und ihr junger Ehemann tat nichts, um ihre Situation zu verbessern. Er tat, was seine Mutter wünschte und betrachtete die Plackerei seiner Frau zweifellos als Teil eines kulturellen Übergangsritus im jahrhundertealten Machtspiel zwischen Mutter und Schwiegertochter. Zwischen meinen Großeltern gab es keine romantische Liebe, zumindest nicht die Art von Liebe, die ich mir für mich wünschte. Ihre Liebe war eine Liebe, die aus Vertrautheit, Gewohnheit und Verpflichtung entstand. Mein Großvater hatte mindestens eine Geliebte und mindestens ein Kind mit ihr, ein Mädchen. Ich bin sicher, dass meine Großmutter davon wusste, denn meine Großmutter wusste alles, aber sie sprach nie über sie. Als meine Großmutter nach fast sechzig Jahren Ehe starb, trauerte mein Großvater eine kurze Zeit lang um sie, dann reiste er nach China und holte die Schwester meiner Großmutter, die Witwe war, zu sich und heiratete sie. Sie kümmerte sich in seinen späteren Jahren um ihn. Ein perfektes Beispiel eines Mannes, der alleine nicht zurechtkam.

Im Falle meiner Eltern verlief die Sache ein kleines bisschen besser. Meine Mutter war sehr hübsch, richtig hübsch. In der kleinen Stadt, in der ich später geboren werden sollte, erregte die Schönheit meiner Mutter die Aufmerksamkeit meiner Großmutter. Ihr erstgeborener Sohn war vierundzwanzig. Es war Zeit für ihn zu heiraten. Sie erkundigte sich nach dieser hübschen jungen Frau, die viermal täglich an ihrem Haus vorbeiging – auf den Hinwegen zu der Schule, an der sie die erste Klasse unterrichtete, und auf den Rückwegen. Die Eltern der jungen Frau stammten ebenfalls aus Hainan, allerdings war sie in Vietnam geboren worden. Sie war das älteste von sechs Kindern. Keine reiche Familie, aber eine sehr respektable Familie, und ihre Schönheit ließ sich nicht ignorieren. Also schickte meine Großmutter eine Heiratsvermittlerin nach Hoi An zu dem Haus, in dem meine Mutter lebte, um mit ihren Eltern die Möglichkeit einer Eheschließung zu besprechen. Meine Großeltern mütterlicherseits waren begeistert. Meine Mutter nicht. Sie hatte meinen Vater – einen hellhäutigen, jedoch durchaus gut aussehenden Mann – bereits aus der Ferne gesehen. Aber meine Mutter fühlte sich mit zweiundzwanzig Jahren noch zu jung, um zu heiraten. Sie sehnte sich nach Abenteuern. Sie wollte einen anderen Beruf ausüben, etwas anderes ausprobieren als zu unterrichten, vielleicht im Armeeladen der Amerikaner arbeiten. Aber ihr Vater erlaubte ihr nicht, sich unter die Amerikaner zu mischen, da er dies als eine Einladung zu Korruption, Skandalen und Ruin ansah.

Ihre Eltern setzten sie unter Druck, der Heirat zuzustimmen. Sie sagten, angesichts des Ansehens und des Reichtums der Familie meines Vaters würde meine Mutter womöglich kein besseres Angebot erhalten und beharrten darauf, dass es ihren Eltern und ihren jüngeren Geschwistern gegenüber ihre vorrangige Pflicht sei, eine gute Partie zu machen. Sie willigte ein und es begann eine kurze Zeit des Liebeswerbens, die um den Krieg herum organisiert werden musste. Mein Vater war eingezogen worden, aber meine Großmutter hatte genug Leute bestochen, um dafür zu sorgen, dass er als Fahrer eines Captains dienen konnte und nicht an der Front kämpfen musste. Wenn er nicht im Dienst war, fuhr er an den Samstagen mit seinem Motorrad nach Hoi An und besuchte meine Mutter. Es war eine zweistündige Fahrt, mit der er bis zum späten Vormittag warten musste, um sicher zu sein, dass die amerikanischen und die südvietnamesischen Streitkräfte genügend Zeit gehabt hatten, die Landminen von den Straßen zu räumen, die möglicherweise über Nacht von den Vietcong gelegt worden waren.

Meine Eltern heirateten am sechsten Tag des elften Monats des Mondkalenders im Jahr des Affen, auch als Weihnachtstag 1968 bekannt. Dieses Datum wurde gewählt, weil die Menschen, die etwas von solchen Dingen verstanden, sagten, es sei ein günstiger Tag, ein Tag, der Glück und viele Segnungen verspreche. Sie heirateten in Da Nang, wobei meine Mutter, ihre Familie und ihre Freunde schon einige Tage vorher dorthin reisten und in einem Hotel übernachteten, um sicherzustellen, dass die Unannehmlichkeiten des Krieges – zerstörte Straßen und unerwartete Gefechte – die Feierlichkeiten nicht torpedierten.

Wenn ich meine Mutter frage, ob sie meinen Vater zum Zeitpunkt der Eheschließung geliebt habe, sagt sie Nein. Sie sagt, ihre Liebe zueinander sei im Laufe der Jahre langsam gewachsen. Ihre Liebe war ebenfalls eine Liebe, die aus Vertrautheit, Gewohnheit und Verpflichtung entstand. Eine Liebe, die aus dem gemeinsamen Überleben eines Krieges, des Kommunismus und der Emigration entstand. Während ich aufwuchs, habe ich diese Liebe nicht gesehen. Vor allem erlebte ich viele Streitereien. Oft schrie mein Vater meine Mutter an, nach meinem Empfinden beschimpfte und beleidigte er sie grob. Vielleicht war seine Wut eine Folge des Drucks, der damit einherging, in ein neues Land umzusiedeln, in dem er ein Niemand war, nachdem er in seiner Heimat jemand gewesen war. Die Dinge wurden im Laufe der Jahre besser, als mein Vater mit dem Alter milder und meine Mutter in diesem neuen Land selbstbewusster wurde und lernte, sich zu wehren. Trotzdem schwor ich mir, dass ich nie so eine Art von Ehe wollte, und schon gar nicht so eine Art von Liebe.

Es schien nicht so, als ob mein Vater überhaupt wollte, dass ich irgendwann Glück in der Liebe fände. Als ich in der Highschool war und schon viele meiner asiatischen Freundinnen hinter dem Rücken ihrer Eltern mit Jungen anbändelten, fragte ich ihn mal, wann ich einen Freund haben könnte. Erst nach meinem College-Abschluss, stellte er klar, und dass dieser ganze „Freund-Freundin-Blödsinn" eine Ablenkung von der Schule sei und er so eine Anstandslosigkeit nicht dulden werde. Ich erinnere mich daran, wie wir meine Schwester zu Beginn ihres ersten Studienjahres nach Berkeley brachten. Als wir über den Campus fuhren, zeigte mein Vater auf die Mädchen, die knappe Tank-Tops trugen und geschminkt waren, und sagte total verächtlich: „Seht euch diese Schlampen an." Ich war gerade in die achte Klasse gekommen, aber die Botschaft war klar und deutlich. Mein Vater wollte nicht, dass ich auch zu so einer Schlampe wurde. Keine Freunde also. Ich musste mich auf meine schulischen und meine akademischen Leistungen konzentrieren. Da ich wegen meiner Sehschwäche nicht Auto fahren konnte, träumte mein Vater immer davon, eines Tages mein Fahrer zu werden. Er hatte alles geplant. Ich sollte ihm ein Handy besorgen und ihm ein Auto kaufen. Wann immer ich irgendwohin gefahren werden müsste, bräuchte ich ihn nur anzurufen, er würde mich abholen und hinbringen, wo auch immer ich hinmusste. Wenn es ums Autofahren ging, hatte mein Vater eine endlose Geduld, insbesondere, wenn er mich fuhr. In seinem Traumszenario kamen ein Ehemann oder Kinder nicht vor. Ich fragte mich vage, ob mein Vater mich wohl auch zu Verabredungen und Abenden mit meinen Freunden fahren würde (zu denen ich mich zu seinem Entsetzen vielleicht wie eine Schlampe kleiden würde).

Erst viel später wurde mir klar, warum in meinem Fall nie von einem Ehemann oder Kindern die Rede war, warum mein Vater immer so viel Wert auf meine Bildung (mehr bei mir als bei meinen Geschwistern) und damit finanzielle Unabhängigkeit legte. Das alles ergab Sinn, nachdem meine Mutter mir von dem gescheiterten Versuch meiner Großmutter erzählt hatte, mich im Alter von zwei Monaten töten zu lassen, und von der Komplizenschaft meiner Eltern bei diesem Versuch. Damals in Vietnam hatten sie einfach nur versucht, mich vor einem elenden Leben zu bewahren, vor einem Leben als Blinde, die nicht verheiratbar war und kinderlos bleiben würde. Schließlich beruhte der Wert eines Mädchens allein auf seiner Fähigkeit zu heiraten und Kinder zu bekommen. Es ist zwar so, dass ein Teil meiner Sehkraft durch unsere Übersiedlung in die USA gerettet werden konnte und dass es in den USA mehr Hilfe und mehr Möglichkeiten für Menschen mit Behinderungen gab, aber meine Eltern sahen mich immer noch als hilfloses, blindes Baby, als mangelhaft und nicht begehrenswert. Für sie war ich wahrscheinlich immer noch unverheiratbar.

Als ich mit siebzehn Jahren wegzog und mein Studium aufnahm, war ich sehr gebrochen, und dieser Zustand sollte noch viele weitere Jahre anhalten. Ich war so wütend auf das Universum. Warum ich? Warum musste ich diejenige sein, die blind war? Warum musste ich diejenige sein, die eine hässliche, dicke Brille tragen musste? Wohin ich auch blickte, sah ich nur Dinge, die ich nicht tun konnte. Ich konnte nicht umhin, ebenfalls zu glauben, dass ich zutiefst mit Mängeln behaftet war. Ich hasste meine Eltern dafür, dass sie mich in die Welt gesetzt und am Leben gelassen hatten. Einmal schrie ich meinen Vater sogar hysterisch an und wollte von ihm wissen, warum er mir das angetan hatte. Mir war nicht klar, wie meine Worte gesessen haben mussten. Ironischerweise war es ausgerechnet meine Großmutter, die mich beruhigte. Vor allem hasste ich mich selbst.

Und somit hätte ich, obwohl mein romantisches Ich von dir geträumt hat, nie gedacht, dass ich dich tatsächlich finden würde oder dass du mich, wenn es dich gäbe, haben wollen würdest. Du hast mich oft nach den Freunden gefragt, die ich vor dir hatte, und es ist mir immer irgendwie gelungen, deinen Fragen auszuweichen. Der Grund dafür ist, dass es vor dir keine Freunde gab. Sicher, es gab hier und da ein Geschäker und Urlaubsflirts, aber die jungen Männer blieben nie länger als ein paar Wochen bei der Stange. Vielleicht kamen sie nicht damit zurecht, dass ich einen Abschluss des Williams College und einen Abschluss der Harvard University in der Tasche hatte. Vielleicht hatten meine Großmutter und meine Eltern recht, dass kein Mann jemanden haben wollte, der so mit Mängeln behaftet war wie ich. Jedenfalls schien es ganz eindeutig so, als ob die Männer sich äußerst unbehaglich fühlten, sobald sie von meinen Sehproblemen erfuhren. Vielleicht glaubte ich, dass ich es nicht verdiente, mein Glück in der Liebe zu finden, und dass meine Großmutter und meine Eltern die ganze Zeit recht gehabt hatten.

Ich habe mich nicht auf den „Freund-Freundin-Blödsinn" eingelassen. Nein, stattdessen habe ich meine Energie in mein Studium gesteckt, so wie es mein Vater wollte. Aber unbewusst habe ich meine Energie auch darauf verwendet, das zu reparieren, was in mir zerbrochen war. Ich packte meine Sachen und brach auf ins viertausendachthundert Kilometer von meinem Zuhause entfernte Williams College. Mein Vater mochte vielleicht geglaubt haben, dass es nicht wirklich Sinn machte, einem Mädchen so eine gute Bildung zu ermöglichen und mich auf die Gefahr hin, dass ich zu einer Schlampe wurde und in mein Verderben rannte, so weit weggehen zu lassen, aber er konnte dem Reiz des Colleges nicht widerstehen, das in den jährlichen Bewertungen des *U.S. News & World Report* auf Platz eins rangierte, und da ich ein komplettes Stipendium erhalten hatte, konnte er bei dem, was ich tat, nicht wirklich mitreden. Ich habe Chinesisch studiert, die Sprache, von der meine Mutter dachte, dass ich sie wegen meiner Sehschwäche niemals lernen könnte. In meinem dritten Studienjahr habe ich in China studiert und die vorlesungsfreie Zeit genutzt, mit so wenig Geld wie möglich, das riesige Land zu bereisen. Nach meinem College-Abschluss habe ich fünf Wochen lang in Sevilla Spanisch gelernt und bin anschließend fünf weitere Wochen allein mit dem Rucksack durch Europa gereist. In dem Sommer nach meinem ersten Jahr an der juristischen Fakultät habe ich mein Praktikum in Bangladesch gemacht. Nachdem ich die Anwaltsprüfung abgelegt hatte, bin ich nach Chile, Peru und dann nach Thailand gereist und zum ersten Mal seit dreiundzwanzig Jahren zusammen mit meinen Eltern nach Vietnam zurückgekehrt. Nachdem ich angefangen hatte zu arbeiten, habe ich noch einige weitere Abenteuer erlebt: Ich reise nach Südafrika und Neuseeland. Und kurz bevor ich dich kennengelernt habe, bin ich in die Antarktis gereist. Nach dieser Reise konnte ich mit Fug und Recht behaupten, im Alter von dreißig Jahren auf allen sieben Kontinenten gewesen zu sein.

Irgendwann zwischen meiner Fahrt auf einem Lastkahn auf dem Jangtsekiang, als gackernde Hühner in meine Kabine eindrangen, meiner Busfahrt durch irgendeine staubige westchinesische Provinz, während der die Tür des Busses herausflog, meinen Fahrten auf den Straßen am Fuß des Himalaya-Gebirges, als ich um mein Leben betete, dem Zelten auf dem antarktischen Eis und meiner Reise nach Machu Picchu, wo ich die mystische Schönheit der Ruinenstadt bewunderte, reparierte ich das, was in meinem Inneren zerbrochen war. Nichts hätte mich so sehr mit meinen Grenzen konfrontieren können wie meine Reisen durch die Welt. Nichts hätte mich stärker frustrieren oder mehr Selbsthass in mir aufkommen lassen können, als auf der Suche nach einem Schlafplatz auf den Straßen Roms zu stehen und mit einem Stadtplan und einer Lupe zu kämpfen. Und nichts hätte mich stolzer auf mich selbst machen können, mich mit mehr Selbstliebe erfüllen können und mich so dankbar dafür machen können, was ich alles zu tun in der Lage war und wie gut ich sehen konnte, als mit dem Kajak durch die antarktischen Gewässer zu fahren. Ich lernte, dass mir niemand sagen konnte, was ich tun konnte und was nicht, dass nur ich selbst mir meine Grenzen setzen konnte. Ich lernte alles, was ich tun konnte, zu schätzen, dass ich allein durch die Welt reisen konnte, was selbst einige Menschen mit normaler Sehkraft nicht hinbekommen hätten. Ich habe gelernt, mich so zu akzeptieren, wie ich bin, geduldig zu sein und mich selbst zu lieben.

Und dann lernte ich dich kennen, als ich bereit war, dich kennenzulernen, als ich spürte, dass ich dich verdient habe. Mit dir zusammen zu sein und mich in dich zu verlieben, war das Einfachste, was ich je getan habe. Es fühlte sich so richtig an. Du warst so klug – standest intellektuell mit mir auf einer Stufe, wenn du mir nicht sogar überlegen warst. Du hast mir Dinge beigebracht. Du hast mich herausgefordert (zugegebenermaßen manchmal auf die ärgerlichste Weise). Aber weißt du, was mich am meisten berührt hat? Die Art, wie du wortlos meine Hand genommen hast, wenn wir eine

Treppe hinuntergingen, wie du mir unaufgefordert eine Speisekarte vorgelesen hast, wie du mit Freuden mein Fahrer geworden bist. Du hast nie an meinen Fähigkeiten gezweifelt. Meine Schwester hat mir erzählt, dass sie dich, kurz bevor du wegen der Heiratserlaubnis mit meinen Eltern skypen wolltest (sie wollte als Übersetzerin fungieren), gewarnt hat, dass du mich so akzeptieren und lieben müsstest, wie ich sei. Also mit meiner Sehbehinderung und allem, was dazugehört. Das ist genau das, was du immer getan hast: Du hast mich geliebt und mich so akzeptiert, wie ich bin, mit all meinen Unvollkommenheiten.

Es geht nicht darum herauszufinden, wie viele Monate nach meinem Tod angemessen wären. Es geht um dich. Mein Tod wird dich zerbrechen. Er wird dich in eine Million kleine Stücke zerschmettern. Aber ich will, dass du und nur du allein dich selbst wieder reparierst. Ich möchte, dass du die Gelegenheit nutzt, eine einzigartige Beziehung zu den Mädchen aufzubauen, die vielleicht nicht möglich gewesen wäre, wenn ich noch gelebt hätte. Ich möchte, dass du herausfindest, wie du alleine mit den Kindern, der Wohnung und deinem Beruf klarkommst, so einsam sich das manchmal auch anfühlen mag. Bitte sei nicht mit einer Frau zusammen, weil du glaubst, eine neue Ehefrau oder eine Mutter für deine Kinder zu benötigen. Du solltest wissen, dass keine Frau dies einfacher machen kann. Keine Frau kann reparieren, was in dir zerbrochen ist. Ich möchte, dass du durch dein eigenes Tun wieder heile wirst. Ich glaube, dass du erst dann eine echte, gesunde neue Liebe finden kannst, jemanden, der dich und die Mädchen verdient und eurer würdig ist. Wer weiß? Vielleicht fällt deine Wahl sogar auf eine Frau, die ich gemocht hätte.

Ich liebe dich, mein Schatz. Mach's gut. Bis wir uns wiedersehen …

Julie

2018

44

Das Wunder vom Leben und Sterben

Letztes Jahr im Mai flogen wir alle von Austin zurück nach New York. Josh und Mia saßen auf Plätzen, die weit von meinem und Isabelles entfernt waren. Als wir aus dem Fenster schauten, sagte ich: „Wäre es nicht lustig, wenn wir einfach rausgehen und uns auf die Wolken setzen könnten, Belle?"

Woraufhin sie entgegnete: „Red doch keinen Quatsch, Mommy, du würdest einfach durch sie hindurch fallen – das ist doch nur Luft."

Und ich erwiderte: „Glaubst du wirklich, Belle? Engel sitzen doch auch auf Wolken, oder?"

„Glaubst du, dass es wirklich Engel gibt, Mommy?"

„Ich weiß es nicht", erwiderte ich. „Kann schon sein …"

„Glaubst du, wir werden zu Engeln, wenn wir gestorben sind?" Sie hielt inne, dachte einen Moment nach und sagte dann leise: „Ich würde dann gerne ein Engel sein."

„Warum?", fragte ich.

„Weil ich sonst einfach nur tot wäre", erwiderte sie.

Ich lachte und sagte: „Wow, das ist wirklich ein guter Grund."

Mit einem ernsten Gesichtsausdruck sagte meine Fünfjährige dann Worte, die mich demütig machten und rührten, Worte, die geeignet scheinen, um mit ihnen das letzte Kapitel dieses Buches zu beginnen. Sie sagte: „Aber für dich, Mommy, für dich möchte ich, dass du im Bauch einer anderen Frau wächst."

Wie sich jeder vorstellen kann, konnte ich eine Zeit lang nicht sprechen. Schließlich gelang es mir, zu flüstern: „Ich finde, das ist eine wunderbare Idee, Belle. Ich hoffe, das passiert."

„Aber Mommy", sagte sie. „Komm gut zurück."

Meine jetzt sechs und acht Jahre alten Töchter lieben es, wenn ich ihnen die Geschichten erzähle, wie ich und sie geboren wurden. Sie werden es nie leid, sich immer wieder die gleiche Geschichte anzuhören. Natürlich könnten die Geschichten nicht unterschiedlicher sein. Ich habe meine Mutter auch immer wieder gebeten, mir die Geschichte meiner Geburt zu erzählen.

Ich wurde neun Monate nach dem Fall Saigons in einer unbedeutenden Provinzhauptstadt in Zentralvietnam, die in Wahrheit kaum mehr als eine Kleinstadt war, in dem Zweizimmer-Betonhaus der Hebamme geboren. Eine Generation zuvor hatte die Hebamme erfolgreich meinen Vater und seine vier Brüder entbunden und vor mir auch schon meinen Bruder und meine Schwester (sowie fast jedes andere Baby in der Stadt). Es gab keine Schwangerschaftsvorsorge, keine Geräte, keine errechneten Geburtstermine, keine Epiduralanästhesie. Meine Mutter sagt, sie habe vergessen, wie schlimm die Schmerzen waren. In der Nacht des sechsten Tages des zwölften Mondmonats im Jahr des Hasen tat ihr der Bauch weh, und sie ließ sich von der Kinderfrau meiner Schwester auf einem Moped zum Haus der Hebamme fahren, das sich einige staubige Häuserblocks von unserem Haus entfernt befand. Mein Vater war nicht zu Hause. Er war irgendwo unterwegs und versuchte, die letzten Warenbestände unserer Eisenwarenhandlung auszuliefern und zu verkaufen, bevor das neue Regime käme und all dies und noch viel mehr konfiszieren würde. Meine Mutter legte sich hin und ich kam schnell auf die Welt. Niemand hat die genaue Uhrzeit meiner Geburt festgehalten und meine Mutter erinnert sich nicht daran.

Meine beiden Töchter wurden im St. Luke's Roosevelt Hospital auf der Upper West Side von Manhattan geboren. Bei Mia, die die Erste war, benötigte ich eine Epiduralanästhesie, hatte zwölf Stunden lang Wehen und eineinhalb Stunden lang Presswehen, was meine Geburtshelferin so beunruhigte, dass sie sich schließlich entschied, das Baby mit einer Saugglocke zu holen. Mit der Saugglocke rutschte Mia mühelos heraus und nach wenigen Sekunden hielt ich ihren glitschigen, zappelnden Körper um 17:56 Uhr in den Armen. Belle wurde im Hochsommer geboren und sie kam schnell auf die Welt. An jenem Tag war es siebenunddreißig Grad heiß und auf der Straße hatte ich das Gefühl zu verbrennen. Ich war die schwangere Frau, die kein Taxi bekam – keine Ahnung, ob die Fahrer gerade alle Schichtwechsel hatten oder ob sie befürchteten, dass ich im Taxi gebären könnte. Also nahm ich in meiner Verzweiflung und Ungeduld mit meinem Mann die U-Bahn in Richtung Norden, atmete mich durch die entsetzlichen Schmerzen, während alle besorgt zusahen, und ging dann zwei lange Straßen zur Tenth Avenue, wo ich von einem Rollstuhl und einem Sicherheitsmann begrüßt wurde, der mir sagte, ich solle an Meereswellen denken. Ich hätte ihm beinahe entgegnet, er solle die Klappe halten. Mein Muttermund war bereits acht Zentimeter geöffnet, sodass auf die üblichen Aufnahmeformalitäten verzichtet wurde und ich schnell in einen Raum gebracht wurde, in dem man mir die Epiduralanästhesie verabreichte und der Arzt meine Fruchtblase zum Platzen brachte. Belle kam zwanzig Minuten später um 18:23 Uhr laut schreiend auf die Welt.

So gewöhnlich und alltäglich neues menschliches Leben auch sein mag – selbst meine kleinen Kinder erkennen instinktiv, dass jedes neue menschliche Leben alles andere als gewöhnlich oder alltäglich ist, was sie dadurch zu erkennen geben, dass sie die Geschichten von ihren Geburten immer wieder hören wollen. Sie wissen, wie einzigartig jede ihrer Geburtsgeschichten ist und wissen somit auch die Großartigkeit ihrer Existenz zu schätzen. Selbst in ihrem zarten Alter fragen sie sich, wo sie waren, bevor sie auf diese Welt gekommen sind, und wie sie entstanden sind. Wir nennen das einfach nur banal das Wunder des Lebens.

Ein Wunder ist als etwas definiert, das nicht durch die Gesetze der Wissenschaft erklärt werden kann oder anderweitig im Widerspruch zu allen bekannten Regeln der natürlichen Welt steht. Insofern ist das Wunder des Lebens in gewissem Sinne gar kein Wunder. Die Gesetze der Wissenschaft können erklären, wie menschliches Leben entsteht – ich habe wöchentlich diese E-Mails von www.babycenter.com erhalten, in denen genau beschrieben wurde, was während meiner Schwangerschaft in meiner Gebärmutter geschah: Eizellen, die auf Spermien treffen, Zellen, die sich schnell teilen, so viele Organe, die sich bilden, so viele Systeme, die sich entwickeln. Das ist alles kein Geheimnis. Und doch ist genau das die Entstehung des Lebens: dieser undefinierbare Funke, der den Prozess in Gang setzt, der das Wunder ist. Und von da an müssen eine Million Dinge genau richtig laufen, die zu meinem Glück, soweit wir das sagen können – klopfen wir auf Holz –, bei meinen kleinen Mädchen tatsächlich richtig gelaufen zu sein scheinen. Dass diese eine Million Dinge sich exakt in der richtigen zeitlichen Abfolge ereignen, ist ein Wunder. Als ein Mensch, der blind geboren wurde, war ich besonders sensibel dafür, wie delikat dieser scheinbar so gewöhnliche Prozess ist und wie leicht eine Kleinigkeit schiefgehen und weitreichende Folgen nach sich ziehen kann. Vermutlich habe ich mir mehr Sorgen gemacht als die durchschnittliche werdende Mutter.

Diese Geburtsgeschichten wollte ich unbedingt aufschreiben, als ich 2013 erfuhr, dass ich Dickdarmkrebs im Stadium IV hatte. Es gab so vieles, was ich aufschreiben wollte, aber diese Geschichten waren mir am wichtigsten. Wer sonst sollte meinen Töchtern erzählen, wie ich ihre Finger und Zehen gezählt habe, um mich zu vergewissern, dass sie auch alle da waren? Wer sonst sollte den Zauber und das Wunder beschreiben, das es für mich war, sie zum ersten Mal zu sehen, ihre alienartigen Gesichter und ihre noch feuchte, weiche Haut, die seltsam nach mir und ihnen roch, ihre fast kahlen Köpfe, die in ihrer völligen Zerbrechlichkeit um Wärme und Pflege bettelten? Ich konnte es beim besten Willen nicht so sehen, dass ihre Existenz aus naturwissenschaftlicher und sachlicher Sicht etwas ganz Alltägliches, Normales war. Ich konnte sie nur als meine kleinen Wunder betrachten, so, wie es wohl jeder Mutter ergehen dürfte. Ich bewunderte den physischen Aspekt des Wunderwerks des Lebens, das Gefühl von Haut an Haut, die sich bewegenden Glieder, das schlagende Herz eines neuen Lebens auf der Welt, das Sekunden zuvor noch nicht da gewesen war.

Aber es gab noch mehr, was meine Kinder verstehen mussten, etwas, das nur ich ihnen erklären konnte – die nicht-physischen Aspekte, die wunderbaren Teile ihrer Geburtsgeschichten, die ihre ureigene Existenz, ihre Lebensgeschichte betrafen. Wer sonst sollte ihnen das wirklich wunderbare Zustandekommen ihrer Leben und meines Lebens, unserer Leben, verständlich machen, das untrennbar mit historischen und familiären Faktoren verflochten ist und von diesen geprägt wird, von Faktoren, die sich unserer Kontrolle entziehen? Wer sonst könnte ihnen erzählen, warum ihre Geburten für mich ein besonderes Wunder darstellten, warum sie, da sie von mir geboren worden waren, leicht gar nicht auf diese Welt hätten gekommen sein können, so wie ich selbst leicht hätte nach kurzer Zeit wieder von der Welt geschieden sein können?

Meine Eltern, meine Großeltern, vor allem meine Großmutter, sahen mich nicht als ein Wunder im physischen oder nicht-physischen Sinne des Wortes. Ganz im Gegenteil. Meine Existenz wurde als zutiefst mangelhaft angesehen, als ein grobes Versagen des Wunders des Lebens, das sich zu dieser vergessenen

Zeit und an diesem vergessenen Ort ereignete, als ein Gräuel, ein Fluch, ein Problem, das auf höchst drastische Weise angegangen werden musste.

Im Bus nach Da Nang, auf dem Weg zu dem Kräuterheiler, der mir etwas geben sollte, das mich für immer einschlafen lassen würde, drückte mich meine Mutter an sich und weinte leise. Sie streichelte mein Gesicht. Sie ist so schön, dachte sie. Warum muss ich sie töten? Sie betrachtete die Gesichter der anderen Fahrgäste und der Menschen, an denen sie vorbeifuhren, von denen sich keiner des Verbrechens bewusst war, das geschehen sollte. Alle lächelten und lachten und lebten fröhlich in den Tag hinein. Nichts von alldem ergab für meine Mutter einen Sinn. Ihre Tränen fielen wie Regen auf mich.

Aber der Kräuterheiler, der sich als Mann mit gutem Gewissen entpuppte, und meine Urgroßmutter, die befahl, mich in Ruhe zu lassen – „So, wie sie geboren wurde, wird sie leben" –, retteten mein Leben: eine Frau, an die ich mich kaum erinnern kann, und ein Mann, den ich nie kennengelernt habe. Und weil meine Urgroßmutter die ultimative Matriarchatin war (Mutter von fünf Söhnen und vier Töchtern und Großmutter und Urgroßmutter unzähliger Enkel und Urenkel), war ihr Wort in unserer Familie das höchste Gesetz. Es wurden keine weiteren Versuche unternommen, mein Leben zu beenden. Irgendwie habe ich trotz allem überlebt und bin groß geworden.

Und dann passierte das, was in den ersten Tagen meines Lebens unmöglich schien: Ich erlangte Sehkraft, so unvollkommen sie auch sein mag. Meine Mutter brachte mich in die UCLA, wo ein junger, ursprünglich aus Missouri stammender Kinderaugenarzt, der noch nie einen Fall wie meinen gesehen hatte, mich operierte und die Katarakte entfernte. Zuvor hatte er meine Mutter noch gewarnt und ihr gesagt, dass er nicht wisse, wie viel Sehkraft ich jemals würde erlangen können. Wäre ich in den Vereinigten Staaten geboren worden, wäre es eine einfache Angelegenheit gewesen. Aber ich war nicht in den USA geboren worden und somit war es überhaupt keine einfache Angelegenheit. Zu viele Jahre waren vergangen, in denen mich die Katarakte von der Welt abgeschirmt hatten. Dies hatte dazu geführt, dass mein Gehirn die Sehnervenbahnen vergessen hatte, die das Gehirn mit den Augen verbanden, und jetzt wusste mein Gehirn nicht, wie es diese Nervenbahnen nutzen sollte. Ich war vier Jahre alt und mein Gehirn wurde mit visuellen Informationen überflutet, die es nicht verarbeiten konnte. Es war zu spät, meinem Gehirn beizubringen, was ihm entgangen war, selbst die besten Korrekturlinsen konnten das nicht nachholen.

Aber es war mehr, als ich je gehabt hatte. Ich konnte Farben und Formen sehen, ich konnte alleine gehen, ich konnte mit visuellen Hilfsmitteln lesen und fernsehen. Mit der Zeit sollte ich lernen, mit der Sehkraft, die mir gegeben worden war, klarzukommen und trotz der starken Einschränkungen, unter denen ich litt, sogar aufzublühen. Eine relativ normale Kindheit in diesem neuen Land, Familie, Freundschaften, akademischer Erfolg, Stipendien, Elite-Hochschulen, eine steile berufliche Karriere, viel Geld, Weltreisen, ein gut aussehender Ehemann, zwei wunderbare Kinder – all das wurde ungeachtet dessen Wirklichkeit, was meine Großmutter mir in meinen frühen Kindheitstagen vorausgesagt hatte.

Manche mögen das, was mir und mit meinem Leben passiert ist, schon für sich genommen als ein Wunder bezeichnen – abgesehen von dem Krebs.

Ich denke viel über Wunder nach, aber nicht in dem Kontext, in dem in der „Krebs-Community" alle mit dem Wort um sich werfen, also in dem Sinne, auf eine wundersame Heilung zu hoffen. Irgendwie hatte ich das Unmögliche in meinem Leben erreicht. Als bei mir metastasierender Dickdarmkrebs diagnostiziert wurde, mögen also viele gedacht haben, wenn jemand eine Wunderheilmethode auftun könnte, dann doch wohl ich. Dieser Gedanke kam mir nie in den Sinn. Als ich erfuhr, dass ich unter einer lebensbedrohlichen Krebserkrankung litt, dachte ich vielmehr, dass meine Großmutter, die siebzehn Jahre zuvor gestorben war, aus dem Grab heraus irgendwie erneut versuchte, mich umzubringen. Ich hatte immer das Gefühl, schon lange bevor ich von dem Kräuterheiler erfuhr, dass ich von geborgter Zeit lebte, dass mein Leben bereits einmal gerettet worden war – zweimal, wenn man die Wiederherstellung meiner Restsicht als aufbauende Rettung mitzählt –, und dass niemandes Leben ein drittes Mal gerettet wird. Intuitiv weiß ich einfach, dass das Universum so funktioniert. Nein, ich habe nicht auf ein Wunder gehofft. Ich habe bereits mein Wunder erlebt und sogar noch etwas darüber hinaus bekommen. Ich habe eher über den Begriff des Wunders im Zusammenhang mit dem Leben selbst nachgedacht – dem Anfang und dem Ende des Lebens, dem Anfang und dem Ende meines Lebens, dem Anfang und dem Ende des Lebens eines jeden Menschen, dem Wunder des Lebens eines jeden Menschen.

Wenn ich mir vorstelle, dass ich all die Jahre von geborgter Zeit gelebt habe, wenn ich das Ganze so sehe, dass ich gar nicht hätte leben sollen, weiß ich umso mehr zu schätzen, dass meine bloße Existenz (und damit die meiner Kinder) ein Wunder ist und immer ein Wunder war. Und der Krebs, obwohl er mein Leben verkürzt und mir womöglich weitere vierzig Lebensjahre raubt, schmälert dieses Wunder in keiner Weise. Alles, was lebt, muss sterben. Sogar meine kleinen Kinder verstehen diese Grundregel der Natur. Manche sterben einfach nur früher als erwartet.

Und so muss das Wunder des Lebens für jeden von uns enden. Ich weiß, wie mein Wunder enden wird, und bin mir dessen schmerzlich bewusst. Und dieses Ende – wie es sein wird, wie es aussehen und sich anfühlen wird, der Prozess des Sterbens, die vollständige Antithese der Geburt, das Enträtseln, das Sich-Entfalten des Wunders des Lebens, wie viel von diesem Sich-Entfalten des Wunders des Lebens wir selbst beeinflussen und kontrollieren können, ob womöglich alldem eine gewisse Schönheit innewohnt, und wie viel davon ein chaotisches Sich-Auflösen der Fäden unseres Lebens ist, hässlich und dunkel – das sind die Fragen, die mich in den vergangenen fünf Jahren beschäftigt haben und mich besonders jetzt, da das Ende immer näher rückt, beschäftigen. Aber all dies ist für sich genommen ja auch ein Wunder.

Wir leben in einer Kultur, die das Ende des Wunders des Lebens fürchtet. Es ist dunkel, es ist beängstigend, es ist tragisch, insbesondere wenn der Tod als vorzeitig angesehen wird. Als ich die Diagnose erhielt, suchte ich nach anderen, denen es ging wie mir, um mit ihnen gemeinsam die Dunkelheit, die Angst und die Tragödie zu ergründen. Harte Wahrheiten zu verarbeiten und mich der Realität schonungslos zu stellen – das war schließlich die Rettung meines Lebens gewesen. Aber worauf ich angesichts einer verheerenden Diagnose stieß und immer noch stoße, das sind vor allem Verblendung, falscher Optimismus und aufgesetzte Heiterkeit mit dem Ziel, den Tod und alle damit verbundenen Ängste um jeden Preis zu ignorieren. Ich werde ständig mit Gemeinplätzen bombardiert, die aus dem Bedürfnis heraus entstehen, die Wahrheit zu umgehen, und von wohlmeinenden Familienangehörigen und Freunden an mich herangetragen werden, aber merkwürdigerweise vor allem von den Kränksten und den Betreuern der Kränksten: „Es gibt immer Hoffnung. Du musst optimistisch bleiben. Du musst weiterkämpfen. Es gibt keine andere Option." Ich knirsche mit den Zähnen, wenn ich dann denke: Tatsächlich gibt es einen Punkt, an dem es keine Hoffnung mehr gibt weiterzuleben. Das ist schlicht und einfach eine Tatsache. Im Ernst? Warum muss ich optimistisch bleiben? Ist irgendetwas falsch daran, pessimistisch zu sein? Und nein, es gibt immer eine andere Option, die Option, sich für den Tod zu entscheiden. Wie furchtbar! In der verbreiteten Denkweise über das Sterben ist das Ketzerei.

Da war die beliebte Bloggerin, die schrieb, dass sie aufgeregt gewesen sei, als sie die Diagnose erhielt, weil der Krebs eine weitere Herausforderung in ihrem jungen Leben darstelle und sie Herausforderungen liebe. Ich war nicht aufgeregt, als ich die Diagnose erhielt, und wenn diese Frau wirklich so empfunden hatte, war das alles Teil einer Lüge, die sie sich selbst erzählte, um zu leugnen, was in ihrem Körper passierte. Ein anderer beliebter Blogger, der nur noch wenige Wochen zu leben hatte, schien die Anzeichen, die voraussagten, dass es mit ihm zu Ende ging, nicht erkennen oder nicht akzeptieren zu wollen – den Gewichtsverlust, die von Tumoren befallene Leber, die fünf Hirnmetastasen. Er war selbst Klinikarzt, ein Krebsforscher, was das Leugnen und die Selbsttäuschung umso erstaunlicher machte. Die Hirntumore wurden bestrahlt. Wie er in seinem Blog berichtete, stürzte er aufgrund seines Gleichgewichtsverlusts, den er auf eine durch die Strahlung verursachte Entzündung zurückführte. Er schrieb, dass er warten wolle, bis die Entzündung abgeklungen sei und er dann wieder in der Lage sein würde, zur systemischen Behandlung zurückzukehren. Ich las das, sah mir Fotos an, die er einen Monat zuvor in sozialen Medien gepostet hatte, und wusste, dass es für ihn keine Rückkehr zur systemischen Behandlung geben würde. Für ihn war das Ende nahe.

Diejenigen von uns, die mit der Welt des Krebses vertraut sind, die genug ihrer Freunde sterben sahen, erkannten, wie nahe er dem Tod war. Er selbst schien das nicht sehen zu können und hielt sowohl sich selbst gegenüber als auch seinen naiveren Blog-Lesern gegenüber an seiner Selbsttäuschung fest. Ich war und bin angewidert von der Lügerei. Vielleicht ist die Lüge für viele der einzige Weg, den Tag zu überstehen und dem Tod gerade nicht ins Auge zu sehen, aber ich wusste, dass ich nicht zu diesen Menschen gehörte. Ich wollte meinem Tod aufrichtig begegnen, ohne mir etwas vorzumachen, mit weit geöffneten Augen, mit Einsicht und Mut, selbst inmitten der Angst, und, wie ich hoffte, mit ein bisschen neu gewonnener Weisheit. Und so begann ich auf der Suche nach meiner Wahrheit mit dem Schreiben, um zu verstehen und die Weisheit darüber zu erlangen, was es bedeutet zu leben und zu sterben, was es bedeutet, sein Leben zu genießen und das Wunder unseres eigenen Lebens bewusst zur Entfaltung zu bringen. Ich stieß auf so viele andere, die insgeheim nach ihrer eigenen Wahrheit suchten, die mit mir nicht nur die Dunkelheit, die Angst und die Tragödie, sondern auch die Freude und Schönheit des Lebens und Sterbens ergründen wollten.

Der Beginn des Lebens, die Entwicklung des Fötus im Mutterleib und dann sein Eintritt in die Welt, ist ein Wunder und mit Schönheit verbunden. Wie bedauerlich es ist, dass uns allen die Erkenntnis fehlt, diese Schönheit zu würdigen, die die Schöpfung unseres individuellen Wunders des Lebens ist. Ich hätte meine eigene Schöpfung und meine Geburt liebend gerne miterlebt. Jetzt muss ich meinen eigenen Tod miterleben. Ich habe die Erkenntnis, dass ich sterben werde, beziehungsweise ich hoffe, dass mir diese Erkenntnis, angesichts dessen, wie furchtbar diese Krankheit fortgeschritten ist, erhalten bleibt und dass die komplexe Funktionsweise meines Gehirns die letzte meiner Körperfunktionen sein wird, die abgeschaltet wird. Es ist schwer, im Sterben irgendeine Schönheit zu erkennen, irgendein poetisches Ende für das Wunder meines Lebens.

Vor sieben Monaten scheiterte bei mir die zweite klinische Studie, an der ich teilgenommen habe, und somit die dritte experimentelle Behandlung, der ich mich unterzogen habe. Es war besonders verheerend, weil die getestete Methode sich einige Monate lang als sehr wirksam erwiesen hatte – und dann wirkte sie auf einmal nicht mehr. Die Aufnahmen zeigten eine Verdoppelung oder sogar Verdreifachung bestimmter Bauch- und Beckentumore, ein klares Vorzeichen für Obstruktionen und Blockaden und schließlich den Tod durch Verhungern, falls meine Lunge oder meine Leber nicht schon vorher unter dem Befall durch die Tumore versagten. Ich war sicher, dass ich innerhalb einiger Monate tot sein würde. Das war die Prognose, die mir mein Onkologe nach einer fünfminütigen Erklärung gab. Ein kleiner Teil von mir war erleichtert, dass die Qualen ein Ende haben würden und ich mich endlich auf das nächste Abenteuer einlassen könnte. Aber die meiste Zeit des Sommers, der mein letzter Sommer sein würde – des Sommers 2017 – verbrachte ich damit, intensiv zu trauern. Ich weinte zwei Wochen lang jeden Tag und wurde mir zum x-ten Mal mit einer erneut in mir hochkommenden, intensiven Traurigkeit all der großen und kleinen Momente bewusst, die ich im Leben meiner Töchter verpassen würde – die Abschlussfeiern, die Hochzeiten, die Musikaufführungen, Streits mit Freundinnen und Freunden – und all der geplatzten Träume, die mein Mann und ich einst gehabt hatten – im Ruhestand ein Ferienhaus in der Toskana oder weitere Reisen. Man hätte meinen können, dass mich all das in den vorausgegangenen vier Jahren nie betrübt hätte.

Aber es gab etwas Neues, das ich wirklich zum ersten Mal betrauerte, während ich spürte, wie der Zustand meines Körpers sich beispiellos verschlechterte, welcher nach vier Jahren ständiger Operationen, Chemotherapie, Bestrahlungen und anderer experimenteller Behandlungen darum kämpfte, weiter zu funktionieren. Das Fortschreiten des Krebses war eine unbestreitbare Tatsache. Ich hatte trotz der Opiate so starke Bauchschmerzen, dass ich nur noch gebückt gehen konnte. Da der Krebs sich auf meine Gebärmutter und meine Vagina ausgebreitet hatte, hatte ich ständig Blutungen, die mich visuell an den Krebs erinnerten. Aufgrund meiner allgemeinen Schwäche ging ich während der kurzen Fahrstuhlfahrten hinauf zur Etage unserer Wohnung oder nach unten gern in die Hocke, wenn sonst niemand da war. Ein zweiminütiger Gang zur Bank wurde zu einem extrem anstrengenden Ausflug, der erst mentale Vorbereitung und dann körperliche und mentale Ausdauer erforderte. Und was mein Essen anging – nun ja, das war besonders beunruhigend. Ich hatte immer total gerne gegessen, selbst nach jahrelanger Chemotherapie liebte ich diesen fundamentalen lebensbejahenden Akt. Und jetzt konnte ich weder den Anblick von Nahrungsmitteln ertragen, noch konnte ich die Energie aufbringen oder kam in mir der Wunsch auf zu kochen. Dabei hatte ich das Kochen früher immer geliebt.

Die Verweigerung der Befriedigung dieses Grundbedürfnisses und der Lebensfreude durch meinen Körper war zweifellos ein Zeichen für seinen Wunsch, nicht mehr leben zu wollen. Früher war ich so stark gewesen, auf natürliche Weise muskulös, und ich habe diese natürliche Kraft auch noch durch häufiges intensives Training gestärkt. Früher schleppte ich dreißig Pfund Lebensmittel von Trader Joe's auf dem Rücken. Ich konnte ein Baby auf dem Rücken und das andere auf den Armen tragen und mit ihnen die Treppen hoch- und runtergehen. Was ist geschehen mit dieser Frau? Sie wurde zu einer immer stärker verblassenden Erinnerung und ich war traurig darüber. Nicht wegen meinen Töchtern oder meinem Mann, sondern ich trauerte schlicht und einfach um mich selbst. Denn ich wurde mir dessen bewusst, dass ich den Menschen verlor, der ich einst gewesen war und den ich geliebt hatte, und dass diese sterbende Frau, diese Frau, die immer schneller alterte, eine hässliche, immer dünner werdende Kreatur, ihren Platz einnahm. Während ich mich darauf vorbereitete zu sterben und die unsichtbare Mauer zwischen mir und den Lebenden immer dicker und höher wurde, betrauerte ich meinen eigenen bevorstehenden Tod in einer immer kleiner werdenden Blase der Isolation, der Einsamkeit und der Dunkelheit.

Aber dann, als der Sommer der Trauer vorbei war, verschob sich meine Perspektive, eine Art Frieden kam über mich. Ich war traurig, meinen Mann

Epilog

Von Joshua Williams

Ich möchte als Erstes sagen, dass ich ein Mensch bin, der sehr viel mehr Wert auf seine Privatheit legt, als Julie das getan hat. Ich glaube nicht, dass mir je in den Sinn gekommen wäre zu tun, was sie getan hat – einen Bericht über ihr Leben und ihre Krankheit zu hinterlassen, der alles bloßlegt und so viele Menschen an ihrer Geschichte teilhaben lässt. Aber ich habe natürlich so bedingungslos an sie geglaubt und sie so hingebungsvoll geliebt, dass ich von der Richtigkeit ihres Tuns überzeugt war und es gut fand, dass sie das alles aufgeschrieben hat. Und ich habe meine persönlichen Gefühle zur Seite gestellt, egal, wie hart es auch manchmal war, ihren Bericht zu lesen.

Und somit erfülle ich nun ihren Wunsch und verfasse das Ende dieser Geschichte.

Ich schreibe diese Zeilen in unserem Traumzuhause, ja, in dem Zimmer, in dem Julie gestorben ist.

In diesem Zimmer stand ihr Sterbebett, hier hat sie ihre letzten Worte gesprochen, hier hat der Krebs sie schließlich besiegt. Seit jenem Morgen des 19. März 2018, einem hellen Spätwintermorgen, sind vier Monate und drei Tage vergangen. Vor jenem Tag herrschte in diesem Zimmer so viel Leben. Julie hat die beiden Wohnungen zusammengelegt, wodurch das wunderschöne Zuhause entstanden ist, das sie uns erschaffen hat – obwohl sie während der kompletten Umbauarbeiten krank war. Dieses Zimmer war unser großes Schlafzimmer. Hier, in diesem von Sonnenlicht durchfluteten

Zimmer, von dem aus man die Freiheitsstatue sieht, wurden Mia und Isabelle gezeugt. Aus diesem Zimmer sahen wir einige der atemberaubendsten Sonnenuntergänge New Yorks, und in diesem Zimmer führten wir einige unserer intimsten Ehegespräche. Hier blickten wir voller Zuversicht in die Zukunft und planten gemeinsam unser Leben.

Am Ende war es in diesem Zimmer, in dem wir unser Bestes gaben, Julie ihre letzten Tage so angenehm wie möglich zu machen.

Während des ganzen vergangenen Jahres hat Julie uns schrittweise verlassen. Die Metastasen wuchsen überall. Im späten Herbst litt sie wiederholt an Lungenentzündung und in ihrer Lunge wurde ein neuer Tumor entdeckt, der so groß war wie ein Pfirsich. Sie ließ ihn bestrahlen, um Zeit zu gewinnen. Dennoch wussten wir an Thanksgiving, dass es ihr letztes Thanksgiving sein würde. Weihnachten würde ihr letztes Weihnachten sein. Ihr Geburtstag Anfang Januar 2018 würde ihr letzter Geburtstag sein. Ihr körperlicher Verfall beschleunigte sich und im Endstadium metastasierenden Krebses, einem Stadium, das als „aktives Sterben" bezeichnet wird, entweicht das Leben stündlich aus einem, die Schmerzen wachsen exponentiell. Die Mitarbeiter des Hospiz-Teams mussten die Dosen der Schmerzmittel bis zu einem kaum vorstellbaren Level erhöhen, um es Julie so erträglich wie nur irgend möglich zu machen.

Montag, der 26. Februar – exakt drei Wochen vor Julies Tod –, ist ein Tag, der mich für alle Zeiten verfolgen wird. Da es ihr immer schlechter ging, bekam sie eine unglaubliche Menge an Schmerzmitteln verabreicht, und während des Wochenendes, das diesem Montag vorausgegangen war, bemerkte ich zum ersten Mal, dass Juli nicht mehr ganz klar bei Verstand war. Das schockierte mich zutiefst. Und zwar nicht nur, weil es mir schließlich die furchtbare Wahrheit vor Augen führte, dass ihr Leben beinahe vorüber war, sondern auch, weil sie, ungeachtet dessen, wie sehr ihr Körper sie auch im Stich gelassen hatte und wie brutal bestimmte Behandlungen auch gewesen sein mochten, im Kopf immer absolut klar geblieben war. Zu sehen, dass Julie Schwierigkeiten hatte zu sagen, welcher Tag war, zu sehen, dass sie mit Namen durcheinanderkam, sie mit einer flüsternden Stimme sprechen zu hören, die so ganz und gar nicht ihre Stimme war – all das war schon für sich genommen absolut niederschmetternd. Ich versuchte die Panik, die in mir aufstieg, zu unterdrücken, suchte in ihrem Handy nach möglicher Hilfe und sah, dass sie genau für den Nachmittag jenes Tages einen Termin mit ihrem Palliativteam im Memorial Sloan Kettering Cancer Center vereinbart hatte.

Als wir die Klinik erreichten, hatte Julie sich wieder gesammelt und war wieder normal. Wir saßen gemeinsam in dem kleinen Zimmer im MSKCC und warteten darauf, zu Dr. R. S. hereingerufen zu werden, dem Leiter ihres Palliativteams. Als auf die Schmerzbehandlung spezialisierter Onkologe findet Dr. R. S. in jedem Krankenzimmer, das er betritt, einen Notfall vor. Und dennoch ist er ein Mann, der ausnahmslos Freundlichkeit ausstrahlt. Er nahm mich im Flur zur Seite und sagte mir behutsam, dass es „eine Frage von Wochen, nicht von Monaten" sei. Wie sich herausstellte, hatte er Julie das Gleiche gesagt und als ich zurück in den Untersuchungsraum ging, in dem sie noch auf dem Untersuchungstisch saß, trafen sich unsere Blicke und wir sahen uns in einer Weise an, die ich nie vergessen werde. Mit diesem einen Blick und ohne ein Wort zu verlieren, wussten wir beide, dass es vorbei war.

Dr. R. S. und sein Team schickten Julie direkt ins Krankenhaus. Es sollte ihr letzter Krankenhausaufenthalt sein. Ich erinnere mich daran, wie sie im Untersuchungsraum weinte und sagte, dass sie nach Hause wolle, um mit den Mädchen, Chipper und mir zusammen zu sein. Julie bricht weiß Gott nicht leicht in Tränen aus, und so sah ich meine vorrangige Aufgabe zu jenem Zeitpunkt darin, sie einfach nur nach Hause zu bringen, ganz egal, was dafür erforderlich war. Sie hatte diesen Abschnitt ihrer Krankheit minutiös geplant und in diesem Plan kam nicht vor, an Maschinen angeschlossen in einem Krankenhauszimmer zu liegen. Sie wollte hier sterben, zu Hause, in diesem Zimmer.

Doch als Erstes mussten ihr Onkologe und ihr Palliativteam ihre Schmerzen unter Kontrolle bekommen und ihren sich schnell verändernden Zustand beurteilen. Es galt festzulegen, wie sie, ohne ihr intravenös Medikamente verabreichen zu können, was nur im Krankenhaus möglich war, sicherstellen konnten, dass ihre letzten Tage erträglich werden würden. Der behandelnde Arzt sagte uns ohne Umschweife: „Bestellen Sie das Hospiz-Team zu sich nach Hause. Schnell. Treffen Sie die letzten Vorbereitungen. Sofort."

Am Morgen nach ihrem Krankenhausaufenthalt war Julie von den Opioiden benebelt, was bedeutete, dass ihre Wahrnehmungsfähigkeit nur gerade so der einer normalen Erwachsenen entsprach. Und ihr standen Tränen in den Augen. Mir auch, denn uns wurde klar, dass uns das Ende, mit dem wir uns während dieser fünf qualvollen Jahre hatten befassen müssen, gegen das wir angekämpft hatten und dem wir uns nicht hatten ergeben wollen, nun bevorstand. „Wie kann ich sterben?", fragte sie eindringlich. „Wie kann ich im Begriff sein zu sterben?" Unter Schluchzern wiederholte sie diese Fragen an jenem Morgen wieder und immer wieder. Die Worte dieser Fragen nahmen jede nur erdenkliche Bedeutung an – sie waren sowohl philosophisch als auch auf den konkreten Vorgang des Sterbens bezogen. *Wie kann es angehen, dass das ausgerechnet mir passiert?*, schien sie zu fragen. Und wie funktioniert das Sterben im praktischen Sinn? *Wie mache ich das?* Es waren natürlich durchaus logische und vernünftige Fragen, sehr typische Julie-Fragen, und in jenem Moment die einzigen Fragen, über die wir noch nachdenken konnten. Denn für alles andere hatte Julie bereits gesorgt.

Sie hatte für mich und die Mädchen alles vorbereitet und sich bis ins letzte Detail um alles gekümmert, nur um eins nicht: Wie sollten wir ohne sie weiterleben?

Während ich hier in diesem Zimmer sitze, in dem sie so leidenschaftlich gelebt hat, kann ich sagen, dass es auf diese Frage keine gute Antwort gibt. Und ich vermute, dass es auch nie eine geben wird.

Die Sache, die mitzuteilen mir am meisten am Herzen liegt, ist, dass Julie genauso gestorben ist, wie sie sterben wollte. Sie war von den Menschen umgeben, die sie auf dieser Welt am meisten geliebt hat – ihren Eltern, ihrer Schwester Lyna, ihrem Bruder Mau, ihren geliebten Cousinen Nancy und Caroline, meinen Eltern und meinen Schwestern und natürlich von Mia, Isabelle und mir. Eine Woche vor dem Ende, am Abend des 12. März, luden wir alle möglichen Menschen, die sie während ihrer verschiedenen Lebensabschnitte ein Stück weit begleitet hatten, zu uns nach Hause ein und hielten eine Nachtwache ab, genauso, wie sie es sich gewünscht hatte. Sie lag auf dem Sofa im Wohnzimmer, während Mother Kate aus unserer Kirchengemeinde Gebete anstimmte und Momente der Andacht einleitete und jeder der Anwesenden Geschichten aus Julies Leben erzählte – von ihrem Leben als Studentin, als unerschütterliche Weltreisende, als eine Mutter an der Schule, als unter Krebs leidende Mitpatientin, als Autorin –, und wir lachten und weinten und aßen und tranken. Alle außer Julie aßen, um genau zu sein. Sie hatte aufgehört zu essen und sollte nie wieder essen.

Während der Nachtwache kam das Hospiz-Team mit ihrem Krankenbett und stellte es diskret in dem Zimmer auf, in dem ich jetzt sitze. Es war die erste Nacht, die Julie in diesem Bett verbringen sollte, womit die Nacht davor die letzte Nacht war, die wir gemeinsam im gleichen Bett geschlafen hatten.

Wenn ich sage, dass ich eine entsetzliche Angst vor dem hatte, was kommen würde, vermittelt das nicht die umfassende Tiefe dieses Gefühls, aber gleichzeitig wünschte ich mir auch innig, dass Julies Leiden ein Ende haben möge – nun ja, mit Worten vermag ich die Dimension dieses Moments einfach nicht zu beschreiben. Doch diese widersprüchlichen Gefühle, die ich verspürt habe, geben Ihnen vielleicht eine Vorstellung von der Verwirrung, die der unmittelbar bevorstehende Tod des wichtigsten Menschen, den es für einen im Leben gibt, auslösen kann. Wenn man so krank ist, wie Julie es war, kann Erlösung ein Akt der Gnade sein.

Nichts bereitet einen auf das vor, was nach dem Tod passiert.

Anfangs schützt einen eine Taubheit vor dem niederschmetternden Sich-Bewusst-Werden darüber, dass das, was passiert ist, für immer gilt. Deshalb war das Leben in den ersten Wochen, ja sogar Monaten nach Julies Tod von einer schrillen Leichtigkeit geprägt. Es kamen keine weiteren Hiobsbotschaften mehr, der nicht enden wollende Alptraum einer tödlichen Krankheit war vorbei. Das furchtbare Erlebnis, mit ansehen zu müssen, wie der von allen auf der Welt am meisten geliebte Mensch entsetzlich leidet, war abrupt beendet. Fünf Jahre des Wahnsinns und der Angst waren auf einmal vorbei. Zu sagen, dass es unerwartet kam und schwer zu verstehen war, Glück und sogar Momente wirklicher Freude zu verspüren, wenn sich Vorstellungen einer Zukunft für mich, Mia und Belle in mein Bewusstsein schlichen, wäre stark untertrieben. Diese Gefühle zu verspüren, schockierte mich, und als der Frühling anbrach, fand ich mich dabei wieder, im Fort Greene Park lange Spaziergänge zu machen und mir zu erlauben, all das zum allerersten Mal wirklich zu verarbeiten. In der permanenten Alarmbereitschaft zu leben, die mit einer tödlichen Krankheit einhergeht, lässt einem keine Chance, etwas zu verarbeiten. Stattdessen lebt man von einem Moment zum nächsten, von einem Tag zum nächsten und vielleicht noch von einer Woche zur nächsten. Jenseits dessen gibt es keine Zukunft. Und dann war da auf einmal eine Zukunft, die sich ganz allmählich vor uns ausbreitete.

Im ersten Moment war das überraschend und eine ziemliche Erleichterung. „Es ist nicht so furchtbar", dachte ich mehr als einmal. Und dann lässt die betäubende Wirkung des Traumas ganz plötzlich nach und der tiefe

Schmerz über den dauerhaften Verlust beginnt sich in einem breitzumachen. Dieses Stadium trat zwei Monate nach Julies Tod ein, und ich erkenne diesen Moment inzwischen als denjenigen, in dem die wirkliche Trauer begann. Ich war vor Trauer eine Zeit lang völlig gelähmt, eine Flut unverarbeiteter Gefühle überkam mich, ich wurde von Reue, Selbstzweifeln und einem teuflisch an mir nagenden schlechten Gewissen heimgesucht.

Eine der wirklich segensreichen Gewohnheiten meines Lebens ist, dass ich nahezu jeden Sonntag eine Stunde lang mit meinem Vater telefoniere. Ich bin sehr froh, immer auf seinen weisen Rat zählen zu können. Als das ganze Gewicht dessen, was passiert war, mich traf, rief ich ebenfalls meinen Vater an.

Das schlechte Gewissen und das Gefühl, nicht genug für Julie getan zu haben, zerriss mich förmlich, und mir machte eine Flut von Gedanken zu schaffen, die zwar alle nicht übermäßig rational waren, mich jedoch regelrecht verzehrten. Ich musste immer wieder an das Jahr 2013 zurückdenken und sah vor meinem inneren Auge Bilder von Julie in jenem Frühling unmittelbar vor der Diagnose und bewunderte ihre Schönheit, ihre Jugend, ihre Lebenslust und ihre ungetrübte Freude angesichts der grenzenlosen Möglichkeiten, die damals noch vor ihr zu liegen schienen, auch wenn ich heute weiß, dass damals bereits ein Killer sein Unwesen in ihr trieb.

Ich sagte zu meinem Vater: „Mein schlechtes Gewissen frisst mich auf. Ich glaube, ich habe es verbockt. Ich fürchte, ich habe nicht genug getan, um meine Frau zu retten. Ich hätte schon 2010 oder 2011 sehen müssen, was mit ihr los war. Aber ich habe es nicht gesehen. Ich habe Julie gegenüber versagt."

Und mein Vater erwiderte im Wesentlichen: „Du glaubst, du verfügst über so eine Fähigkeit, richtig? Aber in Wahrheit gibt es nichts, was du hättest tun können. Du magst dich nie damit abfinden können, dass Julie jung und lebenslustig war, aber zugleich bereits zum Sterben verdammt – dass es bereits von Anfang an zu spät war. Aber um deiner selbst willen, um der Mädchen willen – um Julie willen – musst du zumindest versuchen, dich damit abzufinden."

Der Tod war gesetzt gewesen. Julies Tod war unvermeidlich gewesen. Zu meinen, etwas beeinflussen zu können, war eine Illusion gewesen. Alles andere – der Kampf, der Versuch, die Chancen zu erhöhen, das Einholen einer zweiten, dritten und vierten Meinung, die klinischen Studien, die alternativen Therapien und so weiter und so fort – war nichts anderes gewesen als die Befolgung der Rituale, die auf dem Weg zum Unvermeidlichen verstreut gewesen waren.

Aber diese Botschaft – *Krebs tötet* – ist kaum eine Offenbarung. Eine Offenbarung ist eher, wie Julie auf ihr Schicksal reagiert hat. Dafür, dass sie blind auf die Welt gekommen ist, hat sie klarer gesehen als wir. Indem sie sich der bitteren Wahrheit gestellt hat, unter einer tödlichen Krankheit zu leiden, nie den Blick von dieser Wahrheit abgewendet oder Zuflucht in irgendwelchen Fantasien gesucht hat, hat sie ihr Leben zu einer Lektion für uns alle gemacht, zu einer Lektion darüber, wie man in vollen Zügen lebenslustig und aufrichtig lebt.

Trotz meines Glaubens an die Zahlen – als ich im Sommer 2013 nach Julies erster Operation in dem abgedunkelten Aufwachraum saß und mich auf meinem leuchtenden iPad in die verfügbaren Studien über Überlebensraten bei Patienten mit Krebs im Stadium IV vertiefte –, an Zahlen, die sich auf so brutale Weise als zutreffend erwiesen haben, mochte ich diesen Zahlen dennoch nicht glauben und mich ihnen nicht ergeben. Und trotz Julies Glaubens an die Macht des Nichtgreifbaren, die ihr ganzes Leben erst möglich gemacht hatte, glaubte Julie immer an die Wahrheit, worin auch immer diese Wahrheit bestehen und wohin auch immer sie führen mochte. Sie mochte ein wenig an Magie geglaubt haben, aber sie hat sich nie magischem Denken hingegeben.

Und somit war der Rat meines Vaters in einem schwierigen Moment ein willkommener Balsam. Letzten Endes gab es nichts, was hätte getan werden können. Außerdem war es letzten Endes auch für Julie ein Glaubensgrundsatz, das Unvermeidliche anzuerkennen, und abgesehen davon, dass sie Mia und Isabelle zurücklassen musste, bereute sie absolut nichts. Im Zuge dieser Erfahrung beschlossen wir gemeinsam, uns der Realität zu stellen, insbesondere in Anbetracht der in der „Krebsgemeinschaft" verbreiteten Neigung, die Realität zu leugnen. Aber Julie war ein Vorbild, was das Anerkennen der Realität anging. Während unseres Zusammenlebens habe ich viele Lektionen von ihr gelernt, doch diese war die wichtigste: Das Anerkennen der Realität bringt wirkliche Weisheit und Frieden. Im Gegenzug ist das Leugnen der Realität eine Verweigerung dem Leben gegenüber.

Julie war mit mehr bitteren Wahrheiten konfrontiert als jeder Mensch, den ich je kennenlernen werde. Mit mehr bitteren Wahrheiten, als andere sie in drei Leben zusammengenommen erleben würden. Somit war sie in der Tat schon lange, bevor der von ihrer Großmutter geerbte Darmkrebs ihr im Alter von siebenunddreißig Jahren das Leben schwer machte, sehr weise. Durch ihr Schreiben verarbeitete sie ihr eigenes Leben des Kämpfens, dadurch entstand Empathie und sie stellte einer immer größer werdenden Gemeinschaft von Menschen, die ihre eigenen Lebenskämpfe führten und sich ihren eigenen bitteren Wahrheiten stellen mussten, die passenden Worte zur Verfügung.

Als sie sich darüber Gedanken machte, was dieses Buch am meisten sein sollte, schrieb sie einmal:

> In dem Maße, in dem mein Buch nicht nur die Wahrheit darüber erzählt, wie es ist, Krebs zu haben, sondern auch die Wahrheit über die menschliche Erfahrung im Allgemeinen erzählt, wünsche ich mir, dass Menschen in der Lage sind, durch Schreiben zu sich selbst zu finden. Und ich wünsche mir, dass sie sich, indem sie dies tun, dessen bewusst werden, dass sie in ihrem Leiden nie alleine waren und nie alleine sein werden. … Ich wünsche mir, dass sie in den wertvollen, verzwickten und verschlungenen Begebenheiten, die Bestandteile meines Lebens waren, Wahrheit und Weisheit finden, die ihnen durch ihre Freuden und ihren Kummer und durch ihr Lachen und ihre Tränen helfen und ihnen Trost spenden.

Und somit stelle ich mich jetzt meiner eigenen bitteren Wahrheit. Und das hat in einem großen Maße damit zu tun, Julies Vermächtnis in Papierform zu bringen und eine Erinnerung an ihr außergewöhnliches Leben zu erschaffen. Meine Aufmerksamkeit darauf zu richten, dafür zu sorgen, dass ihre Geschichte in Erinnerung bleibt, damit sie weiterlebt, fühlt sich wie eine sehr sinnvolle Aufgabe an. Es ist wie ein Weg, mich mit der Trauer auseinanderzusetzen, die Erinnerungen heraufzubeschwören und mich mit der Tatsache zu arrangieren, dass sie, auch wenn sie gestorben ist, immer weiterleben wird, hier, in der ewigen Gegenwart, und mich und ihre Töchter und auch Sie an die Hand nehmen und Ihnen eine unglaublich erstaunliche Geschichte erzählen wird. Dies wird umso wichtiger, da die Tage und die Jahre und die Jahrzehnte sich unweigerlich anhäufen und uns alle den Fluss mit hinunterziehen und die Erinnerungen zunehmend verblassen. Wenn ich daran denke, dass dies passiert, bin ich noch dankbarer dafür, dass Julie alles aufgeschrieben hat.

und meine Töchter zu verlassen, aber ich empfand auch noch etwas anderes: Ehrfurcht vor dem, was mit meinem Körper geschah. Ich hatte nicht zusehen können, wie ich geboren wurde, aber ich konnte mit offenen Augen zusehen, wie ich starb. Und das ist nicht weniger ein Wunder als jedes andere. Es ist schwer, die Schönheit des Sterbens zu entdecken, aber ich habe es gelernt. Und ich lerne es immer noch.

Meine Großmutter starb, als ich zwanzig Jahre alt war, es brach mir das Herz, weil ich sie so sehr liebte. Meine Mutter erzählte mir, dass meine Großmutter mich sehr lange gehasst hatte, dass sie mich erst zu lieben lernte, als wir schon lange in diesem Land lebten und ich ein wenig Sehkraft erlangt hatte. Das Merkwürdige ist, dass ich, als ich aufwuchs, nie darauf gekommen wäre, dass meine Großmutter mich hasste. Sie war allen ihren dreizehn Enkelkindern eine wunderbare Großmutter. Sie kochte wöchentliche Festessen für uns, rief uns ständig an, um zu fragen, ob wir schon gegessen hätten, und kam vorbei, um unsere Wäsche zu falten. Irgendwann hatte sie im Leben von uns allen bei unserer Erziehung ihre Hand im Spiel gehabt und sich um uns gekümmert. Im Sommer vor ihrem Tod (niemand, auch nicht sie selbst, wusste, dass sie sterben würde) gingen sie und ich manchmal in der Kühle der untergehenden Sonne spazieren, und dann umfasste ihre Hand meinen Ellbogen. Ich war mir nie sicher, ob sie mich als Stütze benutzte oder ob sie dachte, sie würde mich führen; vielleicht war es ein bisschen von beidem. Sie begleitete mich zum Flughafen, als ich zu meinem Abschlussjahr am College aufbrach – das hatte sie noch nie zuvor getan. Ich erinnere mich, dass es mich ein wenig nervös machte, nach einem Jahr Auslandsstudium ans College zurückzukehren und dass mir leicht übel war, weshalb ich den Kopf auf der Rückbank des Autos an ihre Schulter legte, während mein Vater zu dieser frühen Stunde die Autobahn entlangraste. Ich erinnere mich, dass ich sie umarmte und ihr sagte, dass ich sie Weihnachten wiedersähe, und dass sie mir zum Abschied zuwinkte, als ich das Flugzeug bestieg.

Sieben Wochen später flog ich nach Hause, um während ihrer letzten Tage an ihrem Krankenhausbett zu sitzen. Ihre Haut hatte sich gelblich verfärbt, ihr Körper war aufgedunsen, und sie konnte nicht mehr sprechen. Sie war von ihrer riesigen Familie umgeben. Ihre Schwiegertöchter verbrachten abwechselnd die Nächte mit ihr, damit sie nie allein war. Ich war von all der Liebe, die sie umgab, sehr gerührt. Meine Großmutter hatte etwas Besonderes an sich, etwas, das die Menschen zu ihr hinzog, selbst in ihren dunkelsten Tagen.

Ich versuchte vergeblich, für die Halbjahresprüfungen zu lernen, während ich mich noch intensiver bemühte, diesen ersten bevorstehenden Tod eines Menschen zu verarbeiten, den ich wirklich liebte. Gleichzeitig versuchte ich, diese dezimierte Frau, die nur Tage davon entfernt war, diese Welt zu verlassen, mit der dominanten Frau in Einklang zu bringen, die ich gekannt hatte, die ihr kleines Dorf als Mädchen verlassen hatte, um mit dem Boot in ein fremdes Land zu fahren, in dem ein Junge, den sie noch nie gesehen hatte, darauf wartete, sie zu heiraten. Diese Frau, die nie lesen gelernt hatte, aber durch ihre Söhne und ihre Enkelkinder all den Erfolg erlangt hatte, den sie sich je erträumt hatte, diese Frau, die so einen eisernen Willen hatte, dass sie sich auf dem Fischerboot, das uns von Vietnam wegbrachte, nicht ein einziges Mal übergeben hatte, nicht einmal, als alle anderen um sie herum über der Reling gehangen hatten.

Am Ende des vierten Tages meines Besuchs ging ich zu ihr, um mich von ihr zu verabschieden, denn ich wusste, dass ich sie, wenn ich sie an jenem Abend verlassen haben würde, nicht mehr lebend sehen würde. In ihrem Krankenzimmer waren ihre Kinder und Enkelkinder versammelt. Ich nahm ihre Hand – sie war zu warm und trocken wie Reispapier. Ihre Augen blieben geschlossen, wie sie es jetzt die meiste Zeit waren. „Ich muss mich morgen auf den Rückweg zum College machen, Oma", sagte ich in unserem chinesischen Dialekt. Ich war nicht sicher, ob sie mich hören konnte oder ob sie überhaupt wach war. Dann wechselte ich ins Englische, weil mir die Worte auf Chinesisch fehlten, aber ich wusste, dass sie mich im Großen und Ganzen verstehen würde. „Ich habe dich sehr lieb, Oma. Und ich werde dich sehr vermissen. Und ich werde dich stolz auf mich machen, das verspreche ich dir." Ich legte ihre Hand unter Tränen zurück auf ihren Bauch, wandte mich ab, verließ das Zimmer und suchte mir im Flur eine Ecke, in der ich alleine weinen und trauern konnte. Ich hörte das plötzliche Schluchzen der Anwesenden im Krankenzimmer kaum, als mein Vater mich an der Schulter packte und mich drängte, meine Großmutter noch ein letztes Mal zu sehen. Sie hatte die Hand erhoben und winkte damit wie zum Abschied ganz langsam hin und her. Wie viel Energie dieser einfache Akt sie gekostet haben muss und wie schmerzhaft er gewesen sein muss, kann ich nur erahnen. Es war ihre letzte Geste der Liebe, diese Erkenntnis ließ mich im Nachhinein noch Tage, Monate und Jahre weinen.

Ich habe die Jahre seit meiner Diagnose damit verbracht, zu trauern und die Dunkelheit zu erkunden, aber ich habe mich auch in der Liebe und der Anteilnahme gesonnt, die mir, ähnlich wie meiner Großmutter, entgegengebracht wurden. Ich habe meine Familie, und sie mich, viel mehr geliebt, als wenn ich nicht krank geworden wäre. Wir haben gelernt, in einer Vertrautheit miteinander zu kommunizieren, die ich im Traum nicht für möglich gehalten hätte, wenn mein Leben so verlaufen wäre, wie ich es geplant hatte. Aufgrund der Ehrlichkeit, auf der ich angesichts meines bevorstehenden Todes bestehe, zeigen meine Töchter eine emotionale Reife und ein Mitgefühl und wissen das Leben in einer Weise zu schätzen, wie man es bei Kindern ihres Alters selten findet. Wir sind viel und weit gereist, ich habe die Vergrößerung und den Umbau unseres schönen Zuhauses beaufsichtigt, in das meine Kinder während der kommenden Jahre hineinwachsen werden. Ich habe mich auch über ganz gewöhnliche Dinge gefreut, die andere für selbstverständlich halten oder sogar ungerne tun – Kochen, zu Elternabenden gehen, die Kinder dazu anhalten, Hausaufgaben zu machen und Geige spielen zu üben. Sogar während ich mich bereits im Sterben befinde, habe ich gelebt, und darin liegen eine gewisse Schönheit und ein unerklärlicher Zauber. Wie sich herausgestellt hat, habe ich während dieser Jahre das Wunder, das mein Leben war, gelebt, aber zu meinen Bedingungen.

Bevor bei mir das Licht ausgeht, möchte ich dir, Zweitfrau, sagen, dass ich dich nicht hasse. Bitte liebe die Familie, die meine war, von ganzem Herzen. Kümmere dich um sie und lebe das Leben für mich, das ich nicht leben konnte.

Mutter, Vater, ich vergebe euch. Und ich danke euch.

Dich, Großmutter, werde ich bald wiedersehen. Ich muss dir ein paar Dinge sagen, über die ich lange nachgedacht habe.

Und für alle, die dies vielleicht lesen: Ich bin dankbar, Sie auf dieser Reise dabeigehabt zu haben. Ich möchte Sie ermutigen, Ihre Zeit zu genießen, sich nicht durch Prüfungen, die Ihnen auferlegt werden, außer Gefecht setzen oder durch Routine abstumpfen zu lassen. Ich möchte Sie ermutigen, so oft, wie Sie können, Ja zu sagen und auf Wahrscheinlichkeitsberechnungen zu pfeifen. Genießen Sie das Zusammensein mit Ihren Söhnen und Töchtern, mit Ihren Ehemännern und Ihren Ehefrauen. Und lebt, liebe Freundinnen und Freunde. Lebt einfach. Reist. Sammelt Stempel in euren Reisepässen.

Ich bin vor einigen Jahren in die Antarktis gereist. Dort, inmitten der unglaublichen Schönheit dieser Landschaft, hatte ich das Gefühl, als ob ich auf einen anderen Planeten, in eine andere Dimension, möglicherweise ins Jenseits, blickte. Ein Witwer im Ruhestand aus Indiana, den ich ein Jahr zuvor auf einer Südafrikasafari kennengelernt hatte, hatte mir erzählt, dass er in der Antarktis gewesen sei und es eine sehr spirituelle Erfahrung für ihn gewesen sei. Seine

Erzählungen haben den Gedanken in meinem Kopf gepflanzt und nach einem besonders anstrengenden Geschäftsabschluss im Oktober 2005 buchte ich für Ende November, einige Wochen vor meinem dreißigsten Geburtstag, eine Last-Minute-Reise in die Antarktis. Ich reiste allein (beziehungsweise so allein wie möglich, denn als normaler Tourist hat man keine andere Möglichkeit, als sich einer Gruppe anzuschließen, wenn man in die Antarktis reisen möchte) und machte mich auf den Weg nach Feuerland, dem äußersten Zipfel Südamerikas, von wo aus alle Schiffe der westlichen Hemisphäre ablegen, die das Ziel Antarktis haben. Zusammen mit dreiundvierzig anderen Touristen aus der ganzen Welt ging ich an Bord eines russischen Eisbrechers und begab mich auf eine turbulente zweitägige Überfahrt durch die Drake-Passage zur Antarktischen Halbinsel.

Als das Schiff an Thanksgiving durch die Eisschichten brach, die sich auf der Wasseroberfläche gebildet hatten, und wir uns dem Land näherten, stand ich auf dem Deck. Ich bestaunte gebannt die massiven Gletscher, die in unendlichen Weiß-, Blau- und Grüntönen aus dem Wasser ragten, majestätische Bögen und schroffe Berge aus altem und neuem Eis, die sich im Laufe der Zeit geformt hatten und die prächtiger waren als alles, was jemals von einem Menschen geschaffen wurde. Das Blau des wolkenlosen Himmels, das Licht der Sonne, die zu dieser Jahreszeit zwanzig Stunden am Tag schien, und das perfekte Weiß des Landes selbst waren so intensiv, dass es fast zu viel war, es ertragen zu können.

In den folgenden sieben Tagen entfloh ich dem Schiffslärm und paddelte mit dem Kajak in absoluter Stille durch das seidigste Wasser, das ich je gesehen hatte. Mit jedem Paddelschlag kräuselte es sich und es spiegelte die Stimmung des Himmels in vollkommener Weise wider. Entgegen der verbreiteten Meinung ist die Antarktis nicht nur weiß. Im Licht der nie richtig auf- und untergehenden, aber doch ihren Stand verändernden Sonne ist sie gelb, rosa, rot und violett. Das Vulkangestein der Strände, an denen der Schnee saisonbedingt geschmolzen war, ist schwarz und grau. Die Pinguinschnäbel sind orange, die Robbenfelle braun und das flache Wasser ist grün. Und all das ist geprägt von einer Leuchtkraft, einer Reinheit und einer Schönheit, die mir vor Überwältigung den Atem verschlug und die Tränen in die Augen trieb. Ich dankte den Göttern – was auch immer für Götter es da draußen geben mag – innig dafür, dass sie mir ausreichend Sehkraft gegeben haben, um diese Pracht genießen zu können.

In der Antarktis hatte ich das Gefühl, dass wir unseren Heimatplaneten verlassen hatten und einigen ernsthaften Antworten auf die Frage nach dem Sinn von alldem nähergekommen waren. Man kann nicht anders, als sich an einem solchen Ort große Gedanken zu machen. Man kann nicht anders, als sich Gott vorzustellen – und ich benutze das Wort *Gott* nicht in dem Sinne, wie Gott in den verschiedenen Religionslehren dargestellt wird. Ich stelle ihn mir als ein Wesen vor, das sehr wohl eine Kraft sein kann. Diese Kraft besteht aus allem Leben, das gewesen ist, das ist und sein wird, eine Kraft, die für den Verstand nicht zu fassen ist, aber vielleicht von der Seele wahrgenommen werden kann, so wie sich die große Dichtung der Logik entzieht, aber die Gefühle überwältigt. Und im Schatten dieser Größe und Erhabenheit fühlte ich mich winzig und unbedeutend, wie ein kleines Leben, das in der Ewigkeit eine Sekunde auf einem kleinen blauen Planeten verbringt, in einem Sonnensystem, in einer Galaxie, in einem Universum, das sich immer und ewig weiter ausbreitet. Ich fühlte mich wie ein ganz kurz aufblinkender winzig kleiner Lichtpunkt in der Ewigkeit des Raums und der Zeit.

Das Gefühl, klein und unbedeutend zu sein, stellt sich im Laufe unseres täglichen Lebens selten ein. Als ich aus der Antarktis zurückkehrte, wurde ich wieder von den kleinen alltäglichen Dingen meines Lebens verzehrt, die mir oft wichtig und bedeutsam erschienen – ich durchstand Familiendramen und Dramen im Freundeskreis, entwarf bis spät in die Nacht hundertseitige Verträge und verhandelte mit dem Anwalt der Gegenseite erbittert über kleine Worte, als ob das alles wichtig wäre. Ich ärgerte mich über den Typen, der sich in der Schlange vordrängelte, plante eine Hochzeit, kaufte eine Wohnung, quälte mich mit der Frage, welches Kinderbett ich kaufen sollte, diskutierte mit den Kindern über das Zähneputzen, darüber, wie viel Zeit sie vor dem Fernseher verbringen durften und über alle möglichen anderen alltäglichen Dinge. Wir leben unser tägliches Leben nicht im Schatten von Größe und Erhabenheit, sondern innerhalb der Grenzen unseres kleinen, aber uns enorm erscheinenden Lebens. Das ist der natürliche Gang der Dinge. Schließlich müssen wir unser Leben leben.

Und dann geschehen Dinge, die uns aus unserer Selbstgefälligkeit herausreißen. Sie führen dazu, dass wir uns wieder klein und machtlos fühlen. Aber ich habe erfahren, dass man in dieser Ohnmacht zur Wahrheit gelangt, und mit der Wahrheit kommt ein bewusst gelebtes Leben.

Wenn die Zeit gekommen ist, werde ich glücklich und mit einem großen Seufzer der Erleichterung in mein Bett steigen und wissen, dass ich nie wieder aufstehen muss. Ich werde, wie meine Großmutter, im Kreis meiner Familie und meiner Freunde sein. Ich werde dem Ende dieses Wunders und dem Anfang eines anderen mit großer Spannung entgegensehen.

Ich habe das Gefühl, ich muss noch etwas erwähnen, ehe ich diese Zeilen beende: Im Sinne dieser Niederschrift und damit andere sich in ihrem Leiden nicht so alleine fühlen, wenn sie die gleichen Torturen durchmachen, sollte noch über den Tribut gesprochen werden, den diese Krankheit selbst den am besten funktionierenden Beziehungen abverlangt. So tief wir uns während der gesamten Zeit unseres Zusammenlebens auch verbunden waren und so sehr wir uns auch einander verpflichtet fühlten – als der Tod näher rückte, kamen wir an eine Weggabelung, an der sich unsere Wege schieden und in stark voneinander abweichende Richtungen weiterverliefen. Während sie sich mit dem Tod und dem, was danach kommt, beschäftigte, befasste ich mich mit der Zukunft meiner Töchter und der niederschmetternden Aussicht auf ein Leben ohne Julie. Die wachsende Distanz bewirkte, dass wir uns gegenseitig fremd erschienen, wie Fremde, die im Angesicht der Ewigkeit hilflos mit den Armen rudern. Jeder von uns rückte ins Zentrum der Verzweiflung des anderen. Es war oft unerträglich und wie viele andere Paare, die auf ähnliche Weise in der Falle sitzen, stritten wir immer wieder heftig miteinander. Es wurde so schlimm, dass jeder von uns dem anderen mehrfach drohte, ihn zu verlassen. Das Wort Scheidung fiel und brutale Dinge wurden gesagt. So gewaltig ist der Hurrikan, der mit einer tödlichen Krankheit einhergeht – er zerstört nicht nur diejenigen, die von der Krankheit betroffen sind, sondern auch jeden und alles, was sich in seinem Weg befindet.

Aber wir verließen einander nicht. Wir ließen uns nicht scheiden. Sich von so einem Abgrund zurückzuziehen, wenn man das Gefühl hat, dass alles in seinem Leben außer Kontrolle gerät, erfordert eine Anstrengung, die einem größer erscheinen kann, als dass man sie noch zu bewältigen imstande ist. Aber genau das haben Julie und ich getan. Wir haben uns der bitteren Wahrheit gemeinsam gestellt, uns erneut der Gründe versichert, die uns einmal zusammengebracht hatten, und einander all die Dinge gesagt, die gesagt werden mussten.

Die letzten Monate ihres Lebens und unseres gemeinsamen Lebens waren von zärtlicher, liebevoller Wertschätzung geprägt, die wir einander entgegenbrachten. Wir hielten Händchen, sahen gemeinsam unsere Lieblingssendungen im Fernsehen, schliefen gemeinsam auf dem Sofa ein. Wir taten, was ich auf dieser Welt am liebsten tat, und das war, Zeit mit ihr zu verbringen, wie auch immer.

Wie ich zu Beginn dieser Zeilen erwähnt habe, bin ich insofern das Gegenteil von Julie, als ich kein Mensch bin, der sich gerne öffentlich mitteilt. Meine Zurückhaltung in dieser Hinsicht wird auch von Mia und Isabelle geteilt. Sie sind so liebenswerte Mädchen, neugierig und freundlich, und sie haben beide Julies Intellekt und Empathie geerbt. Ich werde immer mein Bestes versuchen, den Maßstäben, die Julie bei ihnen angelegt hat, gerecht zu werden und ihnen Julies Liebe weiterzugeben. Sie kommen auf nachvollziehbare und unterschiedliche Weise mit ihrer Abwesenheit zurecht. Und am 5. Mai stand jede von ihnen anlässlich des Gedenkgottesdienstes für Julie in unserer mit Menschen gefüllten Kirche in Brooklyn mutig auf und spielte Musik für ihre Mutter – Mia auf der Geige und Belle auf dem Klavier.

Und irgendwo hat Julie zugehört, die Augen fest geschlossen, um sich voll und ganz auf die Musik konzentrieren zu können.

Ich liebe dich bis in alle Ewigkeit, mein Schatz. Bis ich dich wiedersehe.

Juni 2018

Danksagungen

Ich bin so vielen Menschen dankbar. Sowohl dafür, dass sie sich so liebevoll um Julies Geschichte gekümmert haben, als auch dafür, dass sie sich während dieser Zeit, die uns so unglaubliche Prüfungen auferlegt hat, so liebevoll um Julie und unsere Familie gekümmert haben.

Vielen Dank an Mark Warren bei Random House, der Julies Lektor, aber auch Julies Freund war, was noch wichtiger ist. Mark sah die unverkennbare Kraft in Julies Schreiben und die langen Gespräche, die sie miteinander führten, gaben diesem Buch seine endgültige Form. Dank auch an Julies engagierten Unterstützer, ihren Literaturagenten David Granger, der an dieses Buch glaubte, bevor wir auch nur wussten, dass ein Buch möglich war, und der so rücksichtsvoll war, sich beim Betreten unserer Wohnung tatsächlich immer die Schuhe auszuziehen (was Julie immer gar nicht fassen konnte). Und, was sehr wichtig ist, herzlichen Dank an alle bei Random House, Julies literarischer Heimat – insbesondere an Andy Ward und das außerordentliche Marketing- und Öffentlichkeitsarbeitsteam, Leigh Marchant, Maria Braeckel und Michelle Jasmine, dem Julie sehr nahegestanden hat – und an den Produktionslektor Evan Camfield, der sich so viel Mühe mit Julies Text gegeben hat.

Es sind zu viele Menschen, um sie alle namentlich aufzuführen, deshalb hoffen wir, dass all die fähigen und engagierten medizinischen Fachkräfte, die Julie behandelt und sich um sie gekümmert haben – von ihrer ersten

Operation in der UCLA über das NYU Clinical Cancer Center bis hin zum Memorial Sloan Kettering Cancer Center – einfach wissen, wie dankbar wir ihnen sind und immer sein werden. Eine freundlichere, geduldigere, verständigere Behandlung, als sie nicht nur Julie, sondern unsere ganze Familie erhalten hat, wäre schlicht und einfach gar nicht möglich gewesen.

Wir möchten Mother Kate und der ganzen Gemeinde der St. Ann & the Holy Trinity Church dafür danken, dass sie uns aufgenommen haben, als wir es am dringendsten gebraucht haben.

Julie empfand und Josh empfindet tiefe Dankbarkeit für die Anwaltskanzlei, in der Julie gearbeitet hat – Cleary Gottlieb Steen & Hamilton –, und die Kanzlei, in der Josh arbeitet – Akin Gump Strauss Hauer & Feld. Nachdem Julie im Jahr 2013 ihre Diagnose erhalten hat, hat sie nie wieder in der Kanzlei gearbeitet, aber Cleary hat ihr Büro trotzdem die ganze Zeit für sie bereitgehalten, und ihre Assistentin blieb ihr bis ans Ende ihrer Tage verbunden. Darüber hinaus hat Cleary in Julies Namen eine Wohltätigkeitsveranstaltung organisiert, deren Erlös der Darmkrebsforschung zugutekam. Julies Diagnose kam genau zu dem Zeitpunkt, zu dem Josh gerade Partner der Kanzlei geworden war, was schon für sich genommen mit ziemlich viel Stress verbunden ist. Aber Akin Gump hat unserer Familie gegenüber klargestellt, dass an erster Stelle Julies Gesundheit, Mias und Isabelles Wohlergehen und unser aller Seelenfrieden stand. Wir können den Verantwortlichen dieser beiden Kanzleien nicht genug für ihr Entgegenkommen und ihre Unterstützung danken.

Wir können den Bewohnern der „Kleinstadt", die in unserem Wohnhaus in Brooklyn lebt, nicht angemessen danken – für die perfekt getimten warm gehaltenen Mahlzeiten, dank derer wir immer satt wurden, für die genau im richtigen Moment gekommenen Angebote, auf die Kinder aufzupassen, und für die wunderbarste Gesellschaft der besten Nachbarn, die eine Familie nur haben kann. Wir sind wir so über alle Maßen dankbar. Mia, Isabelle und Josh werden ihr Bestes tun, um sich für dieses gutnachbarschaftliche Verhalten erkenntlich zu zeigen und den Nachbarn etwas zurückzugeben.

Wir wären nachlässig, wenn wir nicht denen danken würden, die für dieses Unternehmen vielleicht am wichtigsten sind: Julies Leser. Dieses Buch steht für einen Traum, der sich für Julie erfüllt hat, und ohne Sie wäre die Erfüllung dieses Traums nicht möglich gewesen. Ob Sie Julies Blog gelesen oder irgendwo anders von ihrer Geschichte gehört haben und zum ersten

Mal ihre Geschichte lesen: Vielen Dank, dass Sie da sind. Ihnen gebührt unser tiefster Dank. Möge die Erinnerung an Julie durch uns alle weiterleben.

Zu guter Letzt wollen wir Michael Sapienza und allen bei der Colorectal Cancer Alliance danken (ccalliance.org). Julie glaubte an diese Organisation, unterstützte ihre Arbeit und verschrieb sich ihrer Mission, die in nichts Geringerem besteht als darin, eine Heilung für diese Krankheit zu finden: www.ccalliance.org.

Über die Autorin

Julie Yip-Williams war eine zweiundvierzig Jahre alte Autorin, Mutter, Frau und Anwältin, die im März 2018 an Darmkrebs im Stadium IV gestorben ist. Sie lebte mit ihrem Mann Josh und ihren Töchtern Mia und Belle in Brooklyn.

Über die Schriftart

Dieses Buch wurde in Dante gedruckt, einer Schriftart, die von Giovanni Mardersteig (1892–1977) entwickelt wurde. Ursprünglich als private Schriftart für die Handpresse Officina Bodoni in Verona, Italien, entwickelt, wurde Dante zwischen 1946 und 1952 von dem berühmten Pariser Stempelschneider Charles Malin nur für handgefertigte Drucke verwendet. Zum ersten Mal wurde die Schriftart für eine Ausgabe von Boccaccios *Trattatello in laude di Dante* verwendet, die im Jahr 1954 erschien. Die Dante-Version der Monotype Corporation folgte im Jahr 1957. Auch wenn die Version auf der Basis der Schriftart Aldine designt ist, die für Pietro Cardinal Bembos Abhandlung *De Aetna* aus dem Jahr 1495 verwendet wurde, ist Dante eine durch und durch moderne Interpretation jenes altehrwürdigen Typs.

Weitere Titel von Unimedica

BEN LYNCH
Schmutzige Gene
Ein revolutionärer Ansatz, Krankheiten an der Wurzel zu behandeln und Ihre Gesundheit typgerecht zu optimieren

416 SEITEN, GEB., € 24,80

Unser genetisches Schicksal ist nicht festgelegt! Im Gegensatz zu dem, was allgemein verbreitet wird, besitzen wir die Fähigkeit, Tag für Tag unser genetisches Erbe neu zu schreiben und dafür zu sorgen, dass wir gesund und nicht krank sind. Wir müssen nur wissen, wie! In dem Wall-Street-Journal-Bestseller SCHMUTZIGE GENE geht Dr. Ben Lynch, Zell- und Molekularbiologe sowie Arzt für Naturheilkunde, dem Geheimnis der Epigenetik, des Prozesses der Aktivierung und Deaktivierung von Genen, auf den Grund. Er beschäftigt sich in diesem Buch mit den „Super-Sieben", den sieben wichtigsten „schmutzigen" Genen, die weitreichende Auswirkungen auf unseren Körper haben und zu Allergien, Fettleibigkeit, aber auch zu Angstzuständen, Depressionen sowie Diabetes und Krebs führen können.

MICHAEL P. NICHOLS
Die Macht des Zuhörens
Wie man richtiges Zuhören lernt und Beziehungen stärkt

352 SEITEN, KART., € 19,80

Kaum etwas schafft so viel Vertrauen wie das Gefühl, gehört zu werden! Der Psychoanalytiker und Familientherapeut Michael P. Nichols hat 35 Jahre lang in seiner Praxis mit Menschen gearbeitet und erlebt, wie Missverständnisse, Vorwürfe und Frustration echte Kommunikation verhindern. Seine Erkenntnis: Erst durch achtsames Zuhören entsteht Nähe und Vertrauen. DIE MACHT DES ZUHÖRENS hilft dabei die eigenen Reaktionen zu verstehen und zu erkennen, welche Vorgänge dahinterstecken, wenn wir nicht richtig zuhören: versteckte Annahmen, unbewusste Bedürfnisse und emotionale Reaktionen.

ANDREAS MORITZ
Erwache zum Leben!
Nutze noch heute die ungeheuren Selbstheilungskräfte von Körper, Geist und Seele

288 SEITEN, KART., € 21,80

Vom Bestseller-Autor von „Die wundersame Leber- und Gallenblasenreinigung" Es ist sicherlich das tiefgreifendste Werk von Andreas Moritz. In ZUM LEBEN ERWACHEN lässt der bekannte Autor den Leser an seiner im Laufe von Jahrzehnten erlangten spirituellen Erfahrung teilnehmen. Jeder Mensch ist auf der Suche nach Ganzheit und Erfüllung. Jeder Mensch durstet nach Glück – aber wie viele suchen es im Außen statt im Inneren! In seinem Buch legt Andreas Moritz uns nahe, wie wichtig es ist, uns unserer Beziehung zu uns selbst bewusst zu werden und unsere Kräfte zum Wohl von Mensch und Natur zu nutzen. Sich auf den Weg der Selbstentdeckung zu begeben, ist eine Reise mit zahlreichen Erkenntnisprozessen, die uns schließlich dazu führen, uns mit unserem angeborenen natürlichen Selbst zu verbinden.

MICHAEL GREGER / GENE STONE
How Not To Die
Entdecken Sie Nahrungsmittel, die Ihr Leben verlängern und bewiesenermaßen Krankheiten vorbeugen und heilen

512 SEITEN, GEB., € 24,80

Die meisten aller frühzeitigen Todesfälle ließen sich verhindern – und zwar, so überraschend es klingen mag, durch einfache Änderungen der eigenen Lebens- und Ernährungsweise. Dr. Michael Greger, international renommierter Arzt und Ernährungswissenschaftler lüftet in seinem weltweit außergewöhnlich erfolgreichen Bestseller das am besten gehütete Geheimnis der Medizin: Wenn die Grundbedingungen stimmen, kann sich der menschliche Körper selbst heilen. In HOW NOT TO DIE analysiert Greger die häufigsten 15 Todesursachen der westlichen Welt, zu denen z. B. Herzerkrankungen, Krebs, Diabetes, Bluthochdruck und Parkinson zählen, und erläutert auf Basis der neuesten wissenschaftlichen Forschungsergebnisse, wie diese verhindert, in ihrer Entstehung aufgehalten oder sogar rückgängig gemacht werden können.

PETE WALKER
Posttraumatische Belastungsstörung – Vom Überleben zu neuem Leben

Ein praktischer Ratgeber zur Überwindung von Kindheitstraumata

360 SEITEN, GEB., € 22,80

Eine komplexe Posttraumatische Belastungsstörung (K-PTBS) ist weder angeboren noch charakterbedingt. Von dieser grundlegenden These ausgehend, hat der Autor und Therapeut Pete Walker seinen einzigartigen multimodalen Ansatz zur (Selbst-)Hilfe entwickelt, der ihn international bekannt machte. Geschrieben aus der Sicht eines Betroffenen und eines zugleich hoch spezialisierten Therapeuten, vereinigt Walker in diesem Buch Authentizität und fachliche Kompetenz zu einem eigenständigen methodischen Konzept, das unzähligen Betroffenen bereits neue Lebensqualität geschenkt hat. Zu den häufigsten Traumafolgestörungen zählen emotionale Flashbacks, toxische Scham, Selbstaufgabe, soziale Ängste und andere belastende Symptome.

ANDREAS MORITZ
Die wundersame Leber- und Gallenblasenreinigung

Ein kraftvolles, selbst durchführbares Verfahren für mehr Gesundheit und Vitalität, Ausgabe 2014 – Jetzt doppelt so umfangreich – mit vielen Abbildungen

496 SEITEN, KART., € 22,90

In dieser umfassend erweiterten Ausgabe seines internationalen Bestsellers klärt Andreas Moritz über die häufigste, oft unerkannte Ursache von Krankheiten auf – Gallensteine, unzählige kleine Blockaden in den Gallenwegen der Leber. Ein Stau in den Gallengängen der Leber führt nicht nur zu Gallenblasenkrankheiten und Koliken, sondern ist auch Nährboden für noch schwerwiegendere, auf den ersten Blick nicht damit zusammenhängende Krankheitsbilder wie Fettleibigkeit, Diabetes, Herzerkrankungen und Krebs. Dieses Buch bietet einen Einblick in die Funktionen der Leber. Wie entstehen Gallensteine und was kann man vorbeugend tun? Der Leser erhält hier alle Hintergrundinformationen.